高校转型发展系列教材

统计分析与数据挖掘技术

岳晓宁　赵宏伟　编著

清华大学出版社
北京

内 容 简 介

本书介绍了统计学的常用基本概念及数据收集与处理技术，从传统统计学的角度讲述了数据描述性分析、数据分析理论及方法，详细介绍了多元统计分析的基本统计思想和相关理论，为数据挖掘算法的研究提供了必要的理论支持，为读者查阅基本概念和基本理论提供方便。本书还考查了数据挖掘的任务、数据流模型与分类及数据流概要描述方法，介绍了数据挖掘的基本理论和常用算法，如分类、聚类及关联规则等数据挖掘算法，为初学者提供了必要的科普知识。

本书分4篇，第1篇阐述了大数据的相关知识；第2篇阐述了统计基础和数据统计分析相关内容；第3篇阐述了多元统计分析的基本统计思想和相关理论；第4篇阐述了数据挖掘技术的分类、聚类及关联规则的算法。本书将统计理论与大数据挖掘技术融合起来，让统计理论更好地服务于大数据时代，对统计理论在大数据时代下的可持续发展和研究做了尝试。

本书可作为普通高等院校大数据相关专业本科生和研究生的参考教材，也可以作为数据统计分析与数据挖掘技术研究人员的自学教材。

图书在版编目(CIP)数据

统计分析与数据挖掘技术/岳晓宁，赵宏伟编著．—北京：清华大学出版社，2019.11

高校转型发展系列教材

ISBN 978-7-302-54098-4

Ⅰ.①统…　Ⅱ.①岳…　②赵…　Ⅲ.①统计分析—应用软件—高等学校—教材　②数据处理—高等学校—教材　Ⅳ.①C819　②TP274

中国版本图书馆CIP数据核字(2019)第241991号

责任编辑：施　猛
封面设计：常雪影
版式设计：红点印像
责任校对：牛艳敏
责任印制：宋　林

出版发行：清华大学出版社
　　网　址：http://www.tup.com.cn，http://www.wqbook.com
　　地　址：北京清华大学学研大厦A座　　邮　编：100084
　　社 总 机：010-62770175　　邮　购：010-62786544
　　投稿与读者服务：010-62776969, c-service@tup.tsinghua.edu.cn
　　质量反馈：010-62772015, zhiliang@tup.tsinghua.edu.cn

印 装 者：北京密云胶印厂
经　销：全国新华书店
开　本：185mm×260mm　　印　张：17.25　　字　数：408千字
版　次：2019年12月第1版　　印　次：2019年12月第1次印刷
定　价：49.80元

产品编号：083402-01

高校转型发展系列教材 **编委会**

PREFACE | 前 言

大数据(Big Data)是无法在一定时间范围内用常规软件工具进行捕捉、管理和处理的数据集合，是需要新处理模式才能具有更强的决策力、洞察发现力和流程优化能力的海量、高增长率和多样化的信息资产。现代社会是一个高速发展的社会，科技发达，信息流通，人们之间的交流越来越密切，生活也越来越方便，大数据就是这个高科技时代的产物。早在 1980 年，著名未来学家阿尔文·托夫勒在《第三次浪潮》一书中将大数据称为“第三次浪潮华彩乐章”。英国维克托·迈尔-舍恩伯格教授编写的被尊为国外大数据研究先河之作《大数据时代》中阐述了所谓大数据就是“所有数据”。进入 2012 年，“大数据”一词越来越多地被提及，人们用它来描述和定义信息爆炸时代产生的海量数据，并命名与之相关的技术发展与创新。随着计算机运算速度和存储能力的发展，收集数据变得越来越简单，储存数据的成本越来越低，人们所掌握的数据量越来越大，但我们关心的不是数据本身，真正关心的是在这如此巨大的数据中我们可以得到什么样的信息，可以得到多少有用的信息，这就是数据挖掘理论所要研究的问题。

本书讲述的是在大数据时代下的统计学理论以及数据挖掘的基本概念和技术。

过去由于技术限制，人们做统计时只能收集有限的数据做样本，其中要考虑随机样本的选择，努力减小因样本问题出现的误差，统计结果往往不能重复使用，造成数据利用率低，而现在则可以做到“样本=总体”。“小数据”时代，一个样本的错误就可以造成对总体估计的失误，而“大数据”时代对精确性的要求不再那么苛刻，数据的数量足以弥补这一缺陷。大数据时代，人们应该从追求“因果关系”的旧思维方式向追求“相关关系”转变，这实际上是通过大数据来透视一种事物的发展趋势。但很多精确学科领域依然需要探寻“因果关系”，解决更有针对性的问题，所以从追求“因果关系”到追求“相关关系”的转变只能局限在特定的领域发生。也就是说，大数据的相关性将人们指向了比探讨因果关系更有前景的领域。

作为多学科领域，数据挖掘包括统计学、机器学习、模式识别、数据库技术、信息检索、网络科学、知识库系统、人工智能、高性能计算和数据可视化等，本书的写作意图是将统计理论的随机问题融合到大数据技术的研究中，以便使统计理论更好地服务于大数据时代。基于这一初衷，本书解决了两个问题。第一，对统计学理论进行了较详细的介绍，为数据挖掘算法的研究提供了必要的理论支持，为读者查阅一些基本概念和基本理论提供方便；第二，本书从介绍大数据的概念入手，通过介绍大数据的特征和价值、大数据的研究现状和发展动态来解释什么样数据才可称其为“大数据”，以便读者对大数据有一个正确认识，同时讲解了数据挖掘一些基本理论，例如介绍了分类、聚类、关联规则及其常用算法等，为读者提供了必要的理论知识，以便读者更系统地学习数据挖掘技术，并对数据挖掘算法有了一定了解。

第 1 篇简单介绍了大数据，包含第 1 章内容。

第 1 章介绍了大数据的特征和价值、研究现状和发展动态、研究存在的主要问题和大数据时代统计学重构的意义。大数据分析离不开统计学，而传统的统计学也无法解决大数据分析的问题，所以数据统计分析的方法不得不随着大数据时代的到来而发生改变。与传统意义上的数据相比，大数据的“大”与“数据”都有了新的含义，绝不仅仅是容积和数量的问题，更重要的是数据的内涵问题。正如维克托·迈尔-舍恩伯格所说：“大数据发展的核心动力就是人类测量、记录和分析世界的渴望。”

第 2 篇阐述了统计及其分析方法，包含第 2 章和第 3 章内容。

第 2 章介绍了统计学基础概念、数据收集处理与数据描述，以及数据描述性统计分析的相关内容。统计数据是进行统计分析的前提，没有统计数据，统计方法就失去了用武之地。因此，如何取得准确可靠的统计数据是统计研究的重要内容。

第 3 章首先介绍了抽样推断的两大核心内容，即参数估计和假设检验，同时介绍了假设检验的推广问题，即方差分析，进而介绍单因素方差分析和双因素方差分析的基本原理和方法，最后介绍了相关与回归分析问题的基本思想和原理。

第 3 篇阐述了多元统计分析的基本统计思想和相关理论，包含第 4 章内容。

第 4 章介绍了多元统计分析的基本概念、多元正态分布、主成分分析、层次分析、聚类分析及判别分析等理论。

第 4 篇讲述了数据挖掘技术的分类、聚类及关联规则等算法，包含第 5 章到第 9 章。

第 5 章研究了数据挖掘的意义、任务与应用、数据流的概念、数据流模及其分类以及数据流概要描述方法。

第 6 章讲述了分类挖掘算法研究的相关知识，具体介绍了决策树分类算法，包括ID3 算法、C4.5 算法、信息熵改进算法、SLIQ算法、SPRINT算法，同时介绍了贝叶斯分类算法、支持向量机分类算法等。

第 7 章研究了数据流聚类算法，主要介绍了目前较为经典的聚类算法，如基于划分方法的K-Means均值聚类算法、K-Medoid中心聚类算法、K-Harmonic Means算法等，基于层次方法的AGNES聚类算法、DIANA聚类算法、BIRCH算法等，同时介绍了几种基于密度和基于网格的聚类法，并对各算法的优势与不足进行了分析。

第 8 章介绍了关联规则概述及其经典算法。介绍了Apriori算法，以及Apriori的现有改进算法，包括Partition算法、Sampling算法、DHP算法及FP-growth算法等，同时介绍了TDA及其并行关联规则算法及加权关联规则的挖掘问题。

第 9 章讨论了数据挖掘的发展趋势，就目前数据挖掘的应用领域、数据挖掘中存在的隐私问题、数据挖掘研究的发展方向等问题进行了探讨。

本书的显著特点就是紧紧围绕着统计学理论来研究大数据问题。统计理论是一个非常严谨、非常成熟的理论，但随着大数据时代的到来，统计理论被颠覆，尤其是抽样理论在大数据研究领域的存在价值被质疑，如何重构统计理论，使其在大数据时代继续承担原有的历史任务，是统计学研究人员所面临的一个挑战，也是历史所赋予的责任。我们坚信统计学理论会不断完善，为大数据领域的研究承担它应有的任务。

参与本书编写和研究工作的还有韩晓微教授、范立南教授、王竞波教授、万福才教授以及校企合作企业东软集团的赵玲玲、何蕊等数据科学与大数据技术专业共建研究小组的全体成员，在此一并向各位同行表示谢意与敬意。

在编写本书过程中，编者参阅了大量的相关教材和专著，并汲取了相关成果，在此向有关作者表示衷心的感谢！同时，由于编者能力有限，书中难免存在不足之处，敬祈专家学者及广大读者多提宝贵意见。反馈邮箱：wkservice@vip.163.com。

编　者

2019 年 8 月

CONTENTS | 目 录

第 1 篇 大数据时代

第 2 篇 传统统计分析方法

第3篇 多元统计分析及其方法

第 4 篇　数据挖掘技术

第 1 篇

大数据时代

第 1 章 大数据概述

1.1 指数时代

我们现在常常用指数效应来说明这个指数时代，指数效应或者指数的颠覆性效应是现代社会一种新的常态。目前，人类产生的数据总量每两年翻一倍，所有这些都验证了摩尔定律。摩尔定律是由英特尔(Intel)创始人之一戈登·摩尔(Gordon Moore)提出来的，他认为，当价格不变时，集成电路上可容纳的元器件的数目，每隔 18～24 个月便会增加一倍，性能也将提升一倍。换言之，每一美元所能买到的电脑性能，将每隔 18～24 个月翻一倍以上。这一定律揭示了信息技术发展的速度，这也进一步带来了一系列指数式的链式反应，尽管这种趋势已经持续了超过半个世纪，摩尔定律仍被认为是观测或推测，而不是一个物理或自然法则，但所有这些都表明数据的快速增长，我们已经进入了指数社会时代。

大数据(Big Data)是生命活动的主要承载者，是我们社会的“蛋白质”。当然我们不能只是强调数据量多大，而是说在这个数据里面我们能够提取出什么样的意义来。随着计算机运算速度和存储能力的发展，收集数据变得越来越简单，储存数据的成本越来越低。在过去，由于技术限制，人们做统计时只能收集有限的数据做样本，其中要考虑随机样本的选择，努力减小因样本问题出现的误差，统计结果往往不能重复使用，造成数据利用率低。

数据正在迅速膨胀并变大，它决定着企业的未来发展，虽然很多企业可能并没有意识到数据爆炸性增长带来的利弊，但是随着时间的推移，人们将越来越多地意识到数据对企业的重要性。随着信息爆炸时代海量数据的产生，美国提出了云计算及大数据的白皮书，产业界也在面临大数据需求的不断挑战，在此背景下，正如《纽约时报》2012 年 2 月的一篇专栏中所称，“大数据”时代已经降临，在商业、经济及其他领域中，决策将日益基于数据和分析，而并非基于经验和直觉。

现今社会，大数据的应用越来越彰显它的优势，它占领的领域也越来越大，电子商务、OSO 模式(线上、服务、线下三者有机结合，互相支持、物流配送等)及各种利用大数据进行发展的领域正在协助企业不断地发展新业务，创新运营模式。有了大数据这个概念，对于消费者行为的判断、产品销售量的预测、精确的营销范围以及存货的补给已经得到全面的改善与优化。

1.2　大数据特征和价值

1.2.1　大数据特征

维克托·迈尔-舍恩伯格在《大数据时代》中提出“大数据”的 4V 特点，即 Volume、Velocity、Variety 和 Value。Volume(数据量大)：大数据的起始计量单位至少是 PB(1024 个 TB)、EB(约 100 万个 TB)或 ZB(约 10 亿个 TB)；Velocity(输入和处理速度快)：处理速度快，时效性要求高，这是大数据区分于传统数据挖掘最显著的特征；Variety(数据多样性)：数据类型繁多，包括网络日志、音频、视频、图片、地理位置信息等，多类型的数据对数据的处理能力提出了更高的要求；Value(价值密度低)：数据价值密度相对较低，如随着物联网的广泛应用，信息感知无处不在，信息海量，但价值密度较低，如何通过强大的机器算法更迅速地完成数据的价值“提纯”，是大数据时代亟待解决的难题。这些特点基本上得到了大家的认可，凡提到“大数据”特点的文章，基本上都采用了这 4 个特点。

大数据给我们带来三个颠覆性观念转变，即全体数据、大体方向、相关关系等。

1. 不是随机样本而是全体数据

在大数据时代，我们可以分析更多的数据，有时候甚至可以处理和某个特别现象相关的所有数据，而不再依赖于随机采样(随机采样，以前我们通常把这看成理所应当的限制，但高性能的数字技术让我们意识到，这其实是一种人为限制)。

2. 不是精确性而是混杂性

研究数据如此之多，以至于我们不再热衷于追求精确度；之前需要分析的数据很少，所以我们必须尽可能精确地量化我们的记录，随着规模的扩大，对精确度的痴迷将减弱；拥有了大数据，我们不再需要对一个现象刨根问底，只要掌握了大体的发展方向即可，适当忽略微观层面上的精确度，会让我们在宏观层面拥有更好的洞察力。

3. 不是因果关系而是相关关系

我们不再热衷于找因果关系。寻找因果关系是人类长久以来的习惯，在大数据时代，我们无须再紧盯事物之间的因果关系，而应该寻找事物之间的相关关系；相关关系也许不能准确地告诉我们某件事情为何会发生，但是它会提醒我们这件事情正在发生。

1.2.2　大数据价值

在云计算出现之后，“大数据”才突显其真正价值。自从有了云计算服务器，“大数据”才有了可以运行的轨道，才可以实现其真正的价值。有人形象地将各种“大数据”的应用比作一辆辆“汽车”，支撑起这些“汽车”运行的“高速公路”就是云计算。最著名的实例就是 Google 搜索引擎，面对海量 Web 数据，Google 于 2006 年首先提出云计算的概念。支撑

Google 内部各种“大数据”应用的，正是 Google 公司自行研发的云计算服务器。

维克托曾说过：“假设你要测量一个葡萄园的温度，但是整个葡萄园只有一个温度测量仪，那你就必须确保这个测试仪是精确的而且能够一直工作。反过来，如果每 100 棵葡萄树就有一个测量仪，有些测试的数据可能会是错误的，也可能会更加混乱，但众多的读数合起来就可以提供一个更加准确的结果。因为这里面包含了更多的数据，而它提供的价值不仅能抵消掉错误数据造成的影响，还能提供更多的额外价值。如果每隔一分钟就测量一下温度，十次甚至百次的话，不仅读数可能出错，连时间先后都可能搞混。试想，如果信息在网络中流动，那么一条记录很可能在传输过程中被延迟，在其到达的时候已经没有意义了，甚至干脆在奔涌的信息洪流中彻底迷失。虽然得到的信息不再准确，但收集到的数量庞大的信息让我们放弃严格精确的选择变得更为划算。为了高频率而放弃了精确性，结果观察到了一些本可能被错过的变化。虽然如果我们能够下足够多的功夫，这些错误是可以避免的，但在很多情况下，与致力于避免错误相比，对错误的包容会带来更多好处。为了规模的扩大，我们接受适量错误的存在。”

美国洛杉矶就有企业宣称，他们将全球夜景的历史数据建立模型，在过滤掉波动之后，做出了投资房地产和消费的研究报告。

从发现价值到创造价值，大数据将成为“互联网+”产业升级的驱动力。过去，数据的价值主要应用在决策领域，典型应用是商业智能(Business Intelligence，BI)在企业经营管理层面的应用，即通过数据收集、管理和分析等方法，将数据转化为知识，发现数据的价值，进而提供决策支持。随着数据体量的不断增加和处理数据能力的提升，大数据已经成为一类新的资产，其应用场景正在不断扩宽，除了决策支持、提高效率等发现价值功能之外，大数据还有创造价值的功能：一方面，大数据可以帮助提供传统模式所无法提供的产品，满足用户需求，例如大数据完善个人征信体系，帮助金融机构提供金融消费产品；另一方面，大数据还可以创造新需求，例如大数据可以助力实现人工智能。

总之，大数据时代带来了身价不断翻番的各种数据，由于急速拓展的网络带宽以及各种设备所带来的大量数据，数据呈井喷式增长。

1. 大数据延伸商业智能内涵

商业智能是一套完整的解决方案，能将企业中现有的数据进行有效整合，快速准确地提供报表并提出决策依据，帮助企业做出明智的业务经营决策。大数据促进商业智能的加速发展，这是因为大数据的分析过程和结果更具有灵活性、可靠性和价值性；也因为大数据的存在提高了企业的商业智能意识，引导企业主动寻求商业智能的帮助，提高企业效率。

目前，大数据应用可以帮助企业实现客户关系管理、盈利能力分析、控制成本、绩效等功能。

(1) 客户关系管理(CRM)，即通过客户信息统计，使企业有针对性地根据客户需求来定制产品和服务，提高客户忠诚度，还可以通过分析偏好挖掘潜在客户。

(2) 盈利能力分析，即帮助企业分析利润来源、各类产品盈利能力、费用支出是否与销售成正比等。

(3) 控制成本，即根据统计信息优化流程，如降低库存、减少损耗等，有助于企业控制成本。

(4) 绩效管理，即利用商业智能确立对员工的期望，跟踪并帮助他们管理其绩效。

麦肯锡调查显示，数据挖掘的商业价值巨大，大数据可帮助美国医疗行业每年提高 0.7%的生产力，创造约 3 000 亿美元的价值；可帮助欧洲公共管理部门每年提高 0.5%的生产力，创造 2 500 亿欧元的价值；可帮助美国零售业每年提高 0.5%～1.0%的生产力和 60%的净利率。

2．大数据满足用户需求且市场空间巨大

大数据可以帮助提供过去所无法提供的产品，满足用户需求。这种模式在传统产业中比较常见，过去一些行业的用户需求虽然存在，但是由于缺乏有效的技术手段，导致市场参与者无法提供合适的产品迎合市场需求。大数据技术兴起后，将催生一系列创新产品，这在各行各业都能找到案例，考虑到传统产业的广度，这将是一个前景广阔的巨大市场。

3．大数据创造需求且拓宽市场边界

以交通领域的实时交通信息服务和车险定价为例，这两个细分领域的需求本来就存在，但在大数据兴起之前，传统模式无法提供最优的产品，而大数据技术下的产品优化可以更好地满足需求，提高用户体验。

4．大数据产业链分析

大数据产业链可以分为 4 个部分，即数据采集和整合、数据存储和运算、数据分析和挖掘、数据应用和消费。大数据产业链通过技术手段从互联网、移动终端、物联网、应用软件等采集并整合数据，然后把数据按照一定的规则进行存储和运算，再按照需求调用数据并进行智能分析和挖掘，将数据转化成价值信息或者产品，为决策设计、提升效率、创新产品提供依据。

5．大数据技术是重要生产力

大数据应用好坏的关键除了数据本身，还在于大数据技术，大数据技术包括数据采集、数据存取、基础架构、数据处理、统计分析、数据挖掘、模型预测、结果呈现等环节。大数据应用涉及的技术环节极广，随着数据体量增大和数据复杂性程度提高，大数据技术本身也处于快速迭代的发展过程中。值得一提的是，大数据技术应用的关键问题是如何实现技术与业务的融合，这背后需要深厚的业务理解，对于既有数据又有大数据思维的互联网公司来说，技术和业务本身是相互驱动、共同发展的；对于拥有数据却缺乏大数据思维的机构而言，则最好选择在行业深耕多年的应用软件提供商。

1.3　大数据研究现状和发展动态

1.3.1　大数据研究现状

现在需要明确的是，“大数据”并不是很大或者很多数据。根据维克托在书中对大数据的描述，第一，“大数据”并不是一部分数据样本，而是关于某个现象的所有数据；第二，由于掌握了关于某个现象的所有数据，那么在统计时就能接受更多不准确的信息；第三，“大

数据”着重分析了解“什么”而不是“为什么”，比如人们可以通过各种相关数据来了解未来将会发生什么，而不是这些事情发生的原因。要探寻原因会更难，很多时候，我们知道会发生什么已经足够了。以上这些就是“大数据”的核心，即有足够多的数据，允许数据中存在不准确的信息和不去探寻事件发生的原因而是探寻会发生什么事件。有学者把“大数据”解读为巨量数据、海量数据、大资料，指的是所涉及的数据量规模巨大到无法通过人工，在合理时间内达到截取、管理、处理并整理成为人类所能解读的信息。也有学者把“大数据”定义为巨量资料，指的是所涉及的资料量规模巨大到无法通过目前主流软件工具，在合理时间内达到截取、管理、处理并整理成为帮助企业经营决策更积极目的资讯。传媒专家刘建明教授认为：“大数据”同信息是不可分离的，是指信息浩大数量的统计与技术运作。作为人类认知社会方法的一次飞跃，“大数据”技术将给企业运营、政府管理和媒体传播的科学化创造有效机制。

什么样数据才可称其为“大数据”？目前，国内外的专家学者对大数据只是在数据规模上达成共识：“超大规模”表示的是GB级别的数据，“海量”表示的是TB级的数据，而“大数据”则是PB级别及其以上的数据。但各位学者对其给出了不同的定义。美国国家科学基金会(NSF)将大数据定义为“由科学仪器、传感设备、互联网交易、电子邮件、音视频软件、网络点击流等多种数据源生成的大规模、多元化、复杂、长期的分布式数据集”。麦肯锡全球数据分析研究所在2011年5月发表的一篇论文中说：“大数据是指大小超出了典型数据库工具收集、存储、管理和分析能力的数据集。”麦肯锡同时指出并非是说有数百个TB才算得上是“大数据”。根据实际使用情况，有时候数百个GB的数据也可称为大数据，这主要看产生数据的速度。权威IT研究与顾问咨询公司Gartner将大数据定义为“在一个或多个维度上超出传统信息技术的处理能力的极端信息管理和处理问题”。IBM公司把大数据概括为规模(Volume)、快速(Velocity)、多样(Variety)，即3V，而维克托的4V则是在3V的基础上多一个价值(Value)。

由以上概念的差异可以看出，目前主要从数据来源、数据的处理工具与处理难度三个方面对大数据进行定义，但是这易与海量数据发生混淆。有文献指出大数据等于海量数据加上复杂类型的数据，这一公式是否成立还待进一步讨论。如今“海量数据”研究方向主要考虑各种非结构化数据的有效管理、多数据源的集成问题。由此看来区别“大数据”和“海量数据”还需借助于IBM公司的大数据4V特征的概括，尤其是其中的Velocity。强调数据是快速动态变化的，形成流式数据则是大数据区别于其他概念的重要特征。

国外在研究大数据概念的同时，重点研究了大数据技术。美国政府六个部门启动的大数据研究计划中，除了个别研究学者提到要“形成一个包括数学、统计基础和计算机算法的独特学科”外，绝大多数研究项目都是为了应对大数据带来的技术挑战，重视的是数据工程而不是数据科学，主要考虑大数据分析算法和系统的效率。

目前，国内学者关于大数据概念上的研究并不充分，大多学者引用以上定义进行阐释。同时在国内对“海量数据”这一说法认同度较高，更习惯将“大数据”称为“海量数据”，并没有将两个词进行明确的区分。国内在大数据研究领域的重点是大数据与云计算、数据挖掘、并行计算和分布式处理，应用式大数据研究主要集中在地理信息系统。

1.3.2　大数据研究发展动态

1. 资源的管理与利用

作为一种重要的资源，数据价值的挖掘利用具有非常重要的意义，因此这一直是研究重点。这些研究主要涉及数据处理、数据分析以及数据挖掘，尤其是从海量、复杂、实时的大数据中挖掘知识，可见，对海量数据价值的挖掘、发现和创造一直是当前的研究热点。同时，为了更好地建设数据资源，对数据的组织和存储显得尤为重要，于是这也相应地成为研究热点，如元数据、数据仓库和数据存储等。

2. 信息服务

数据组织和建设的主要目的便是开展服务。相关研究主要涉及地理信息系统、互联网、物联网、遥感、数字城市、商业智能等方面。物联网一直是大数据研究重点关注的新产业，数字城市及智慧城市的谋划建设更强调数据的价值。此外，统计还发现，中国移动、中国电信以及金融领域更注重从数据分析挖掘中获得智慧价值的利用。

3. 行业调整

Hadoop 迈向商业化，开源软件带来更多相关市场机会，这将促使一批新型开放平台的诞生。同时，大数据将由网络数据处理走向企业级应用，企业逐渐了解到大数据并不仅仅指处理网络数据，企业对大数据处理的需求也会增加，包括数据流检测和分析。大数据将创造出新的细分市场。

4. 关键技术

数据的管理和利用离不开技术的支撑，服务质量的提高更离不开技术的保障。近几年的大数据研究主要涉及云计算、Hadoop、MapReduce、并行式、分布式、多线程、网格、可视化等技术。尤其是云计算、MapReduce 以及 Hadoop 带来的分布式、并行式算法与“海量数据”有着密切的关系，而事实上这三者针对的具体目标本来就是大规模的数据。

1.4　大数据研究存在的主要问题

1.4.1　大数据技术存在的问题

1. 数据采集方面

尽管大数据技术层面的应用可以无限广阔，但是由于受到数据采集的限制，能够用于商业应用、服务于人们的数据要远远小于理论上能够采集和处理的数据。基于商业行为大数据的局限性和制约大数据发展与应用的环节主要有以下几点。

第一，数据收集和提取的合法性、数据隐私的保护和数据隐私应用之间的权衡。任何企业或机构从人群中提取私人数据，用户都有知情权，将用户的隐私数据用于商业行为时，都需要得到用户的认可。未来很多大数据业务在最初发展阶段将会游走在灰色地带，当商业运作初具规模并开始对大批消费者和公司都产生影响之后，相关的法律法规以及市场规范才会被迫加速制定出来。数据源头的采集受限将大大限制大数据的商业应用。

第二，大数据发挥协同效应需要产业链各个环节的企业达成竞争与合作的平衡。大数据对于其生态圈中的企业提出了更多的合作要求。如果没有对整体产业链的宏观把握，单个企业仅仅基于自己掌握的独立数据无法了解产业链各个环节数据之间的关系，因此对消费者做出的判断和影响十分有限。在一些信息不对称比较明显的行业，如银行业和保险业，企业之间数据共享的需求更为迫切。银行业和保险业通常都需要建立一个行业共享的数据库，让其成员能够了解到单个用户的信用记录，消除担保方和消费者之间的信息不对称，让交易进行得更为顺利。然而，在很多情况下，这些需要共享信息的企业之间竞争和合作的关系同时存在，企业在共享数据之前，需要权衡利弊，避免在共享数据的同时丧失其竞争优势。此外，当很多商家合作起来，很容易形成卖家同盟而导致消费者利益受到损害，影响到竞争的公平性。大数据最具有想象力的发展方向是将不同的行业的数据整合起来，提供全方位立体的数据绘图，力图从系统的角度了解并重塑用户需求。然而，交叉行业数据共享需要平衡太多企业的利益关系，如果没有中立的第三方机构出面，协调所有参与企业之间的关系、制定数据共享及应用的规则，将大大限制大数据的用武之地。权威第三方中立机构的缺乏将制约大数据发挥出其最大的潜力。

第三，多源数据采集的规范化问题。大数据时代的数据来源极其广泛，数据有不同的类型和格式，同时呈现爆发性增长的态势，这些对数据收集技术提出了更高的要求，研究人员需要从不同类型的数据源进行实时或及时的数据收集，并发给存储系统或数据中间系统进行后续处理。所以大数据类型和格式规范化是建立大数据标准化体系的首要问题。

第四，大数据可以从数据分析的层面上揭示各个变量之间可能的关联，而数据层面上的关联如何具象到行业实践中、如何应用大数据结论制定可执行方案，这就对执行人提出了更高的要求，要求执行人不仅能够解读大数据，更需深谙行业发展各个要素之间的关联。这一环节基于大数据技术的发展但又涉及管理和执行等各方面因素，而人的因素成为制胜关键。从技术角度，执行人需要理解大数据技术，能够解读大数据分析的结论；从行业角度，执行人要非常了解行业各个生产环节的流程的关系、各要素之间的可能关联，并且将大数据得到的结论和行业的具体执行环节一一对应起来；从管理的角度，执行人需要制定出可执行的解决问题的方案，并且确保这一方案和管理流程没有冲突，在解决问题的同时，没有制造出新的问题。这些条件要求执行人不仅深谙技术，同时应当是一个卓越的管理者，有系统论的思维，能够从复杂系统的角度关联地看待大数据与行业的关系。此类人才的稀缺性将制约大数据的发展。

2．数据存储方面

数据来源渠道广泛，且数据信息标准不一、数据量大、结构形式多样、实时性强，这些问题无疑增加了数据采集和整合的困难，因此应修改基于块和文件的存储系统的架构设计，以克服存在的问题。

3. 数据分析方面

数据分析是大数据处理流程的核心，因为大数据的价值就产生于分析的过程，但是它同样带来了很大的挑战。首先，数据量大带来更大价值的同时也带来了更多的数据噪音，在进行数据清洗等预处理工作时必须更加谨慎，若清洗的粒度过细，很容易将有用的信息过滤掉，而清洗的粒度过粗，又无法达到理想的清洗效果，因此在质与量之间需要进行仔细的考量和权衡，同时对机器硬件和算法都是严峻的考验。其次，传统的数据仓库系统对处理时间的要求并不高，而在很多大数据应用场景中，不仅要考虑算法的准确性，还要考虑实时性的要求。

4. 数据显示方面

与数据分析相比，很多用户往往更关心数据结果的显示。传统的以文本形式输出结果或者直接在电脑终端上显示结果的方法在面对小量数据时或许是很好的选择，但是这对于形式复杂的海量数据是不可行的。这就需要引入可视化技术来洞察最终甚至是中间的计算结果，此外，还需要人机交互技术或者数据起源技术，使得用户在得到结果的同时更好地理解结果的由来。

5. 数据安全方面

数据的持续增长带来了数据的安全问题。首先，大数据因为目标大而在网络上更容易被发现；其次，大数据存在更敏感、更有价值的数据，对潜在攻击者的吸引力更大。

1.4.2　研究方法问题

大数据研究开创了科研的第四范式，与传统的逻辑推理研究不同，大数据研究是对数量巨大的数据做统计性的搜索、比较、聚类和分类等分析归纳，因此继承了统计科学的一些特点。统计学关注数据的相关性或称关联性，所谓相关性是指两个或两个以上变量的取值之间存在某种规律性，而不再关注因果关系。因果关系的研究曾经引发了科学体系的建立，近代科学体系获得的成就已经证明，科学是研究因果关系最重要的手段。相关性研究是可以替代因果分析的科学新发展，还是对因果分析的补充，这是一个大数据学术界讨论比较激烈的问题。

1.4.3　领域融合问题

当前大数据研究主要集中在各个学科的科学家对本领域的海量数据的处理，信息领域的科学家只能起到助手的作用。也就是说，各领域的科学问题还掌握在各学科的科学家手里，计算机科学家所提炼出的具有共性的大数据科学问题并不多。通过对有关文献统计，目前大数据方面已发表论文多由计算机科学方面的专家、学者撰写，大多立足于信息科学，侧重于大数据的获取、存储、处理、挖掘和信息安全等方面，鲜有从管理学的角度探讨大数据对现代企业生产管理和商务运营决策等方面带来的变革与冲击，缺乏学科之间的交叉与融合，缺乏既拥有清理和组织大型数据的能力又懂得“商业语言”的数据科学家。

1.5 大数据时代统计学重构意义

近些年来，包括互联网、物联网、云计算等信息技术在内的IT通信业迅速发展，数据的快速增长成了许多行业共同面对的严峻挑战和宝贵机遇，因此现代信息社会已经进入了大数据时代。事实上，大数据改变的不只是人们的日常生活和工作模式、企业运作和经营模式，甚至还引起科学研究模式的根本性改变。一般意义上，大数据是指无法在一定时间内用常规机器和软硬件工具对其进行感知、获取、管理、处理和服务的数据集合。其中，网络大数据是指“人、机、物”三元世界在网络空间中彼此交互与融合所产生并在互联网上可获得的大数据。

将数据应用到生活生产中，可以有效地帮助人们或企业对信息做出比较准确的判断，以便采取适当行动。数据分析是组织有目的地收集数据、分析数据，并使之成为信息的过程，也就是指个人或者企业为了解决生活生产中的决策或者营销等问题，运用分析方法对数据进行处理的过程。所谓的数据统计分析，就是运用统计学的方法对数据进行处理。在以往的市场调研工作中，数据统计分析能够帮助我们挖掘出数据中隐藏的信息，但是这种数据的分析是“向后分析”，分析的是已经发生过的事情。而在大数据中，数据的统计分析是“向前分析”，它具有预见性。

大数据分析离不开统计学，而传统的统计学也无法解决大数据分析的问题，所以数据统计分析的方法不得不随着大数据时代的到来而发生改变。

1.5.1 对大数据的初步认识

在不同的学科领域，不同行业的从业人员对“大数据”肯定会有不同的理解。与传统意义上的数据相比，大数据的“大”与“数据”都有了新的含义，决不仅仅是体积与数量的问题，更重要的是数据的内涵问题。或许，“大”与“数据”根本就不能分开，只有把“大数据”当做一个整体概念来理解才有意义。那么从统计学的角度，我们该如何来理解大数据？大数据不是基于人工设计、借助传统方法而获得的有限、固定、不连续、不可扩充的结构型数据，而是基于现代信息技术与工具可以自动记录、储存和连续扩充的、大大超出传统统计记录与储存能力的一切类型的数据。目前通常用4V(Volume，Variety，Velocity和Value)来形容大数据的特征，根本之处就是数字化基础上的数据化。通俗地说，大数据就是一切可记录信号的集合。

如果传统统计研究的数据是有意收集的结构化的样本数据，那么现在我们面对的数据则是一切可以记录和存储、源源不断扩充、超大容量的各种类型的数据。样本数据是按照特定研究目的、依据抽样方案获得的格式化的数据，不但数据量有限，而且如果过程偏离方案，数据就不能满足要求。所以，基于样本数据所进行的分析，其空间十分有限——通常无法满足多层次、多角度的需要，若遇到抽样方案事先未曾考虑到的问题，数据的不可扩充性缺点就暴露无遗。而大数据是一切可以通过现代信息技术记录和量化的数据，不但所蕴含的信息量巨大，而且不受各种框框的限制——任何种类的数据都来者不拒，也无法抵拒。不难发现，相比样本数据，大数据具有巨大的数据选择空间，可以进行多维、多角度的数据分析。更为重要的是，由于大数据的大体量与多样性，样本不足以呈现的某些规律，大数据可以体现；样本不足以捕捉的某些弱小信息，大数据可以覆盖；样本中被认为异常的值，大数据得以认可。这将极大地提高我们认识现象的能力，避免丢失很多重要的信息，避免失去很多决策选择的机会。

这里，我们自然就想到了大量观察与大数据这两个概念中的“大”的区别。对于传统的统计研究方法而言，大量观察法是基础，是收集数据的基本理论依据，其主要思想是要对足够量的个体进行观察，以确保有足够的微观基础来消除或削弱个体差异对整体特征的影响，足以归纳出关于总体的数量规律。所以，这里的“大”是足够的意思。大量观察法的极端情况就是普查，但限于各种因素不能经常进行，所以一般情况下只能进行抽样调查，这就需要精确计算最小的样本量。基于大量观察法获得的样本数据才符合大数法则或大数定律，才能用以推断总体。而大数据则指不限量的数据，是基于现代信息技术的一切可以记录的全体数据，其特征之一就是尽量多地包含数据，它与样本容量无关，只与信息来源的数量与储存容量有关。因此，这里的“大”是全体的意思。

可见，与统计学的研究对象相比，“大数据”的研究对象没有变化，变化的是数据的来源、体量、类型、速度与量化的方式，那么这种变化对统计研究带来了什么样的挑战？《大数据时代》提出了“大数据”与统计学的研究对象相比的三个最显著的变化：一是样本等于总体，二是不再追求精确性，三是相关分析比因果分析更重要。这些观点具有很强的震撼力，迫使我们对现有的统计研究思维进行反思。尽管这些观点值得进一步商榷，但至少告诉我们这样一个道理：统计研究对象的基础变了，统计思维也要跟着变化，否则统计研究的对象只是全部数据的一部分，而且所占比例越来越少，那又怎么能说统计学是一门关于数据的科学？又怎么去完善和发展关于数据分析研究的统计方法论？

1.5.2　统计思维变化

改变统计思维是大数据时代的必然要求，否则，统计学科就有可能被大数据的潮流所吞没，至少会被边缘化，失去一次重要参与推动历史变革的机遇。当然，统计思维的变化应该以一个永恒不变的主题为前提，那就是通过数据分析去揭示事物的真相，这个真相就是事物的生存规律、联系规律和发展规律。也就是说，数据分析要以数据背后的数据去还原事物的本来面目，以达到求真的目的。如果我们原来限于各种条件只能根据有限的样本数据去实现这个目的，那么现在我们则可以在很多方面借助大数据去实现这个目的，这关键看我们开展数据分析的能力有多大，或者说利用大数据从一切数据中提取有价值信息的能力有多大——因为大数据无疑增加了统计分析的难度，而这又首先取决于我们统计思维能否适应大数据时代的变化。正如维克托所说：“大数据发展的核心动力就是人类测量、记录和分析世界的渴望。”

统计思维应该主要有如下三大变化。

1. 认识数据的思维要变化

前面已经提到，与传统数据相比，大数据不但体量大、变化快，而且其来源、类型和量化方式都发生了根本性的变化，使得数据杂乱、多样、不规整。

首先，从来源上看，传统的数据收集因为具有很强的针对性，因此数据的提供者大多是确定的，身份特征是可识别的，有的还可以进行事后核对。但大数据通常来源于物联网，不是为了特定的数据收集目的而产生，而是人们一切可记录的信号(当然，任何信号的产生都有其目的，但它们是发散的)，并且身份识别十分困难。从某种意义上讲，大数据来源的微观基础是很难追溯的。

其次，从类型上看，传统数据基本上是结构型数据，即定量数据加上少量专门设计的定性数据，格式化、有标准、可以用常规的统计指标或统计图表加以表现。但大数据更多的是非结构型数据、半结构型数据或异构数据，包括了一切可记录、可存储的信号，多样化、无标准、难以用传统的统计指标或统计图表加以表现。同时，不同的网络信息系统有不同的数据识别方式，相互之间也没用统一的数据分类标准。再者，现在有的数据库是非关系型的数据库，不需要预先设定记录结构即可自动包容大量各种各样的数据。

最后，从量化方式上看，传统数据的量化处理已经有一整套较为完整的方式与过程，量化的结果可直接用于各种运算与分析。但大数据中大量的非结构化数据如何量化(结构化)、如何从中提取信息、如何与结构化数据对接是一个崭新的问题。正如 Franks 所说："几乎没有哪种分析过程能够直接对非结构化数据进行分析，也无法直接从非结构化的数据中得出结论。"更为重要的是，"量化"的含义恐怕也不一样了，即此"量化"不一定等同于彼"量化"，量化结果的表现形式自然也不相同。显然，我们不能套用已有的方式去量化非结构化数据。

可以说，大数据是杂乱、不规整的，但我们不能因此回避它、拒绝它，只能接纳它、包容它。我们需要将统计研究的对象范围从结构型数据扩展到一切数据，需要重新思考数据的定义和分类方法，并以此为基础发展和创新统计分析方法。从某种意义上讲，没有无用的数据，只有未被欣赏的数据，这取决于我们从哪个角度看数据。

2. 收集数据的思维要变化

收集数据是开展统计分析的前提，"没有黏土，如何做砖"，以往，收集统计数据的思维是先确定统计分析研究的目的，然后需要什么数据就收集什么数据，所以要精心设计调查方案，严格执行每个流程，但往往是投入大而数据量有限。现在，我们拥有了大数据，就等于拥有了超大量可选择的数据——备选"黏土"的体量与种类都极大地增加了，所要做的最重要的工作就是比较与选择，因此我们的思维应该是如何充分利用大数据，凡是大数据源中能找到的数据就不再需要进行专门的调查。

但是，由于大数据来源与种类的多样性，以及数据增加的快速性，我们在享受数据的丰富性的同时也不得不面临这样一些困境：存储能力够不够，分析能力够不够(是否及时、充分)，如何甄别数据的真伪，如何选择关联物，如何提炼和利用数据，如何确定分析节点等。现在

TB 级的数据库已经很多，PB 级的数据库也不少见，以后还会出现 EB，甚至 ZB、YB 级的数据库。今天的大数据，明天就不再是大数据。这样一来，电子存储能力能否跟得上数据增加的速度就成为首要的问题。如果让数据库自动更新就有可能失去一些宝贵的数据信息，而到了一定级别以后扩充存储容量或对数据进行复制，其代价是十分巨大的，因此我们不得不对数据进行分类、筛选，有针对地删除那些垃圾数据、不重要或次重要的数据。如果说以前有针对地获得数据叫做收集，那么今后有选择地删除数据就意味着收集。也就是说，大数据时代的数据收集将更多的是从已有的超大量数据中进行再过滤、再选择。因此，我们要做好丢弃一部分数据的准备。

当然，并不是任何数据都可以从现成的大数据中获得，这里存在一个针对性、安全性和成本比较问题。因此，我们既要继续采用传统的方式方法去收集特定需要的数据，又要善于利用现代网络信息技术和各种数据源去收集一切相关的数据，并善于从大数据中进行再过滤、再选择。问题在于什么是无用的或不重要的数据，该如何过滤与选择数据，这就需要对已经存在的数据进行重要性分析、真伪识别和关联物定位。

此外，大的数据库可能需要将信息分散在不同的硬盘或电脑上，这样一来，在不能同步更新数据信息的情况下如何选择、调用和匹配数据又是一个问题。因此从某种意义上讲，从大数据中收集数据就是识别、整理、提炼、汲取(删除)、分配和存储元数据的过程。

3．分析数据的思维要变化

基于上述两个变化，数据分析的思维必然要跟着变化，那就是要主动利用现代信息技术与各种软件工具从大数据中挖掘出有价值的信息，并在这个过程中丰富和发展统计分析方法。

关于数据分析思维的变化，特别需要强调以下三点。

第一，传统的统计分析过程是“定性—定量—再定性”，第一个定性是为了找准定量分析的方向，主要靠经验判断，这在数据短缺、分析运算手段有限的情况下很重要。现在我们是在大数据中找矿，直接依赖数据分析做出判断，因此基础性的工作就是找到“定量的回应”，这在存储能力大为增强、分析技术与分析速度大为提高的今天，探测“定量的回应”变得越来越简单，所要做的就是直接从各种“定量的回应”中找出那些真正的、重要的数量特征和数量关系，得出可以作为判断或决策依据的结论，因此统计分析的过程可以简化为“定量—定性”，从而大大提高得到新的定性结论的可能性。

第二，传统的统计实证分析，一般都要先根据研究目的提出某种假设，然后通过数据的收集与分析去验证该假设是否成立，其分析思路是“假设—验证”，但这种验证往往由于受到假设的局限、指标选择的失当、所需数据的缺失而得不出真正的结论。需要注意的是，一旦假设本身不科学、不符合实际，那么分析结论就毫无用处，甚至扭曲事实真相。事实证明，很多这样的实证分析纯粹是为了凑合假设。现在，我们有了大数据，可以不受任何假设的限制而从中去寻找关系、发现规律，然后再加以总结、形成结论。也就是说，分析的思路是“发现—总结”。这将极大地丰富统计分析的资源与空间，有助于得到更多意外的“发现”。

第三，传统的统计推断分析，通常是基于分布理论，以一定的概率为保证，根据样本特征去推断总体特征，其逻辑关系是“分布理论—概率保证—总体推断”，推断的评判标准与具体样本无关，但推断是否正确却取决于样本的好坏。现在，大数据强调的是全体数据，总体特征不再需要根据分布理论进行推断，只需进行计数或计量处理即可。不仅如此，还可以根据全面数据和实际分布来判断其中出现某类情况的可能性有多大，其逻辑关系变成了“实际分布—总体特征—概率判断”，即概率不再基于事先预设，而是基于实际分布得出的判断。按照维克托的观点，这个概率判断就可用于预测了。

伴随着上述三大变化，统计分析评价的标准又该如何变化？传统统计分析的评价标准无非两个方面，一是可靠性评价，二是有效性评价，而这两种评价都因抽样而生。

所谓可靠性评价是指用样本去推断总体有多大的把握程度，是以概率来度量的——有时表现为置信水平，有时表现为显著性水平。特别是在假设检验和模型拟合度评价中，显著性水平怎么定是一个难题，一直存在争议，因为所参照的分布类型不同其统计量就不同，显著性评价的临界值就不同，而临界值又与显著性水平的高低直接相关。然而在大数据的背景下，大数据在一定程度上就是全体数据，我们可以对全体数据进行计数或计量分析，这就不存在以样本推断总体的问题了，那么这时我们要思考这些问题：还有没有可靠性的问题；还要不要确定置信水平，怎么确定，依据是什么；如何比较来自不同容量数据库的分析结论的可靠性。

所谓有效性评价指的是评价具有真实性，即误差小。这里又有两个相关的概念：准确性与精确性。准确性一般是指一个观察值与真实值的吻合程度，通常情况下是无法做出测度的；而精确性一般指样本统计量分布的离散程度，以抽样分布的标准差来衡量。很显然，精确性是针对样本数据而言的。也就是说，样本数据既有精确性问题又有准确性问题，样本数据中的误差既包括抽样误差也可能包括非抽样误差。抽样误差可以基于抽样分布理论进行计算和控制，而非抽样误差只能通过各种方式加以识别或判断，但多数情况下由于样本量不是太大而可以得到较好的防范。但由于，大数据是全体数据，因而不再有抽样误差问题，只有非抽样误差问题，也就是说大数据的真实性只表现为准确性而非精确性。然而由于大数据是超大量数据，再加上混杂性与多样性，因此其非抽样误差很难防范与控制，这就使得准确性评价问题变得更为困难，那么这时我们要思考如何测度、标准怎样的问题。

1.5.3　大数据时代下统计学重构

1. 需要改变总体、个体乃至样本的定义方式

传统的统计分析是先有总体，再有数据，即必须先确定总体范围和个体单位，再收集个体数据，分析总体。但大数据是先有数据，再有总体。从某种意义上说，大数据的产生系统多数是非总体式的，即无事先定义的目标总体，只有与各个时点相对应的事后总体，原因就在于个体是不确定的，是变化着的，是无法事先编制名录库的，这与传统的总体与个体有很大的不同。更为复杂的是，事后个体的识别也很困难，因为同一个个体可能有多个不同的网络符号或称谓，而不同网络系统的相同符号(称谓)也未必就是同一个个体，而且还经常存在个体异位的情况(即某一个体利用另一个体的符号完成某种行为)，因此我们对于大数据往往只见“数据”的外形而不见“个体”的真容。但对大数据的分析，仍然有一个总体口径问题，依然需要识别个体身份。这就需要我们改变总体与个体的定义方式——尽管它们的内涵没有

变。与此对应，如果我们要从大数据库中提取样本数据，那么样本的定义方式也需要改变。当然，考虑到大数据的流动变化性，任何节点的总体都可以被理解为一个截面样本。

2. 需要改变对不确定性的认识

众所周知，统计学是为了认识和研究事物的不确定性而产生的，因为无论是自然现象还是社会经济现象，都时时处处充满着因个体的差异性而引起的不确定性，因为在大多数情况下我们缺乏足够的信息或缺乏足够的知识去利用有效信息，而人们总是期望通过量化事物的不确定性去发现规律、揭示真相，认识不确定性背后的必然性。研究不确定性就需要收集数据，在只能进行抽样观测的情况下，这种不确定性就表现为如何获得样本、如何推断总体(包括估计与检验)和如何构建模型等方面。大数据仍然存在着个体的差异性，区别只在于它包括了一定条件下的所有个体，而不是随机获得的一个样本。这样，大数据的不确定性就不再是样本的获取与总体的推断，而是数据的来源、个体的识别、信息的量化、数据的分类、关联物的选择、节点的确定以及结论的可能性判断等方面。可以说，大数据的不确定性源于其多样性与混杂性，以及由于个体的可变性所引起的总体多变性，而不是同类个体之间的差异性——因为我们已经掌握了一定条件下的完全信息。

3. 需要建立新的数据梳理与分类方法

大数据的多样性与混杂性，以及先有数据、后有总体的特点，使原有的数据梳理与分类方法受到诸多的限制。传统的数据梳理与分类是按照预先设定的方案进行的，标志与指标的关系、分类标识与分组规则等都是结构化的，既是对有针对性地收集的数据的加工，也是统计分析的组成部分。但对于大数据，由于新的网络语言、新的信息内容、新的数据表现形式不断出现，使得会产生哪些种类的信息、有哪些可以利用的分类标识、不同标识之间是什么关系、类与类之间的识别度有多大、信息与个体之间的对应关系如何等，都无法事先加以严格设定或控制，往往需要事后进行补充或完善。面对超大量的数据，我们只能从数据本身入手，从观察数据分布特征入手，这就需要采用不同的数据梳理与分类方法，否则，要想寻找到能有效开展数据分析的路径是不可能的。因此，根据大数据的特点，创新与发展数据的梳理与分类方法是有效开展大数据分析的重要前提，更为重要的是，要建立起能自动进行初步的数据梳理与分类的简单模型。

4. 需要强化结构化数据与非结构化数据的对接研究

有效实现结构化数据与非结构化数据的对接，是数据概念拓展的必然结果。尽管大数据是超大量数据，但大数据不能涵盖所有的数据，因此传统意义上的结构化数据与大数据中的非结构化数据必将长期并存。大数据时代的来临，使得数据收集、存储与分析的能力大为增强，但出于针对性与安全性考虑，总有一些结构化数据要通过专门的方式去收集而不能依赖于公共网络系统(例如政府统计数据、专题研究数据)。这样，如何既能有针对性地收集所需的结构化数据，又能从大量非结构化数据中挖掘出有价值的信息，使两者相辅相成、有机结合，就成了一个新的课题，值得探讨的问题包括非结构化数据如何结构化或结构化数据能否采用非结构化的表现形式等。通过特定的方法，实现结构化数据与非结构化数据的转化与对接是完全可能的。但要实现这种对接，必须要增强对各种类型数据进行测度与描述的能力，否则大数据分析就没有全面牢固的基础。如果传统的基于样本数据的统计分析侧重于推断，那么基于大数据的统计分析需要更加关注描述。

5．需要转变抽样调查的功能

对于传统的数据收集而言，抽样调查是最重要的方式。尽管样本只是总体中的很小一部分，但由于依据科学的抽样理论，科学设计的抽样调查能够确保数据的精确度和可靠性。但抽样调查毕竟存在着信息量有限、不可连续扩充、前期准备工作要求高等缺陷，很难满足日益增长的数据需求。现在有了大数据，我们应该利用一切可以利用的数据来进行分析而不是仅局限于样本数据，但这并不意味着抽样调查可以退出历史舞台。在信息化、数字化、物联网还不能全覆盖的情况下，仍然还有很多数据信息需要通过抽样调查的方式去获取。与此同时，尽管我们可以对大数据进行全面分析，但考虑到成本与效率因素，在很多情况下抽样分析仍然是不错的或明智的选择。当然，抽样调查也要适当转变其功能，以便进一步拓展其应用空间：一是可以把抽样调查获得的数据作为大数据分析的对照基础与验证依据；二是可以把抽样调查作为数据挖掘、快速进行探测性分析的工具，从混杂的数据中寻找规律或关系的线索。

6．需要归纳推断法与演绎推理法并用

哲人培根说过："知识就是力量。"统计研究的任务就是为了发现新的知识，归纳法则是发现新知识的基本方法。因此，归纳推断法成为最主要的统计研究方法，使得我们能够从足够多的个体信息中归纳出关于总体的特征。当然，归纳推断的依据通常是样本数据，即在归纳出样本特征的基础上再推断总体。对于大数据，我们依然要从中去发现新的知识，依然要通过具体的个体信息去归纳出一般的总体特征。正如 C. R. 劳指出："'从数据中提取一切信息'或者'归纳和揭示'作为统计分析的目的一直没有改变。"但是，大数据是一个信息宝库，只重视一般特征的归纳与概括是不够的，还需要分析研究子类信息乃至个体信息，以及某些特殊的、异常的信息，或许这些特殊、异常的信息代表着一种新生事物或未来的发展方向，还需要通过已掌握的分布特征和相关知识与经验去推理分析其他更多、更具体的规律，去发现更深层次的关联关系，去对某些结论做出判断，这就需要运用演绎推理法。演绎推理法可以帮助我们充分利用已有的知识去认识更具体、细小的特征，形成更多有用的结论。只要归纳法与演绎法结合得好，我们就既可以从大数据的偶然性中发现必然性，又可以利用全面数据的必然性去观察偶然性、认识偶然性，甚至利用偶然性，从而提高驾驭偶然性的能力。

7．需要相关分析与因果分析并重

《大数据时代》中记载，我们只需从大数据中知道"是什么"就够了，没必要知道"为什么"，并且指出"通过给我们找到一个现象的良好的关联物，相关关系可以帮助我们捕捉现在和预测未来"以及"建立在相关关系分析法基础上的预测是大数据的核心"。毫无疑问，从超大量数据中发现各种真实存在的相关关系，是人们认识和掌控事物、继而做出预测判断的重要途径，而大数据时代新的分析工具和思路可以让我们发现很多以前难以发现或不曾注意的事物之间的联系。因此，大力开展相关分析是大数据时代的重要任务。但是，我们仅仅

停留在知道“是什么”是不够的，还必须知道“为什么”，正所谓“既要知其然，更要知其所以然”，只有这样才能更好地理解“是什么”，例如，为什么需要把手电筒与蛋挞放在一起。只有知道原因、背景的数据才是真正的数据。因此探求“是什么”背后的原因始终是人类探索世界的动力，因果分析是人类永恒的使命。哲学家德谟克利特早就指出：“与其做波斯国王，还不如找到一种因果关系。”如果我们只知道相关关系而不知道因果关系，那么数据分析的深度只有一半，一旦出现问题或疑问就无从下手。而如果我们知道了因果关系，就可以更好地利用相关关系，就可以更好地掌握预测未来的主动权，就可以帮助我们更科学地进行决策。当然，因果分析是困难的，正因为困难，所以要以相关分析为基础，要更进一步利用好大数据。相关分析与因果分析不是互相对立的，而是互补的，两者必须并重。

8. 需要统计技术与云计算技术融合

尽管用于收集和分析数据的统计技术已相对成熟、自成体系，但其所能处理的数据量是有限的，面对不可同日而语的大数据，特别是其中大量的非结构化数据，恐怕单凭一己之力是难以胜任的，只能望“数”兴叹。首先遇到的问题就是计算能力问题，这就要求我们在不断创新与发展统计技术的同时，还要紧紧依靠现代信息技术，特别是云计算技术。云计算技术主要包括虚拟化、分布式处理、云终端、云管理、云安全等技术，或者说以编程模型、数据存储、数据管理、虚拟化、云计算平台管理等技术最为关键。借助云计算技术可以将网格计算、分布式计算、并行计算、效用计算、网络存储、虚拟化、负载均衡等传统计算机技术与现代网络技术融合起来，把多个计算实体整合成一个具有强大计算能力的系统，并借助 SAAS、PAAS、IAAS、MSP 等商业模式把它分布到终端用户手中。云计算的核心理念就是不断提高“云”处理能力来减少用户终端的处理负担，使用户终端简化成一个单纯的输入输出设备，并能按需享受强大的“云”计算处理能力。可见，统计技术与云计算技术的融合是一种优势互补，只有这样统计技术才能在大数据时代一展身手、有所作为，才能真正把统计思想在数据分析中得到体现，实现统计分析研究的目的。

数据创造统计，流量创新分析。由于各个应用领域的不断变化，特别是数据来源与类型的不断变化，使得统计学还难以成为一门真正成熟的科学。因此，在数据分析的世界里，不断提高驾驭数据的能力是统计学发展的终身动力。

第 2 篇

传统统计分析方法

第2章 统 计 基 础

2.1 统计学基本概念

“统计”一词一般有 3 种含义，即统计工作、统计资料和统计学。统计工作是指对社会经济现象数量方面进行收集、整理和分析工作的总称，它是一种社会调查研究活动。统计资料是统计部门或单位进行工作所收集、整理、编辑的各种统计数据资料的总称。统计学是关于统计过程的理论和方法的科学。统计工作是人们的统计实践，是主观反映客观的认识过程。统计资料是统计工作的结果，统计工作与统计资料是过程与结果的关系。统计学是统计工作经验的总结和概括，统计学所概括的理论和方法是统计工作的原则和方法。

统计学是研究不确定性现象数量规律性的方法论科学，也是对客观现象进行定量分析的重要工具。统计学可以分为理论统计学和应用统计学两类，前者侧重于统计方法的数学理论，后者侧重于统计方法在各个领域的应用。

2.1.1 统计学及统计工作过程

1. 统计学含义

统计是对社会或自然的数字描述。的确，人们对于统计的理解往往总是与数字联系在一起。实际上在我们的日常生活和工作中，“统计”这一术语常常有不同的用法。例如，政府统计部门每年要“统计”生产总值，这是将其作为一种工作来看待；了解证券市场的交易状况要看有关成交额和股价指数的“统计”，这时又是将其作为数据来运用；通常人们所说的学习“统计”，则是指一门科学，即统计学。

统计学是一门收集、整理、描述、显示和分析统计数据的科学，是一套由数据到结论的科学理论、方法和技术，也可以说统计学是从数据中学习的科学，目的在于探索数据内在的数量规律性或从中得到关于总体的和过程的结论。统计学与统计实践活动的关系是理论与实践的关系，理论源于实践，理论高于实践，反过来又指导实践。

统计是人类社会历史发展的产物。在现实生活中，人们为了满足生产实践、科学研究和各种管理活动的需要，经常对所关注的事物进行观测，收集各种有关的数据资料进行分析、比较和推断，以便说明所关注事物的性质、数量、运动变化规律以及与其他事物的相互联系。例如，为了国家管理的需要，政府要定期或不定期地对全国的人口、财产、生产、分配以及人民生活等各方面开展统计调查，并对调查得到的各项数据进行分析研究，说明全国人口的性别、年龄构成状况、财产的分布状况、生产结构及增长状况、收入的分配以及人民生活水平等，以便国家管理和制定各种方针、政策，并对政策执行情况进行检查和监督。又如，在工业生产中，为了提高产品的质量，企业就要对影响产品质量的各种因素进行试验，在不同的条件下观测产品质量的变化状况，然后进行数据分析和推断，从而找出最佳的原材料配比或最佳的生产工艺过程。因此，我们说统计是人们认识客观世界总体数量及数量变动关系和变动规律的活动的总称，是人们认识客观世界的一种有力工具。与其他认识工具相比，统计有其自己的特点，主要表现在以下几个方面。

1) 数量性

统计的认识对象是客观事物或客观现象的数量方面，这是统计的基本特点。数量性具体表现为以下几点：①数量多少；②现象之间的数量关系；③质与量互变的数量界限。

统计分析属于定量分析的范畴。定量分析是认识客观事物的不可缺少的方面，它可以使得我们更精确、更具体、更深刻地把握事物的性质、特征及其变化规律。例如要了解一个企业的基本状况，就要从该企业的职工人数、资产总量、投资规模、生产产品数量、品种、产品质量以及劳动生产率、产品成本、利润等数量方面来具体说明。

由于客观事物的质与量是密切联系的，虽然我们可以把事物的数量方面从认识对象中分离出来，但是并不意味着统计研究的是纯粹的量。统计是在明确事物性质的规定性的基础上对其量的规定性进行的分析研究，就是说统计定量认识是建立在对客观事物定性认识的基础上，是定量分析与定性分析的结合。例如要开展工业增加值统计，研究工业增加值的数量、构成及其变化情况，首先必须阐明工业增加值这一概念的内涵，然后才能确定工业增加值的统计范围、口径和计算方法。而且，统计对客观事物数量方面调查研究的最终目的，是更深入地阐明事物的性质及其内在规律性。

2) 总体性

统计的数量研究是对现象总体中各单位普遍存在的事实进行大量观察和综合分析以后，得出反映现象总体的数量特征。例如要开展工业产品统计，不是为了了解和研究单个产品，而是要反映企业生产的产品总量，合格品有多少、不合格品有多少，占的比例各有多大，发展变化情况等，企业生产的所有工业产品便构成一个总体。又比如统计部门开展的城镇居民家计调查，需要对具体的居民家庭进行调查，但是其目的并不在于了解个别居民家庭的生活状况，而是要反映一个国家及一个城市的居民收入水平、消费水平、收入结构、消费结构等数量特征。

3) 差异性

统计研究同类现象总体的数量特征，它的前提是总体各单位的数量特征或属性特征表现存在着差异，而且这些差异并不是事先可以预知的。例如，不同的人有不同的年龄、不同的身高、不同的体重、不同的学历、不同的性别、不同的民族等。不同的家庭有不同的收入水平、不同的消费水平、不同的消费模式和习惯，这才需要进行统计。如果说，总体各单位的差异表现出个别现象的特殊性和偶然性，那么对现象总体的数量研究，则是通过大量观察，从各单位的变异中归纳概括出它们的共同特征，显示出现象的普遍性和必然性。

2．统计工作过程

统计工作是对社会调查研究以认识其本质和规律性的一种工作，这种调查研究是我们对客观事物的一种认识过程。就一次统计活动而言，一个完整的认识统计过程一般可分为统计调查、统计整理、统计分析和结果显示等阶段。

1) 统计调查

统计调查是根据一定的目的，通过科学调查方法，收集社会经济现象实际资料的活动，主要有统计调查方案的设计及数据收集等。统计设计是根据统计的任务和目的以及统计对象的特点，对统计工作或研究的内容、程序做出通盘的考虑和安排。如提出总的目标和要求，确定关心的指标或变量，给出指标或变量的统一定义、标准；制定调查方案、汇总整理方案、数据分析方案以及工作进度等。统计设计完成质量直接关系到整个统计工作和研究的质量，要做好统计设计不仅要有统计学的一般理论和方法作为指导，而且还要求设计者对所要研究的问题本身具有深刻的认识和相关的学科知识。统计数据是对客观现象进行观测和计量的结果。数据收集过程包括调查、试验和对已有的来自商业记录、人口普查、经济普查、政府记录及过去的调查记录等数据的再收集和检查。经过统计设计，明确了调查目标和所关心的指标或变量，就可以开始选择适当的方法收集数据。观察法和试验法是收集数据的两种基本方法，抽样调查和试验设计的理论为数据收集提供了依据。大多数自然科学和工程技术研究，有可能通过有控制的科学试验去取得数据，这时可以采用试验法。在统计学中有专门的一个分支学科——试验设计，就是研究如何科学地设计试验方案，从而使通过试验采集的数据能够符合分析的目的和要求，这种在人工干预或控制情况下收集的数据称为试验数据。大多数社会经济现象无法进行重复试验，要取得有关数据就必须到社会总体中去进行调查观察，这种在自然的未被控制的条件下观测得到的数据就称为观测数据。

2) 统计整理

统计整理是对调查来的大量统计资料加工整理、汇总、列表的过程。数据收集上来之后，必须经过归纳、整理和加工，然后才可能做出有意义的解释，真正发挥其作用。从数据的获取开始到进行统计分析之前，这个过程就是数据准备和数据整理，即为概括和分析而处理数据。在实践操作中，为了把大型调查数据变成计算机可读的形式，数据准备和整理的内容就有如下几个流程：①获得原始数据资源；②从原始数据资源创建数据库；③编辑数据库；④修正和调整原始数据资源；⑤数据库的最终确定；⑥从数据库创建数据文件。

3) 统计分析

统计分析是将加工整理好的统计资料加以分析研究，采用各种分析方法，计算各种分析指标，来揭示社会经济活动过程的本质及其发展变化的规律性。

统计分析所运用的方法包括两大类，即描述统计和推断统计。描述统计是指对采集的数据进行登记、审核、整理、归类，在此基础上进一步计算出各种能反映总体数量特征的综合指标，并用图表的形式表示经过归纳分析而得到的各种有用的统计信息。描述统计是数据概括的有效方法，精心设计的图表是了解数据的第一步。描述统计也是统计分析的开始和基础，它为统计推断、统计咨询、统计决策提供必要的事实依据。描述统计还可以通过对分散无序的原始数据的整理归纳，运用分组法和综合指标法得到现象总体的数量特征，揭示客观事物内在的数量规律性，以达到认识的目的。统计推断是在对样本数据进行描述的基础上，利用一定的方法根据样本数据去估计或检验总体的数量特征。在进行统计研究时，由于各种原因，我们所掌握的数据只是部分单位的数据或有限单位的数据，而我们所关心的却是整个总体的数量特征。遇到这种情况，必须利用统计推断的方法来解决。推断统计是现代统计学的主要内容。

就数据分析而言，统计分析通常可以分为以下3种类型，即初步分析、基本分析及备用分析。初步分析一般用描述统计方法或图示法。通过初步分析，统计工作者熟悉了数据，为以后的分析打下基础。基本分析则瞄准研究和分析的目标，从中得到结论。备用分析有两种，一种是用其他的方法证实从基本分析得到的结论；另一种是应用与标准的方法差异较大且不容易被接受的新的统计方法。

4) 结果显示

在完成统计分析以后，用简明易懂的语言向有关人员报告统计结果也非常重要，这就是结果的传达和沟通，即通常所说的统计报告和解释。统计分析结果报告的形式包括口头和书面两种。书面的传达方式多种多样，有非正式的、简短的备忘录，也有正式的项目报告、学术论文。一个比较正式的用可视化工具来做的研究报告可以利用图形、表格、数据图表以及对数据所做的分析来传达数据中的内容。在报告或交流中，我们应该注意向感兴趣的人们传达从样本数据所获取的总体信息，并且应尽可能地运用非技术性和非专业性的术语来表达，以避免造成误解，因为并不是所有人都接受过统计学专业训练。当然，要用简练和毫不含糊的语言来传达一项统计分析结果的确不容易，所以，我们在阅读统计报告或传达统计报告时，必须小心谨慎，以免由于我们列出数据或给出这些结果的方式不当而产生误解。例如，我们可能会在不经意间没有解释清楚某个数值表达的意义，或者可能漏掉了理解分析结果所必需的某些背景信息，即便是一个正确的陈述，也可能由于读者缺乏基本的统计学知识而被误解。又如，对于“95%的置信区间”这样一个清楚的统计推断表述，一个从来没有接触过统计概念的人会觉得一头雾水。

统计工作过程的最后一个环节还应该包括建立文档和保存结果。建立文档和保存结果是为了给我们自己或其他人的使用提供一个清楚的数据和分析报告。因为有时候我们需要重新访问这些数据。对于由别人来仔细审查的正式统计分析，统计人员需要提供对所有数据的处理和统计分析的详细文档，从而使得数据轨迹清晰明了，数据库或工作文件完整易读。

2.1.2　总体和样本

1. 总体与总体单位

在统计中，总体是最基本的概念，统计的目的主要是基于从感兴趣的总体抽得的样本中得到观测信息，从而对该总体做出推断。那么，什么是总体，简言之，总体就是统计所研究对象的全体，即由具有某一共同属性的许多个别事物所组成的集合，也可以说是样本收集人员感兴趣的所有观测信息的集合。构成总体的每一个别事物称为总体单位，也叫个体。总体中总体单位的数量称为总体容量。最常见的总体是由自然物体所组成的总体。例如，研究全国的人口状况，则全国人口就是总体，每一个人是总体单位。又如，研究一批产品的质量状况，则该批产品就是总体，每个产品是总体单位。可见，总体与总体单位是个别与整体的关系，它们是紧密联系在一起的。

同质性和大量性是总体的特征。如果总体中只包含有限个数的单位数，则称该总体为有限总体；如果总体单位数是无限的，即总体容量为无穷大，则称该总体为无限总体。例如，全国的人口、某种产品产量等都是有限总体；而宇宙中的星球、海洋中的鱼则可以看作无限总体。

总体和总体单位的概念是相对而言的，随着研究目的不同、总体范围不同而变化。同一个研究对象，在一种情况下为单位，但在另一种情况下又可能变成总体。例如，研究全国工业企业的状况，则总体是全国所有工业企业组成的集合，每一个企业是一个总体单位或个体；而若研究某个工业企业职工的状况，则该企业的全部职工就成为总体，每个职工成为总体单位或个体。

2．样本

样本是与总体相对应的概念。我们知道统计研究的目的是要确定总体的数量特征，但是，当总体单位数量很多甚至无限时，不必要或不可能对构成总体的所有单位都进行调查。这时，需要采用一定的方式，从由作为研究对象的事物全体构成的总体(又称母体)中，抽取一部分单位，作为总体的代表加以研究。这种从总体中抽取的一部分总体单位(个体)组成的集合就称为样本，又称子样。可见，样本也是由一定数量的总体单位构成的，样本所包含的总体单位数称为样本容量。

显然，样本来自总体，总体是抽取样本的依据。从理论上看，样本可以大到与总体容量相同，也可以小到只包含一个总体单位，但是在实践中，我们对无限总体不可能进行全面观测，对有限总体进行全面观测也受到人力、物力、财力和时间等因素的制约，所以样本一般只是总体的一小部分，如十分之一、百分之一、千分之一，甚至万分之一。同时，样本容量又不能太小，太小不符合大量观察的统计要求，因此样本是来自原总体的一个有限的小总体，是总体的代表和缩影。

2.1.3 标志与变量

1．标志

统计活动的对象虽然是统计总体，但是人们所关心的实际上并不是该总体和组成该总体的各个个体本身，而主要是为了考察与各个个体以及总体相联系的某些特征，考察这些特征在总体上各个个体间的分布情况。例如，人口普查是为了考察不同性别、民族、年龄、文化程度、职业等特征上人口数量的分布状况；对工业企业职工进行调查，是为了考察不同性别、民族、年龄、文化程度、职业等特征上人口数量的分布状况；对工业企业总体进行调查，是为了考察不同行业、职工人数、资产规模、销售收入、利润等特征上企业数量的分布情况。

总体中各单位普遍具有的属性或特征称为标志，每个总体单位从不同方面考察都具有许多属性和特征，例如，每个工人都具有性别、工种、文化程度、技术等级、年龄、工龄、工资水平等属性和特征，这些就是工人作为总体单位的标志。标志在某个个体上的具体表现称为标志表现。例如，工人王进，男性，29岁，高中毕业，就分别是性别、年龄、学历的一个具体表现。一般来说，有多少个总体单位，就有多少个标志表现。

标志分为品质标志和数量标志两种。品质标志表明个体属性方面的特征，品质标志的表现只能用文字、语言来描述，例如，工人的性别是品质标志，其标志具体表现为男或女。数量标志表明个体数量方面的特征，可以用数值来表现。例如，职工的工龄是数量标志，其标志具体表现为年数。由于总体是由同类事物的全体构成，所以在一个总体中必然有些标志在各个个体上的标志表现完全相同，这样的标志称为不变标志。例如在工人这一总体中，职业这一标志的具体表现都是工人，所以职业便是不变标志。在一个总体中，当一个标志在各单位的具体表现有可能不同时，这个标志便称为可变标志。例如在工人总体中，每个工人的工龄、年龄、工资表现不尽相同，所以工龄、年龄、工资便是可变标志。在统计总体中，不变标志和可变标志各自发挥着重要的作用。一个总体至少要有一个不变标志，才能够使各单位结合成一个总体。例如，工人总体中职业的标志是不变的，才能使全体工人构成一个总体。所以，不变标志是总体同质性的基础。如果没有不变标志，那么总体也就不存在。作为总体，同时必须存在可变标志，这表示所研究的现象在各单位之间存在着差异，这才需要进行统计研究。上例中工人的职业标志是不变的，但又存在工龄、年龄、工资等可变标志，所以才需要开展调查统计工作，取得平均工龄、平均年龄、平均工资等标志。如果各工人的工龄、年龄、工资水平都一样，也就没有必要去统计工人的工龄、年龄、工资，也不需要用统计方法测度平均数了。这也说明了统计总体的同质性、大量性和差异性三个基本特性。

2. 变量

在数学中变量是与常量相对应的概念，变量是指在一个问题里可以变化的量，常量是指在一个问题里始终保持不变的量。在统计中，狭义的变量是指说明现象某一数量特征的概念，即可变的数量标志称为变量。如人的年龄、身高、体重、企业的销售收入、利润等都是变量。因此，变量实际上是可变的数量标志的抽象化，而各个单位在可变的数量标志上的标志表现就是变量的各个取值，称为变量值，也称为标志值。但是从广义上看，变量不仅指可变的数量标志，也包括可变的品质标志。通常将可以取不同数量值的变量称为数量变量或定量变量(Quantitative Variable)，将取非数量值的变量称为属性变量或定性变量或分类变量(Qualitative Variable，Categorical Variable)，前者是可变的数量标志的抽象化，后者是可变的品质标志的抽象化。当然数量变量和属性变量的变量性质不同，在统计处理的方法上也有许多区别。

根据变量值连续出现与否，变量可分为连续型变量和离散型变量。连续型变量是指变量的取值在数轴上连续不断，无法一一列举，即在一个区间内可以取任意实数值。例如，气象上的温度、湿度，一种产品零件的尺寸，电子元件的使用寿命等都是连续型变量。离散型变量是指变量的数值只能用计数的方法取得，其取值是整数值，可以一一列举。例如，企业数、职工人数等。

根据变量的取值确定与否，变量又可分为确定性变量和随机变量。确定性变量是受确定性因素影响的变量，即影响变量值变化的因素是明确的，是可解释和可控制的。随机变量则是受许多微小的不确定因素(又称随机因素)影响的变量，变量的取值无法事先确定。社会经济现象既有确定性变量也有随机变量。随机变量是统计学研究的主要内容。

3．计量尺度

统计标志有数量标志和品质标志两种，相应地，统计数据也有定量型数据和定性型数据两类，所以在统计观测中，需要有不同的测定和计量尺度。根据我们对客观事物测度的程度或精确水平来区分，可将所采用的计量尺度由低级到高级、由粗略到精确分为四个层次，即定类尺度、定序尺度、定距尺度和定比尺度。不同的标志使用不同的计量尺度，采用不同的计量尺度可以得到不同类型的统计数据。

1) 定类尺度

定类尺度也称名义尺度或列名尺度，它是最粗略、测度层次最低的计量尺度，这种计量尺度只能表明个体所属的类别而不能体现其数量大小、多少或先后顺序。定类尺度一般用于对客观事物进行平行的分类或分组。例如，按照性别将人口分为男、女两类，按照国民经济部门将工业分为采掘工业和加工工业两类，按照所有制性质将企业分为国有、集体、民营、合资企业等。定类尺度除了用文字表述以外，也可以用数值符号来表示，比如用“1”表示男性人口，用“0”表示女性人口；用“1”表示国有企业，用“2”表示集体企业，用“3”表示民营企业，用“4”表示合资企业。这里我们只是将事物的一个类别转化成一个数字，绝不意味着可以根据这些数字区分大小或进行数学运算。

使用定类尺度进行分类必须符合“穷尽”和“互斥”的原则，即在所分的全部类别中必须保证每个个体或单位都能够归属于某一类别，并且只能归属于一个类别。定类尺度是对事物的基本测度，它是其他计量尺度的基础。

2) 定序尺度

定序尺度也称顺序尺度或列序尺度，它是对事物之间等级或顺序的一种测度。该尺度不仅可以将事物分成不同的类别，而且可以确定这些类别的优劣或顺序。或者说，它不仅可以测度类别差，还可以测度次序差。例如，产品质量等级，奖励等级，学习考试成绩的优、良、中、及格、不及格等分级都是定序尺度。显然，定序尺度对事物的计量比定类尺度精确一些，但也只是测度了类别之间的顺序，而未测量出类别之间的准确差值。定序尺度也可以用数字来表示，但是其计量结果只能比较大小，仍不能进行加、减、乘、除等数学运算。

3) 定距尺度

定类尺度和定序尺度主要应用于品质标志，对于数量标志则可以应用更高级的计量尺度，即定距尺度和定比尺度，两者都是刻度级(Scale)尺度。定距尺度也称间距尺度或差距尺度，它是以数值来表示个体的特征并且能测定个体之间数值差距的尺度，就是说定距尺度不仅能够将事物区分为不同的类型并进行排序，而且可以准确地计量出它们的差距是多少。广义上看，所有的数量标志或数量变量都可以应用定距尺度，但是从狭义上看，定距尺度是指应用于那些没有绝对零点的数量标志的计量和测度的。例如摄氏温度、考试成绩等，其数值不存在绝对零点，摄氏温度零度并不表示没有温度，考试成绩为零分并不等于没有知识。这类没有绝对零点的数量标志虽然其标志表现为数量值,但是其数值之间不存在比例换算关系，因此这类数量标志值只能进行加减运算而不进行乘除运算。例如，气温 30 摄氏度与 15 摄氏度比较，温度相差 15 摄氏度，但是并不表示 30 摄氏度比 15 摄氏度热一倍；同样学生的统计学考试成绩，80 分并不表示比 40 分掌握的统计学知识多一倍，两者相除没有实际意义，但是，可以计算分差。

4) 定比尺度

定比尺度也称比例尺度和比率尺度，是最高级别的统计测度和计量尺度。定比尺度除了具有上述三种尺度的全部特性外，还具有一个特性，那就是可以计算两个测度值之间的比值，即定比尺度不仅能进行加减运算，还可以进行乘除运算。这就要求定比尺度中必须有一个绝对的零点，这是它与定距尺度的唯一区别。例如人的年龄、身高、体重，物体的长度、面积、容积等数量标志，都存在绝对零点，即“0”表示没有。因此，我们将 60 岁的老赵与 20 岁的小赵比较时，可以说老赵年龄是小赵年龄的 3 倍，当然也可以说老赵与小赵年龄相差 40 岁。在现实生活中，大多数数量标志存在绝对零点，因此，定比尺度是常用的计量尺度，它的应用范围最广泛。

上述 4 种计量尺度对客观事物的测度层次或水平是由低级到高级、由粗略到精确逐步递进的。高层次的计量尺度可以兼有低层次计量尺度的功能，如定比尺度包含了定距尺度的功能，定距尺度包含定序尺度的功能，定序尺度又包含定类尺度的功能，但是低层次的计量尺度却不能兼有高层次的计量尺度的功能。

2.1.4 统计指标和指标体系

1. 统计指标

统计指标简称指标，是反映统计总体数量特征的概念和数值。统计指标是按照一定的统计方法，对总体各单位的标志表现或标志值进行记录、核算、汇总综合形成，一般包括指标名称(概念)和指标数值两个方面。指标的名称或概念既是对所研究现象本质的抽象概括，也是对总体数量特征的质的规定。所以，确定统计指标必须有一定的理论依据，使之与社会经济或科学技术的范畴相吻合。同时，又必须对理论范畴和计算口径加以具体化，以便达到量化的目的。例如，工资的含义在经济学中是明确的，但在实际经济生活中，职工的奖金、津贴和劳保福利是不是应该纳入工资统计的范围就必须加以具体规定。指标的数值反映所研究现象在具体时间、地点、条件下的规模和水平，不同时间、不同地点或不同条件下，指标的具体数值必然不同。所以，在观察指标数值时，必须了解其具体的时间状态、空间范围、计量单位、计量方法等限定，同时注意由于上述条件的变化而引起数值的可比性问题。总之，统计指标是统计研究对象的具体化，也是开展统计分析，从数量方面认识客观事物的重要工具和手段。

统计指标按其所反映总体的内容和数量性质不同，分为数量指标和质量指标。数量指标是反映现象总体的规模大小和数量多少的指标，一般用绝对数来表示。例如，生产总值、在校大学生人数以及人口总数、企业总数、职工总数、工资总额、商品进出口总额等都是数量指标。由于数量指标反映现象或过程的总规模和总水平，所以数量指标也称为总量指标。质量指标是反映现象总体内部、总体之间数量对比关系或总体单位水平的指标。例如，人均生产总值、居民人均可支配收入以及职工平均工资、人口密度、工人出勤率等都是质量指标。

质量指标是总量指标的派生指标，一般用相对数或平均数来表示，以反映现象之间的内在联系和对比关系。

统计指标按其计量单位不同，可分为实物指标和价值指标。实物指标是根据事物的自然属性，采用自然物理单位计算的指标，如人口总数、能源生产或消耗量、汽车生产量等。实物指标的最大特点是具体明了，可以直观地反映事物发展的规模和水平，是计算其他指标的基础。但是实物指标对不同事物不能直接相加，缺乏综合概括能力。价值指标是用货币单位计算的统计指标，又称货币指标，如生产总值、商品进出口总额、销售收入、利润总额等，其最大特点是综合性和概括能力强，但是比较抽象，同时受价格水平的制约。此外，还有以劳动时间为单位的劳动量指标。

统计指标按其反映现象的时间状态不同，可分为静态指标和动态指标。静态指标反映的是现象总体在某个时点或相对静止的时间段内的数量特征，包括静态总量指标，静态相对指标和静态平均指标。动态指标反映的是现象总体在不同时期或时点上发展变化情况。例如，2005 年浙江省年末常住人口 4 898 万人，比上年增长 1.97%，前者是静态指标，后者是动态指标。

统计指标按其计算的范围不同，可分为总体指标和样本指标。总体指标是根据总体中所有个体的标志表现综合计算而得，反映总体数量特征。样本指标是根据从总体中抽取的部分个体的标志表现综合计算而得，反映样本的数量特征。总体指标又称为总体参数或参数，样本指标则称为统计量或估计量，用样本指标估计和推断总体指标是统计的重要任务。例如，总体均值和方差是总体指标，而样本均值和方差是样本指标。

统计指标与标志之间存在密切的联系。标志反映总体单位的属性和特征，而指标则反映总体的数量特征。标志和指标的关系是个别和整体的关系，需要通过对各单位标志的具体表现进行汇总和计算才能得到相应的指标。由个体过渡到总体，由标志过渡到指标，是人们认识的深化和发展。因为各个个体的标志表现存在差异，只有通过大量个体标志值的综合，才能获得个体难以显现的信息，反映出现象本质的属性和特征。由于总体和总体单位的概念会随着研究目的不同而变化，因此指标与标志的概念也是相对而言的。在许多场合，指标与标志并不作严格的区分，如某企业的资产总量、销售收入、职工人数、工资总额等既可以看作指标，也可以看作标志，这主要取决于统计分析人员是把该企业作为总体还是作为个体来对待。当然，指标也是变量。

2. 指标体系

客观现象是错综复杂的，现实生活中的统计总体往往有许多数量特征，需要从多方面、多角度、多层次来描述，才能获得完整和全面的认识。单个统计指标只反映总体某一个数量特征，说明现象某一侧面情况。要反映总体的全貌，描述现象发展的全过程，只靠单个统计指标是不够的，所以需要设立统计指标体系。统计指标体系是由一系列相互联系的统计指标所组成的有机整体，用以反映所研究现象总体各方面相互依存、相互制约的关系。例如，为了反映工业企业生产经营的全貌，需要设立产量、产值、品种、质量、职工人数、工资、劳动生产率、原材料、设备、能源消耗、财务成本等多项指标，组成工业企业统计指标体系。

统计指标体系是统计活动的出发点，特别是在社会经济统计中，指标体系的设计及指标核算占有非常重要的位置。指标体系的设置不但是客观现象的反映，而且也是人们对客观现象认识的结果。随着客观形势的发展变化以及实践经验和理论研究的积累，指标体系也将不断改进更新，逐步完善。

2.2　数据收集处理与数据描述

掌握统计数据是进行统计分析的前提，没有统计数据，统计方法就失去了用武之地。因此，如何取得准确可靠的统计数据是统计研究的重要内容。

2.2.1　数据来源

从调查主体角度看，数据主要来源于两种渠道：一种是通过直接的统计调查或传感器获得的原始数据，一般称之为第一手或直接的统计数据，该数据是尚未经过整理的数据；另一种是通过他人获得的数据，这些数据一般都是进行加工汇总后公布的数据，通常称之为第二手或间接的统计数据。

2.2.2　数据质量

1. 数据的误差种类

数据的误差是指统计数据与客观事实之间的差距。无论采用哪一种获取数据的方式或方法，收集到的数据由于各种各样的原因都可能存在一定程度的误差。根据造成误差的原因不同，数据误差可以分为登记性误差和代表性误差。

1) 登记性误差

登记性误差是指在调查过程中由于调查者与被调查者的人为原因形成的误差。其中，调查者的人为原因主要包括以下几种：总体界定错误、调查单位缺失、计算和测量错误、记录错误、抄录错误、汇总差错等；被调查者的人为原因主要包括两种：有意识地提供虚假数据、无意识地提供有误数据。从理论上说，登记性误差属于可以消除的误差。

2) 代表性误差

代表性误差是指利用样本数据推断总体数据产生的误差。根据误差的特征不同，代表性误差又分为随机性误差和系统性误差两种。

(1) 随机性误差。随机性误差是由于随机性原因形成的误差，也可称为偶然性误差。随机性误差是不可以消除的误差，只要利用样本数据推断总体参数，就必然存在着随机性误差。但是，随机性误差是可以计算的，其取值随着样本容量的增大而减小，在抽样时通过抽取适当的样本容量，就可以将随机性误差依概率控制在一定范围之内。

(2) 系统性误差。系统性误差是由于非随机性原因形成的。产生系统性误差的主要原因有抽样框过于陈旧、非随机样本、无回答问题、辅助数据偏误等。系统性误差属于代表性误差，也是在利用样本数据推断总体参数时产生的误差，但是系统性误差不会随着样本容量的增大而减小，不能通过增大样本容量来实现对系统性误差的控制。系统性误差的特点类似于登记性误差，从理论上说，系统性误差同样属于可以消除的误差。在现实统计调查过程中，系统性误差往往被人们所忽视，各类非随机样本，以及存在大量无回答问题的调查，都存在着显著的系统性误差。

2．数据的质量标准

数据的收集是统计活动的基础环节，所有统计数据的处理和分析都是在这一基础上进行的。对于数据质量的要求，具体标准可以归纳为数据的时效性、准确性、适用性和一致性 4 个方面。

1) 数据的时效性

数据的时效性就是指及时和准时获取统计数据。及时获取统计数据就是要在规定的统计调查时间内，保质保量完成统计调查工作，保证数据在时间上的效率；准时获取统计数据就是要确切地反映出统计调查对象在规定的调查时点上，或在规定的调查时段中的数量特征，以保证统计数据在时间上的准确性和可比性。

2) 数据的准确性

数据的准确性是指数据的真实性与精确性，即数据准确刻画目标现象的程度。真实性是数据准确性的一个显著特征，它是指调查数据要如实地反映每一个调查单位真实状况；精确性是指样本数据与总体数据要尽可能靠近，这就要求数据要完整，调查单位以及调查项目要齐备。特别在抽样调查过程中，要求抽样误差在规定的许可范围之内。

3) 数据的适用性

数据的适用性是指数据满足用户实际需要的程度。数据的适用性体现了数据的效用，如果调查人员花费大量时间与经费收集的数据，不是用户所需，或者不能为用户解决实际问题，那么这些数据即使满足准确和及时的要求，但对使用者而言，这些数据没有任何效用价值。这就是说数据的适用性等同于数据的生命。

4) 数据的一致性

数据的一致性是指数据在时间与空间上具有连续性和可比性。

2.2.3 数据预处理

数据整理是将收集的各种原始数据条理化、系统化，使之符合统计分析的要求。通过整理可以大大简化数据，更有效地提供统计信息。数据预处理是数据整理的先期步骤，它是对数据分组前所做的必要处理，内容包括数据的审核、排序等工作。

1．数据审核

数据审核是指对原始数据的审查与核对。按照数据质量标准的要求，对于通过直接收集取得的原始数据，其审核的内容主要包含以下 4 个方面。

1）准确性审核

准确性审核主要从数据的真实性与精确性角度检查资料，其审核的重点是检查调查过程中所发生的误差。准确性审查可包括以下几个方面。

(1) 逻辑性审查，即利用逻辑理论检查数据之间有无矛盾。例如，人口调查中，少年儿童年龄段的居民，不应有婚姻情况，文化程度不应是大学毕业以上，职务不应是工程师以上等。如果出现已婚、高级工程师，显然在逻辑上是不可能的，要进一步查实、更正。

(2) 比较审查，即对数据之间进行比较。例如，规定某指标的数值必须大于或小于另一指标，某几个指标之和应小于或等于总和等。又如，一个地区的居民户数不能大于居民人数，固定资产净值必须小于固定资产原值等。

(3) 设置疑问框审查。一般来说，数据之间存在一定取值范围与比例关系，利用这种范围和比例关系，可以设置疑问框，从而审查数据是否有疑问。例如，核对现价工业总产值与销售收入时，可以设置疑问框，从而审查数据是否有疑问，如规定现价工业总产值与销售收入的比值不小于 0.7，不大于 1.5，或规定工业净产值与现价总产值的比例不大于 0.6，不小于 0.2 等。疑问框的设置不能相距过大，否则会遗漏有差错的数据；但是也不能过小，过小会使大量无差错的数据被检出来而增加审查的工作量。因此，疑问框的设置必须由对数据资料情况十分熟悉的人负责，不能随意设置。

2）适用性审查

数据的适用性审查主要是根据数据的用途，检查数据解释说明问题的程度。具体审查数据与调查主题、目标总体的界定、调查项目的解释等是否匹配。

3）及时性审查

数据的及时性审查主要检查数据是否按规定时间报送，如未按规定时间报送，就需要检查未按时报送的原因。

4）一致性审查

数据的一致性审查主要检查数据在不同地区或国家、在不同的时间段是否具有可比性。

2. 数据排序

数据排序是按一定规则，如大小、高低、优劣等次序将数据排列，以便于研究者通过浏览数据发现一些明显的特征或趋势，找到解决问题的线索。除此之外，排序还有助于对数据检查纠错，以及为重新归类或分组等提供方便。在某些场合，排序本身就是分析的目的之一，例如美国的《财富》杂志每年都要在全世界范围内排出 500 强企业，通过这一信息，不仅可以了解自己企业所处的地位，清楚自己的差距，还可以从一定侧面了解竞争对手的状况，从而有效制定企业发展的规划和战略目标。

无论是数值型数据的排序，还是非数值型数据的排序，都可以方便地使用各种计算机软件来实现，Excel 就具有很强的数据排序功能。

2.2.4 数据分组

通过收集得到的数据虽然经过审核、排序等整理手段给予了处理，但由于数据庞杂，还不能直接进入对数据的描述和分析阶段。在此之前，有必要对数据进行分组处理，以反映数据分布的特征及规律。从一定意义上说，数据整理的中心任务就是分组和编制频数分布。本节就数据分组展开讨论。

1．数据分组的意义

所谓分组，就是按照分组标志将研究的问题分成若干个组成部分。对于非数值型数据就是依据属性的不同将其划分成若干组，对于数值型数据就是依据数值的不同将数据划分为若干组。分组后，要使组内的差异尽可能小，而组与组之间则有明显差异，从而使大量无序、混沌的数据变为有序、层次分明、显示总体数量特征的资料。因为，任何总体内部单位之间都是既有共性，又存在差异性，分组便是以这种共性与差异性的对立统一为基础的整理方法，它对于自然科学和社会科学的研究都是必不可少的。

在社会经济统计研究中，数据分组具有划分现象的类型、研究总体的结构和现象之间的依存关系的作用。

2．数据分组标志

在进行分组时，最关键的问题是如何选择分组的标志或确定各组的界限。

分组标志，就是将数据划分为不同组别的标准或依据。一般说来，人们研究的问题总是具有多种特征，如何根据研究问题的需要，选择恰当的标志作为分组标志，既取决于对研究对象认识的深刻程度，又取决于研究者自身的修养和经验。对于同一资料，统计人员若采用不同的分组标志，就可能得出相异甚至相反的结论。分组的基本原则是按照不同的标志分组，体现组内的同质性和组间的差别性。分组标志有品质标志和数量标志两种。

1) 按品质标志分组

按品质标志分组就是按事物的品质特征进行分组。例如，人口总体按性别分为男女两组；企业总体按所有制分为国有、集体、合营、个体等组。

在确定其分组界限时，按品质标志分组有的比较简单，有的却很复杂。有些在理论上容易区分，但在实际社会经济生活中却难以辨别。例如人口按城乡分组，居民一般分为城市和农村两组，但因目前还存在有些既具备城市形态又具备农村形态的地区，分组时就需慎重考虑。又如部门分类、职业分类也都存在同样问题。因此，在实际工作中，为了便利和统一，联合国及各个国家都制定有适合一般情况的标准分类目录，如我国就有《国民经济行业分类目录》《工业部门分类目录》《商品目录》等。

2) 按数量标志分组

按数量标志分组就是按事物的数量特征进行分组。例如企业按工人数、产值、产量等标志进行分组；居民家庭按子女人数分组，可分为 0 人(无子女)、1 人、2 人、3 人等。按数量标志分组，不仅可以反映事物数量上的差别，有时通过事物的数量差异也可区分事物的性质。例如人口按年龄分组，男性为 0 ~ 6 岁、7 ~ 17 岁、18 ~ 59 岁、60 岁以上；女性为 0 ~ 6 岁、7 ~ 17 岁、18 ~ 54 岁、55 岁以上，这是由于国家对男女职工规定退休年龄的不同而有所差别。因此，正确选择决定事物性质差别的数量界限，是按数量标志分组中的一个关键问题。

3. 数据分组体系

分组标志可以是一个，也可以是几个。有时为了从不同侧面反映总体的特征，就必须运用几个标志对总体进行分组，以形成一个完整的体系，这就是数据分组体系。数据分组体系有以下两种不同的形式。

1) 平行分组体系

将数据按照一个标志进行分组，称为简单分组。将同一总体的几个简单分组按某一规则排列起来就构成一个平行分组体系。例如，分别按性别、专业、年级对大学生进行分组，这些简单分组排列起来，就是平行分组体系，如表 2-1 所示。

表 2-1　大学生平行分组体系

按性别分组	按专业分组	按年级分组
男	经济学	一年级
	管理学	二年级
女	计算机应用	三年级
	电子工程	四年级

2) 复合分组体系

将数据同时按两个或两个以上的标志层叠起来分组，称为复合分组。由复合分组形成的分组系列就构成复合分组体系。例如，对工业企业先按所有制分组，在此基础上，再按规模进行复合分组，就形成一个复合分组体系，如表 2-2 所示。

表 2-2　工业企业复合分组体系

按 所 有 制	按　规　模
国有企业	大型企业
	中型企业
	小型企业
集体企业	大型企业
	中型企业
	小型企业
民营企业	大型企业
	中型企业
	小型企业
其他企业	大型企业
	中型企业
	小型企业

2.2.5　频数分布

频数分布是在分组的基础上形成的。频数是落入各组的单位数，也可称为次数，用符号

f表示；各组频数占总频数的比重称为频率，用 v 表示。

频数分布是将研究的所有单位按某一标志分组，形成总体中各单位数在各组间的分布，又称为分布数列。

根据分组标志的特征不同，分布数列可分为属性分布数列和变量分布数列两种。

1. 属性分布数列

属性分布数列是指按品质标志分组所形成的分布数列，简称品质数列。品质数列就是非数值型数据所形成的频数分布。例如，按性别、品牌分组形成的频数分布就是属性数列或品质数列。根据标志的意义，品质标志主要应用于定类尺度与定序尺度两种，所以属性分布数列包含以下两种。

1) 定类尺度的分布数列

定类尺度的分布数列其分组标志(各分组名称)是反映类别的定类数据。

2) 定序尺度的分布数列

定序尺度的分布数列其分组标志是定序数据。该频数分布的构造方法与定类尺度相同。

2. 变量分布数列

1) 变量分布数列的种类

变量分布数列是指按数量标志分组形成的分布数列，它包含定距尺度和定比尺度分组所形成的频数分布，即数值型数据频数分布。

对于属性分布数列来讲，如果分组标志选择得好、分组标准定得恰当，则事物的差异就表现得比较准确，能轻易地分出各个数据小组。另外，属性分布数列一般也比较稳定，通常能准确地反映数据分布的特征。对于变量数列来讲，其组数和各组界限等的确定往往可能出现因人的主观认识而异的情况，也就是说即使按同一数量标志分组，也可能出现不同的频数分布。

变量分布数列按照用以分组的变量值的表现形式不同，可以分为单项式变量数列和组距式变量数列两种。

(1) 单项式变量数列。单项式变量数列是指数列中每个组的变量值都只有一个，即一个变量值代表一组。单项式变量数列一般适宜数据为离散型变量的情况，而且要求变量值变异幅度不太大时采用。

(2) 组距式变量数列。组距式变量数列是指将全部变量值依次划分为若干个区间，并将每一区间的变量值作为一组，简称组距式数列。组距式数列适用于连续变量，或离散变量值个数较多、变化范围较大的情况。组距式变量数列在实践中应用更为普遍。

2) 组距式变量数列的编制

下面，以实例说明组距式数列的编制过程。

例如，某公司经理为了解普通雇员的薪酬情况，委托人事部门抽查了 50 名普通雇员的周薪，数据见表 2-3。

表 2-3　50 名雇员的周薪原始数据

元

790	880	780	500	700	710	900	540	720	580
720	800	910	950	910	810	720	610	730	820
970	830	740	610	620	630	740	740	990	840
840	640	750	650	750	660	750	850	670	680
690	750	860	950	760	880	690	770	870	510

上述原始资料比较分散零乱，不易直接看出其薪酬分布的特征。若将这些数据按由小到大的顺序排列，就可得到表 2-4。

表 2-4　50 名雇员的周薪按由小到大顺序数据排列表

元

500	510	540	580	610	610	620	630	640	650
660	670	680	690	690	700	710	720	720	720
730	740	740	740	750	750	750	750	760	770
780	790	800	810	820	830	840	840	850	860
870	880	880	900	910	910	950	950	970	990

组距式数列编制的具体步骤如下：①确定组数；②确定组距；③确定组限(各组间的界限)；④计算组中值；⑤频数计量及分布。

(1) 确定组数。分组的组数没有严格的规定，主要取决于观测的数据量及数据分布的形态。如果数据量大、相对分组较多时，数据的集中程度较高，那么分组的组数可以少一些。很多情况下是凭经验或者是反复试分组才可确定组数。这里，介绍由美国学者斯特杰斯(H. S. Sturges)创造的关于确定组数和组距的经验公式

$$k = 1 + 3.3\lg N \tag{2.2.1}$$

式中，k 为组数，N 为总体单位数，$\lg N$ 表示以 10 为底的 N 的对数。其中，当 n=100 时，$\lg N = \lg 100 = 2$。

(2) 确定组距。组距为每一组的间隔，可以用两个相邻组的下限之差表示。在分组时，组距的计算公式为

$$h = \frac{R}{k} = \frac{X_{\max} - X_{\min}}{1 + 3.3\lg N} \tag{2.2.2}$$

式中，h 为组距，R 为全距，即变量最大值与变量最小值之差。

(3) 确定组限。组限是指每一组的两端值，一个组的最小值称为下限，用 L 表示，一个组的最大值称为上限，用 U 表示。一般说来，组限必须涵盖所有的变量值，即第一组的下限应小于或等于所研究数据的最小值，而最后一组的上限要大于或等于数据中的最大值。

从理论上讲，组限的确定，一个是要满足原始数据的特征，另一个是应使一项数据只能分在其中的某一组，不能在其他组中重复出现。对于离散性变量，其变量值都是整数，变量值之间有明显界限，因而，组的上下限可用肯定性的数值表示，组限非常清楚。

(4) 计算组中值。组中值是上限和下限之间的中间数值，它是代表各组标志值平均水平的数值。

计算闭口组(组限齐全)组中值的公式为

$$组中值=\frac{L+U}{2} \tag{2.2.3}$$

开口组(组限不全)的组中值的确定，一般以其邻近组的组距为准。使用组中值代表组内数据，有一个必要的假设条件，即各组数据在组内呈均匀分布或在组中值两侧呈对称分布。如实际数据的分布不符合这一假定，用组中值作为组数据的代表值会有一定的误差。

(5) 频数计量及分布。频数的计量就是统计出每一组的单位数为多少。为了统计分析的需要，有时我们需要观测某一数值以下或以上的频数或频率之和，这就要求计算累计频数或累计频率。

累计频数或累计频率按其累计方式不同可分为向上累计和向下累计。

无论是数值型数据频数分布还是非数值型数据频数分布，同样能清晰地描绘数据变动的特征，使枯燥的数据变得生动，加大了数据的信息含量。尽管如此，我们也得承认频数分布会导致一些详细信息的缺失，也就是说，把数据整理成频数分布会丢失某些具体的信息，这些并未影响频数分布的应用价值，频数分布的优势足以抵消它的缺陷。

2.2.6 数据显示

当我们阅读报刊或上网查阅资料时，总能看到大量的统计表格和统计图形。统计表把杂乱的数据有条理地组织在一张简明的表格内，而统计图把数据直观、形象地显示出来。我们要把整理后的数据生动、清晰地展示出来，也应该借助于统计表与统计图。因此，正确使用统计表和绘制统计图是做好统计分析的基本技能。

1．统计表

统计表是由纵横垂直交叉的直线所绘制的，用来表现统计数据的表格。统计表是显示统计数据的基本工具。许多杂乱、不便于阅读和理解的数据，一旦整理在一张统计表内，就会使这些数据变得一目了然。

任何一张统计表在显示数据时都必须明示表的名称、这是谁的数据、是什么数据以及数据值是多少等内容，它们构成了统计表的主体。统计表一般由 4 个主要部分构成，即表头、行标题、列标题和数值资料。此外，必要时可以在统计表的下方加入表外附加。表头应放在表的上方，它是表的名称，所说明的是统计表的主要内容；行标题通常安排在表的第一列，它要说明数据是谁的或数据的时间，一般由研究问题的名称、分组标志和数据时间等内容构成；列标题通常在表的第一行，所要表达的是什么数据，一般由指标(变量)构成；数据资料则是指标或变量的具体数值。表外附加通常放在统计表的下方，主要包括资料来源、指标解释和必要说明等内容。

2．统计图

统计图是以点、线、面积、体积等图形表现数据的一种形式。利用统计图显示数据的方法可称为图示法，图示法展示数据具有极强的视觉吸引力，在我国的各大报纸、杂志和政府报告中被广泛使用。

在计算机日益普及的今天，统计图的制作完全可以借助计算机完成。

1) 非数值型数据的统计图

作为定类尺度与定序尺度这两类非数值型数据通常使用的统计图有条形图和饼图。

(1) 条形图。条形图是用宽度相等、相互分离的条状图形的高度(或长度)来表示频数分布的图形。条形图有单式、复式等形式，可以横置或纵置，纵置时又称为柱形图。条形图中条状图形的高度可以是频数、频率，还可以是事物的具体数值水平。

(2) 饼图。饼图是以整个圆的 360° 代表全部数据的总和，按照各组所占的百分比(频率)，把一个“饼”切割为各个扇形。饼图主要用于表示总体中各组成部分所占的比例，对于研究结构性问题十分有用。

2) 数值型数据的统计图

前面介绍的非数值型数据的图示方法同样适宜数值型数据，除条形图、饼图以外，数值型数据较常采用的还有直方图、折线图、曲线图和茎叶图。

(1) 直方图。直方图是用矩形的宽度和高度来表示频数分布的图形。在平面直角坐标中，横轴表示组距，纵轴表示频数或频率，这样各组与相应的频数就形成了一个矩形，即直方图。例如，从直方图可以直观地看出前文中雇员周薪及其人数的分布情况。就其实质来说，直方图是以矩形的面积来表示各组的频数分布。对于等距分组的频数分布，由于各组组距相等，矩形的高度可直接用频数或频率表示。如果是不等距分组，矩形的高度用频数或频率表示则不再适宜。此时，矩形的高度可用频数密度表示，其计算公式为

$$\text{频数密度}=\frac{\text{频数}}{\text{组距}}$$

许多人可能认为直方图与条形图没有区别，其实不然。直方图与条形图的差异可用两点概括：第一点，条形图是用条形的长度(横置时)表示各组的频数多少，其宽度(类别)是固定的；直方图是用面积表示频数的差异，矩形的高度表示每组的频数或频率，宽度则用组距表示，其高度与宽度均有意义。第二点，由于分组数据有连续性，直方图的各矩形间没有间隔，是连续排列的。而条形图则是分开排列的。

(2) 折线图。折线图是在直方图的基础上将每个矩形顶端中点用折线连接而成，也可以用组中值与频数(频率)求坐标点连接而成。

(3) 曲线图。当变量取值较多，频数分布的组数随之增大，而组距取值较小时，折线便趋于一条平滑的曲线。常见的频数分布曲线是正态分布曲线，它是一种左右对称的曲线。除此之外还有偏态分布曲线、J 型分布曲线与 U 型分布曲线。

偏态分布曲线又按照偏斜的方向分为左偏态曲线和右偏态曲线。

J 型分布曲线按照方向分为正 J 型与负 J 型。

(4) 茎叶图。前面讨论的直方图和折线图都是根据分组数据或频数分布绘制的，对于未分组的原始数据则可以用茎叶图来观察分布。我们知道频数分布有很多优点，比如能清晰地展示分布的形状，告诉研究者数据的集中点在哪里以及是否有极端值存在等问题。但把原始数据组织成频数分布，以此为依据绘制直方图会造成具体信息的丢失，而用茎叶图显示数据就可以弥补这一不足。

茎叶图是显示数据的一种统计方法。它把每一数据分解成茎与叶两部分，高位数字为茎，低位数字为叶。茎数字视需要可以是多位数也可以是 1 位数，而叶数字只能是 1 位数。茎数字按列排列，叶数字按行排列。

2.3 数据描述性统计分析

数据经过整理可以大体反映数据分布的状况，但就整个统计工作来说，这只是对数据的初步描述，要使收集到的数据发挥更大效用，应该对数据进行进一步的描述性分析。数据的描述性统计分析包括数据对比分析、集中趋势测量和离散趋势测量。

2.3.1 数据对比分析

数据对比分析是利用相对数反映研究问题数量特征及数量关系的一种统计方法。相对数是指两个有联系的数据的比值。比如，某公司年内对产品开展两次调查，由于两次调查规模不同，直接用产品的满意人数说明问题，并没有多大意义，但用各次的满意人数与调查人数的比值说明问题，便可看出消费者对产品忠诚度是否变化。这里的满意率就是一个相对数，利用相对数进行分析可称为数据对比分析。

数据对比分析的核心是计算相对数。常用的相对数有计划完成相对数、结构相对数、比例相对数、比较相对数、动态相对数和强度相对数 6 种。

1. 计划完成相对数

计划完成相对数是将某一时期的实际完成数与同期的计划数进行对比，反映计划的执行情况，一般用百分数表示，其计算公式为

$$计划完成相对数=\frac{实际完成数}{同期计划数}\times 100\%$$

2. 结构相对数

结构相对数是利用统计分组法，将数据分为不同性质的若干部分，以部分数值与全部数值对比，反映数据的内在结构特征，一般用百分数表示，例如人口中的性别构成、年龄构成，国内生产总值的产业构成等。结构相对数的计算公式为

$$结构相对数=\frac{总体部分数值}{总体全部数值}\times 100\%$$

3. 比例相对数

比例相对数是总体内部分与其余部分的数量对比，反映事物各部分之间的数量联系程度，一般用系数表示，例如人口性别比、积累与消费比等。比例相对数的计算公式为

$$比例相对数=\frac{总体中部分数值}{总体中另一部分数值}$$

4. 比较相对数

比较相对数是同类现象在不同地区、部门、单位之间的数值对比，用以表现同类现象在不同空间的数量对比关系，一般用百分数、系数或倍数表示，例如两个国家的人均 GDP 的比值、两个部门的劳动生产率的比值等，通过比较可以揭示同类现象发展的不均衡程度。比较相对数的计算公式为

$$比较相对数=\frac{甲单位数值}{乙单位同类指标数值}$$

5. 动态相对数

动态相对数是同类现象在不同时间的数值对比，用以说明现象发展的方向与速度，一般用百分数表示，在实际工作中通常把用来作为比较标准的时期称为“基期”，把被比较的时期称为“报告期”。动态相对数计算公式为

$$动态相对数=\frac{报告期数值}{基期数值}\times100\%$$

6. 强度相对数

强度相对数是两个性质不同但有一定联系的数值之比，用以说明现象发展的强度、密度和普遍程度，例如流通费用率、百元资金实现利税、人均 GDP 等。强度相对数的表现形式一般可以是无名数，即系数、倍数、百分数等；也可以是有名数，即由分子与分母的计量单位构成，如人口密度的单位为“人/平方公里”，人均 GDP 的单位为“元/人”，其计算公式为

$$强度相对数=\frac{某一指标数值}{另一有联系性质不同的指标数值}\times100\%$$

此外，必须指出的是，强度相对数与平均数很相似，运用中极易混淆。两者的本质区别在于各自的分子与分母的关系不一样。平均数是变量值的和与变量值个数之比，分母中的每个单位都是分子的变量值的承担者；而强度相对数不存在各个变量值与各个单位相对应的关系，它是两个有联系的数据的对比，作为分子的数值的大小并不受作为分母的数值大小的影响。

2.3.2 集中趋势测量

集中趋势是数据描述性分析的重要内容。原始数据经过分组整理所形成的频数分布，直观和概略地反映出数据分布的基本特征，但缺乏对数据分布特征的综合测量，集中趋势测量是综合度量数据分布特征的一种重要统计方法。集中趋势是一组数据的中心值。

数据集中趋势的测定方法有许多，本节从数据类型的角度分别介绍。一般说来，低层次数据集中趋势的测量方法同样适用于高层次数据，而高层次数据集中趋势的测量方法不适宜低层次数据。比如定类尺度是 4 种数据类型中层次最低的数据，其集中趋势的测量方法也适用于定序、定距和定比数据，但定序、定距及定比数据集中趋势的测量方法却不能用于定类尺度。

1．非数值型数据集中趋势测量

非数值型数据集中趋势测量分为定类尺度测量和定序尺度测量。

1) 定类尺度(分类数据)集中趋势测量

定类尺度集中趋势的测量方法是众数法。

众数是指一组数据中频数最大的变量值，一般用 M 表示。众数的计算通常以分组为基础，首先找到频数(频率)最大的组，该频数(频率)对应的变量值则为众数。

以下列资料为例，说明定类尺度集中趋势的测量方法。

某高校观看世界杯足球赛男女大学生人数如表 2-5 所示。

表 2-5　某高校观看世界杯足球赛男女大学生人数

性别分组	学生人数/人
男	5 200
女	1 620

性别是分类尺度，属于非数值型数据，其变量的取值为男、女。在例子中我们看到所调查的 6 820 人中，观看世界杯足球赛的男大学生为 5 200 人，女大学生只有 1 620 人。男生的观看人数比女生多了 3 580 人，男生组是频数最大的组。根据众数的定义，可知观看足球赛大学生性别的众数是男生，即 M=男生。

2) 定序尺度(顺序数据)集中趋势测量

定序尺度集中趋势的测量方法有中位数法与众数法。

中位数是一组数据按顺序排列，处于中间位置的变量值，一般用 M_e 表示。中位数将全部数据分成两个相等的部分，每部分各占数据个数的 50%，使得一部分数据比中位数大，一部分数据比中位数小。

定序尺度的计量层次比定类尺度高一个等级，所以，除用中位数测量定序尺度的集中趋势外，也可用众数，但定序尺度最适宜的集中趋势的测量方法是中位数法。

2．数值型数据集中趋势测量

在实际工作中，我们面对的数据除了非数值型数据以外，还有数值型数据。作为数值型数据的两种类型，定距尺度与定比尺度虽有区别，但属于同一层次，因此，两种尺度集中趋势的测量方法均相同。

数值型数据集中趋势的测量方法有平均数法、几何平均数法、众数法和中位数法 4 种。

1) 平均数法

平均数是一组数据求和后除以数据的个数的值，也可简称为均值。

平均数在统计学中占有重要的地位，是集中趋势最主要的测度值。它主要适用于数值型数据，无论是定距尺度还是定比尺度，均不适用于定类数据与定序数据。根据掌握的资料不同，平均数有不同的计算形式和计算公式。

(1) 简单平均数。简单平均数是根据未分组的原始数据计算的平均数。

① 总体平均数。总体平均数反映的是总体分布的集中趋势。在总体范围不大的情况下，一些研究会涉及总体平均数，它的计算包含了一个总体的全部数据。例如，如果我们说某校

所有学生的数学平均分数为 70 分,这个分数就是总体平均数。当从该校随机抽出 100 名学生,计算 100 名学生的数学平均分则不是总体平均数。总体平均数的计算公式为

$$\overline{X}=\frac{1}{N}\sum_{i=1}^{N}X_i \tag{2.3.1}$$

式(2.3.1)中，$\overline{X}$ 为总体平均数，N 为总体容量，X_i 为变量值。

② 样本平均数。我们通常从总体中抽取一个样本以获取总体某一方面的信息，例如，质量检验部门要确保所生产的日光灯寿命达到许可的范围，不可能对每一支日光灯都进行检测，可能抽一个包含 50 支日光灯管的样本，然后计算 50 支日光灯的平均使用寿命，以估计生产的所有日光灯的平均使用寿命。这里的 50 支日光灯的平均寿命就是样本平均数，全部日光灯的平均寿命则是总体均值。样本平均数的计算公式为

$$\overline{x}=\frac{1}{n}\sum_{i=1}^{n}x_i \tag{2.3.2}$$

式(2.3.2)中，$\overline{x}$ 为样本平均数，n 为样本容量，x_i 为变量值。

例如，已知某总体由 100 个数据构成，其中 $\sum_{i=1}^{N}X_i=5000$。今从 100 个数据中随机抽取 4 个数据，4 个数据分别为 60、50、36 和 70。

总体平均数由公式 $\overline{X}=\frac{1}{N}\sum_{i=1}^{N}X_i$ 可得

$$\overline{X}=\frac{5000}{100}=50$$

样本平均数由公式 $\overline{x}=\frac{1}{n}\sum_{i=1}^{n}x_i$ 可得

$$\overline{x}=\frac{1}{4}\sum_{i=1}^{4}x_i=\frac{60+50+36+70}{4}=54$$

(2) 加权平均数。加权平均数是根据分组数据计算的平均值。当分组后每组的频数不等，这时就要以频数 f_i 或频率 $\frac{f_i}{\sum_{i=1}^{k}f_i}$ 为权数，计算加权平均数。

设有 k 组变量值，X_i 表示单项数列的变量值或组距数列的组中值，f_i 表示各组频数，$\sum_{i=1}^{k}f_i=N$，则总体加权平均数计算公式为

$$\overline{X}=\frac{X_1f_1+X_2f_2+\cdots+X_kf_k}{f_1+f_2+\cdots+f_k}=\frac{1}{N}\sum_{i=1}^{k}X_if_i \tag{2.3.3}$$

同理，样本加权平均数计算公式为

$$\bar{x}=\frac{\sum_{i=1}^{k}x_i f_i}{\sum_{i=1}^{k}f_i}=\frac{1}{n}\sum_{i=1}^{k}x_i f_i \tag{2.3.4}$$

这里 $\sum_{i=1}^{k}f_i=n$。

加权平均数除了如式(2.3.3)和式(2.3.4)用频数加权外，还可以采用频率为权数。

加权平均数的大小不仅受各组变量值大小的影响，还受各组频数或频率大小的影响，这里频数或频率起着权数的作用。如果某一组权数大，说明该组数量较多，那么该组数据的大小对平均数的影响就越大，反之则越小。另外，频率的计算必须以频数为基础。

(3) 加权平均数变形。在实际应用过程中，有时由于受掌握的资料所限，不能直接采用总体加权平均数计算公式和样本加权平均数计算公式，这就需要把加权平均数变形，比如在分析问题时掌握的是各组总值数据而缺少各组频数资料。以商业调查中计算商品平均价格为例，已知商品销售额和价格，缺少商品的销售量，在这种受掌握资料所限的情况下，则可将加权平均数变形。

设 $m_i=x_i f_i$ 为各组总值，当 f_i 未知时，$f_i=\frac{m_i}{x_i}$，将其代入样本加权平均数计算公式，加权平均数的变形公式为

$$\bar{x}=\frac{1}{\sum_{i=1}^{k}\frac{m_i}{x_i}}\sum_{i=1}^{k}m_i \tag{2.3.5}$$

总体说来，平均数有以下两个重要的数学性质。

第一个性质，各个变量值与平均数离差之和等于零，即在简单平均数中

$$\sum_{i=1}^{k}\left(x_i-\bar{x}\right)=0$$

在加权平均数中

$$\sum_{i=1}^{k}\left(x_i-\bar{x}\right)f_i=0$$

平均数的这个数学性质说明，平均数是代表值，它采取取长补短的方法，离差之和为零。

第二个性质，各个变量值与常数 M 的离差平方中，与平均数的离差平方之和为最小值，即在简单平均数中

$$\sum_{i=1}^{k}\left(x_i-\bar{x}\right)^2=\min_{M}\sum_{i=1}^{k}\left(x_i-M\right)^2$$

在加权平均数中

$$\sum_{i=1}^{k}\left(x_i-\bar{x}\right)^2 f_i=\min_{M}\sum_{i=1}^{k}\left(x_i-M\right)^2 f_i$$

平均数的这一数学性质是度量离散程度，进行误差分析和最小二乘估计等统计方法的基础。

2) 几何平均数法

几何平均数是 n 个变量值连乘积的 n 次方根，一般用 G 表示。几何平均数对应用条件有一定的要求，通常是对速度或比率求均值时采用，而且要求 n 个速度或比率连乘积要等于总速度或总比率。

对几何平均数的计算，有简单几何平均数与加权几何平均数两种方法。

我们知道算术平均数 $\frac{a+b}{2}$，体现纯粹数字上的关系，而 $\sqrt{ab}$ 称为几何平均数，这个体现了一个几何关系，即过一个圆的直径上任意一点 A 做垂线，直径被分开的两部分为 a、b，那么这个垂线在圆内的一半长度就是 $\sqrt{ab}$，如图 2-1 所示。

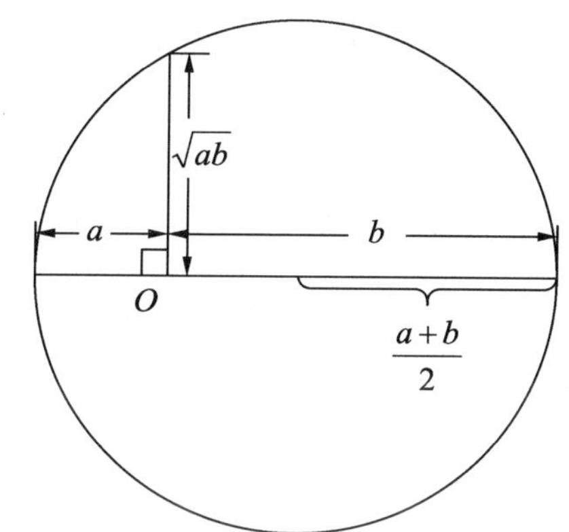

图 2-1　算术平均数与几何平均数的关系

计算几何平均数要求各观察值之间存在连乘积关系，它的主要用途是对比率、指数等进行平均，以及计算平均发展速度。其中样本数据非负，几何平均数法主要用于对数正态分布。

(1) 简单几何平均数。简单几何平均数的计算公式为

$$G=\sqrt[n]{x_1x_2\cdots x_n}=\sqrt[n]{\prod_{i=1}^{n}x_i} \tag{2.3.6}$$

式(2.3.6)中，G 为几何平均数，x_i 为变量值，n 为变量值个数。

例 2.1 某企业生产一种产品，要经过 3 个连续作业的车间，各车间的产品合格率分别为 95.8%、95%和 93%，则产品的平均合格率为多少？

【解析】 产品合格率属于结构相对数，同时 3 个车间合格率的乘积等于该产品的总合格率。用式(2.3.6)计算，可得产品平均合格率为

$$G=\sqrt[3]{95.8\%\times95\%\times93\%}=94.59\%$$

(2) 加权几何平均数。加权几何平均数的计算公式为

$$G = \sqrt[f_1+f_2+\cdots+f_n]{x_1^{f_1} x_2^{f_2} \cdots x_n^{f_n}} = \sqrt[\sum_{i=1}^{n} f_i]{\prod_{i=1}^{n} x_i^{f_i}} \tag{2.3.7}$$

例 2.2 某人一笔款项存入银行 10 年，年利率 5 年为 6%，3 年为 5%，2 年为 3%，如果按复利计算，这笔存款的平均年利率为多少？

【解析】 由于按复利计息，各年的利息是以上 1 年的本利和为基础计算的，因此，应先将各年的利率换算成年本利率(1+年利率)再进行计算。因为各年的年本利率的连乘积等于总的本利率，在此基础上减 1，就得到平均年利率。用加权几何平均数公式，可得平均年本利率为

$$G = \sqrt[\sum_{i=1}^{n} f_i]{\prod_{i=1}^{n} x_i^{f_i}} = \sqrt[10]{1.03^2 \times 1.05^3 \times 1.06^5} = 105.094\%$$

平均年利率 $G-1 = 105.094\% - 1 = 5.094\%$。

3) 众数法

前文在定类数据集中趋势的测量中已经介绍过众数，众数对定类和定序数据的描述尤为重要。基于计量尺度向下兼容的性质，众数的应用不仅限于非数值型数据，对于层次更高的数值型数据也同样适用。

由前可知，众数的计算通常要以分组为基础。数值型数据分组后形成两种数列：其一是单项变量数列，其二是组距变量数列。根据变量数列不同，确定众数可采用不同的方法。

(1) 单项变量数列。由单项变量数列确定众数与非数值型数据方法相同，只需找到频数或频数最大的组，该组对应的数据即是众数。

(2) 组距变量数列。由组距变量数列确定众数，首先根据频数或频率最大原则确定众数所在组，然后运用相关计算公式确定众数，这是因为组距变量数列每一组的数据是一段区间，不同于单项变量数列每一组只有一个值。为了把众数从该区间求出，可通过比例插值法近似得出。

根据众数所在组的上下限不同，众数的计算公式分为下限公式与上限公式两种。下面给出的是众数下限计算公式

$$M_0 = L + \frac{d_1}{d_1 + d_2} h \tag{2.3.8}$$

式(2.3.8)中，L 为众数组的下限，d_1 为众数组频数与前一组频数之差，d_2 为众数组频数与后一组频数之差，h 为众数组的组距。

例 2.3 某百货公司所属商店年销售额资料如表 2-6 所示，求年销售额的众数下限。

表 2-6　百货公司所属商店年销售额资料

商店按年销售额分组/万元(变量值)	商店数/个(变量值个数)
50～60	24

(续表)

商店按年销售额分组/万元(变量值)	商店数/个(变量值个数)
60～70	48
70～80	105
80～90	60
90～100	27
100～110	21
110～120	12
120～130	3
合计	300

【解析】 商店年销售额众数下限为

$$M_0 = 70 + \frac{105-48}{(105-48)+(105-60)} \times 10 = 75.6(\text{元})$$

4) 中位数法

中位数除不能用于度量定类数据集中趋势外，对于定序数据和数值型数据都适宜。

数值型数据计算中位数分以下两种情况。

(1) 由未分组资料确定中位数。计算尚未分组数据的中位数时，先将研究全部数据按数值大小排序，然后根据 50%原理确定中位数位置，与中位数位置对应的数据就是中位数。

未分组数据确定中位数位置计算公式为

$$\frac{n+1}{2} \tag{2.3.9}$$

当研究的全部数据 n 是奇数时，中位数是处于中间位置的数据。当研究的数据个数 n 为偶数，中位数是处于中间位置上两个数据的平均数。

例 2.4 某房地产开发商在 2006 年 8 月份出售的 5 套商品房的总价分别是 65 万元、110 万元、105 万元、80 万元和 90 万元，求价格中位数。

【解析】 先将 5 个数据按大小排序，即 65 万元、80 万元、90 万元、105 万元和 110 万余。运用公式 $\frac{n+1}{2}$，可得中位数位置为

$$\frac{n+1}{2} = \frac{5+1}{2} = 3$$

则第 3 个数据是中位数，即

$$M_e = 90\,(\text{万元})$$

例 2.5 6 名质量检查工程师的年薪由低到高分别为 35 000 元、40 000 元、40 000 元、49 000 元、50 000 元、50 000 元，则计算 6 名质量检查工程师年薪的中位数。

【解析】 根据中位数计算的要求，运用公式确定中位数位置，可得中位数位置为

$$\frac{n+1}{2} = \frac{6+1}{2} = 3.5$$

由此可知，中位数处于第 3 个数据与第 4 个数据的中间，取两者的平均数即为中位数，即

$$M_e = \frac{40\ 000 + 49\ 000}{2} = 44\ 500(\text{元})$$

注意：

在变量值的个数为偶数时，中位数可能不是所给变量值中的任何值，但它仍旧描述了所有数据一半与另一半的数目界限。比如 44 500 元描述的是 6 人中有 3 名质量检查工程师的年薪高于 44 500 元，有 3 人则低于 44 500 元。

(2) 由分组资料确定中位数。数值型数据分组以后形成了变量数列，由于变量数列中的数据已经排序，所以分组资料计算中位数的关键一步是确定中位数的位置。无论是单项变量数列，还是组距变量数列，运用中位数的 50%原理，中位数的位置计算公式为

$$\frac{n+1}{2} \tag{2.3.10}$$

根据变量数列的类型不同，中位数有不同的确定方法。

① 第一种方法是单项变量数列确定中位数法。

单项变量数列计算中位数的方法与定序数据(未分组资料)完全相同。首先按照中位数位置计算公式，确定中位数的位置，然后运用向上累计频数找出中位数所在组，最后确定中位数数据。

例 2.6 已知某车间日产零件数与人数，如表 2-7 所示，计算日产量中位数。

表 2-7　某车间日产零件数与人数资料

按日产零件数分组/件(变量值)	人数(变量值个数)	向上累计频数
18	3	3
19	8	11
20	14	25
21	4	29
26	1	30
合计	30	

【解析】 根据公式 $\frac{n+1}{2}$，可得中位数位置 $\frac{30+1}{2}=15.5$，即中位数处于第 15 名工人与第 16 名工人的中间，取两者的平均日产量即为中位数，即

$$M_e = \frac{20+20}{2} = 20(\text{件})$$

② 第二种方法是组距变量数列确定中位数法。

组距变量数列计算中位数比单项变量数列复杂。同单项变量数列不同，运用公式

$$\left[\frac{n+1}{2}\right] \tag{2.3.11}$$

求出中位数所在组，该组对应的变量值不是唯一的值，而是一段区间。在假定中位数组内数据均匀分布的前提下，计算中位数的近似值，其计算公式为

$$M_e = L + \frac{\left[\frac{n+1}{2}\right] - S_{m-1}}{f_m} h \tag{2.3.12}$$

式(2.3.12)中，L 为中位数所在组的下限，S_{m-1} 为中位数所在组前一组的累计频数和，f_m 为中位数所在组的频数，h 为中位数所在组的组距。

例 2.7 根据表 2-8 的数据，计算年销售额中位数。

表 2-8　按年销售额对商店分组统计表

按年销售额分组/万元(变量值)	商店数/个(变量值个数)	向上累计频数
50～60	24	24
60～70	48	72
70～80	105	177
80～90	60	237
90～100	27	264
100～110	21	285
110～120	12	297
120～130	3	300
合计	300	

【解析】 按公式$\left[\frac{n+1}{2}\right]$，确定中位数的位置$\left[\frac{300+1}{2}\right]=150$，即第 150 家商店的年销售额是中位数。运用向上累计得知，第 150 家商店应该包含在 177 中，故中位数在第 3 组，该组的变量值介于 70~80 万元之间，中位数应在此区间内。

根据资料已知可得中位数

$$M_e = L + \frac{\left[\frac{n+1}{2}\right] - S_{m-1}}{f_m} h = 70 + \frac{150-72}{105} \times 10 = 77.43(\text{万元})$$

5) 平均数、中位数及众数之间的区别与联系

(1) 平均数、众数和中位数的特点。

平均数作为一组数据的代表，是按数值型数据计算的，并且利用了全部数据的信息，具有优良的数学性质，在实际中应用的最为广泛，特别是在进行统计推断时有重要的作用。平均数易受极端值的影响，对偏态分布的统计资料进行分析时其代表性较差。

众数是一组数据的位置代表值，在频数分布图上，最高峰所对应的数即为众数。众数不受极端数据的影响，而且求法方便。但众数在某些情况下可能不存在，也可能出现两个或两个以上。

中位数也是一组数据的位置代表值，它位于依序排列的一组数据的中间位置，不受极端数据的影响。

对于非数值型数据测量，定类数据通常是计算众数，定序数据通常可以计算众数、中位数。对于数值型数据测量，同样可以计算众数和中位数，还可以计算平均数。平均数、中位数和众数所表达的集中趋势的含义不同，作为集中趋势的度量究竟哪一个的代表性更强，不能一概而论，这要考虑数据的分布情况。如用平均数作为集中趋势的度量，要求变量值之间变化差异不大，当变量值之间差异较大时，可以考虑使用中位数或众数。

(2) 平均数、中位数和众数相同点。平均数、中位数和众数都可用来描述数据集中趋势的统计量；都可用来反映数据的一般水平；都可用来作为一组数据的代表。

(3) 平均数、中位数和众数不同之点。平均数、中位数和众数不同之处主要表现在以下几个方面。

① 含义不同。平均数是一组数据的总和除以这组数据个数所得到的商。中位数是将一组数据按大小顺序排列，处在最中间位置的一个数或最中间的两个数的平均数。众数是在一组数据中出现次数最多的数。

② 求法不同。平均数是用所有数据相加的总和除以数据的个数，与每一个数的大小都有关系。中位数是将数据按照从小到大或从大到小的顺序排列，如果数据个数是奇数，则处于最中间位置的数就是这组数据的中位数，如果数据的个数是偶数，则中间两个数据的平均数是这组数据的中位数，在这组数据中就能找出或通过或简单计算得出。众数是一组数据中出现次数最多的那个数，不必计算就可找出。

③ 个数不同。在一组数据中，平均数和中位数都具有唯一性，但众数有时不具有唯一性。在一组数据中，可能不止一个众数，也可能没有众数。

④ 呈现形式不同。平均数是一个“虚拟”的数，是通过计算得到的，它不是数据中的原始数据，它可能与原始数据中的某一个相同，也可能与原数据中的任何一个都不同。中位数是一个不完全“虚拟”的数，当一组数据个数是奇数时，它就是该组数据排序后最中间的那个数据，是这组数据中真实存在的一个数据，但在数据个数为偶数的情况下，中位数是最中间两个数据的平均数，只有当中间的两个数相同时，它才与这组数据中的两个或两个以上数据相同，是数据中的一个真实的数，如果正中间的两个数不同，此时的中位数就是一个“虚拟”的数。众数是一组数据中出现次数最多的原始数据，它是真实存在的。但当一组数据中的每一个数据都出现相同次数时，这组数据就没有众数了。

⑤ 代表意义不同。平均数反映了一组数据的平均大小，常用来一代表数据的总体“平均水平”。中位数像一条分界线，将数据分成前半部分和后半部分，因此用来代表一组数据的“中等水平”。众数反映了出现次数最多的数据，用来代表一组数据的“多数水平”或“集中趋势”。这三个统计量虽然有所不同，但都可以反映一组数据的集中趋势，都可以作为一组数据一般水平的代表。

⑥ 受影响程度不同。平均数与每一个数据都有关，其中任何数据的变动都会相应引起平均数的变动，主要缺点是易受极端值的影响，这里的极端值是指偏大或偏小数，即当出现偏大数时，平均数将会被抬高，当出现偏小数时，平均数会降低。中位数与数据的排列位置有关，某些数据的变动对它没有影响，它是一组数据中间位置上的代表值，不受数据极端值的影响。众数与数据出现的次数有关，着眼于对各数据出现的频率的考查，其大小只与这组

数据中的部分数据有关，不受极端值的影响。

⑦ 作用不同。平均数是统计中常用的数据代表值，比较可靠和稳定，因为它与每一个数据都有关，反映出来的信息最充分，既可以描述一组数据本身的整体平均情况，也可以作为不同组数据比较的一个标准。因此，它在生活中应用广泛，比如我们经常所说的平均成绩、平均身高、平均体重等。中位数作为一组数据的代表，可靠性比较差，因为它只利用了部分数据，但当一组数据的个别数据偏大或偏小时，用中位数来描述该组数据的集中趋势就比较合适。众数作为一组数据的代表，可靠性也比较差，因为它也只利用了部分数据，但如果一组数据中个别数据有很大的变动，且某个数据出现的次数较多，此时用该数据(即众数)表示这组数据的“集中趋势”就比较适合。

2.3.3　离散趋势测量

集中趋势只是数据分布的特征之一，数据分布的另一个特征是数据的离散趋势，也称为离中趋势，它反映的是各变量值之间的差异程度。

离散趋势是一种差异分析。我们知道集中趋势是对数据水平的一个概括性度量，它能否代表一组数据，取决于该组数据的离散水平。数据的离散程度越小，说明数据之间的差别小，所有的数据都靠近集中趋势测度值，此时集中趋势测量值对该组数据的代表性就好。数据的离散程度越大，其集中趋势的代表性就越差。离散趋势测量的作用可归纳为两点：一个是衡量集中趋势的代表性，另一个是反映现象发展均衡与否。

离散趋势有多种测量方法，可根据数据类型及集中趋势测度值的不同来决定使用哪种方法。

1. 非数值型数据离散趋势测量

1) 定类尺度离散趋势测量

我们知道众数法是定类尺度集中趋势的唯一测度方法，在衡量定类尺度集中趋势时具有代表性，而定类尺度下的离散趋势测量方法也只有一种，那就是计算异众比率。

异众比率是非众数组的频数占总频数的比重，其计算公式为

$$V_r = \frac{\sum_{i=1}^{k} f_i - f_m}{\sum_{i=1}^{k} f_i} = 1 - \frac{f_m}{\sum_{i=1}^{k} f_i} \tag{2.3.13}$$

式(2.3.13)中，V_r为异众比率，f_m为众数组频数。

异众比率主要用于众数对一组数据代表性的评价，无论是什么类型的数据，只要评价众数的代表性就涉及异众比率，也就是说异众比率既适宜定类数据离散趋势的测量，也适宜定序数据及数值型数据离散趋势的测量。异众比率取值范围介于 0 ~ 1 之间，其取值越大，说明众数组的频数占总频数的比重越小，众数的代表性就越差，表明数据分布不存在显著集中的态势；异众比率越小，说明众数组的频数占总频数的比重越大，众数的代表性就越好。

2) 定序尺度离散趋势测量

基于计量尺度描述方法向下兼容的性质，定序尺度离散趋势的测度方法有两种，分别是计算四分位差和计算异众比率。

倘若我们以中位数描述定序尺度的集中趋势，反映中位数对定序数据代表性的高低，则需采用四分位差测量离散趋势；倘若我们以众数测度定序尺度的集中趋势，则需计算异众比率，测量离散趋势。

四分位数是一组数据排序后，将数据分成 4 个相等部分的 3 个点，每一部分占观察值总数的 25%。其中第 1 个 25%数据点称为第 1 个四分位数，一般用 Q_1 表示；第 3 个 25%数据点，即 75%数据处称为第 3 个四分位数，一般用 Q_3 表示；很显然第 2 个 25%数据点是中位数 M_e，如图 2-2 所示。

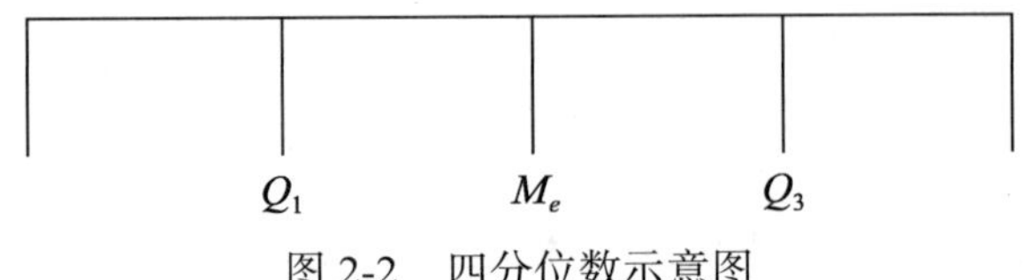

图 2-2　四分位数示意图

所谓四分位差是指一组数据的第 3 个四分位数与第 1 个四分位数的差值，其计算公式为

$$QD=Q_3-Q_1 \tag{2.3.14}$$

式(2.3.14)中，QD 为四分位差，Q_3 为第 3 个四分位数，Q_1 为第 1 个四分位数。

从图 2-2 可以看出，四分位差描述了距中位数两侧共 50%数据的离散程度，其数值越大，说明 50%数据离中位数的距离也越大，中位数的代表性就差；四分位差越小，说明 50%数据集中在中位数两侧，则中位数的代表性好。四分位差不受极端值的影响。

四分位差主要用于衡量定序尺度的离散程度，当然，数值型数据也可计算四分位差。

对于定序尺度，我们在计算四分位差时首先要将非数值型的定序尺度数值化，比如将非常满意设为 1，满意为 2，一般为 3 等。求出 Q_1 和 Q_3 的位置，并用向上累计频数确定 Q_1 和 Q_3 所对应的变量值，最后求出 QD。例如，计算表 2-9 该组数据的四分位差。

表 2-9　满意量化统计表

按满意程度分组	满意度量化	人数频数	向上累计频数
非常满意	1	8	8
满意	2	22	30
一般	3	5	35
不满意	4	3	38
非常不满意	5	2	40

如表 2-9 所示，满意度分为 5 个层次，分别用 1、2、3、4、5 表示。Q_3 的位置=0.75×40=30，即第 30 个人的满意度量化值是 Q_3，Q_1 的位置=0.25×40=10，即第 10 人的满意度量化值是 Q_1。

运用向上累计频数得知，第 30 个人在第 2 组，其对产品的满意度量化值是 2。第 10 个人也在第 2 组，其满意度量化值是 2。根据公式，该题中四分位差为

$$QD=Q_3-Q_1=2-2=0$$

本题中，该组数据的四分位差为 0，说明用中位数反映 40 个人对产品的满意度具有极高的代表性。

2．数值型数据离散趋势测量

数值型数据离散趋势的测量方法有多种，除了有反映众数代表性的异众比率和衡量中位数代表性的四分位差，还有反映平均数代表性的全距、平均差、方差与标准差、离散系数。

1) 全距

全距是一组数据最大值与最小值的差值，用 R 表示。计算公式为

$$R=\max(x)-\min(x) \tag{2.3.15}$$

全距是描述数值型数据离散趋势的最简单的一种计算方法，但由于没有充分利用数据的全部信息，同时易受极端值的影响，所以往往不能全面准确地反映数据的分散程度。全距只适宜在数据分布均匀时采用。

2) 平均差

平均差是指各变量值与平均数离差绝对值的平均数，用 $A.D$ 表示。未分组资料的平均差的计算公式为

$$A.D=\frac{\sum_{i=1}^{n}\left|x_i-\bar{x}\right|}{n} \tag{2.3.16}$$

式(2.3.16)中，$\bar{x}$ 为样本均值，n 为样本容量，x_i 为变量值。

分组资料的平均差的计算公式为

$$A.D=\frac{\sum_{i=1}^{k}\left|x_i-\bar{x}\right|f_i}{n} \tag{2.3.17}$$

式(2.3.17)中，设有 k 组变量值，n 为样本容量，x_i 表示变量值，$\bar{x}$ 为样本均值，f_i 表示各组频数。

对于未分组资料，我们采用简单平均法计算，对于分组资料，我们则采用加权平均法计算。

例 2.8 根据某公司雇员周薪数据表 2-10 信息，计算雇员周薪的平均差。

表 2-10　某公司雇员周薪数据统计表

按周薪分组/元	组中位数/元	人员频数/人
500 ~ 600	550	5
600 ~ 700	650	11
700 ~ 800	750	17
800 ~ 900	850	11
900 ~ 1000	950	6

【解析】 由样本加权平均数公式，先求出样本均值

$$\bar{x}=\frac{\sum_{i=1}^{5}x_i f_i}{\sum_{i=1}^{5}f_i}=754(\text{元})$$

则雇员周薪平均差为

$$A.D=\frac{\sum_{i=1}^{5}|x_i-\bar{x}|f_i}{50}=89.28(\text{元})$$

与全距和四分位差相比，平均差是根据全部数据计算的，能更好地反映数据的离散趋势。但在平均差计算过程中，为了避免离差之和等于 0，需采取离差绝对值的形式，这给平均差的数学处理带来了麻烦，因而平均差在实践运用较少。

3) 方差与标准差

为了克服平均差的缺陷，考虑把离差的绝对值换成离差平方，再计算离差的均值，即为方差或标准差。这两种方法是数值型数据离散趋势测度的常用方法。

(1) 方差。

方差是各变量值与平均数离差平方的均值。根据资料不同，方差有不同计算形式。

① 未分组资料。

对于一个包含 N 个变量的总体，X_i 为变量值，$\overline{X}$ 为总体均值，其总体方差 σ^2 的计算公式为

$$\sigma^2=\frac{\sum_{i=1}^{N}(X_i-\overline{X})^2}{N} \tag{2.3.18}$$

对于一个包含 n 个变量的样本，x_i 为变量值，$\bar{x}$ 为样本均值，其样本方差 S^2 的计算公式为

$$S^2=\frac{\sum_{i=1}^{n}(x_i-\bar{x})^2}{n-1} \tag{2.3.19}$$

总体方差描述的是总体分布的差异特征，而样本方差说明的是从总体中抽出的样本的差异情况。从计算公式我们可以看出，两者不仅计算范围不同，计算公式的分母也有些不同。总体方差的分母是总体容量，样本方差的分母是样本容量减 1，这在统计学中称为少一个自由度，且样本方差 S^2 是总体方差 σ^2 的无偏估计。

例 2.9 某会计师事务所今年新招聘了 5 名见习会计，5 个人第 1 个月的收入(单位：元)分别为 1 200、1 500、1 400、1 300、1 800，计算方差。

【解析】 所给的计算资料未经分组。分析题意，新雇用的 5 名见习会计是总体，所以，该计算属于求总体方差问题。先算得总体均值为

$$\bar{X}=\frac{\sum_{i=1}^{5}X_i}{5}=1\,400(元)$$

可得总体方差为

$$\sigma^2=\frac{\sum_{i=1}^{5}(X_i-\bar{X})^2}{5}=42\,400(元)$$

② 分组资料。

对于分组资料，总体方差的计算公式为

$$\sigma^2=\frac{\sum_{i=1}^{k}(X_i-\bar{X})^2 f_i}{N} \tag{2.3.20}$$

式中 $\sum_{i=1}^{k}f_i=N$ 。

样本方差的计算公式为

$$S^2=\frac{\sum_{i=1}^{k}(x_i-\bar{x})^2 f_i}{n-1} \tag{2.3.21}$$

式中 $\sum_{i=1}^{k}f_i=n$ 。

例 2.10 表 2-10 的信息，计算雇员的方差。

由前题可知，其样本均值为 754 元，代入样本方差公式

$$S^2=\frac{\sum_{i=1}^{5}(x_i-\bar{x})^2 f_i}{\sum_{i=1}^{5}f_i-1}=\frac{659\,200}{50-1}=13\,455.06(元)$$

同其他离散趋势测量值一样，方差可用于比较两组或多组变量值的离散程度，也可用于平均数代表性的比较。

例 2.9 中 5 名新雇用见习会计第 1 个月收入的方差是 42 400，倘若另一家会计师事务所，今年新雇用见习会计第 1 个月收入的均值也是 1 440 元，但方差是 50 000，我们就可以得出这样的结论：第 1 家会计师事务所新雇用见习会计收入的离散程度低于另一家；与另一家相比，第 1 家新雇用见习会计收入均值的代表性要好一些。

但是，方差也有缺陷，那就是计量单位是原有单位的平方，给数据解释带来困难。因此，人们更习惯于采用计量单位与原单位一致的标准差。

(2) 标准差。

标准差是方差的平方根，即变量值与平均数离差平方平均数的平方根，亦称均方差。

① 标准差计算公式。

对于未分组资料，总体标准差的计算公式为

$$\sigma=\sqrt{\frac{\sum_{i=1}^{N}(X_i-\overline{X})^2}{N}} \tag{2.3.22}$$

样本标准差的计算公式为

$$S=\sqrt{\frac{\sum_{i=1}^{n}(x_i-\overline{x})^2}{n-1}} \tag{2.3.23}$$

对于分组资料，总体标准差的计算公式为

$$\sigma=\sqrt{\frac{\sum_{i=1}^{k}(X_i-\overline{X})^2 f_i}{N}} \tag{2.3.24}$$

样本标准差的计算公式为

$$S=\sqrt{\frac{\sum_{i=1}^{k}(x_i-\overline{x})^2 f_i}{n-1}} \tag{2.3.25}$$

可以看出，标准差与方差同样都是测定数值型数据离散趋势的最好指标，标准差的计量单位与变量 x 的计量单位一致，与方差相比更易解释与说明研究问题的离散程度，但方差在公式推导与数据处理上比标准差更胜一筹。

② 标准差的应用。

标准差除具有上述用于反映均值代表性等作用以外，它还有助于了解一组数据是如何围绕均值而分布的；在数据呈正态分布的条件下，利用标准差可以确定某一变量值的相对位置。

a. 经验法则。经验法则是在正态分布的基础上建立的，人们有时将其称为正态法则。经验法则利用标准差所提供的信息，对位于均值两侧变量值出现的可能性给出 3 个具体的数值，只要记住这 3 个数值，人们就可在免除烦琐数学计算的情况下，得到极有价值的信息。

经验法则是指当一组数据呈正态分布时，查表可得，大约有 68%的变量值落在均值加减 1 倍标准差的范围内，约有 95%的变量值落在均值加减 2 倍标准差的范围内，约有 99.7%的变量值落在加减 3 倍标准差的范围内。

经验法则既适宜总体数据，也适宜样本数据，如果是总体数据，根据经验法则可得：区间 $(\overline{X}-\sigma,\overline{X}+\sigma)$ 包括 68%数据；区间 $(\overline{X}-2\sigma,\overline{X}+2\sigma)$ 包括 95%数据；区间 $(\overline{X}-3\sigma,\overline{X}+3\sigma)$ 包括 99.7%数据。

例如，假设 18~25 岁女性总体身高服从正态分布，身高的均值是 159 厘米，标准差为 6 厘米，运用经验法则可得下面结论：区间(153, 165)包括 68%数据；区间(147, 171)包括 95%数据；区间(138, 177)包括 99.7%数据。

b. 标准分。标准分是变量值与其均值的离差再除以标准差，也称为 Z 分数。

标准分描述了一个变量值与均值离差等同于多少倍标准差，运用标准分可以确定某一变量值的相对位置。比如某人年收入 50 000 元，这一收入在当地处于什么层次，利用标准分就可以解答。标准分可用于总体数据，也可用于样本数据。

对于总体数据，X 为变量值，$\overline{X}$ 为总体均值，σ 为总体标准差，则标准分 Z 的计算公式为

$$Z=\frac{X-\overline{X}}{\sigma} \tag{2.3.26}$$

对于样本数据，x 为变量值，$\bar{x}$ 为样本均值，S 为样本标准差，则标准分 Z 的计算公式为

$$z=\frac{x-\bar{x}}{S} \tag{2.3.27}$$

例 2.11 某求职者参加了两次智能测验，两次总体智能测验得分的分布均呈正态分布。第 1 次测验总体均值和标准差分别是 80 和 4，该求职者得分 84；第 2 次测验总体均值和标准差分别是 60 和 7，该求职者得分 70，则该求职者哪次测验的成绩好？

【解析】 该求职者两次测验得分不同，第 1 次得分比第 2 次多了 14 分，但并不能因此认定求职者第 1 次测验成绩的相对位次好于第 2 次。原因在于第 1 次测验的总体平均分比第 2 次高，而标准差却比第 2 次小，说明所有参加第一次测试的人都相对取得较好成绩。如果两次测验的总体均值和标准差均相等，认定 84 分好于 70 分才有意义。根据公式(2.3.25)，计算标准分为

第一次

$$Z=\frac{84-80}{4}=1$$

第二次

$$Z=\frac{70-60}{7}=1.43$$

从计算结果看，求职者第 2 次测验的分数比总体平均数高了 1.43 倍的标准分数，而第 1 次只比总体平均数高 1 倍标准分数，所以该求职者第 2 次的成绩比第 1 次好。

③“是非标志”标准差。

“是非标志”是品质标志，它有两种表现形式，通常用 1 表示具有某种属性的标志值，用 0 表示不具有某种属性的标志值。比如产品质量分为合格品与不合格品，人口按性别分为男与女。

a. 总体“是非标志”的标准差。

设总体容量为 N，总体中具有某种属性的单位数为 N_1，不具有某种属性的单位数为 N_2，则 $P=\frac{N_1}{N}$，$Q=\frac{N_2}{N}$，其中，P 表示总体成数或总体比例，$P+Q=1$。

总体“是非标志”的均值为

$$\overline{X}=\sum_{i=1}^{N}X_i\frac{f_i}{\sum_{i=1}^{N}f_i}=1\times P+0\times Q=P \tag{2.3.28}$$

则总体“是非标志”的标准差为

$$\sigma=\frac{\sqrt{\sum_{i=1}^{N}(X_i-\overline{X})^2 f_i}}{\sum_{i=1}^{N}f_i}=\sqrt{PQ} \tag{2.3.29}$$

b. 样本“是非标志”的标准差。

设样本容量为 n，样本中具有某种属性的单位数为 n_1，不具有某种属性的单位数为 n_2，则 $p=\frac{n_1}{n}$， $q=\frac{n_2}{n}$，其中，p 表示总体成数或总体比例，$p+q=1$。

样本“是非标志”的均值为

$$\overline{x}=\sum_{i=1}^{n}x_i\frac{f_i}{\sum_{i=1}^{n}f_i}=1\times p+0\times q=p \tag{2.3.30}$$

则样本“是非标志”的标准差为

$$S=\frac{\sqrt{\sum_{i=1}^{n}(x_i-\overline{x})^2 f_i}}{\sum_{i=1}^{n}f_i}=\sqrt{pq} \tag{2.3.31}$$

从上述计算可见，无论是总体还是样本，其“是非标志”的均值是具有某种标志的单位数所占的比重，而标准差则是具有某种标志的单位数所占比重和不具有某种标志单位数所占比重乘积的平方根。

4）离散系数

前面介绍的全距、平均差、方差与标准差因其计算结果带有具体的计量单位，只适用于均值相同时两组数据离散趋势的比较。这就是说，比较两组数据分布的离散程度，不仅要看各自变量值差异的大小，还要考虑均值水平的高低。比如，甲组的均值为 15，标准差为 3；乙组均值为 20，标准差为 4 时，我们不能仅凭甲组的标准差比乙组少 1 个单位，就说甲组的数据分布均匀、平均数的代表性好。因为，乙组在标准差大于甲组的同时，其平均数也大于甲组。所以，对两组或更多组数据的离散趋势进行比较时，当它们的均值不等、计量单位不同时，就需要用离散系数来测量离散趋势。

离散系数是离差值与平均数的比值，一般用百分数表示。离散系数有多种形式，最常用的是标准差系数，它是标准差与平均数的比值。

设 V_σ 表示总体标准差系数，则总体标准差系数的计算公式为

$$V_\sigma=\frac{\sigma}{\overline{X}}\times 100\% \tag{2.3.32}$$

设 V_S 表示样本标准差系数，则样本标准差系数的计算公式为

$$V_S=\frac{S}{\overline{x}}\times 100\% \tag{2.3.33}$$

第3章 数据统计分析

数据统计分析是以数据为研究对象，用适当的统计分析方法对收集来的大量数据进行分析，将它们加以汇总、理解并消化，以求最大化地开发数据的功能，发挥数据的作用。现实生活中的许多数据都是随机产生的，如考试分数、月降雨量、灯泡寿命等。从数理统计角度来看，这些数据其实都是符合某种规律的，这种规律就是统计规律。

本章是以概率论为理论基础，根据试验或“观察”得到的数据，来研究随机现象，对研究对象的客观规律性做出种种合理的估计和推断。

3.1 参数估计

抽样推断是现代统计学研究的重要内容，它包括两大核心内容，即参数估计和假设检验。参数估计是依据所获得的样本观察资料，对所研究现象总体的数量特征进行估计；假设检验是利用样本资料对有关总体的某种假设进行检验，来判断这种假设的真伪，以决定我们行动的取舍。本节将讨论参数估计，而假设检验将在下一节讨论。

3.1.1 抽样推断与抽样分布

1. 什么是抽样推断

抽样推断是按照随机性原则，从研究对象中抽取一部分个体进行观察，并根据所得到的观察数据，对研究对象的数量特征做出具有一定可靠程度的估计和推断，以达到认识总体为目的的一种统计方法。例如，要检验某种产品的质量，我们只需从中抽取一小部分产品进行检验，并用计算出来的合格率来估计全部产品的合格率，或是根据合格率的变化来判断生产线是否出现了异常。

2. 抽样推断中的基本概念

1) 总体与样本

总体是指根据研究目的确定的所要研究的事物的全体，是由客观存在的、具有某种共同性质的大量个别事物构成的整体。对于特定的问题来说，总体是唯一确定的。组成总体的个别事物称为总体单位，总体所包含的总体单位的个数称为总体的大小，通常用 N 来表示。

样本是按照随机原则从总体中抽取出来的用来代表总体的那部分单位的集合。总体是唯一确定的，样本不是唯一的，也不是确定的，而是随机的、可变的，可以有很多个。

2) 样本容量与样本个数

样本容量与样本个数是两个有联系但又完全不同的概念。样本中所包含的单位个数称为样本容量，一般用 n 表示。在抽样推断中，样本容量的大小是非常重要的，样本容量大，则抽样误差较小，但调查费用较高；样本容量小，则抽样误差就比较大。因此，在抽样设计时应该根据调查目的认真考虑合适的样本容量。通常将样本单位数不少于 30 个的样本称为大样本，不及 30 个的称为小样本。样本大小不同，抽样推断的方法也有所差异。

样本个数也称为样本可能数目，是指从一个总体中可能抽取到的样本的数目。从一个总体究竟可能抽取多少个样本，这和样本容量以及抽样方法都有关系。

3) 总体参数与样本统计量

总体参数是根据总体各单位的标志值或标志属性计算的反映总体数量特征的综合指标，是抽样推断的对象。总体参数的数值是确定的，唯一的，但通常是未知的。一个总体可以有多个参数，从不同方面反映总体的综合数量特征。常用的总体参数有总体平均数、总体成数、总体方差、总体标准差等。

以 X 表示所研究的总体变量，N 为总体容量，X_1，X_2，…，X_N 表示总体各单位，则总体平均数的计算公式为

$$\mu=\frac{X_1+X_2+\cdots+X_N}{N} \tag{3.1.1}$$

总体方差的计算公式为

$$\sigma^2=\frac{\sum_{i=1}^{N}(X_i-\mu)^2}{N} \tag{3.1.2}$$

总体标准差计算公式为

$$\sigma=\sqrt{\frac{\sum_{i=1}^{N}(X_i-\mu)^2}{N}} \tag{3.1.3}$$

由概率论数字特征定义可得总体平均数 μ 等于总体变量 X 的数学期望，即 $E(X)=\mu$，总体方差 σ^2 等于总体变量 X 的方差，即 $D(X)=\sigma^2$。

若设具有某种属性的总体单位数为 N_1，则具有某种属性的总体成数(具有某种特征的总体单位个数占总体单位总数的比重)的计算公式为

$$P=\frac{N_1}{N} \tag{3.1.4}$$

总体成数方差计算公式为

$$\sigma^2=P(1-P) \tag{3.1.5}$$

总体成数标准差计算公式为

$$\sigma=\sqrt{P(1-P)} \tag{3.1.6}$$

样本统计量是根据样本中各单位标志值或标志属性计算的综合指标，是样本变量的函数，用来估计总体参数。样本统计量的计算方法是确定的，但它的取值随着样本的不同而发生变化，因此统计量是随机变量。与总体参数相对应，常用的样本参数有样本平均数、样本成数、样本方差等。

样本平均数的计算公式为

$$\bar{x}=\frac{1}{n}\sum_{i=1}^{n}x_i \tag{3.1.7}$$

样本方差的计算公式为

$$S^2=\frac{\sum_{i=1}^{n}(x_i-\bar{x})^2}{n-1} \tag{3.1.8}$$

样本成数的计算公式为

$$p=\frac{n_1}{n} \tag{3.1.9}$$

样本成数标准差的计算公式为

$$S=\sqrt{p(1-p)} \tag{3.1.10}$$

其中样本为 $x=(x_1, x_2, x_3, \cdots, x_n)^T$，$n_1$ 为样本 n 中具有某种属性的单位样本个数。

4) 重复抽样与不重复抽样(放回抽样和不放回抽样)

从抽样方法的方面来看，抽样有重复抽样和不重复抽样两种。

重复抽样也称重置抽样，是指从总体 N 个单位中，随机抽取一个单位，登记之后又放回总体，第二次再从全部 N 个单位中抽取第二个单位，登记之后再放回去，依此类推，直到抽够样本容量 n 为止。因此，重复抽样的样本是由 n 次相互独立的连续试验构成的，每次试验是在完全相同的条件下进行的，每个单位被选机会在各次都完全相等。同一个单位有可能多次被抽入同一个样本。在重复抽样条件下，样本个数是 N_n (每个样本所含单位个数为 n 个)。

不重复抽样也称不重置抽样，是从总体 N 个单位中，随机抽取一个单位，登记之后不再放回总体，而是从剩下的$(N-1)$个总体单位中抽取第二个单位，依次类推，最后从剩下的$(N-n+1)$个单位中抽取第 n 个单位。因此，不重复抽样的样本也由 n 次连续抽选的结果构成，但连续 n 次抽选的结果不是相互独立的，每次抽取的结果都影响下一次抽取，因而每个单位的中选机会在各次是不相同的。同一个单位不可能 2 次或 2 次以上被抽入同一个样本。不重复抽样相当于一次性从总体中抽出 n 个单位。在不重复抽样条件下，抽样样本的个数为

$$\frac{N!}{(N-n)!n!}$$

3．抽样分布

每个随机变量都有其概率分布。样本统计量是随机变量，它有很多可能取值，每个可能取值都有一定的概率，从而形成它的概率分布。抽样分布就是指样本统计量的概率分布。

由于样本是随机抽取的，事先并不能确定出现哪个结果，因此研究样本观测变量的全部可能取值及其出现的可能性的大小是十分必要的。抽样分布反映样本的分布特征，是抽样推断的重要依据。

1) 样本平均数的抽样分布

样本平均数的分布是由全部样本平均数的可能取值和与之相应的概率组成。

(1) 重置抽样平均数具有两个重要结论。

① 重置抽样的样本平均数的平均数(数学期望)等于总体平均数。即

$$E(\overline{x})=\mu \tag{3.1.11}$$

这说明虽然每个样本平均数的取值可能与总体平均数存在差异，但平均来看，样本平均数和总体平均数是没有离差的，总体平均数是样本平均数分布的中心。

② 重置抽样的样本平均数的标准差反映了样本平均数与总体平均数的平均误差程度。这是因为

$$\sigma^2(\overline{x})=E\left[\overline{x}-E(\overline{x})\right]^2=E(\overline{x}^2)-\mu^2 \tag{3.1.12}$$

所以，在抽样推断中，将样本平均数的标准差定义为抽样平均误差，以 μ_x 表示。在重置抽样的情况下，抽样平均误差等于总体标准差除以样本单位数的平方根，即

$$\mu_x=\sigma(\overline{x})=\frac{\sigma}{\sqrt{n}} \tag{3.1.13}$$

从公式(3.1.13)我们可以看出，抽样平均误差与总体标准差成正比，与样本容量 n 的平方根成反比。因此，若抽样容量扩大为原来的 4 倍，则抽样平均误差就缩小一半；若抽样平均误差增加一倍，则样本容量只需原来的 1/4 即可。

以上两个重要结论具有普遍的意义，这就意味着，只要是采用重置抽样的方法从总体中随机抽取样本，就适用上述两个结论。

(2) 对于不重置抽样，也具有类似的两个重要结论。

① 不重置抽样的样本平均数的平均数(数学期望)等于总体平均数，即

$$E(\overline{x})=\mu$$

② 样本平均数的标准差反映了样本平均数与总体平均数的平均误差程度。同样因为

$$\sigma^2(\overline{x})=E\left[\overline{x}-E(\overline{x})\right]^2=E(\overline{x}^2)-\mu^2$$

所以，在抽样推断中，不重置抽样的样本平均数的标准差也被定义为抽样平均误差，以 μ_x 表示。但其计算公式与重置抽样时计算公式不同，它等于重置抽样的抽样平均误差乘以修正因子，即

$$\mu_x=\sigma(\overline{x})=\sqrt{\frac{\sigma^2(N-n)}{n(N-1)}}$$

在 N 很大的情况下，修正因子中的分母 N–1 也可用 N 代替。即

$$\mu_x=\sigma(\overline{x})=\sqrt{\frac{\sigma^2}{n}\left(1-\frac{n}{N}\right)}$$

2) 样本成数的抽样分布

样本成数的分布是由全部样本成数的可能取值和与之相应的概率组成。

(1) 样本成数的平均数就是总体成数，其计算公式为

$$E(p)=P \tag{3.1.14}$$

(2) 对于重置抽样的样本成数的标准差反映了样本成数与总体成数的平均差异，故也称为抽样平均误差，其计算公式为

$$\sigma(p)=\sqrt{\frac{P(1-P)}{n}} \tag{3.1.15}$$

对于不重置抽样的样本成数的标准差也反映了样本成数与总体成数的平均差异，其计算公式为

$$\sigma(p)=\sqrt{\frac{P(1-P)(N-n)}{n(N-1)}} \tag{3.1.16}$$

在 N 很大的情况下，修正因子中的分母 N–1 也可用 N 代替。即

$$\sigma(p)=\sqrt{\frac{P(1-P)}{n}\left(1-\frac{n}{N}\right)} \tag{3.1.17}$$

综上所述，各种抽样平均误差的公式如表 3-1 所示。

表 3-1　各种抽样平均误差

不同情况	重置抽样	不重置抽样
样本平均数抽样平均误差	$\sigma(\bar{x})=\frac{\sigma}{\sqrt{n}}$	$\sigma(\bar{x})=\sqrt{\frac{\sigma^2(N-n)}{n(N-1)}}$
样本成数抽样平均误差	$\sigma(p)=\sqrt{\frac{P(1-P)}{n}}$	$\sigma(p)=\sqrt{\frac{P(1-P)(N-n)}{n(N-1)}}$

3) 抽样分布定理

(1) 样本平均数的抽样分布定理。样本平均数的抽样分布和总体的分布有关，与总体分布是否是正态分布而有所区别，包括两个重要定理，即正态分布再生定理和中心极限定理。

① 正态分布再生定理是指若变量 X 服从于 $N(\mu,\ \sigma^2)$，则从这个总体中抽取容量为 n 的样本，样本平均数 $\bar{x}$ 也服从正态分布，且服从于 $N\left(\mu,\ \frac{\sigma^2}{n}\right)$。标准随机变量 $Z=\frac{\bar{x}-\mu}{\sigma/\sqrt{n}}$ 服从标准正态分布，即 $Z=\frac{\bar{x}-\mu}{\sigma/\sqrt{n}}\sim N(0,\ 1)$。

正态分布再生定理表明，只要总体是正态分布，则不论样本单位数 n 是多少，样本平均数都服从正态分布，分布的中心不变，抽样是重置抽样或不重置抽样的样本平均数标准差分别为 $\sigma(\bar{x})=\frac{\sigma}{\sqrt{n}}$ 和 $\sigma(\bar{x})=\sqrt{\frac{\sigma^2(N-n)}{n(N-1)}}$，它们比总体标准差都小了很多，因此样本平均数更加集中地分布在总体平均数的周围。

② 中心极限定理是指若变量 X 的分布具有有限的平均数 μ 和标准差 σ，则从这个总体中所抽取的容量为 n 的样本，样本平均数 $\bar{x}$ 的分布随着 n 的增大而趋于平均数为 μ、标准差为 $\frac{\sigma}{\sqrt{n}}$ 的正态分布。而样本标准随机变量 $Z=\frac{\bar{x}-\mu}{\sigma/\sqrt{n}}$ 则趋于服从标准正态分布。

中心极限定理并不要求总体服从正态分布，总体可以是任意分布形式，客观上存在总体平均数和总体标准差，只要样本单位数足够多，则样本平均数就趋于正态分布。在实际中，一般样本单位数达到 30 即可按正态分布进行处理。

(2) 样本成数的抽样分布定理。

样本成数的抽样分布定理是指从任一总体成数为 P，方差为 $P(1-P)$的总体中，抽取容量为 n 的样本，其样本成数 p 的分布随着样本容量 n 的增大，而趋于服从平均数为 P 且标准差为 $\sqrt{\frac{P(1-P)}{n}}$ 的正态分布。而样本标准变量 $Z=\frac{p-P}{\sqrt{P(1-P)/n}}$ 则趋于服从标准正态分布。

4．常用统计量分布

统计量 $g(x_1, x_2, \cdots, x_n)$也是随机变量，所以也存在分布问题。下面介绍几个常用统计量的抽样分布。

1) 样本均值的分布

设 x_1，x_2，…，x_n 是来自总体 X 的一个样本，$X\sim N(\mu, \sigma^2)$，$\bar{x}=\frac{1}{n}\sum_{i=1}^{n}x_i$ 为样本均值，则

$$\bar{x}\sim N\left(\mu,\ \frac{\sigma^2}{n}\right) \tag{3.1.18}$$

$$\frac{\bar{x}-\mu}{\sigma/\sqrt{n}}\sim N(0,\ 1) \tag{3.1.19}$$

在研究统计量的分布问题中，经常会遇到上 α 分位点这个概念。现在给出上 α 分位点定义。

设随机变量 U 服从于某一分布，对给定的 $\alpha(0<\alpha<1)$，满足条件

$$P\{U>U_\alpha\}=\alpha$$

或

$$P\{U\leqslant U_\alpha\}=1-\alpha$$

的点 U_α 为该分布的上 α 分位点或上侧临界值，α 称为显著性水平；满足条件

$$P\{|U|>U_{\alpha/2}\}=\alpha$$

或

$$P\{|U|\leqslant U_{\alpha/2}\}=1-\alpha$$

的点 $U_{\frac{\alpha}{2}}$ 为该分布的双侧 α 分位点或双测临界值。

由上述定义，可得正态分布的上 α 分位点的定义。设随机变量 $Z\sim N(\mu,\ \sigma^2)$，对给定的 $\alpha(0<\alpha<1)$，称满足条件

$$P\{Z > z_{\alpha}\} = \int_{z_{\alpha}}^{\infty} f(y)dy = \alpha$$

的点 z_α 为正态分布的上 α 分位点。

上 α 分位点和双侧 α 分位点的几何意义分别如图 3-1、图 3-2 所示。

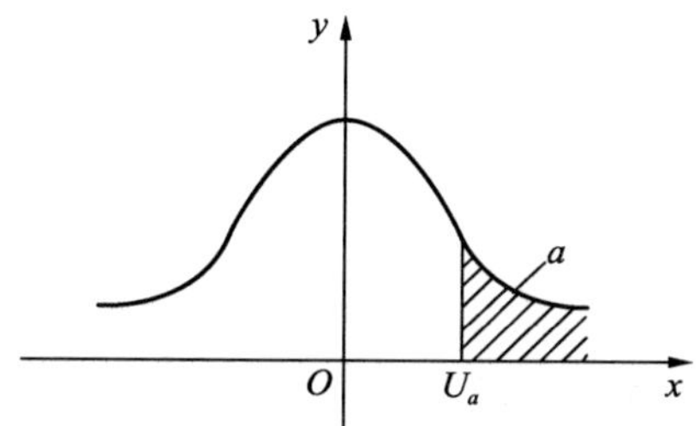

图 3-1　上 α 分位点或上侧临界值

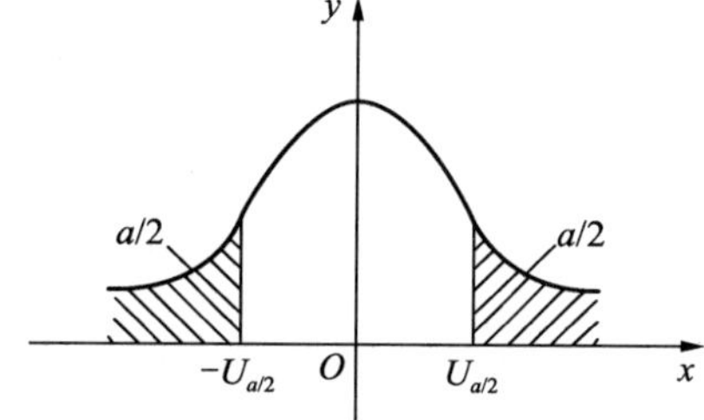

图 3-2　双侧 α 分位点或双侧临界值

2) χ^2 分布

设 x_1，x_2，⋯，x_n 是来自总体 $X\sim N(0, 1)$的一个样本，则称统计量 $\chi^2 = \chi_1^2 + \chi_2^2 + \cdots + \chi_n^2$ 服从自由度为 n 的 χ^2 分布，记为 $\chi^2 \sim \chi^2(n)$。

χ^2 的分布密度为

$$f(y) = \begin{cases} \dfrac{1}{2^{\frac{n}{2}}\Gamma(\frac{n}{2})} y^{\frac{n}{2}-1} e^{-\frac{y}{2}} & y \geqslant 0 \\ 0 & y > 0 \end{cases} \tag{3.1.20}$$

χ^2 分布的密度函数如图 3-3 所示。

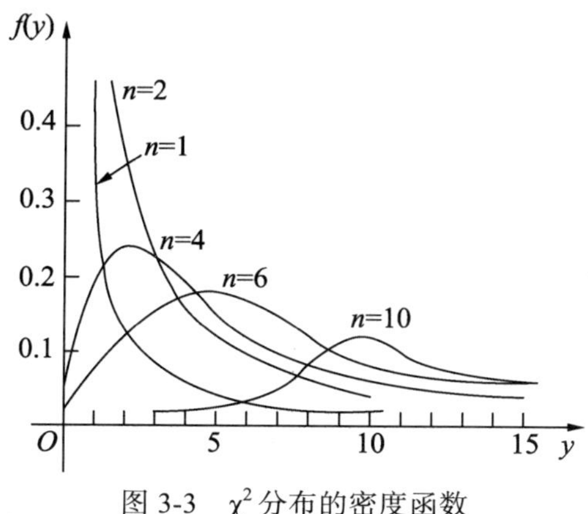

图 3-3　χ^2 分布的密度函数

由上 α 分位点的定义，可得 χ^2 分布的上 α 分位点，即对于给定的正数 $\alpha(0<\alpha<1)$，称满足条件

$$P\{\chi^2 > \chi_\alpha^2(n)\} = \int_{\chi_\alpha^2(n)}^{+\infty} f(y)\mathrm{d}y = \alpha$$

的点 $\chi_\alpha^2(n)$ 为 χ^2 分布的上 a 分位点。

χ^2 分布有如下性质：

① 若 $\chi_1^2 \sim \chi^2(n_1)$，$\chi_2^2 \sim \chi^2(n_2)$，且两随机变量相互独立，则 $\chi_1^2 + \chi_2^2 \sim \chi^2(n_1 + n_2)$；

② $E(\chi^2)=n$，$D(\chi^2)=2n$。

下面有关 χ^2 分布的两个重要结论。

设 x_1，x_2，…，x_n 是来自总体 $X \sim N(\mu, \sigma^2)$的一个样本，则

① 样本均值 $\bar{x}$ 与样本方差 S^2 相互独立；

② 统计量

$$\frac{(n-1)S^2}{\sigma^2} = \frac{\sum_{i=1}^{n}(x_i - \bar{x})}{\sigma^2} \sim \chi^2(n-1) \tag{3.1.21}$$

3) t 分布

设 $X \sim N(0, 1)$，$Y \sim \chi^2(n)$，且 X 与 Y 相互独立，则称随机变量 $t = \dfrac{X}{\sqrt{Y/n}}$ 为服从自由度为 n 的 t 分布，记为 $t \sim t(n)$。

t 分布的分布密度为

$$f(t) = \frac{\Gamma\left(\frac{n+1}{2}\right)}{\sqrt{n\pi}\,\Gamma\left(\frac{n}{2}\right)}\left(1 + \frac{t^2}{n}\right)^{-\frac{n+1}{2}} \quad -\infty < t < +\infty \tag{3.1.22}$$

其几何图形类似于标准正态分布密度的图形，是关于纵轴对称的，如图 3-4 所示。当 n 较大时，t 分布近似于标准正态分布。

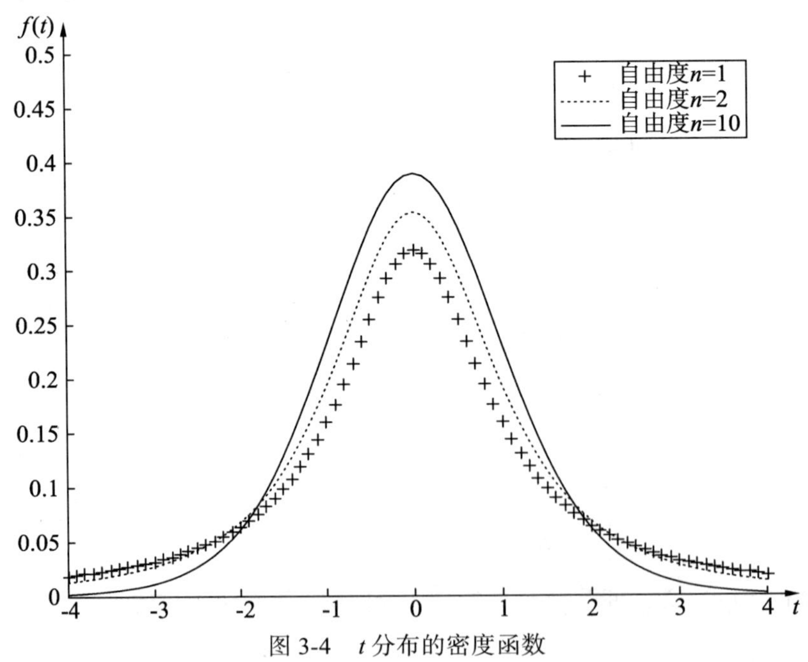

图 3-4　t 分布的密度函数

所谓 t 分布的上 α 分位点，即对于给定的正数 $\alpha(0<\alpha<1)$，称满足条件

$$P\{t>t_{\alpha}(n)\}=\int_{t_{\alpha}(n)}^{+\infty}f(y)\mathrm{d}y=\alpha$$

的点 $t_{\alpha}(n)$，称为 t 分布的上 α 分位点。

所谓 t 分布的双侧 α 分位点，即对于给定的正数 $\alpha(0<\alpha<1)$，称满足条件

$$P\left\{|t|>t_{\alpha/2}(n)\right\}=\alpha$$

的点 $t_{\alpha/2}(n)$，称为 t 分布的双侧 α 分位点。

t 分布有如下性质：

① $t_{1-\alpha}(n)=-t_{\alpha}(n)$；

② 当 $n>45$ 时，$t_{\alpha}(n)\approx z_{\alpha}$，其中 z_{α} 是 $N(0, 1)$的上 α 分位点。

关于 t 分布的两个重要结论。

第一，总体 $X\sim N(\mu, \sigma^2)$的一个样本，则

$$t=\frac{\overline{x}-\mu}{S/\sqrt{n}}\sim t(n-1) \tag{3.1.23}$$

式中 $\overline{x}$ 和 S 为样本均值和样本标准差。

第二，设 $\overline{x}$ 和 S_1^2 为总体 $X\sim N(\mu_1,\sigma_1^2)$的样本均值和样本方差，容量为 n_1，$\overline{y}$ 和 S_2^2 为总体 $Y\sim N(\mu_2,\sigma_2^2)$的样本均值和样本方差，容量为 n_2，则

$$\frac{(\overline{x}-\overline{y})-(\mu_1-\mu_2)}{S_w\sqrt{\dfrac{1}{n_1}+\dfrac{1}{n_2}}}\sim t(n_1+n_2-2) \tag{3.1.24}$$

其中 $S_w^2=\dfrac{(n_1-1)S_1^2+(n_2-1)S_2^2}{n_1+n_2-2}$。

4) F 分布

设 $U\sim\chi^2(n_1)$，$V\sim\chi^2(n_2)$，并且 U，V 相互独立，则称随机变量

$$F=\frac{U/n_1}{V/n_2}$$

服从自由度为(n_1, n_2)的 F 分布，记作 $F\sim F(n_1, n_2)$。

F 的分布密度为

$$f(y)=\begin{cases}\dfrac{\Gamma[(n_1+n_2)/2}{\Gamma(n_1/2)\Gamma(n_2/2)}(\dfrac{n_1}{n_2})^{\frac{n_1}{2}}y^{\frac{n_1}{2}-1}(1+\dfrac{n_1}{n_1}y)^{-\frac{n_1+n_1}{2}} & y\geqslant 0\\ 0 & y<0\end{cases} \tag{3.1.25}$$

它的几何图形如图 3-5 所示。

F 分布的上 α 分位点，即对于给定的正数 $\alpha(0<\alpha<1)$，称满足条件

$$P\{F(n_1,n_2)>F_{\alpha}(n_1,n_2)\}=\int_{F_{\alpha}(n_1,n_2)}^{+\infty}f(y)\mathrm{d}y=\alpha$$

的点 $F_{\alpha}(n_1, n_2)$，为 F 分布的上 α 分位点。

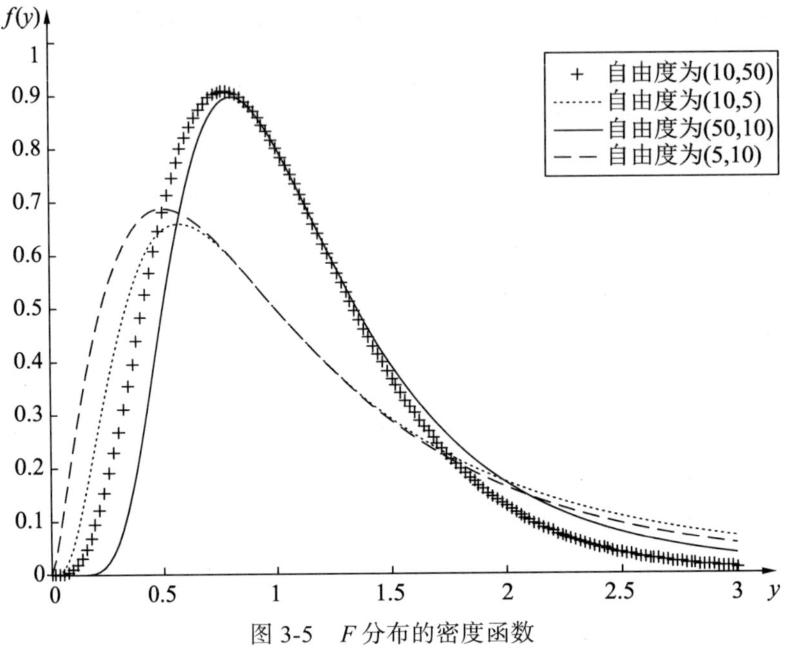

图 3-5　F 分布的密度函数

F 分布的两个重要结论。

第一，$F_{1-\alpha}(n_1,n_2)=\dfrac{1}{F_\alpha(n_2,n_1)}$；

第二，设 S_1^2 为总体 $X\sim N(\mu_1,\sigma_1^2)$ 的样本方差，容量为 n_1，S_2^2 为总体 $Y\sim N(\mu_2,\sigma_2^2)$ 的样本方差，容量为 n_2，且 X 与 Y 相互独立，则

$$F=\frac{S_1^2/\sigma_1^2}{S_2^2/\sigma_2^2}\sim F(n_1-1,n_2-1) \tag{3.1.26}$$

3.1.2　参数估计基本方法

1．估计量与估计值

参数估计就是用样本统计量去估计总体参数。如用样本平均数估计总体平均数，用样本成数去估计总体成数等。用来估计总体参数的统计量叫做估计量，估计量的取值称为估计值。

例如，要估计一批电子产品的平均耐用时间，这批产品的平均耐用时间是未知的，是总体参数，通常用 θ 表示。从中随机抽取一个样本，样本平均耐用时间是一个样本统计量，则样本平均耐用时间就是估计量，通常用 $\hat{\theta}$ 表示。若根据样本数据计算出来的样本平均耐用时间为 $\bar{x}$ 小时，则这个 $\bar{x}$ 小时就是估计量 $\hat{\theta}$ 的具体数值，称为估计值。

2．点估计与区间估计

参数估计的方法主要有两种，一种是点估计，即选择一个适当的统计量作为总体未知参数的估计量；另一种为区间估计，即选择一个适当的区间范围，使得总体未知参数以一定的

概率被这个范围所包含。

1) 点估计

点估计，也称定值估计，就是以样本估计量直接代替总体参数的一种推断方法。当已知一个样本的观察值时，便可得到总体参数的一个估计值。如在一批产品的质量检测中，获知随机抽取的 200 件产品的平均耐用时间为 1980 小时，则我们说该批 1000 件产品的平均耐用时间也是 1980 小时。这种推断就是对总体平均数做了点估计。

点估计的优点在于它能够提供总体参数的具体估计值，可以作为行动决策的数量依据。例如，推销部门对某种产品估计出全年销售额数值，并分出每月销售额，便可传递给生产部门作为制订生产计划的依据，而生产部门又可将每月产量计划传递给采购部门作为制订原材料采购计划的依据等。点估计也有不足之处，它不能提供误差情况如何等重要信息。

2) 区间估计

总体参数的区间估计就是依照一定的概率可靠性，用样本统计量估计总体参数取值范围的方法。

设总体参数为 θ，θ_L 和 θ_U 是由样本确定的两个统计量，对于给定的显著性水平 $\alpha(0<\alpha<1)$，有 $P(\theta_L\leqslant\theta\leqslant\theta_U)=1-\alpha$，则称$(\theta_L, \theta_U)$为参数 θ 的置信度为 $1-a$ 的置信区间。该区间的两个端点 θ_L 和 θ_U 分别称为置信下限和置信上限。

置信区间具有直观意义。若作为多次同样的抽样，将得到多个置信区间，其中有的区间包含了总体参数的真值，有的区间没有包含总体参数的真值。

$1-\alpha$ 为置信度，亦称为置信水平或置信概率，置信度表达了参数区间估计的可靠性。

置信区间越小，说明估计的精确性越高；置信度越大，估计可靠性就越大。一般来说，在样本容量一定的前提下，精确度与置信度往往是相互矛盾的：若置信度增加，则区间必然增大，降低了精确度；若精确度提高，则区间缩小，置信度必然减小。要同时提高估计的置信度和精确度，就要增加样本容量。

3．评价估计量的标准

用样本统计量去估计总体参数，并非只能用一个样本统计量，而可能有多个统计量可供选择，我们总希望选定的统计量能够推断得好一点，那么“好一点”的标准是什么。一般来说有三个基本的标准，既无偏性、一致性、有效性，满足了这三个标准就可以认为该估计量是优良的。

1) 无偏性

无偏性的直观意义是没有系统性误差。虽然每个可能样本的估计值不一定恰好等于未知总体参数，但如果多次抽样，应该要求各个估计值的平均数等于总体参数，即从平均意义上，估计量的估计是没有偏差的，即满足 $E(\hat{\theta})=\theta$，其中 $\hat{\theta}$ 是未知参数 θ 的估计量。这一要求称为无偏性。一般来说，这是一个优良的估计量必须具备的性质。例如样本平均数 $\overline{x}$ 和样本成数 p 分别满足

$$E(\overline{x})=\mu\ ,\quad E(p)=P$$

所以，样本平均数和样本成数分别是总体平均数和总体成数的无偏估计量。

2) 一致性

设$\hat{\theta}$是统计分布未知参数 θ 的估计量，若$\hat{\theta}$依概率收敛于 θ，即对任意 $\varepsilon>0$，有

$\lim\limits_{n\to\infty}P\left\{\left|\hat{\theta}-\theta\right|<\varepsilon\right\}=1$，则称$\hat{\theta}$是$\theta$的一致性估计量，也称$\hat{\theta}$是$\theta$的相合估计量。

一致性要求用样本估计量估计总体参数时，样本容量n充分大，样本估计量充分靠近总体参数，即随着n的无限增大，样本估计量与未知的总体参数之间的绝对离差任意小的可能性趋于实际的必然性。

如，根据概率论中的大数定律可知：对于任意给定的正数ε有

$$\lim_{n\to\infty}P\{|\bar{x}-\mu|<\varepsilon\}=1,\quad \lim_{n\to\infty}P\{|p-P|<\varepsilon\}=1$$

上式表明，当样本容量越来越大时，样本平均数(样本成数)与总体平均数(总体成数)的偏差小于任意给定的正数ε的可能性趋近于 1，即几乎是一定发生的。

3) 有效性

有效性要求样本估计量估计总体参数时，作为估计量的标准差比其他估计量的标准差小。如果一个无偏估计量$\hat{\theta}_1$在所有无偏估计量中标准差最小，即

$$\sigma\left(\hat{\theta}_1\right)\leqslant\sigma\left(\hat{\theta}\right)$$

式中，$\hat{\theta}$为任意一个无偏估计量，则称$\hat{\theta}_1$是θ的有效估计量，或称估计量$\hat{\theta}$具有有效性。显然，如果某总体参数具有两个不同的无偏估计量，希望确定哪一个是更有效的估计量，自然应该选择标准差小的那个。估计量的标准差越小，根据它推导出接近于总体参数估计的值的机会越大。

可以证明，样本平均数和成数推断总体平均数和成数均能满足优良估计的三条标准。

3.1.3 总体均值区间估计

1. 区间估计的基本原理

总体参数区间估计的基本原理是根据给定的概率保证程度的要求，利用实际抽样资料，指出总体估计值的上限和下限，即指出总体参数可能存在的区间范围。

由于总体参数是一个确定的常数，而样本估计量会随抽取的样本不同而围绕总体参数上下随机取值。因此，样本估计量与总体参数之间存在一个误差范围。而前面所讨论的抽样平均误差只是衡量误差可能范围的一种尺度，它并不等同于抽样指标与总体指标之间的真实误差。

所谓抽样误差范围就是指变动的样本估计值与确定的总体参数之间离差的可能范围，它可用样本估计值与总体参数的最大绝对误差限Δ来表达。统计上称这一误差限Δ为抽样极限

误差或抽样允许误差。

设 $\Delta_{\bar{x}}$ 和 Δ_p 分别表示样本平均数 $\bar{x}$ 和样本成数 p 的抽样极限误差，则有

$$|\bar{x}-\mu| \leqslant \Delta_{\bar{x}}\text{，}\ |p-P| \leqslant \Delta_p \tag{3.1.27}$$

这些不等式表明，样本平均数 $\bar{x}$ 是以总体平均数 μ 为中心，在 $\mu \pm \Delta_{\bar{x}}$ 之间变动的；样本成数 p 是以总体成数 P 为中心，在 $P \pm \Delta_p$ 之间变动的。由于总体参数是未知的常数，而样本估计值是可以通过调查求得的，因此我们也可以把上面的两个不等式改写成等价的另一种形式，即

$$\bar{x}-\Delta_{\bar{x}} \leqslant \mu \leqslant \bar{x}+\Delta_{\bar{x}}\text{，}\ p-\Delta_p \leqslant P \leqslant p+\Delta_p \tag{3.1.28}$$

可见，抽样极限误差的实际意义就是希望总体平均数落在 $\bar{x} \pm \Delta_{\bar{x}}$ 的范围之内，总体成数落在 $p \pm \Delta_p$ 的范围之内。

对于一个总体来说，当抽样方法以及样本的单位数 n 确定后，抽样平均误差就是一个确定的数值，而抽样极限误差则是根据不同情况和精确程度，由人们来确定其大小的。因此，抽样极限误差常常以抽样平均误差 $\sigma(\bar{x})$ 或 $\sigma(p)$ 为单位来衡量，并且把抽样极限误差 $\Delta_{\bar{x}}$ 或 Δ_p 除以抽样平均误差所得的数值叫做概率度。若以 z 表示概率度，则有

$$z=\frac{\Delta_{\bar{x}}}{\sigma(\bar{x})}\text{ 或 }z=\frac{\Delta_p}{\sigma(p)} \tag{3.1.29}$$

抽样误差的概率度 z 是测量估计可靠程度的重要参数，抽样估计的置信度 $F(z)=1-\alpha$ 是表明抽样指标和总体指标的误差不超过一定范围的概率保证程度，通常 $z=z_{\alpha/2}$，即抽样误差范围为 $\pm z_{\alpha/2}\sigma(\bar{x})$。抽样误差范围与概率度具有如下关系：当概率度越大，表明抽样误差范围越大，则概率保证程度越高；反之，当概率度越小，表明抽样误差范围越小，则概率保证程度越低。

在大样本的条件下，样本平均数的分布接近正态分布，这时可根据概率度 z 和置信度 $F(z)$ 的对应函数关系通过《标准正态分布概率表》互相查找，$z_{\alpha/2}$ 为正态分布的上 $\alpha/2$ 分位点。

总体参数区间估计必须同时具备估计值、抽样误差范围和概率保证程度三个要素。抽样误差范围决定估计的准确性，而概率保证程度则决定估计的可靠性。对于一个样本，提高了估计准确性的要求，伴随的必然是降低了估计的可靠性。同样，提高了估计可靠性的要求，也必然降低了估计的准确性。因此在抽样估计的时候，只能对其中的一个提出要求，而推求另一个要素的变动情况。

2．总体平均数的区间估计

1) 单个总体平均数的区间估计

(1) 当总体服从正态分布且方差已知时，根据正态分布再生定理可知，样本平均数服从正态分布，分布的中心为总体平均数，方差为 $\sigma^2(\bar{x})$。由正态分布的性质可以得到总体平均数 μ 置信度为 $1-\alpha$ 的置信区间为

$$\bar{x} \pm z_{\alpha/2}\frac{\sigma}{\sqrt{n}} \tag{3.1.30}$$

(2) 当总体分布未知且是大样本(通常 $n\geq30$)时，根据中心极限定理可知，样本平均数近似服从正态分布。如果总体方差已知，仍可按照上述方法进行估计。若总体方差未知，需要用样本方差 S^2 代替总体方差 σ^2，此时可以近似得到总体平均数置信度为 $1-\alpha$ 的置信区间为

$$\overline{x} \pm z_{\alpha/2}\frac{S}{\sqrt{n}} \tag{3.1.31}$$

(3) 正态总体而方差未知，且是小样本时，则需要以样本方差代替总体方差，这时就要采用 t 分布来建立总体平均数的置信区间了。t 分布是类似正态分布的一种对称分布，通常比正态分布平坦和分散。t 分布依赖于它的自由度。随着自由度的增大，t 分布也逐渐趋于正态分布。

根据 t 分布建立的总体平均数的置信度为 $1-\alpha$ 的置信区间为

$$\overline{x} \pm t_{\alpha/2}(n-1)\frac{S}{\sqrt{n}} \tag{3.1.32}$$

总体平均数区间估计的公式如表 3-2 所示。

表 3-2 总体平均数区间估计

总体分布	样本容量	σ已知	σ未知
正态分布	大样本	$\overline{x} \pm z_{\alpha/2}\frac{\sigma}{\sqrt{n}}$	$\overline{x} \pm z_{\alpha/2}\frac{S}{\sqrt{n}}$
	小样本	$\overline{x} \pm z_{\alpha/2}\frac{\sigma}{\sqrt{n}}$	$\overline{x} \pm t_{\alpha/2}(n-1)\frac{S}{\sqrt{n}}$
非正态分布	大样本	$\overline{x} \pm z_{\alpha/2}\frac{\sigma}{\sqrt{n}}$	$\overline{x} \pm z_{\alpha/2}\frac{S}{\sqrt{n}}$

2) 两正态总体平均数差的区间估计

(1) 两总体 $X \sim N(\mu_1,\sigma_1^2)$ 和 $Y \sim N(\mu_2,\sigma_2^2)$，$\sigma_1^2$ 和 σ_2^2 已知，分别在两总体中随机抽取容量为 n_1 和 n_2 的样本，且两样本相互独立，两样本平均数为 $\overline{x}$ 和 $\overline{y}$，则满足

$$(\overline{x}-\overline{y}) \sim N\left(\mu_1-\mu_2,\frac{\sigma_1^2}{n_1}+\frac{\sigma_2^2}{n_2}\right)$$

设统计量 $z=\dfrac{(\overline{x}-\overline{y})-(\mu_1-\mu_2)}{\sqrt{\dfrac{\sigma_1^2}{n_1}+\dfrac{\sigma_2^2}{n_2}}} \sim N(0,1)$，因此可得两总体平均数之差 $\mu_1-\mu_2$ 置信度为 $1-\alpha$ 的置信区间为

$$(\overline{x}-\overline{y}) \pm z_{\alpha/2}\sqrt{\frac{\sigma_1^2}{n_1}+\frac{\sigma_2^2}{n_2}} \tag{3.1.33}$$

(2) 两总体 $X \sim N(\mu_1,\sigma_1^2)$ 和 $Y \sim N(\mu_2,\sigma_2^2)$，且 $\sigma_1^2=\sigma_2^2=\sigma^2$，当总体方差未知，则满足

$$t=\frac{(\overline{x}-\overline{y})-(\mu_1-\mu_2)}{S_w\sqrt{\dfrac{1}{n_1}+\dfrac{1}{n_2}}} \sim t(n_1+n_2-2)$$

这里 $S_w^2=\dfrac{(n_1-1)S_1^2+(n_2-1)S_2^2}{n_1+n_2-2}$。因此可得两总体平均数之差 $\mu_1-\mu_2$ 置信度为 $1-\alpha$ 的置信区间为

$$(\overline{x}-\overline{y})\pm t_{\alpha/2}(n_1+n_2-2)S_w\sqrt{\frac{1}{n_1}+\frac{1}{n_2}} \tag{3.1.34}$$

3.1.4　正态总体方差的区间估计

1．单个正态总体方差的区间估计

设 S 为总体 $X\sim N(\mu,\sigma^2)$的样本方差，则统计量

$$\frac{(n-1)S^2}{\sigma^2}\sim\chi^2(n-1)$$

可得总体方差，所以 σ^2 的 $1-\alpha$ 置信区间为

$$\left[\frac{(n-1)S^2}{\chi^2_{\alpha/2}(n-1)},\ \frac{(n-1)S^2}{\chi^2_{1-\alpha/2}(n-1)}\right] \tag{3.1.35}$$

2．两正态总体方差比的区间估计

我们仅仅讨论两总体平均数 μ_1 和 μ_2 未知的情况。

设两总体方差分别为 σ_1^2 和 σ_2^2，从两总体分别抽取容量为 n_1 和 n_2 的样本，样本方差分别为 S_1^2 和 S_2^2。由于

$$\frac{S_1^2/S_2^2}{\sigma_1^2/\sigma_2^2}\sim F(n_1-1,n_2-1)$$

并且分布 $F(n_1-1,n_2-1)$不依赖于任何未知参数。由此可得 σ_1^2/σ_2^2 的 $1-\alpha$ 置信区间为

$$\left(\frac{S_1^2/S_2^2}{F_{\alpha/2}(n_1-1,n_2-1)},\frac{S_1^2/S_2^2}{F_{1-\alpha/2}(n_1-1,n_2-1)}\right) \tag{3.1.36}$$

3.1.5　总体成数区间估计

当样本容量很大时，样本成数 p 的分布可用正态分布来近似。分布的中心是总体成数 P，分布的方差在重复抽样条件下为 $\sigma^2(p)=\dfrac{P(1-P)}{n}$。在给定概率保证程度下，总体成数的 $1-\alpha$ 置信区间为

$$p\pm z_{\alpha/2}\sqrt{\frac{P(1-P)}{n}} \tag{3.1.37}$$

通常用样本成数 p 代替公式中未知的总体成数 P

$$p\pm z_{\alpha/2}\sqrt{\frac{p(1-p)}{n}} \tag{3.1.38}$$

3.1.6 样本容量确定

在实际抽样调查中，确定一个合适的样本容量是一个重要的问题。因为，样本容量过大，必然会增加人力、财力、物力的支出，造成不必要的浪费；而样本容量过小，又会导致抽样误差增大，达不到抽样所要求的准确程度。因此，必要样本容量就是在保证误差不超过规定范围的条件下尽可能节省人、财、物的支出。

为了确定必要样本容量，首先必须分析影响样本容量的因素。影响必要样本容量的因素主要有以下几种：①总体各单位标志变异程度，即总体方差的大小，总体标志变异程度越大，要求样本容量要大些，反之则相反；②抽样极限误差的大小，抽样极限误差越大，要求样本容量越小，反之则相反；③抽样方法，在其他条件相同时，重复抽样比不重复抽样要求样本容量大些；④抽样推断的概率保证程度的大小，概率越大，要求样本容量越大，反之则相反。

1．估计总体平均数时样本容量的确定

通常用 n 表示重复抽样时必要样本容量。由 $\Delta_{\bar{x}} = z_{\alpha/2}\dfrac{\sigma}{\sqrt{n}}$，可得

$$n_0 = \frac{z_{\alpha/2}^2\sigma^2}{\Delta_{\bar{x}}^2} \tag{3.1.39}$$

即当取样本容量为 n_0 时，可以保证抽样误差在 $(-z_{\alpha/2}\sigma(\bar{x}),\ z_{\alpha/2}\sigma(\bar{x}))$ 区间内的概率为 $1-\alpha$。从上式可以看出，如确定了抽样极限误差、总体标准差以及概率度，就能确定必要样本容量。

2．估计总体成数时样本容量的确定

由 $\Delta_p = z_{\alpha/2}\sigma(\bar{x}) = z_{\alpha/2}\sqrt{\dfrac{P(1-P)}{n}}$ 可得

$$n_0 = \frac{z_{\alpha/2}^2 P(1-P)}{\Delta_p^2} \tag{3.1.40}$$

3．确定样本容量时应注意的问题

第一个问题，按照上述公式所计算出的结果是满足给定的精确程度和可靠程度需要的最低样本容量，因此其计算结果应向上进位，而不能采用四舍五入的方法。实际中通常抽取更多一些单位以满足需要。

第二个问题，在上述公式中，总体方差通常是未知的，可以用抽样样本的方差代替，也可以用历史同类调查的方差数据，或全面调查的方差资料代替。若同时有多个方差数据，应该选取其中最大的，以保证精确程度和可靠程度的需求。在成数的情况下，若完全缺乏资料，可取最保守数值，即取成数总体方差的最大值 0.25。

第三个问题，当所研究问题中涉及多个变量，而各个变量对精确程度和可靠程度的需求往往不同，所需必要样本容量也不会相同，此时应取其中最大的样本容量值以满足所有变量的要求。

例 3.1 某食品厂要检验本月生产的 1000 袋钞票的重量。根据上月资料，这种产品每袋

重量的标准差为 25 克，要求在 95.45%的概率保证程度下，平均每袋重量的误差范围不超过 5 克，问至少应抽取多少袋产品？

【解析】 已知 N=1000，σ=25 克，$\Delta_{\bar{x}}=5$ 克，1−α=95.45%，查标准正态分布表可得 $z_{\alpha/2}$=2，则必要样本容量为

$$n_0=\frac{z_{\alpha/2}^2\sigma^2}{\Delta_{\bar{x}}^2}=\frac{2^2\times25^2}{5^2}=100\ (\text{袋})$$

例 3.2 某企业对一批产品进行质量检验。这批产品的总数为 5000 件，过去几次同类调查所得产品合格率分别为 93%、95%、96%，为使合格率容许误差不超过 3%，在 99.73%的概率下应抽取多少件产品？

【解析】 已知 N=5000，$\Delta_p^2=3\%$，1−α=99.73%，查标准正态分布表可得 $z_{\alpha/2}$=3，取最大的方差值，即取 P=93%，则必要样本容量为

$$n_0=\frac{z_{\alpha/2}^2P(1-P)}{\Delta_p^2}=\frac{3^2\times93\%(1-93\%)}{0.03^2}=651\ (\text{件})$$

3.2 假设检验

假设检验是统计推断的重要内容，它是利用样本资料计算统计量的取值，以此来检验事先对总体某些数量特征所作的假设是否成立，并做出判断或决策的一种统计方法。

3.2.1 假设检验基本问题

1．假设检验的概念

1) 什么是统计假设

假设检验就是对假设进行检验，假设检验中的假设是指统计假设，是关于总体的某种猜测或判断。设立了假设以后，就需要运用统计推断方法对假设的真伪进行检验并进而做出决策，即如果假设成立，就接受它，如果假设不成立就拒绝它。但是，统计推断方法从逻辑上来说属于归纳推断，而归纳推断具有肯定一件事物很难，而否定一件事物却相对容易的特点。比如，一个大学生声称自己从未逃过课，他很难能证明他自己，因为他必须提供他从小学开始，包括中学、大学所有各个学习阶段每一年、每一个学期、每一节课都在课堂上的证据，同时还要证明这些证据是真实的。可是，反过来，要否定他的上述声称，却要容易得多，只要抓住一次就可以了。有鉴于此，假设检验作为一种统计推断方法，是以否定假设为目标的，而否定的依据就来自随机样本所提供的信息，而依据是否充分，证据是否足够，达到什么样的程度才能否定对总体的假设，这与假设检验的基本原理有关。

2) 假设检验的基本原理

假设检验的基本原理就是所谓小概率事件原理，即小概率事件在一次试验中几乎是不会发生的。在日常生活工作中人们经常运用小概率事件原理。比如，飞机失事的概率很小，所

以人们继续乘飞机出行。

例如，某个厂商声称其产品合格率很高，达到 99%，那么从一批产品(如 100 件)中随机抽取 1 件，这 1 件恰好是次品的概率就非常小，只有 1%，是个小概率事件，如果这个小概率事件发生了，我们就有理由怀疑产品合格率为 99%的假设，就可以否定该厂商的宣称，做出该厂商的宣称是假的这样一个判断。也就是说，当小概率事件发生时，我们的做法是否定原来的假设，当然，这样做也有可能犯错误，因为这 100 件产品中确实有 1 件是次品，有 1%的机会被抽到。所以犯这种错误的概率就是 1%，这意味着我们在冒 1%的风险做出厂商宣称是假的这个推断。在这个例子中，小概率的标准是 1%。不同的问题要根据实际情况分别设定小概率的标准，在假设检验中，称为显著性水平，用 α 表示。实际中，通常取 0.05、0.01、0.001 等较小的数值。

3) 假设检验的概念

利用样本资料来检验关于总体某个假设的真伪并做出拒绝或接受该假设决策的统计方法，称为假设性检验。具体来说，就是利用样本资料计算出有关的检验统计量，再根据该统计量的抽样分布理论来判断样本资料对原假设是否有显著的支持性或排斥性，即在一定的概率下判断原假设是否合理，从而决定接受或否定原假设。

2．假设检验的步骤

1) 建立假设

进行假设检验首先要建立假设，假设包括两个部分，一个为原假设，一个为备择假设。通常把研究者想要收集证据予以支持的假设作为备择假设，用 H_1 表示；将研究者想收集证据予以否定的假设作为原假设，也称零假设，用 H_0 表示。原假设和备择假设的设置在假设检验中非常重要，直接关系到检验的结论。

2) 确定适当的检验统计量

在建立具体的假设之后，需要提供可靠的证据来支持所提出的备择假设。这些证据主要来自所抽取的样本。也就是说，如果样本提供的证据能够指出原假设是不合理的，那么我们就有理由拒绝它，从而选择接受备择假设。如同在参数估计中一样，需要对样本信息进行压缩和提炼，根据原假设和备择假设提出某个样本统计量，称为检验统计量。

在具体的问题中，选择什么统计量作为检验统计量，需要考虑的因素与参数估计中基本相同。比如，样本是大样本还是小样本，总体是否服从正态分布，总体方差是否已知，等等。在不同的情况下应选择不同的检验统计量。

3) 规定显著性水平 α

显著性水平表示原假设为真时拒绝原假设的概率，也就是拒绝原假设所冒的风险，用 α 表示。给定了显著性水平 α，也就确定了原假设的接受区域和拒绝区域。这两个区域的交界点就是临界值。比如取 α=0.05，则意味着原假设 H 为真时，检验统计量落在其拒绝区域内的概率只有 5%，而落入其接受区域内的概率为 95%。应当指出，对于同样的显著性水平 α，选择不同的检验统计量，得到的临界值是不同的；对于同样的显著性水平 α 和同样的检验统计量，双侧检验和单侧检验的临界值也是不同的。

4) 计算检验统计量的值

根据样本数据计算检验统计量的值，并与临界值进行比较。

5) 做出统计决策

检验统计量的值如果落入拒绝区域，则拒绝原假设，接受备择假设；若检验统计量的值落入接受区域，则只能接受原假设。

3. 双侧检验和单侧检验

在前面的假设检验步骤中，我们知道，通过确定的检验统计量和事先给出的显著性水平，可以找出一个临界值，将统计量的取值范围划分为拒绝区域与接受区域两个部分。拒绝区域是检验统计量取值的小概率区域，小概率区域可以在检验统计量分布的两端，也可以在分布的一侧，分别称为双侧检验和单侧检验。单侧检验按照拒绝区域在左侧还是在右侧又可分为左单侧检验和右单侧检验两种。

假设检验究竟是使用双侧检验还是单侧检验，单侧检验时是使用左单侧还是右单侧检验，这取决于备择假设的性质。

1) 双侧检验

当我们关注的问题是要检验总体平均数或总体成数等总体参数是否发生了变化，而不关注变化的方向是正还是负、是大还是小时，应该用双侧检验。在双侧检验中，原假设取等式，而备择假设取不等式

$$H_0: \mu=\mu_0,\ H_1: \mu\neq\mu_0$$

或

$$H_0: P=P_0,\ H_1: P\neq P_0$$

由于双侧检验时，我们不关注差距的正负，所以给定的显著性水平 α，需按照对称分布的原理平均分配到左右两侧，每侧概率各 $\alpha/2$，相应的下临界值为 $-z_{\alpha/2}$，上临界值为 $z_{\alpha/2}$。当 $\alpha/2=0.025$ 时，双侧临界值分布如图 3-6 所示。

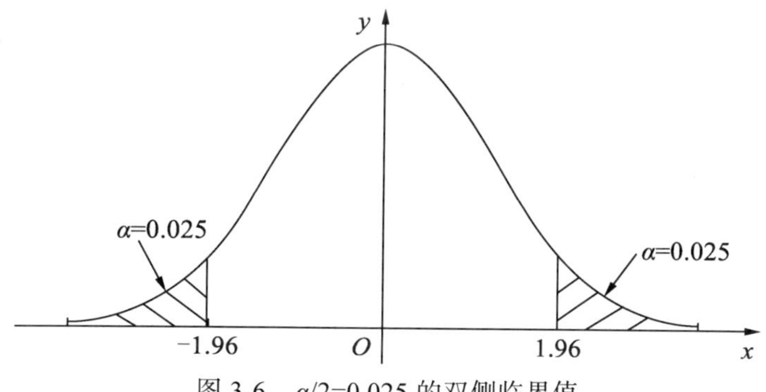

图 3-6　$\alpha/2=0.025$ 的双侧临界值

将根据样本信息计算的统计量 z 实际值与事先给定的临界值 $z_{\alpha/2}$ 作比较。在双侧检验中，如果 $z\geqslant z_{\alpha/2}$，或 $z\leqslant -z_{\alpha/2}$，就拒绝原假设 H_0，而接受备择假设 H_1；如果 $-z_{\alpha/2}<z<z_{\alpha/2}$，就不能否定原假设，而只能接受原假设 H_0。

2) 单侧检验

当我们所关注的问题不仅仅要检验总体平均数或总体成数等总体参数是否发生了变化，而且还关注变化的方向，就应该采用单侧检验。根据关注的是正差异或负差异，具体采用左单侧检验或右单侧检验。

平均数和成数等总体参数的单侧检验，原假设和备择假设都是以不等式的形式表示的。

当我们关注的问题是总体平均数或成数等总体参数是否低于预先假设，应该采用左单侧检验。原假设与备择假设为

$$H_0: \mu \geqslant \mu_0,\ H_1: \mu < \mu_0$$

或

$$H_0: P \geqslant P_0,\ H_1: P < P_0$$

当 α=0.05 时，单(左)侧临界值几何意义如图 3-7 所示。

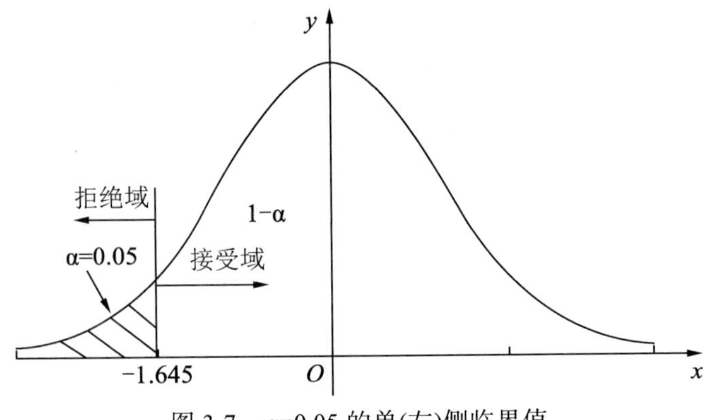

图 3-7　α=0.05 的单(左)侧临界值

当所关注的问题是总体平均数或成数等总体参数是否高于预先假设，应该采用右单侧检验。原假设与备择假设为

$$H_0: \mu \leqslant \mu_0,\ H_1: \mu > \mu_0$$

或

$$H_0: P \leqslant P_0,\ H_1: P > P_0$$

当 α 为 0.05 时，单(右)侧临界值几何意义如图 3-8 所示。

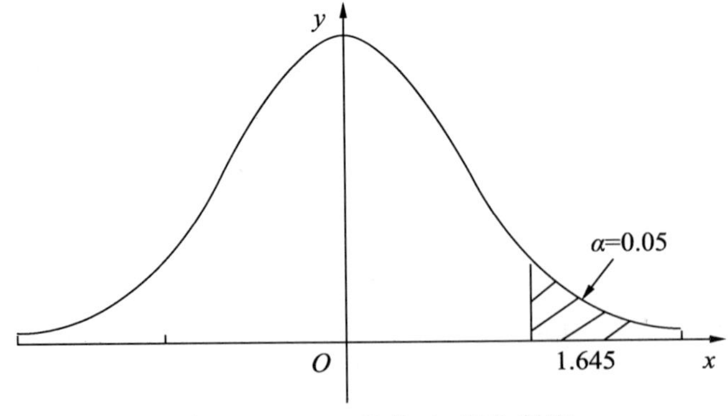

图 3-8　α=0.05 的单(右)侧临界值

在决定检验的显著性水平 α 以及相应的临界值时，左单侧检验有左侧临界值 $-z_\alpha$，右单侧

检验右临界值 z_α。

将根据样本数据求出的检验统计量 z 实际值与事先给定的 z_α 或$-z_\alpha$ 作比较，在左单侧检验中，若 $z \leqslant -z_\alpha$，则拒绝原假设，接受备择假设；若 $z > -z_\alpha$，则接受原假设。在右单侧检验中，若 $z \geqslant -z_\alpha$，则拒绝原假设，接受备择假设；若 $z < -z_\alpha$，则接受原假设。

4. 假设检验中的两类错误

在假设检验中，由于我们拒绝或接受某原假设，都是以随机样本的资料为依据的，这就使我们有可能犯如下两类错误：一是当原假设为正确时，却拒绝了原假设，这种错误称为“弃真”错误；二是当原假设是错误时，却接受了原假设，称为“取伪”错误。显然发生弃真错误是样本观察值落入否定域时造成的，而其发生的概率为 α，这说明 α 越大，则犯弃真错误的可能性就越大。所以为避免弃真错误，就应把显著性水平 α 控制到很小，一般多为 0.01 或 0.05 甚至更小。但是，在缩小 α 的同时，却扩大了第二类取伪错误的可能，用 β 表示犯第二类错误的概率，则 β 越大就越有可能犯第二类错误。可见，α 越小，β 就越大，即越减少弃真的可能就越有可能接受非真的原假设，这是一对很难处理的矛盾。

我们希望犯这两类错误的概率都尽可能小，但是在一定样本容量下，这对矛盾很难解决。要同时减少 α 和 β，就必须增加样本容量。但是，样本容量增加的同时，调查费用(或检验费用)又会相应增大，所以应当综合考虑 α 的水平、样本容量和费用等因素。

一般来说，如果第一类错误的后果比犯第二类错误的后果严重，就应当把犯第一类错误的概率减少，即规定 α 值小一些；如果犯第二类错误的后果比犯第一类错误的后果严重得多，就应当设法减少第二类错误，把 α 规定得大些，或改变假设形式。例如，在对进口商品的检验，如果把不合格的产品错误地当做合格产品来接收，我们所蒙受的经济损失将很大，就应当着重来减少第二类错误，而将 α 设大一些。

需要指出的是，通常情况下，$\alpha+\beta \neq 1$。

3.2.2　总体平均数检验

1. 大样本情形下的总体平均数的检验

总体分布的类型、总体方差是否已知以及样本的大小都会影响到检验统计量的选择及其分布形式，本节讨论大样本情况下总体平均数的检验。

1) 总体方差已知

在大样本情况下，无论总体分布形式如何，样本平均数都服从或近似服从正态分布。具体来看，当总体服从正态分布时，根据正态分布再生定理，样本平均数服从正态分布；当总体分布未知时，由于样本容量足够大，根据中心极限定理，只要具有有限的总体平均数和标准差，则样本平均数近似服从正态分布。此时，构造检验统计量

$$z = \frac{\bar{x} - \mu_0}{\sigma/\sqrt{n}} \tag{3.2.1}$$

当 $\mu=\mu_0$ 时，检验统计量 z 服从标准正态分布。给定显著性水平 α，则有下面假设检验。

第一种情况，$H_0: \mu=\mu_0$；$H_1: \mu\neq\mu_0$。检验规则为：当$|z|\geqslant z_{\alpha/2}$时，拒绝 H_0；当$|z|<z_{\alpha/2}$时，不能拒绝 H_0。

第二种情况，$H_0: \mu\leqslant\mu_0$；$H_1: \mu>\mu_0$。检验规则为：当 $z\geqslant z_\alpha$时，拒绝 H_0；当 $z<z_\alpha$时，不能拒绝 H_0。

第三种情况，$H_0: \mu\geqslant\mu_0$；$H_1: \mu<\mu_0$。检验规则为：当 $z\leqslant -z_\alpha$时，拒绝 H_0；当 $z>-z_\alpha$时，不能拒绝 H_0。

例 3.3 某飞机零件加工厂加工某种零件，根据经验知道，该厂加工零件的椭圆度近似服从正态分布，其总体平均数为 0.081mm，总体标准差为 0.025mm，今换一种新机器进行零件加工，取 200 个零件进行检测，得到椭圆度平均数为 0.076mm。试问在显著性水平 α=0.05 下，新机器加工零件的椭圆度总体平均数与旧机器有无显著差异？

【解析】 首先，建立假设。本题只关注差异是否存在而不关注差异的方向，显然是双侧检验，故原假设和备择假设为

$$H_0: \mu=0.081;\ H_1: \mu\neq 0.081$$

其次，确定适当的检验统计量。总体分布为正态分布，样本容量为 200，是大样本，总体方差已知，因此选择 z 检验统计量。

再次，规定显著性水平。依题意，显著性水平 α=0.05，查标准正态分布概率表可以得到临界值 $z_{0.05/2}=1.96$。

然后，根据样本数据计算检验统计量的值

$$z=\frac{\overline{x}-\mu_0}{\sigma/\sqrt{n}}=\frac{0.076-0.081}{0.025/\sqrt{200}}=-2.83$$

最后，做出统计决策。

比较检验统计量的值与临界值，因为$|z|=2.83>z_{\alpha/2}=1.96$，故样本落入了拒绝区域，因此拒绝 H_0，接受 H_1，即在 α=0.05 的显著性水平下，新机器加工零件的椭圆度总体平均数与旧机器有显著差异。

2) 总体方差未知

在大样本情况下，无论总体分布形式如何，样本平均数都服从或近似服从正态分布。具体来看，当总体服从正态分布时，根据正态分布再生定理，样本平均数服从正态分布；当总体分布未知时，由于样本容量足够大，根据中心极限定理，只要具有有限的总体平均数和标准差，则样本平均数近似服从正态分布。由于总体方差未知，构造检验统计量

$$t=\frac{\overline{x}-\mu_0}{S/\sqrt{n}} \tag{3.2.2}$$

式中，S 为样本标准差。当 $\mu=\mu_0$ 时，根据抽样分布理论，统计量 t 服从自由度为 n−1 的 t 分布，但大样本情况下，t 分布趋于标准正态分布，因此仍可按标准正态分布进行检验，即检验统计量为

$$z=\frac{\overline{x}-\mu_0}{S/\sqrt{n}} \tag{3.2.3}$$

此时，给定显著性水平，则有下面假设检验。

(1) $H_0:\mu=\mu_0$；$H_1:\mu\neq\mu_0$。检验规则为：当$|z|\geqslant z_{\alpha/2}$时，拒绝 H_0；当$|z|<z_{\alpha/2}$时，不能拒绝 H_0。

(2) $H_0:\mu\leqslant\mu_0$；$H_1:\mu>\mu_0$。检验规则为：当 $z\geqslant z_\alpha$时，拒绝 H_0；当 $z<z_\alpha$时，不能拒绝 H_0。

(3) $H_0:\mu\geqslant\mu_0$；$H_1:\mu<\mu_0$。检验规则为：当 $z\leqslant -z_\alpha$时，拒绝 H_0；当 $z>-z_\alpha$时，不能拒绝 H_0。

例 3.4 某电池厂生产的某种型号电池，历史资料表明平均发光时间为 1000 小时。在最近生产的产品中抽取 100 个，测得平均发光时间为 990 小时，标准差为 80 小时。给定显著性水平为 0.05，问新生产的电池发光时间是否有显著的降低？

【解析】 首先，建立假设。要检验新生产的电池发光时间是否有显著的降低，因此是左单侧检验。故原假设和备择假设为

$$H_0:\mu\geqslant 1\,000;\ H_1:\mu<1\,000$$

其次，确定适当的检验统计量。总体分布未知，总体方差未知，但样本容量为 100，是大样本，因此选择 z 检验统计量。

再次，规定显著性水平。依题意，显著性水平 $\alpha=0.05$，查标准正态分布概率表可以得到临界值 $z_{0.05}=1.645$。

然后，根据样本数据计算检验统计量的值

$$z=\frac{\overline{x}-\mu_0}{S/\sqrt{n}}=\frac{990-1\,000}{80/\sqrt{100}}=-1.25$$

最后，做出统计决策。

比较检验统计量的值与临界值，因为 $z=-1.25>-z_\alpha=-1.645$，故样本落入了接受区域，因此不能拒绝原假设 H_0，即在 $\alpha=0.05$ 的显著性水平下，不能认为新生产的电池发光时间有显著的降低。

2．小样本情形下的总体平均数的检验

在小样本情况下，无法简单地构造服从标准正态分布的检验统计量，因此都是在假定总体服从正态分布的前提下进行讨论的。

1) 总体方差已知

在总体服从正态分布的条件下，根据正态分布再生定理，样本平均数也服从正态分布。此时，构造检验统计量

$$z=\frac{\overline{x}-\mu_0}{\sigma/\sqrt{n}} \tag{3.2.4}$$

当 $\mu=\mu_0$ 时，根据抽样分布理论检验统计量 z 服从标准正态分布，故可采用 z 检验。

2) 总体方差未知

在总体服从正态分布的条件下，根据正态分布再生定理，样本平均数也服从正态分布。由于总体方差未知，构造检验统计量

$$t=\frac{\overline{x}-\mu_0}{S/\sqrt{n}} \tag{3.2.5}$$

当 $\mu=\mu_0$ 时，根据抽样分布理论，统计量 t 服从自由度为 $n-1$ 的 t 分布，故可采用 t 检验。

例 3.5 某汽车轮胎厂声称，该厂一等品轮胎的平均寿命在一定的重量和正常行驶条件下大于 25 000 公里。对一个由 15 个轮胎组成的随机样本进行检验，得到的平均寿命和标准差

为 27 000 公里和 5 000 公里，假定轮胎寿命近似服从正态分布。问是否可以相信产品同厂家所说的标准相符？这里取 α=0.05。

【解析】 首先，建立假设。要收集证据支持该一等品轮胎的平均寿命大于 25 000 公里，因此采用右单侧检验。故原假设和备择假设为

$$H_0:\mu\leqslant 25\,000;\ H_1:\mu>25\,000$$

其次，确定适当的检验统计量。总体服从正态分布，但总体方差未知，样本容量为 15，是小样本，因此选择 t 检验统计量。

再次，规定显著性水平。依题意显著性水平 α=0.05，查 t 分布概率表可以得到临界值 $t_{0.05}(14)$=1.761 3。

然后，根据样本数据计算检验统计量的值

$$t=\frac{\bar{x}-\mu_0}{S/\sqrt{n}}=\frac{27\,000-25\,000}{5000/\sqrt{15}}=1.55$$

最后，做出统计决策。

比较检验统计量的值与临界值，因为 t=1.5<$t_{0.05}(14)$=1.761 3，故样本落入了接受区域，因此不能拒绝原假设 H_0，即在 α=0.05 的显著性水平下，没有充分的理由相信该厂一等品轮胎的平均寿命大于 25 000 公里。

3. 两个正态总体均值之差的检验

设 $\bar{x}$ 和 $\bar{y}$ 来自正态总体 $N(\mu_1,\sigma_1^2)$ 和正态总体 $N(\mu_2,\sigma_2^2)$ 的样本平均数。

(1) 两总体方差 σ_1^2 和 σ_2^2 已知。

构造检验统计量

$$z=\frac{\bar{x}-\bar{y}}{\sqrt{\dfrac{\sigma_1^2}{n_1}+\dfrac{\sigma_2^2}{n_2}}} \tag{3.2.6}$$

当 $\mu_1=\mu_2$ 时，$Z\sim N(0,1)$，故可采用 z 检验。

(2) 两个总体方差 σ_1^2 和 σ_2^2 未知，但相等 $\sigma^2=\sigma_1^2=\sigma_2^2$。

构造检验统计量

$$t=\frac{\bar{x}-\bar{y}}{S_w\sqrt{\dfrac{1}{n_1}+\dfrac{1}{n_2}}} \tag{3.2.7}$$

其中

$$S_w=\sqrt{\frac{(n_1-1)S_1^2+(n_2-1)S_2^2}{n_1+n_2-2}} \tag{3.2.8}$$

当 $\mu_1=\mu_2$ 时，$t\sim t(n_1+n_2-2)$，故可采用 t 检验。

例 3.6 某废水中的镉含量服从正态分布，现用标准方法与新方法同时测定该样本中镉含量。其中新方法测定 10 次，平均测定结果为 5.28μg/L，标准差为 1.11μg/L；标准方法测定 9

次，平均测定结果为 4.03μg/L，标准差为 1.04μg/L。问两种测定结果有无显著性差异？

【解析】 依题意，建立假设

$$S_w=\sqrt{\frac{(n_1-1)S_1^2+(n_2-1)S_2^2}{n_1+n_2-2}}=\sqrt{\frac{9\times1.11^2+8\times1.04^2}{10+9-2}}=\sqrt{1.16}=1.08$$

根据检验统计量

$$t=\frac{\overline{x}-\overline{y}}{S_w\sqrt{\frac{1}{n_1}+\frac{1}{n_2}}}=\frac{5.28-4.03}{1.08\sqrt{\frac{1}{10}+\frac{1}{9}}}=2.53$$

取显著性水平 α=0.05，t=2.53＞$t_{0.05}(14)$=1.7613，从而拒绝 H_0，即认为两种测定结果有显著性差异。

3.2.3　正态总体方差假设检验

1．单个总体方差假设检验

构造检验统计量

$$\chi^2=\frac{(n-1)S^2}{\sigma_0^2} \tag{3.2.9}$$

当 $\sigma^2=\sigma_0^2$ 时，$\chi^2=\frac{(n-1)S^2}{\sigma_0^2}\sim\chi^2(n-1)$，故可采用 χ^2 检验。

例 3.7 长期以来，某厂生产的某种型号的电池，其寿命服从方差 $\sigma_0^2=5\,000$ (单位：小时^2)的正态分布，现有一批这种电池，从它的生产情况来看，寿命的波动性有所改变。现随机取 n=26 只电池，测出其寿命的样本方差 S^2=9 200(单位：小时^2)。根据这一数据推断这批电池寿命的波动性较以往的有无显著的变化(取 α=0.02)。

【解析】 本题是双侧检验问题，要求在显著水平 α=0.02 下假设检验。

提出假设

$$H_0:\sigma^2=\sigma_0^2=5\,000\;,\quad H_1:\sigma^2\neq\sigma_0^2=5\,000$$

选择统计量

$$\chi^2=\frac{(n-1)S^2}{\sigma_0^2}$$

由于 $\chi^2=\frac{(n-1)S^2}{\sigma_0^2}=\frac{25\times9\,299}{5\,000}=46>\chi_{0.01}^2(25)=44.314$，拒绝接受假设。故这批电池的寿命的波动性较以往的有显著的变化。

2．正态总体方差齐性假设检验

在方差分析中，是以各个实验组内总体方差齐性为前提的，因此在方差分析之前，要对各个实验组内的总体方差先进行齐性检验。所谓方差齐性即各总体方差相等。

设 S_1^2 和 S_2^2 分别是正态总体 $X \sim N(\mu_1,\sigma_1^2)$ 和 $Y \sim N(\mu_2,\sigma_2^2)$ 的样本方差，且两样本是相互独立的，$\mu_1,\mu_2,\sigma_1^2,\sigma_2^2$ 均未知。

提出假设

$$H_0:\sigma_1^2=\sigma_2^2,\quad H_1:\sigma_1^2\neq\sigma_2^2$$

构造检验统计量

$$F=\frac{S_1^2/S_2^2}{\sigma_1^2/\sigma_2^2}\sim F(n_1-1,n_2-1) \tag{3.2.10}$$

当 $\sigma_1^2=\sigma_2^2$ 时，$F=\dfrac{S_1^2}{S_2^2}\sim F(n_1-1,n_2-1)$，拒绝域：$F\geqslant F_{\alpha/2}(n_1-1,n_2-1)$ 或 $F\leqslant F_{1-\alpha/2}(n_1-1,n_2-1)$。

例 3.8 在平炉上进行一项试验以确定改变操作方法是否能增加钢的得率，试验是在同一只平炉上进行的。每炼一炉钢时除操作方法外，其他条件都尽可能做到相同。先采用标准方法炼一炉，然后用新方法炼一炉，以后交替进行，各炼 10 炉，其得率分别为：

(1) 标准方法　78.1　72.4　76.2　74.3　77.4　78.4　76.0　75.5　76.7　77.3；

(2) 新方法　79.1　81.0　77.3　79.1　80.0　79.1　79.1　77.3　80.2　82.1。

设两样本相互独立，分别来自正态总体 $X \sim N(\mu_1,\sigma_1^2)$ 和 $Y \sim N(\mu_2,\sigma_2^2)$，$\mu_1$、$\mu_2$、$\sigma_1^2$、$\sigma_2^2$ 均未知，检验两总体方差齐性。

【解析】 提出检验假设

$$H_0:\sigma_1^2=\sigma_2^2,\quad H_1:\sigma_1^2\neq\sigma_2^2$$

选检验统计量

$$F=S_1^2/S_2^2\sim F(n_1-1,n_2-1)$$

拒绝域为

$$F\leqslant F_{1-\alpha/2}(n_1-1,n_2-1)=F_{0.975}(9,9)=\frac{1}{4.03}\approx 0.2481$$

或

$$F\geqslant F_{\alpha/2}(n_1-1,n_2-1)=F_{0.025}(9,9)=4.03$$

这里取 $\alpha=0.01$，且 $n_1=n_2=10$。由于 $S_1^2=3.325, S_2^2=2.225$，且代入公式 $F=\dfrac{S_1^2}{S_2^2}$ 中可计算得

$$F=s_1^2/s_2^2=\frac{3.325}{2.225}=1.49<4.03$$

故接受 $H_0:\sigma_1^2=\sigma_2^2$，认为两总体方差相等，即认为两总体具有方差齐性。

3.2.4 总体成数检验

成数是指具有某种特征的总体单位的个数在总体单位总数中所占的比重，总体成数通常用 P 表示。在大样本情况下，并且满足 $np>5$ 时，根据中心极限定理，样本成数 p 服从 $N\left(P,\dfrac{P(1-P)}{n}\right)$ 的正态分布。此时，构造检验统计量

$$z = \frac{p - P_0}{\sqrt{\frac{P_0(1-P_0)}{n}}} \tag{3.2.11}$$

当 $P=P_0$ 时，检验统计量 z 服从标准正态分布 $N(0,1)$，故可采用 z 检验。

例 3.9 在过去的一年内，某公司的生意有 30%是赊账交易，70%是现金交易，最近一个含有 100 笔交易的样本显示有 40 笔是赊账交易。取显著性水平 $\alpha=0.05$，问该公司的赊账交易政策是否有所变化？

【解析】 依题意，建立假设

$$H_0: P=30\%;\ H_1: P\neq 30\%$$

样本容量 $n=100$，且 $np=40>5$，$n(1-p)=60>5$，故可计算检验统计量

$$z = \frac{p - P_0}{\sqrt{\frac{P_0(1-P_0)}{n}}} = \frac{40\% - 30\%}{\sqrt{\frac{30\%\times(1-30\%)}{100}}} = 2.18$$

因为 $z_{0.05/2}=1.96$，从而拒绝 H_0，接受 H_1，即认为该公司的赊账交易政策已经有所变化。

3.3 方 差 分 析

前面我们已经讨论了两个总体均值之差的检验问题，方差分析是这一问题的推广。本部分主要介绍单因素方差分析和双因素方差分析的基本原理和方法。

3.3.1 方差分析概念和意义

1. 方差分析的概念

在实验和生产实践过程中，人们经常需要对影响观测对象的各种主要因素进行分析，以便寻找出各个因素在什么状态下能够使观测对象达到最佳效果。例如在农业科学实验和农业生产活动中，影响农作物产量的主要因素有土地、品种、施肥量等，为了提高农作物的产量，研究人员就需要在不同的土地上比较不同的品种、施不同种类和不同数量的肥料，并从中找出最适宜于多种类型土地种植的农作物品种、施用肥料的种类和数量，以便因地制宜选择农作物品种和肥料，发展农业生产。又如在市场研究中，在价格一定条件下，影响商品销售量的因素有商品的包装和促销方式等，这就需要比较商品的不同包装方式和促销方式对商品销售量的影响，找出最佳的包装和促销方式，以提高销售业绩。为了解决此类问题，首先需要在各种主要影响因素的不同状态下对人们所研究的变量的取值进行观测，然后再对观测数据进行比较分析。方差分析就是分析推断各种因素的不同状态对所观测对象(变量)的影响效应是否显著的一种统计分析方法。

2. 方差分析的意义

方差分析起源于对农业田间实验数据的分析研究，它是由著名统计学家费希尔(R. A.

Fisher)于 20 世纪 20 年代创立和发展起来的。方差分析和实验设计现在已经成为统计学中的一个重要分支。目前，方差分析不仅在农业科学实验和农业生产中有着广泛应用，而且在工业产品的试制与配方以及物理与化学实验，乃至生物学和医学等自然科学领域中发挥重要作用。即使在人们对研究对象的影响因素难以控制的社会科学领域和经济管理活动中，比如在社会学的研究和市场研究等方面，方差分析的应用也日益广泛，其作用也越来越大。

3.3.2 单因素方差分析

1. 单因素方差分析的意义和统计假设

在方差分析中，影响观测变量的因素也称为因子，因素的多种不同状态称为水平。影响观测变量的因素有许多，如果只就某一个因素进行观测，即在其他条件都保持不变的情况下，对某一个特定因子的各种不同水平的影响作用进行统计分析，就称为单因素方差分析。

假设所考察的因素为 A，有 m 个不同的水平，它们是 $A_1, A_2, \cdots, A_m$。对因素 A 的每个水平分别进行了 n 次独立观测，得到所研究变量的观测值为 X_{ij}，其中 i=1,2,…,n，表示因子 A 的各个水平，j=1,2,…,n 表示各次观测。将所有的观测值列在一个表中，如表 3-3 所示。

表 3-3　单因素方差分析数据表

观察序号	因素A的水平			
	A_1	A_2	…	A_m
1	X_{11}	X_{21}	…	X_{m1}
2	X_{12}	X_{22}	…	X_{m2}
…	…	…	…	…
n	X_{1n}	X_{2n}	…	X_{mn}
合计	T_1	T_2	…	T_m
平均值	$\bar{X}_1$	$\bar{X}_2$	…	$\bar{X}_m$

表 3.3 最后两行中，一行是合计，一行是平均数，分别用 T_i，X_i 表示，即

$$T_i = \sum_{j=1}^{n} X_{ij}\ ,\quad \bar{X}_i = \frac{1}{n}\sum_{j=1}^{n} X_{ij} = \frac{T_i}{n} \tag{3.3.1}$$

总共进行了 $m \times n$ 次观测，令 $N=m \times n$，用 T 表示 N 个观测值的总和，即

$$T = \sum_{i=1}^{m} T_i = \sum_{i=1}^{m}\sum_{j=1}^{n} X_{ij} \tag{3.3.2}$$

用 $\bar{X}$ 表示 N 个观测值的总平均数，即

$$\bar{X} = \frac{1}{m}\sum_{i=1}^{m} \bar{X}_i = \frac{1}{mn}\sum_{i=1}^{m}\sum_{j=1}^{n} X_{ij} = \frac{T}{N} \tag{3.3.3}$$

表 3-3 中每列的各个观测值，是在完全相同的条件下取得的，应为来自同一总体的随机变量，故同列各观测值之间的差异，可视为随机误差。如果因素 A 的各水平对各列观测值的变异没有影响，各列观测值均可视为来自同一总体，则各列的平均数应基本相等，若有差异，

也是随机误差。反之，如果因素 A 的各水平对各列观测值的变异有显著影响，就不能认为是由观测的随机因素作用的结果，而应该是系统性的，即由于因素 A 的变异而引起了观测结果的数量差异，因素 A 变动的影响就是显著的。

因此，如果我们将表 3.3 中的 m 个列分别代表从 m 个独立的总体中抽取出来的容量为 n 的随机样本，而且这 A 个独立的总体分别服从平均数为 $\mu_i(i=1, 2, \cdots, m)$、方差为 σ^2 的正态分布，则可以提出下面的统计假设。

$$H_0: \mu_1=\mu_2=\cdots=\mu_m=\mu\text{；}H_1\text{：各 }\mu_i(i=1, 2, \cdots, m)\text{至少有两个不相等}$$

原假设 H_0 表示各个样本所来自总体的平均数 μ_i，其数值相等，并等于同一正态总体平均数 μ，实际上是假设各列的样本均来自同一正态总体。备择假设 H_1 为各样本并不都是来自同一总体。我们围绕着一定的显著性水平 α 来检验这个统计假设，以接受 H_0 或接受 H_1，展开方差分析，所以方差分析是检验两个或两个以上总体的均值间差异是否显著的统计方法。虽然方差分析通常用于均值比较，但是因为比较时采用两个方差估计量的比值进行分析，使用 F 统计量进行检验，所以称为方差分析是有道理的。

2．单因素方差分析的过程和方法

单因素方差分析的程序和方法如下。

1) 分解总离差平方和

所有观测值 X_{ij} 对总平均数 X 的离差平方和称为总离差平方和，用 SST 表示。则

$$\text{SST}=\sum_{i=1}^{m}\sum_{j=1}^{n}\left(X_{ij}-\bar{X}\right)^2=\sum_{i=1}^{m}\sum_{j=1}^{n}X_{ij}^2-N\bar{X}^2 \tag{3.3.4}$$

其中

$$\bar{X}=\frac{1}{m}\sum_{i=1}^{m}\bar{X}_i=\frac{1}{mn}\sum_{i=1}^{m}\sum_{j=1}^{n}X_{ij}=\frac{T}{N}$$

将 SST 进一步分解为组间平方和 SSA 与组内平方和 SSE 两个部分，有 SST=SSA+SSE，其中

$$\text{SSA}=\sum_{i=1}^{m}\sum_{j=1}^{n}\left(\bar{X}_i-\bar{X}\right)^2=n\sum_{i=1}^{m}\left(\bar{X}_i-\bar{X}\right)^2 \tag{3.3.5}$$

$$\text{SSE}=\sum_{i=1}^{m}\sum_{j=1}^{nn}\left(X_{ij}-\bar{X}_i\right)^2 \tag{3.3.6}$$

2) 计算方差，进行 F 检验

总离差平方和 SST 是描述所有样本观测数据 X_{ij} 离散程度的指标。SSE 是每个样本数据与其组的平均值 X_i 离差的平方和，反映了数据 X_{ij} 的组内误差，是一种随机误差，又称为误差平方和。SSA 是各组平均值 $X_i(i=1,2,\cdots,m)$与总平均值离差的平方和，反映了各样本平均数之间的差异程度。若原假设 H_0 成立，即 $\mu_1=\mu_2=\cdots=\mu_m=\mu$ 被接受了，表明没有系统误差，各样本平均数 X_i 之间的差异是由随机偶然性因素产生的，则 SSA 与 SSE 的差异也不会太大；若 SSA 显著地大于 SSE，说明各 X_i 之间的差异与随机误差显著不同，或者说差异不是随机因素产生的，这时，H_0 就可能不成立。那么 SSA 与 SSE 的比值大到什么程度才可以拒绝 H_0，这就要看构造检验的统计量。为此，将 SSA 与 SSE 分别除以他们各自的自由度，得到组间方

差S_A^2和组内方差S_e^2，即

$$S_A^2=\frac{\text{SSA}}{m-1},\quad S_e^2=\frac{\text{SSE}}{m(n-1)} \tag{3.3.7}$$

由于

$$\frac{S_A^2}{S_e^2}=\frac{\text{SSA}/(m-1)}{\text{SSE}/m(n-1)}\sim F\left[(m-1),m(n-1)\right] \tag{3.3.8}$$

所以，可以定义统计量F如下

$$F=\frac{S_A^2}{S_e^2} \tag{3.3.9}$$

于是$F\sim F[(m-1),\ \mathrm{m}(n-1)]$，即统计量$F$服从第一自由度为$m-1$，第二自由度为$m(n-1)$的$F$分布。统计量$F$就是方差分析中判断$H_0$是否成立的检验统计量。

对于给定的显著性水平α，在F分布表中查找第一自由度为$m-1$，第二自由度为$m(n-1)$的对应的临界值$F_\alpha(m-1, mn-m)$，若统计量$F>F_\alpha$，则拒绝H_0，即$\mu_1=\mu_2=\cdots=\mu_m=\mu$不成立。若$F\leqslant F_\alpha$，则不能拒绝$H_0$，即不认为各个$\mu_i$之间有显著差异。通常取$\alpha$等于0.05或0.01。

3) 列出方差分析表

实际应用中，为方便起见，常用方差分析表代替上述计算过程，如表3-4所示。

表 3-4　单因素方差分析表

方差来源	离差平方和	自由度	方差	F值
组间(因素影响)	$\text{SSA}=\sum_{i=1}^{m}\sum_{j=1}^{n}(\bar{X}_i-\bar{X})^2$	$m-1$	$S_A^2=\frac{\text{SSA}}{m-1}$	$F=\frac{S_A^2}{S_e^2}$
组内(误差)	$\text{SSE}=\sum_{i=1}^{m}\sum_{j=1}^{n}(X_{ij}-\bar{X}_i)^2$	$m(n-1)$	$S_e^2=\frac{\text{SSE}}{m-1}$	
总和	$\text{SST}=\sum_{i=1}^{m}\sum_{j=1}^{n}(X_{ij}-\bar{X})^2$	$N-1$	$S^2=\frac{\text{SST}}{N-1}$	

下面我们通过一个例子来说明单因素方差分析方法的应用。

例 3.10 为提高产品销售量，某企业拟开展广告促销活动。为此，企业拟定了三种广告方式，即在当地报纸上刊登广告，在当地电视台播出广告和在当地电台广播中播出广告，并选择了三个人口规模和经济发展水平以及该企业产品过去的销售量都大体相当的地区，然后随机地将每种广告方式安排在其中一个地区进行试验，共试验了5周，各地区每周的销售量资料见表3-5。试判断各种广告方式的效果是否有显著差异。

表 3-5　各种广告方式的销售量

地区和广告方式	观测序号				
	1	2	3	4	5
甲地区：报纸广告A_1	53	52	66	62	60
乙地区：电视广告A_2	61	46	55	49	58
丙地区：电台广告A_3	50	40	45	55	40

【解析】 考察不同广告方式对销售量的影响是否存在差异，这是单因素方差分析问题。对表 3-5 的数据进行整理得到表 3-6。

表 3-6　方差分析计算表

观测序号	因素(广告方式)A的状态		
	A_1(报纸广告)	A_2(电视广告)	A_3(电台广告)
1	53	61	50
2	52	46	40
3	66	55	45
4	62	49	55
5	60	58	40
合计	293	269	230
平均数	58.6	53.8	46.0

$$\overline{X}=\frac{293+269+230}{15}=\frac{58.6+53.8+46}{3}=52.8$$

分别计算离差平方和 SST 及 SSA，得

$$\text{SST}=\sum_{i=1}^{m}\sum_{j=1}^{n}X_{ij}^2-N\overline{X}^2=42690-15\times52.8^2=872.4$$

$$\text{SSA}=\sum_{i=1}^{m}\sum_{j=1}^{n}\left(\overline{X}_i-\overline{X}\right)^2=n\sum_{i=1}^{m}\left(\overline{X}_i-\overline{X}\right)^2$$

$$=5\times\left[(58.6-52.8)^2+(53.8-52.8)^2+(46-52.8)^2\right]=404.4$$

由 SST=SSA+SSE，得 SSE=SST−SSA=872.4−404.4=468

则组间方差 $S_A^2=\dfrac{\text{SSA}}{m-1}=\dfrac{404.4}{2}=202.2$，组内方差 $\bar{x}=\dfrac{\sum x}{n}$，且

$$F=\frac{S_A^2}{S_e^2}=\frac{202.2}{39}=5.18$$

若给定的显著性水平 α=0.05，则由 F 分布表可查出临界值为 $F_{0.05}(2,12)$=3.89。因为统计量 F=5.18>$F_{0.05}(2,12)$=3.89，所以拒绝原假设 H_0，即认为不同的广告宣传方式对该产品的销售量有显著影响。

根据以上计算结果列出方差分析表(见表 3-7)。

表 3-7　各种广告方式的方差分析表

方差来源	平方和	自由度	均方	F值
组间	SSA=404.4	2	202.2	F=5.18
组内	SSE=468	12	39	—
总和	SST=872.4	14	—	—

同时，由表 3-6 知，各种广告方式的销售量平均值分别为

$$\bar{X}_1 = 58.6\ ,\quad \bar{X}_2 = 53.8\ ,\quad \bar{X}_3 = 46$$

其中，$\bar{X}_1 = 58.6$ 为最大，表明采用报纸上刊登广告的形式效果最好。

3.3.3 无交互作用的双因素方差分析

在单因素方差分析中，除去所考察的因素可取不同的水平以外，其他因素都必须保持不变，即必须固定在某种特定水平之上，所考察的因素对观测变量的效应也只有在这种情况下才能成立。但是，在许多实际问题中，往往不能只考虑一个因素的影响，例如对商品销售量的影响不仅有广告方式，还有价格等其他因素的影响。因此，必须同时考虑几个因素的影响作用和效果。如果同时考察两个因素的作用和效果，那么就称为双因素方差分析，如果同时考察三个因素的作用和效果，那么就称为三因素方差分析，如此等等。两个和两个以上因素的方差分析，可统称为多因素方差分析。

和单因素方差分析不同，在多因素方差分析中，不仅所考察的各个因素单独对观测变量有影响，而且几个因素的不同搭配对观测变量还可能产生影响，这种几个因素的不同水平搭配所产生的影响称为交互作用。例如不同的广告方式和不同的销售价格对于销售量的影响，并不一定刚好等于广告方式和销售价格分别对于销售量的影响之和，也可能出现这样的情况，分别使销售量达到最高的广告方式与销售价格相结合，会使销售量的增加幅度大大高于它们分别作用的增加幅度之和。在单因素方差分析没有交互作用问题，但是在多因素方差分析中就不能不考虑这一点。当然，多因素方差分析中最简单的情况，就是无交互作用的双因素方差分析。

1．无交互作用双因素方差分析的数据结构和模型

设所考察的两个因素分别为 A、n，因素 A 有 m 个不同的水平，$A_1, A_2, \cdots, A_m$，因素 B 有 n 个不同的水平，$B_1, B_2, \cdots, B_n$。

因素 A 的每一个水平和因素 B 的每一个水平都可以搭配成一组，观察它们对观测变量(或试验指标)的影响，共取得了 $m \times n$ 个观察数据，其结构如表 3-8 所示。

表 3-8　双因素方差分析的数据结构

因素B / 因素A	B_1	B_2	…	B_n	平均值 $\bar{X}_{i\cdot}$
A_1	X_{11}	X_{12}	…	X_{1n}	$\bar{X}_{1\cdot}$
A_2	X_{21}	X_{22}	…	X_{2n}	$\bar{X}_{2\cdot}$
…	…	…	…	…	…
A_m	X_{m1}	X_{m2}	…	X_{mn}	$\bar{X}_{m\cdot}$
平均值 $\bar{X}_{\cdot j}$	$\bar{X}_{\cdot 1}$	$\bar{X}_{\cdot 2}$	…	$\bar{X}_{\cdot n}$	$\bar{X}$

在表 3-8 中，$\bar{X}_{i\cdot}$ 为

$$\bar{X}_{i\cdot} = \frac{1}{n}\sum_{j=1}^{n} X_{ij} \tag{3.3.10}$$

例如 $\overline{X}_{1\cdot}$ 为

$$\overline{X}_{1\cdot} = \frac{1}{n}\sum_{j=1}^{n} X_{1j} = \frac{X_{11} + X_{12} + \cdots X_{1n}}{n}$$

同理

$$\overline{X}_{\cdot j} = \frac{1}{m}\sum_{i=1}^{m} X_{ij} \tag{3.3.11}$$

例如 $\overline{X}_{\cdot 1}$ 为

$$\overline{X}_{\cdot 1} = \frac{1}{m}\sum_{i=1}^{m} X_{i1} = \frac{X_{11} + X_{12} + \cdots + X_{m1}}{m}$$

$$\overline{X} = \frac{1}{mn}\sum_{i=1}^{m}\sum_{j=1}^{n} X_{ij} \tag{3.3.12}$$

$\overline{X}_{i\cdot}$ 是因素 A 的第 i 个水平下的各观察数据的平均数；$\overline{X}_{\cdot j}$ 是因素 B 的第 j 个水平下的各观察数据的平均数；则 $\overline{X}$ 是所有观察数据(mn 个)的平均数。

为了方便分析，我们将因素 A 第 i 个水平对观测变量(或试验指标)的影响记作 α_i，亦称为第 i 个效应；将因素 B 第 j 个水平对观测变量(或试验指标)的影响记作 β_j，称为第 j 个效应，并设

$$\alpha_i = \overline{X}_{i\cdot} - \overline{X},\ (i = 1,2,\cdots,m) \tag{3.3.13}$$

$$\beta_j = \overline{X}_{\cdot j} - \overline{X},\ (j = 1,2,\cdots,n) \tag{3.3.14}$$

若将试验随机误差记作 e_{ij}，那么对于每一个观察数据，有下列等式

$$X_{ij} = \overline{X} + \alpha_i + \beta_j + e_{ij}(i = 1,2,\cdots,m; j = 1,2,\cdots,n) \tag{3.3.15}$$

式中，α_i 和 β_j 满足

$$\sum_{i=1}^{m}\alpha_i = 0，\ \sum_{j=1}^{n}\beta_j = 0$$

这里假设随机误差服从均值为零、方差为 σ^2 的正态分布。

公式(3.3.15)是无交互作用的双因素方差分析模型，它表达了观测变量(或试验指标)的每一个观测值与因素 A 的第 i 个效应和因素 B 的第 j 个效应之间的数量关系。

2．假设检验

无交互作用的双因素方差分析是检验和判断因素 A 和因素 B 分别对观测变量的影响是否显著的统计方法。其假设检验原理与单因素方差分析相同。

判断因素 A 和因素 B 分别对观测变量的影响是否显著就是检验下列假设是否成立：

$$H_{01}:\alpha_1=\alpha_2=\cdots=\alpha_m=0$$

$$H_{02}:\beta_1=\beta_2=\cdots=\beta_n=0$$

假设 H_{01} 用于检验因素 A 的影响，假设 H_{02} 用于检验因素 B 的影响。

为了检验这些假设，需要确定适当的统计量。与单因素方差分析方法一样，仍然要从总离差平方和 SST 的分解入手。设 $m \times n$ 个样本数据的平均数为 $\overline{X}$，因素 A 和因素 B 的作用下

的每一个样本数据为 $X_{ij}(i=1, 2, \cdots, m;\ j=1, 2, \cdots, n)$，$\overline{X}_{i\cdot}$ 是因素 A 的第 j 个水平下的各观察数据的平均数，$\overline{X}_{\cdot j}$ 是因素 B 的第 j 个水平下的各观察数据的平均数，则 X_{ij} 与所有样本观测数据的平均数之间的离差平方和就是总离差平方和 SST。得

$$\begin{aligned}\mathrm{SST} &= \sum_{i=1}^{m}\sum_{j=1}^{n}\left(X_{ij}-\overline{X}\right)^2 \\ &= \sum_{i=1}^{m}\sum_{j=1}^{n}\left(\overline{X}_{i\cdot}-\overline{X}\right)^2+\sum_{i=1}^{m}\sum_{j=1}^{n}\left(\overline{X}_{\cdot j}-\overline{X}\right)^2+\sum_{i=1}^{m}\sum_{j=1}^{n}\left(X_{ij}-\overline{X}_{i\cdot}-\overline{X}_{\cdot j}+\overline{X}\right)^2 \qquad (3.3.16)\end{aligned}$$

令

$$\mathrm{SSA}=\sum_{i=1}^{m}\sum_{j=1}^{n}\left(\overline{X}_{i\cdot}-\overline{X}\right)^2=n\sum_{i=1}^{m}\left(\overline{X}_{i\cdot}-\overline{X}\right)^2 \qquad (3.3.17)$$

$$\mathrm{SSB}=\sum_{i=1}^{m}\sum_{j=1}^{n}\left(\overline{X}_{\cdot j}-\overline{X}\right)^2=m\sum_{j=1}^{n}\left(\overline{X}_{\cdot j}-\overline{X}\right)^2 \qquad (3.3.18)$$

$$\mathrm{SSE}=\sum_{i=1}^{m}\sum_{j=1}^{n}\left(X_{ij}-\overline{X}_{i\cdot}-\overline{X}_{\cdot j}+\overline{X}\right)^2 \qquad (3.3.19)$$

则

$$\mathrm{SST=SSA+SSB+SSE} \qquad (3.3.20)$$

由公式(3.3.17)、(3.3.18)和(3.3.19)可知，SSA 是因素 A 对观测变量发生影响所产生的离差平方和，SSB 是因素 B 对观测变量发生影响所产生的离差平方和，SSE 是除去因素 A 和因素 B 外的剩余因素影响产生的离差平方和，也称为随机误差平方和。为了判断因素 A 的影响是否显著，即判断 H_{01}：$\alpha_1=\alpha_2=\cdots=\alpha_m=0$ 是否成立，可以构造下列检验统计量

$$F_A=\frac{\mathrm{SSA}/(m-1)}{\mathrm{SSE}/(m-1)(n-1)}=\frac{S_A^2}{S_e^2} \qquad (3.3.21)$$

同理，为了判断因素 B 的影响是否显著，即判断 H_{02}：$\beta_1=\beta_2=\cdots=\beta_m=0$ 是否成立，检验统计量为

$$F_B=\frac{\mathrm{SSB}/(n-1)}{\mathrm{SSE}/(m-1)(n-1)}=\frac{S_B^2}{S_e^2} \qquad (3.3.22)$$

由于 F_A 服从第一自由度为 $(m-1)$，第二自由度为 $(m-1)(n-1)$ 的 F 分布，F_B 服从第一自由度为 $(n-1)$，第二自由度为 $(m-1)(n-1)$ 的 F 分布，即

$$F_A\sim F[(m-1),\ (m-1)(n-1)],\quad F_B\sim F[(n-1),(m-1)(n-1)]$$

因此，对于给定的显著性水平和两个自由度，可以在 F 分布表中查得临界值 F_α(注意：如果 F_A 和 F_B 的两个自由度不同，那么临界值 F_α 也有两个)。若 F_A、F_B 分别大于 F_α，则拒绝 H_{01}、H_{02}；若 F_A、F_B 小于 F_α，则接受原假设 H_{01}、H_{02}。

3. 双因素方差分析表

和单因素方差分析一样，可以将双因素方差分析计算结果列入一张表中，如表 3-9 所示。

表 3-9　双因素方差分析表

方差来源	离差平方和	自由度	方差	F值
A因素	SSA	$(m-1)$	$S_A^2=\frac{\text{SSA}}{m-1}$	$F_A=\frac{S_A^2}{S_e^2}$
B因素	SSB	$(n-1)$	$S_B^2=\frac{\text{SSB}}{n-1}$	$F_B=\frac{S_B^2}{S_e^2}$
误差	SSE	$(m-1)(n-1)$	$S_e^2=\frac{\text{SSE}}{(m-1)(n-1)}$	—
总和	SST	$mn-1$	$S^2=\frac{\text{SST}}{N-1}$	—

例 3.11 从 5 名工人操作的 3 台机器每小时产量中分别各抽取一个不同时段的产量，观测到的产量如表 3-10 所示。试进行产量是否依赖于机器类型和操作者(工人)的方差分析。

表 3-10　3 台机器 5 名操作者的产量数据

机器＼工人	B_1	B_2	B_3	B_4	B_5	平均值 $\bar{X}_{i\cdot}$
A_1	53	47	46	50	49	49
A_2	61	55	52	58	54	56
A_3	51	51	49	54	50	51
$\bar{X}_{\cdot j}$	55	51	49	54	51	$\bar{X}=52$

【解析】 设机器类型为因素 A，操作者(工人)为因素 B，因素 A 有 3 个不同的水平，分别用 A_1、A_2、A_3 表示；因素 B 有 5 个不同的水平，分别用 B_1、B_2、B_3、B_4、B_5 表示。记因素 A 第 i 个水平对产量的影响(效应)为 α_i(i=1，2，3)；因素 B 第 j 个水平对产量的影响(效应)为 β_j(j=1，2，3，4，5)。原假设为

$$H_{01}：\alpha_1=\alpha_2=\alpha_3=0$$

$$H_{02}：\beta_1=\beta_2=\beta_3=\beta_4=\beta_5=0$$

机器类型和操作者组合形成 15 个数据。代表每台机器的平均产量的各行平均数 $\bar{X}_{i\cdot}$ 和代表每个操作者平均产量的各列平均数 $\bar{X}_{\cdot j}$，以及 15 个数据的总平均数，如表 3-10 所示。同时计算 SST、SSA、SSB 和 SSE。由公式(3.3.17)、(3.3.18)、(3.3.19)和(3.3.20)，可以计算得到

$$\begin{aligned}\text{SST}&=\sum_{i=1}^{m}\sum_{j=1}^{n}\left(X_{ij}-\bar{X}\right)^2\\&=(53-52)^2+(61-52)^2+\cdots+(50-52)^2+(51-52)^2=224\end{aligned}$$

$$\begin{aligned}\text{SSA}&=n\sum_{j=1}^{m}\left(\bar{X}_{i\cdot}-\bar{X}\right)^2\\&=3\times\left[(49-52)^2+(56-52)^2+(51-52)^2\right]=130\end{aligned}$$

$$\text{SSB} = m\sum_{j=1}^{n}\left(\bar{X}_{j\cdot} - \bar{X}\right)^2$$

$$= 5\times\left[(55-52)^2+(51-52)^2+(49-52)^2+(54-52)^2+(51-52)^2\right]=72$$

$$\text{SSE=SST–SSA–SSB=224–130–72=22}$$

将计算结果列入方差分析表，得到表 3-11。若取显著性水平 α=0.05，根据第一自由度为 2，第二自由度为 8，查 F 分布表得到临界值 $F_{0.05}(2，8)=4.46$。又根据第一自由度为 4，第二自由度为 8，查 F 分布表得到临界值 $F_{0.05}=(4，8)=3.84$。

表 3-11　双因素方差分析表

方差来源	离差平方和	自由度	方差	F 值
A 因素	SSA=130	2	$S_A^2=65$	$F_A=\dfrac{S_A^2}{S_e^2}=23.64$
B 因素	SSB=72	4	$S_B^2=18$	$F_B=\dfrac{S_B^2}{S_e^2}=6.55$
误差	SSE=22	8	$S_e^2=2.75$	—
总和	SST=224	14	—	—

由于 $F_A=23>F_{0.05}(2，8)=4.46$，$F_B=6.55>F_{0.05}(4，8)=3.84$，所以原假设 H_{01}：$a_1=a_2=a_3=0$ 和 H_{02}：$\beta_1=\beta_2=\beta_3=\beta_4=\beta_5=0$ 都被拒绝。即根据表 3-11 的数据资料，有 95%的把握可以认为机器类型因素和操作者(工人)因素对于产量有显著影响。

由于机器类型即因素 A 的各个水平下观察数据的平均数 $\bar{X}_{i\cdot}$ 的最大值是 $\bar{X}_{2\cdot}=56$，所以机器 2 的影响作用最大；在反映操作者因素影响的各列平均数 $\bar{X}_{\cdot j}$ 中，最大值为 $\bar{X}_{\cdot 1}=55$，即操作者 1 的平均产量最高，因此该操作者的水平为本例的最优水平。

3.4　相关与回归分析

相关与回归分析是处理变量与变量之间关系的一种统计方法，在自然科学、工程技术和社会经济领域都有广泛应用，并取得了比较好的成效。本章将介绍相关与回归分析的基本思想和原理。

3.4.1　相关分析

1．相关关系的概念和种类

1) 相关关系概念

现实世界里的事物都是相互联系、相互影响和相互依存的，用于描述事物数量特征的变量之间自然也存在一定的关系。统计分析的目的就是要探求事物之间、变量之间的关系，说明关系的性质是什么，这种关系的密切程度如何，并探索其内在规律性，为统计推断和预测提供数量模型和依据。相关分析就是分析研究两个或两个以上变量之间相互关系及其密切程度的一种统计方法。

变量与变量之间的相互关系，可以分为两种类型，即函数关系和相关关系。函数关系是一种确定性关系，它是指在一个变化过程中，如果有两个变量，对于甲变量的每个值，必有乙变量的一个确定的值按照某种规律与它相对应，就说乙变量是甲变量的函数，甲变量与乙变量的关系就称为函数关系，可见函数关系是变量之间确定的数量依存关系。例如商品的销售额与销售量的关系，假设用 Y 来表示销售额，用 X 来表示销售量，用 C 来表示价格，则销售额 Y 与销售量 X 的关系为 $Y=CX$，在价格 C 一定的情况下，商品的销售额 Y 完全由销售量 X 所决定，它们之间的关系是直线函数关系。又比如圆的面积 S 与它的半径 R 的关系为 $S=\pi R^2$，圆的面积 S 完全由半径 R 所确定，它们之间的关系是曲线函数关系。相关关系是指变量之间客观存在的不确定的依存关系，即一个变量的取值不能由另一个变量唯一确定，变量之间不存在一一对应的确定性关系。例如，商品销售额与广告费用支出之间存在伴随变动关系，广告费用支出多，相应的商品销售额一般也会增大，但是不同企业的相同广告费用支出未必有相同的商品销售额，而是会有多个不同的数值。这是因为商品销售额并不完全是由广告费用支出所决定，它还受到产品性能、价格、收入水平、消费习惯和随机波动等因素的影响。因此，商品销售额与广告费用支出的依存关系是相关关系。再如，从遗传学角度看，子女的身高与其父母的身高有很大的关系，但是子女的身高并不能完全由其父母的身高所决定，还要受到其他一些不确定因素影响，它们之间的关系也是相关关系。类似的诸如劳动生产率与工资水平的关系、投资额和国民收入的关系、商品流转规模与流通费用的关系等都属于相关关系。

函数关系和相关关系虽然是两种不同类型的变量关系，但是它们之间并没有绝对的界限，在一定条件下是可以互相转化的。本来具有函数关系的变量，当存在观测误差时，其函数关系往往以相关的形式表现出来。而具有相关关系的变量之间的联系，如果我们对它们有了深刻的规律性认识，并且能够把影响变量变动的因素全部纳入模型进行分析，这时的相关关系也可能转化为函数关系。另外，相关关系也具有某种变动规律性，所以，相关关系经常可以用一定的函数形式去近似地描述。客观现象的函数关系可以用数学分析的方法去研究，而研究客观现象的相关关系必须借助于统计学中的相关与回归分析方法。

2) 相关关系的种类

相关关系可以按不同的标志加以区分。

(1) 按相关的程度可分为完全相关、不完全相关和不相关。

当一种现象的数量变化完全由另一种现象的数量变化所确定时，称这两种现象间的关系为完全相关。例如，在价格不变的条件下，某种商品的销售额与其销售量总是成正比例关系。在这种场合，相关关系便成为函数关系。因此也可以说函数关系是相关关系的一个特例。当两个现象彼此互不影响，其数量变化各自独立时，称为不相关现象。例如，通常认为股票价格的高低与气温的高低是不相关的。如果两个现象之间的关系介于完全相关和不相关之间，则称为不完全相关，一般的相关现象都是指这种不完全相关。

(2) 按相关的方向可分为正相关和负相关。

当一个现象的数量增加(或减少)，另一个现象的数量也随之增加(或减少)时，称为正相关。例如，消费水平随收入水平的增加而提高，于是，消费水平与收入水平的相关为正相关。当一个现象的数量增加(或减少)，而另一个现象的数量向相反方向变动时，称为负相关。例如，商品流转的规模越大，流通费用水平则越低，商品流转额与流通费用率之间就是负相关。

(3) 按相关的形式可分为线性相关和非线性相关。

当两种相关现象之间的关系大致呈现为线性关系时，称之为线性相关。例如，人均消费水平与人均收入水平通常为线性关系。如果两种相关现象之间，并不表现为直线的关系，而是近似于某种曲线的形式，则这种相关关系称为非线性相关。例如，单位产品成本与产品产量就是一种非线性相关。

(4) 按相关关系涉及的变量或因素多少可分为单相关、复相关和偏相关。

两个变量之间的相关，称为单相关。当所研究的是一个变量对两个或两个以上其他变量的相关关系时，称为复相关。例如，某种商品的需求量与商品的价格水平以及消费者的收入水平之间的相关关系便是一种复相关。在某一现象与多种现象相关的场合，假定其他变量不变，专门考察其中两个变量的相关关系称为偏相关。例如，在假定人们的收入水平不变的条件下，考察某种商品的需求与其价格水平的关系就是一种偏相关。

2．相关关系的判断与测度

1) 相关表和相关图

进行相关分析，需要判断变量之间有没有相关关系，是什么类型的相关关系。首先要根据对客观事物定性认识来判断。任何事物都有质的规定性，它表明了事物自身和其他事物的联系。对事物这种质的规定性认识和分析，就是定性分析。按照人们认识的一般顺序，先对事物和现象做出定性判断，然后才能据此进行量的分析和判断。因此，统计在研究相关关系时，应当根据有关的科学理论和实践经验，在定性分析基础上，通过实际观测或试验取得可靠的数据，才能进一步判断和测定相关的性质和程度，得到有科学意义的结论。其中相关表和相关图是常见相关关系的表现方式。

(1) 相关表。将变量之间的相关关系用表格形式来反映，这就是相关表。通过相关表可以初步看出相关关系的形式、密切程度和相关方向。例如，根据某市家庭调查中取得的 20 个家庭的月人均收入和食品支出占消费支出比重资料编制了简单相关表，如表 3-12 所示。

表 3-12　家庭月人均收入和食品支出占消费支出比重统计表

编号	家庭月人均收入/元	食品支出占消费支出比重/%	编号	家庭月人均收入/元	食品支出占消费支出比重/%
1	1 156	52.9	6	1 250	50.1
2	1 167	52.1	7	1 289	49.5
3	1 187	51.5	8	1 320	48.5
4	1 192	51	9	1 400	47.3
5	1 201	51.3	10	1 560	46.5

(续表)

编号	家庭月人均收入/元	食品支出占消费支出比重/%	编号	家庭月人均收入/元	食品支出占消费支出比重/%
11	1 613	45.5	16	1 880	41.9
12	1 650	45.3	17	1 978	41.1
13	1 689	43.1	18	2 120	39.2
14	1 780	42.9	19	2 318	38.5
15	1 810	42.9	20	2 567	37.6

从表 3-12 可以大致看出，随着家庭月人均收入的增加，家庭食品支出占消费支出比重有下降趋势，表明家庭月人均收入与食品支出占消费支出比重呈现负相关关系。

(2) 相关图。将变量之间的关系，通过图像来表示，这种图像称为相关图。它是描述变量之间相关关系的一种直观方法。我们可以分别用 X 和 Y 来表示两个观测变量，X 与 Y 的 n 对观测值写成$(X_i, Y_i)(i=1, 2, \cdots, n)$，并用横坐标表示 X，纵坐标表示 Y，每对数据(X_i, Y_i)在坐标系中用一个点表示，n 对观测值在坐标系形成的点称为散点，这种相关图又称为散点图或散布图，可以直观观察变量之间的相关关系。用 X 代表家庭月人均收入，Y 代表食品支出占消费支出比重，由表 3-12 得到的相关图如图 3-9 所示。

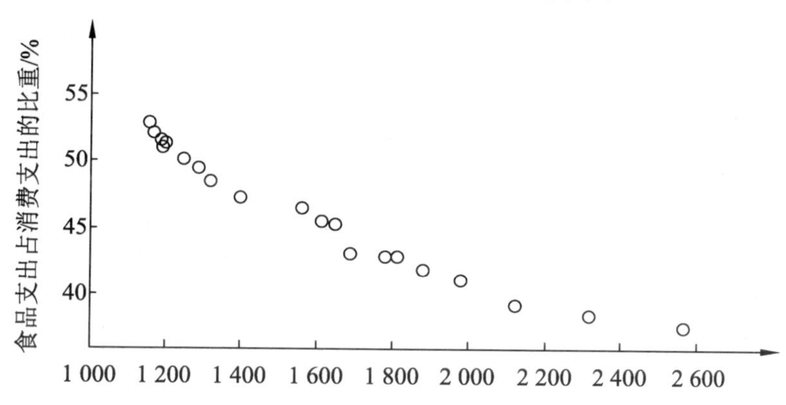

图 3-9　家庭月人均收入与家庭食品支出占消费支出比重散点图

图 3-9 清楚地显示了家庭月人均收入和家庭食品支出占消费支出比重的反向相关关系(负相关)。显然，与相关表比较起来，相关图所反映变量之间相关关系的方向和程度更加清晰和直观。又比如，2003 年 1—8 月中国部分地区社会消费品零售额与城镇居民人均可支配收入数据如表 3-13 所示。

表 3-13　2003 年 1—8 月中国部分地区社会消费品零售额与城镇居民人均可支配收入数据

编号	地区名称	社会消费品零售额/亿元	城镇居民人均可支配收入/元
1	河北	1 313.90	4 732.90
2	山西	441.30	4 441.40
3	内蒙古	405.30	4 523.00

(续表)

编号	地区名称	社会消费品零售额/亿元	城镇居民人均可支配收入/元
4	辽宁	1 487.50	4 803.50
5	黑龙江	852.80	4 385.50
6	江苏	2 270.50	6 248.10
7	浙江	2 008.10	8 930.00
8	安徽	838.70	4 474.20
9	福建	1 123.50	6 784.80
10	江西	571.10	4 439.00
11	山东	2 281.80	5 561.51
12	河南	1 483.20	4 594.50
13	湖北	1 435.00	4 955.10
14	湖南	1 144.20	5 198.00
15	广东	3 506.60	8 397.70
16	广西	705.90	5 203.80
17	甘肃	287.60	4 307.10
18	四川	1 260.50	4 705.30
19	云南	473.50	5 017.20
20	陕西	495.50	4 540.00

从表 3-13 难以看出社会消费品零售额与城镇居民人均可支配收入的关系，如果我们用纵坐标表示社会消费品零售额，横坐标表示城镇居民人均可支配收入，可以得到散点图 3-10，此图显示了社会消费品零售额与城镇居民人均可支配收入的正向相关关系。

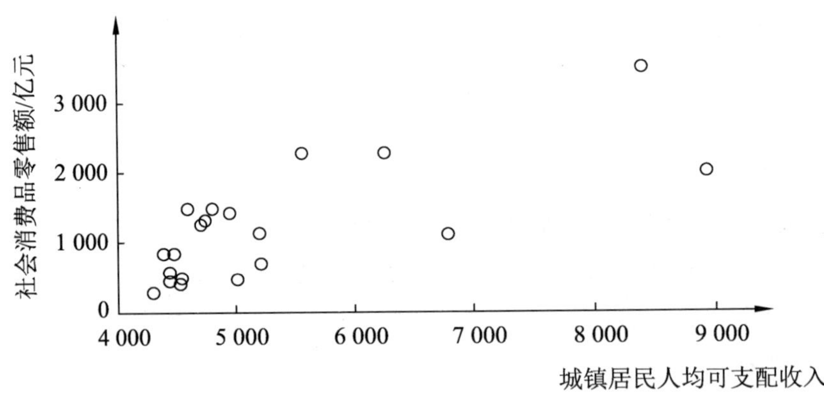

图 3-10　社会消费品零售额与城镇居民人均可支配收入散点图

由于相关图具有清晰和直观的优点，所以它成为判断相关关系，进行相关分析的必要手段和常用工具。一般在进行定量分析之前，可以先利用它对现象之间存在相关关系的方向、形式和密切程度作大致的判断。相关关系的各种类型，都可以用相关图表示出来，如图 3-11～图 3-15 等所示。

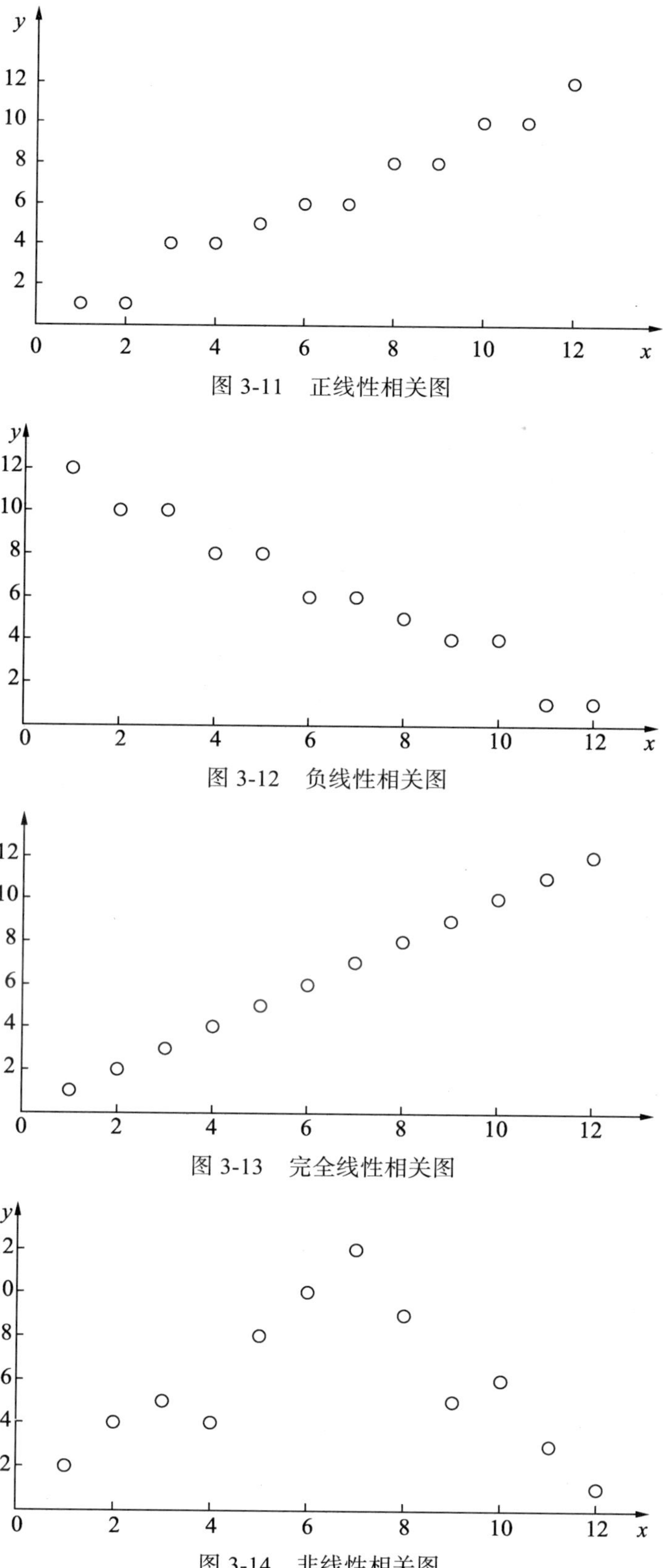

图 3-11　正线性相关图

图 3-12　负线性相关图

图 3-13　完全线性相关图

图 3-14　非线性相关图

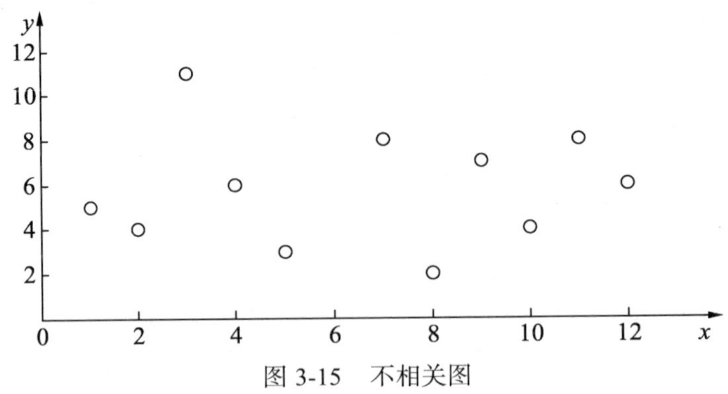

图 3-15　不相关图

2) 相关系数的概念和计算

尽管相关图能够直观地反映两个变量之间相互关系以及相关方向，但是，由于存在视觉误差和图形歪曲可能(如通过压缩或拉伸坐标轴得到不同的散布图效果)，相关图并不能确切地描述变量之间的相关程度。而变量之间的关系密切到何种程度，又是决策者十分关心的问题，例如，销售经理经常要决定广告策划的方式，假设他必须在策划赠品广告与报纸广告上做出选择，那么他就要判断哪一种方式的广告宣传与销售量的关系最为密切。所以，为了精确地描述变量之间相关关系的密切程度，有必要用一个统计指标来刻画和说明，这个指标就是相关系数。

相关系数是刻画和说明变量之间相关关系密切程度的统计分析指标，主要用于对两个变量之间线性相关程度的度量。若相关系数是根据总体全部数据计算得到，称为总体相关系数，记为 ρ_{XY}；若是根据样本数据计算得到，则称为样本相关系数，记为 r。19 世纪末，英国著名统计学家卡尔·皮尔生(Karl Pearson，1857—1936 年)提出了一个测度两个变量线性相关程度的计算公式，称为积矩法或动差法相关系数，已经得到广泛运用。对于两个相关变量 X 和 Y，积矩法总体相关系数的计算公式为

$$\rho_{XY}=\frac{\operatorname{Cov}(X,Y)}{\sqrt{D(X)D(Y)}} \tag{3.4.1}$$

式中，$\operatorname{Cov}(X,Y)$是变量 X 和 Y 的协方差，$D(X)$和 $D(Y)$分别为变量 X 和 Y 的方差。总体相关系数是反映两变量之间线性相关程度的一种特征值，表现为一个常数。由于一般情况下不可能对总体变量 X 和 Y 的全部数值都进行观测，所以总体相关系数一般是未知的。通常需要从总体中随机抽取一定数量的样本，通过 X 和 Y 的样本观测值计算的样本相关系数去估计总体相关系数。样本相关系数 r 的计算公式为

$$r=\frac{S_{xy}}{S_xS_y}=\frac{\sum_{i=1}^{n}(x_i-\overline{x})(y_i-\overline{y})}{\sqrt{\sum_{i=1}^{n}(x_i-\overline{x})^2}\sqrt{\sum_{i=1}^{n}(y_i-\overline{y})^2}} \tag{3.4.2}$$

化简以后，样本相关系数的计算公式为

$$r=\frac{n\sum_{i=1}^{n}x_iy_i-\sum_{i=1}^{n}x_i\sum_{i=1}^{n}y_i}{\sqrt{n\sum_{i=1}^{n}x_i^2-\left(\sum_{i=1}^{n}x_i\right)^2}\sqrt{n\sum_{i=1}^{n}y_i^2-\left(\sum_{i=1}^{n}y_i\right)^2}} \tag{3.4.3}$$

式中，S_{xy}是变量 X 和 Y 的样本协方差，S_x，S_y 分别为变量 X 和 Y 的样本标准差。

例 3.12 根据表 3-13 中的数据，计算中国部分地区的社会消费品零售额与城镇居民人均可支配收入的相关系数。

【解析】 令 X 代表城镇居民人均可支配收入，Y 代表社会消费品零售额，有关数据计算过程见表 3-14。

表 3-14　社会消费品零售额与城镇居民人均可支配收入相关系数计算表

编号	Y/亿元	X/百元	Y^2	X^2	XY
1	1 313.90	47.33	1 726 333	2 240.13	62 186.89
2	441.30	44.41	194 745.7	1 972.25	19 598.13
3	405.30	45.23	164 430.3	2 045.75	18 340.77
4	1 487.50	48.04	2 212 656	2 307.36	71 452.06
5	852.80	43.86	727 267.8	1 923.26	37 399.54
6	2 270.50	62.48	5 155 170	3 903.88	141 863.1
7	2 008.10	89.30	4 032 466	7 974.49	179 323.3
8	838.70	44.74	703 417.7	2 001.85	37 525.12
9	1 123.50	67.85	1 262 252	4 603.35	76 227.23
10	571.10	44.39	326 155.2	1 970.47	25 351.13
11	2 281.80	55.62	5 206 611	3 093.04	126 902.5
12	1 483.20	45.95	2 199 882	2 110.94	68 145.62
13	1 435.00	49.55	2 059 225	2 455.30	71 105.69
14	1 144.20	51.98	1 309 194	2 701.92	59 475.32
15	3 506.60	83.98	12 296 244	7 052.14	294 473.7
16	705.90	52.04	498 294.8	2 707.95	36 733.62
17	287.60	43.07	82 713.76	1 855.11	12 387.22
18	1 260.50	47.05	1 588 860	2 213.98	59 310.31
19	473.50	50.17	224 202.3	2 517.23	23 756.44
20	495.50	45.40	245 520.3	2 061.16	22 495.70
合计	24 386.7	1 062.42	42 215 640	59 711.57	1 444 054

由表 3-14 中的数据，计算得到中国部分地区的城镇居民人均可支配收入和社会消费品零售额的标准差及协方差为

$$S_x=13.127\ 76，S_y=810.460\ 7，S_{xy}=7\ 821.222\ 7$$

由式(3.4.2)可得相关系数 r

$$r = \frac{7\,821.222\,7}{13.127\,76 \times 810.460\,7} = 0.7351$$

或由式(3.4.3)，计算相关系数 r

$$r = \frac{20 \times 1\,444\,054 - 1\,062.42 \times 24\,386.7}{\sqrt{20 \times 59\,711.57 - 1\,062.42}\sqrt{20 \times 42\,215\,640 - 20\,386.7 \times 24\,386.7}} = 0.7351$$

3) 相关系数的特点

相关系数 r 有以下几个特点。

(1) r 的取值介于−1 与+1 之间，即$-1 \leqslant r \leqslant 1$。

(2) 当 $r=0$ 时，说明 Y 与 X 没有线性相关关系。

(3) 在大多数情况下，$0<|r|<1$，即 X 与 Y 的样本观测值之间存在着一定的线性相关关系。当 $r>0$ 时，X 与 Y 为正相关，当 $r<0$ 时，X 与 Y 为负相关。

(4) 如果$|r|=1$，则表明 X 与 Y 完全线性相关。当 $r=1$ 时，称为完全正相关，而 $r=-1$ 时，称为完全负相关。

(5) r 是对变量之间线性相关关系的度量。$r=0$ 只是表明两个变量之间不存在线性相关关系，但它并不意味着 X 与 Y 之间不存在其他类型的关系，比如它们之间可能存在非线性相关关系。因此，当 $r=0$ 或者很小时，不宜马上推论出变量之间无相关，应结合散布图或利用其他指标进行分析，做出合理解释。

根据实际数据计算的相关系数 r，其取值一般是$-1<r<1$，在用 r 来说明两个变量之间线性相关关系的密切程度时，可以根据经验将相关程度分为以下几种情况：当$|r| \geqslant 0.8$ 时，视为高度相关；$0.5 \leqslant |r| < 0.8$ 时，视为中度相关；$0.3 \leqslant |r| < 0.5$，视为低度相关；当$|r|<0.3$ 时，说明两个变量之间线性相关程度微弱。当然，这种说明必须建立在相关关系通过显著性检验的基础上。

4) 相关系数的显著性检验

一般情况下，总体相关系数 ρ_{XY} 是一个未知数，我们往往是用样本相关系数 r 作为 ρ_{XY} 的一个估计。但是从总体中抽取不同样本计算的 r 值是不同的，因此，样本相关系数 r 是一个随机变量。样本相关系数 r 能否说明总体的相关程度，如果样本相关系数的绝对值大，我们能否认为总体的相关程度高？在实际问题中，样本相关系数 r 对总体相关系数 ρ_{XY} 的代表性大小，需要对相关系数进行统计假设检验。即先假设 $\rho_{XY}=\rho_0$，继而通过样本相关系数 r 提供的信息来检验 $\rho_{XY}=\rho_0$ 的假设。如果 $\rho_{XY}=\rho_0$ 通过检验，则说明 r 是抽自 $\rho_{XY}=\rho_0$ 的总体，r 可以作为 ρ_{XY} 的一个代表值。如果没有通过检验，则说明 r 不是抽自 $\rho_{XY}=\rho_0$ 的总体，r 不能作为 ρ_{XY} 的一个代表值。这里我们只介绍在小样本情况下总体相关系数 ρ_{XY} 是否等于零的检验问题。

检验总体相关系数 $\rho_{XY}=0$ 的假设实际上是判断样本相关系数 r 是否抽自具有零相关的总体。在小样本(一般为 $n<30$)的情况下，通常采用 t 检验法，具体步骤如下。

第一步，建立假设。假设样本相关系数 r 是抽自具有零相关的总体，即

$$H_0: \rho_{XY}=0, \quad H_1: \rho_{XY} \neq 0$$

第二步，计算样本相关系数 r。

第三步，计算检验假设 H_0 的统计量 t，其计算公式为

$$t=\frac{r\sqrt{n-2}}{\sqrt{1-r^2}} \tag{3.4.4}$$

第四步，确定显著性水平并做出决策。设显著性水平为 α(通常取 α=0.05)，根据自由度(n–2)查 t 分布表得到检验统计量的临界值 $t_{\alpha/2}$。若$|t|\leqslant t_{\alpha/2}$，接受原假设 H_0，表明 r 在统计上是不显著的，即变量 X 与 Y 之间的相关程度不显著；若$|t|>t_{\alpha/2}$，则拒绝原假设 H_0，表明 r 在统计上是显著的，即变量 X 与 Y 之间的相关关系显著。

例 3.13 对例 3.12 的中国部分地区的社会消费品零售额与城镇居民人均可支配收入的相关系数进行显著性检验。

【解析】 建立统计假设

$$H_0:\rho_{XY}=0,\qquad H_1:\rho_{XY}\neq 0$$

由样本相关系数 r=0.7351 计算检验统计量的 t 值

$$t=\frac{r\sqrt{n-2}}{\sqrt{1-r^2}}=\frac{0.7351\times\sqrt{20-2}}{\sqrt{1-0.7351^2}}=4.6$$

取显著性水平为 α=0.05，根据自由度 n–2=18 查 t 分布表得 $t_{\alpha/2}$=2.1，由于 t=4.6>$t_{\alpha/2}$=2.1，拒绝原假设 H_0，表明相关系数在统计上是显著的。也就是说社会消费品零售额与城镇居民人均可支配收入的相关关系显著。

3.4.2　一元线性回归

1. 回归分析的概念和特点

相关分析研究变量之间相关的方向和相关的程度，它所使用的测度工具就是相关系数。但是，相关分析不能指出变量间相互依存关系的具体形式，也不能解决根据一个变量的变化去估计、预测或解释与其相关变量的变化问题。而预测一个变量的未来值是重要的管理活动，例如，财务经理需要预测未来的现金流量，生产经理需要预测对原材料的需求，人事经理需要预测未来的人力资源需求。解释过去的变化也是重要的，例如解释顾客数量过去的变化能够帮助管理人员了解对社会服务机构的服务的需求，找出可以解释某个汽车零部件规格变异的变量能够帮助企业改进这个零部件的质量。要解决这些问题就需要进行回归分析。

回归分析是指对具有相关关系的现象，根据其关系形态，选择一个合适的数学模型(称为回归方程式)，用来近似地表示变量之间平均变化关系的一种统计方法。它实际上是相关现象间不确定、不规则数量依存关系的一般化、规则化。采用的方法是拟合直线或曲线方程，用这条直线或曲线来代表现象之间的一般数量关系。这条直线或曲线叫做回归线，它们的方程式叫做直线回归方程或曲线回归方程。回归分析的主要任务是通过回归方程确定一个或几个变量(一般称为自变量或解释变量)的变化对于另一个特定变量(一般称为因变量或响应变量)的影响程度，简言之，就是利用一个或几个自变量的数据预测或解释一个因变量。具体来说，回归分析主要解决这样几个方面的问题：从一组样本数据出发，确定变量之间的回归方程式；对回归方程式的可信程度进行各种统计检验，并从影响某一特定变量(因变量或响应变量)的诸多变量中找出哪些变量的影响是显著的，哪些是不显著的；利用所求得的回归方程式，根据自变量或解释变量的数值预测因变量的取值，并给出这种预测的精确度。

回归分析的基本思想和方法以及“回归”(Regression)一词的由来归功于英国生物学家、统计学家高尔顿(F. Galton，1822—1911)和英国著名统计学家、现代统计学的奠基者之一卡尔·皮尔生(Karl Pearson，1857—1936)。高尔顿在他的“人体测定实验室”里对人类身高的遗传特征进行了研究。根据实验数据，他发现父子身高之间有显著的相关关系，即个子高的双亲其子女也比较高，但平均来看，子女却不比他们的双亲高；同样，个子矮的双亲其子女也比较矮，但平均地看，子女却比他们的双亲高；子代的身高有回到同龄人平均身高中去的趋势，使得人类身高在一定时间内相对稳定，没有出现高的人更高、矮的人更矮的两极分化现象，保持着生物学中“种”的概念的稳定性。高尔顿把这种身材趋向于人类平均高度的现象称为“回归”，并作为统计概念加以应用。后来他又提出“相关”和“相关系数”的概念，由此逐步形成有独特理论和方法体系的回归分析。高尔顿的学生卡尔·皮尔生深受高尔顿的影响，他把相关和回归的理论发展了，普遍化和一般化了，将相关和回归理论扩展到了许多领域，“回归”概念也脱离了原来生物学上的特定含义。卡尔·皮尔生还观察了当时英国的 1078 对夫妇，以每对夫妇的平均身高为 x，以他们的一个成年的儿子的身高为 y，并用一条直线

$$y=33.73+0.516x$$

来描述 x 和 y 的关系，这条直线就是回归线。

回归分析和相关分析都是对客观事物数量依存关系的分析，它们不仅具有共同的研究对象，还在具体应用时，常常必须互相补充。相关分析需要依靠回归分析来表明现象数量相关的具体形式，而回归分析则需要依靠相关分析来表明现象数量变化的相关程度。只有当变量之间存在着高度相关时，进行回归分析寻求其相关的具体形式才有意义。由于上述原因，回归分析和相关分析在一些统计学的书籍中被合称为相关关系分析。但是，应当指出，相关分析与回归分析两者在研究目的和方法上是有明显区别的。相关分析主要是测定变量之间关系的密切程度和变量变化的方向。回归分析则是对具有相关关系的变量建立一个数学方程式(即回归方程)来描述变量之间具体的变动关系，根据这个数学方程式可以从已知量来推测未知量，从而为估算和预测提供一个重要的方法。因此，相关分析可以不必确定变量中哪个是自变量，哪个是因变量，即相关分析中的变量相互对应，却不分主与从或因与果，其所涉及的变量可以都是随机变量。而回归分析则必须事先研究确定具有相关关系的变量中哪个为自变量，哪个为因变量。一般来说，回归分析中因变量是随机的，而把自变量作为研究时给定的非随机变量看待。

回归分析根据实际资料建立的回归模型有多种形式。按照自变量的多少可分为一元回归模型和多元回归模型；按照变量之间的具体变动形式可以分为线性回归模型和非线性回归模型。将这两种分类标志结合起来，就有一元线性回归模型与一元非线性回归模型和多元线性回归模型与多元非线性回归模型之分。其中，一元线性回归模型是基本的回归模型。

2．一元线性回归模型的确定

一元线性回归模型又称简单直线回归模型，它是根据成对的两个变量的数据，选取直线方程式，由自变量的变动来推算因变量变动的统计方法。一元线性回归只涉及一个自变量和

一个因变量，我们设 X 为自变量，Y 为因变量，Y 的取值随着变量 X 的取值变化而变化。通过观察或试验可以得到若干组数据，记为$(X_i, Y_i)(i=1, 2, \cdots, n)$，将这 n 组数据绘成散布图，可以大体看出它们之间的关系形态。具有线性相关形态的两个变量，则用直线方程来表示它们之间的关系。我们假设对于自变量 X 的每一个值有

$$Y \sim N(\alpha+\beta X, \sigma^2) \tag{3.4.5}$$

其中 α、β 及 σ^2 都是不依赖于 X 的未知参数，称 $Y=\alpha+\beta X$ 为 Y 关于 X 的一元线性回归模型，β 为 Y 对 X 的回归系数。设 $\hat{\alpha}$ ，$\hat{\beta}$ 分别是 α，β 的估计，则数学模型为

$$\hat{Y} = \hat{\alpha} + \hat{\beta} X \tag{3.4.6}$$

称为 Y 对 X 的一元线性回归方程。

实际上我们只能用 n 组样本数据来拟合回归直线，所以 $\hat{Y}_i = \hat{\alpha} + \hat{\beta} X_i$ 称为样本回归线，其中 $\hat{Y}_i$ 是对总体回归线的估计。

样本观测值 Y_i，并不完全等于 $\hat{Y}_i$ ，如果用 e_i 表示两者之差，则有

$$e_i = Y_i - \hat{Y}_i \left(i = 1,2,\cdots,n \right) \tag{3.4.7}$$

或

$$Y_i = \hat{\alpha} + \hat{\beta} X_i + e_i \tag{3.4.8}$$

式(3.4.8)称为样本回归函数，e_i 称为残差。

式(3.4.6)中的 $\hat{\alpha}$ 、$\hat{\beta}$ 确定了直线的位置，$\hat{\alpha}$ 、$\hat{\beta}$ 一旦确定，这条直线就唯一确定了。但是由于 X 与 Y 的关系不是函数关系，给定一个 X 的数值，Y 有多个可能的取值，所以用于描述这 n 对数据的直线可以有许多条，究竟用哪一条直线来代表两个变量之间的线性关系，就需要有一个明确的规则。我们自然会想到距离各散点最近的一条直线，用它来代表 X 与 Y 之间的关系与实际数据比较产生的误差比其他任何直线都小，就是说我们在根据样本资料确定样本回归方程时，一般总是希望 Y 的估计值从整体来看尽可能地接近其实际观测值。这就是说，残差 e_i 的总量越小越好。可是，由于 e_i 有正有负，简单的代数和会相互抵消，因此为了便于处理，通常采用残差平方和 $\sum e_i^2$ 作为衡量总偏差的尺度。所谓最小二乘法就是根据这一思路，通过使残差平方和为最小来估计回归系数的一种方法。

设

$$Q = \sum_{i=1}^{n} e_i^2 = \sum_{i=1}^{n} \left(Y_i - \hat{Y}_i \right)^2 = \sum_{i=1}^{n} \left[Y_i - \left(\hat{\alpha} + \hat{\beta} X_i \right) \right]^2 \tag{3.4.9}$$

最小二乘法就是使得 $\sum_{i=1}^{n} \left[Y_i - \left(\hat{\alpha} + \hat{\beta} X_i \right) \right]^2$ 取最小值。很明显，残差平方和 Q 的大小将依赖于 $\hat{\alpha}$ 和 $\hat{\beta}$ 的取值。根据微积分中极小值存在原理，可知 Q 存在极小值，同时使 Q 达到最小，Q 对 $\hat{\alpha}$ 和 $\hat{\beta}$ 的偏导数一定等于零。

将 Q 对 $\hat{\alpha}$ 和 $\hat{\beta}$ 求偏导数，并令其等于零，可得

$$2\sum_{i=1}^{n} X_i \left(Y_i - \hat{\alpha} - \hat{\beta} X_i \right) = 0 \text{，} \quad -2\sum_{i=1}^{n} \left(Y_i - \hat{\alpha} - \hat{\beta} X_i \right) = 0 \tag{3.4.10}$$

由最小二乘法可以得到两个重要结果

$$\sum_{i=1}^{n} e_i = 0\text{，}\quad \sum_{i=1}^{n} X_i e_i = 0$$

整理可得到求解方程组

$$\sum_{i=1}^{n} Y_i = n\hat{\alpha} + \hat{\beta}\sum_{i=1}^{n} X_i \tag{3.4.11}$$

$$\sum_{i=1}^{n} X_i Y_i = \hat{\alpha}\sum_{i=1}^{n} X_i + \hat{\beta}\sum_{i=1}^{n} X_i^2 \tag{3.4.12}$$

解方程得到

$$\hat{\beta} = \frac{n\sum_{i=1}^{n} X_i Y_i - \sum_{i=1}^{n} X_i \sum_{i=1}^{n} Y_i}{n\sum_{i=1}^{n} X_i^2 - \left(\sum_{i=1}^{n} X_i\right)^2} = \frac{\sum_{i=1}^{n}(X_i - \overline{X})(Y_i - \overline{Y})}{\sum_{i=1}^{n}(X_i - \overline{X})^2} \tag{3.4.13}$$

$$\hat{\alpha} = \frac{\sum_{i=1}^{n} Y_i}{n} - \hat{\beta}\frac{\sum_{i=1}^{n} X_i}{n} = \overline{Y} - \hat{\beta}\overline{X} \tag{3.4.14}$$

以上两式是估计总体回归系数 α 和 β 的公式。从公式可以看出，当 $X = \overline{X}$ 时，即回归直线通过点 $(\overline{X}, \overline{Y})$，这是 n 个散点的重心位置。

例 3.14 根据表 3-14 的数据，拟合社会消费品零售额对城镇居民人均可支配收入的回归直线。

【解析】 根据表 3-14 中的计算结果，由式(3.4.13)和式(3.4.14)式可得

$$\hat{\beta} = \frac{20\times 1\,444\,054 - 1\,062.42\times 24\,386.7}{20\times 59\,711.57 - 1\,062.42\times 1\,062.47} = 45.38$$

$$\hat{\alpha} = \frac{24\,386.7}{20} - 45.38\times\frac{1\,062.42}{20} = -1191.3$$

社会消费品零售额对城镇居民人均可支配收入的直线回归方程为

$$\hat{Y} = -1191.3 + 45.38X$$

3．回归直线的拟合程度

回归直线 $\hat{Y} = \hat{\alpha} + \hat{\beta}X$ 在一定程度上描述了变量 X 和 Y 之间的内在规律，根据这一方程我们可由自变量 X 的值来估计或推算因变量 Y 的取值。但是估计的精度取决于回归直线对观测数据的拟合程度。可以想象，如果观测数据的散点都落在这条直线上，那么这条直线就是对数据的完全拟合，或者说直线充分代表了各个点，此时用 X 来估计 Y 不会有误差。但实际情况是观测数据的散点并不都落在这条直线上，而是分布在直线的周围。这些散点越是紧密围绕直线，说明直线对观测数据的拟合程度越高，反之则越低。我们把回归直线与各散点的接近程度，称为直线对观测数据的拟合程度或拟合度。拟合度的大小反映了样本观测值聚集在

样本回归线周围的紧密程度。判断回归模型拟合程度优劣最常用的数量尺度是决定系数(又称判定系数)，它是建立在对 Y 的总变差平方和进行分解基础上的。

1) 变差的分解

因变量 Y 的取值是不同的，Y 取值的这种波动称为变差。变差的产生来自两个方面：一方面是由于自变量的取值不同造成的，另一方面是除 X 以外的其他因素的影响。对于某一个具体的观测值 Y_i，其变差的大小可以通过该实际观测值与均值的离差 $\left(Y_i-\bar{Y}\right)$ 来表示。而全部 n 次观测值的总变差(记为 SST)可由这些离差的平方和来表示，即

$$\mathrm{SST}=\sum_{i=1}^{n}\left(Y_i-\bar{Y}\right)^2 \tag{3.4.15}$$

式(3.4.15)称为总变差平方和或总离差平方和。对每个观测值 Y_i 的离差作如下分解

$$\left(Y_i-\bar{Y}\right)=\left(\hat{Y}_i-\bar{Y}\right)+\left(Y_i-\hat{Y}_i\right) \tag{3.4.16}$$

式(3.4.16)表明因变量的实际观测值与其样本均值的离差，即总离差 $\left(Y_i-\bar{Y}\right)$，它可以分解为两部分：一部分是因变量的理论回归值与其样本均值的离差 $\left(\hat{Y}_i-\bar{Y}\right)$，它可以看成能够由回归直线解释的部分，又称为可解释离差；另一部分是实际观测值与理论回归值的离差 $\left(Y_i-\hat{Y}_i\right)$，它是不能由回归直线加以解释的残差 e_i，将式(3.4.16)的左右两边平方，并对所有 n 个点求和，则

$$\sum_{i=1}^{n}\left(Y_i-\bar{Y}\right)^2=\sum_{i=1}^{n}\left(\hat{Y}_i-\bar{Y}\right)^2+2\sum_{i=1}^{n}\left(\hat{Y}_i-\bar{Y}\right)\left(Y_i-\hat{Y}_i\right)+\sum_{i=1}^{n}\left(Y_i-\hat{Y}_i\right)^2$$

利用残差的定义与式(3.4.9)和式(3.4.10)可以证明 $\left(\hat{Y}_i-\bar{Y}\right)\left(Y_i-\hat{Y}_i\right)=0$。因此

$$\sum_{i=1}^{n}\left(Y_i-\bar{Y}\right)^2=\sum_{i=1}^{n}\left(\hat{Y}_i-\bar{Y}\right)^2+\sum_{i=1}^{n}\left(Y_i-\hat{Y}_i\right)^2 \tag{3.4.17}$$

即总离差平方和 SST 可以分解为两部分，其中 $\sum_{i=1}^{n}\left(\hat{Y}_i-\bar{Y}\right)^2$ 是回归值 $\hat{Y}_i$ 与 $\bar{Y}$ 均值的离差平方和，根据回归方程，Y_i 的估计值为 $\hat{Y}_i=\hat{\alpha}+\hat{\beta}X_i$，因此我们把 $\left(\hat{Y}_i-\bar{Y}\right)$ 看做由于自变量 X 的变化而引起的 Y 的变化，或者说是能够由回归直线解释的部分。平方和 $\sum_{i=1}^{n}\left(\hat{Y}_i-\bar{Y}\right)^2$ 反映了 Y 的总变差 SST 中，由于 X 与 Y 的线性关系引起的 Y 的变化的部分，因为它可由回归直线解释，因而称为回归平方和，记为 SSR，即

$$\mathrm{SSR}=\sum_{i=1}^{n}\left(\hat{Y}_i-\bar{Y}\right)^2 \tag{3.4.18}$$

另一部分 $\sum_{i=1}^{n}\left(Y_i-\hat{Y}_i\right)^2$ 是各实际观测点的 Y_i 值与回归值 $\hat{Y}_i$ 的差 $\left(Y_i-\hat{Y}_i\right)$ 的平方和，它是除了 X 对 Y 的线性影响之外的其他因素对总变差的作用，是不能由回归直线来解释的部分，称为残差平方和，或剩余平方和，记为 SSE，即

$$\mathrm{SSE}=\sum_{i=1}^{n}\left(Y_i-\hat{Y}_i\right)^2 \tag{3.4.19}$$

三个平方和的关系是总离差平方和=回归平方和+残差平方和，即

$$\text{SST}=\text{SSR}+\text{SSE} \tag{3.4.20}$$

将式(3.4.20)左右两边同除以 SST，得

$$1=\frac{\text{SSR}}{\text{SST}}+\frac{\text{SSE}}{\text{SST}} \tag{3.4.21}$$

式(3.4.21)表明回归直线拟合的好坏取决于 SSR 或 SSE 的大小。显而易见，各个样本观测点与样本回归直线靠得越近，SSR 在 SST 中所占的比例就越大(同时残差平方和 SSE 在 SST 中所占的比例就越小)，回归直线拟合得越好。因此，可定义这一比例为决定系数(或称判定系数)，记为 r^2，即

$$r^2=\frac{\text{SSR}}{\text{SST}}=1-\frac{\text{SSE}}{\text{SST}}=1-\frac{\sum_{i=1}^{n}\left(Y_i-\hat{Y}_i\right)^2}{\sum_{i=1}^{n}\left(Y_i-\bar{Y}\right)^2} \tag{3.4.22}$$

决定系数是对回归模型拟合程度的综合度量，决定系数越大，模型拟合程度越高，决定系数越小，则模型的拟合程度越差。若所有观测值都落在回归直线上，残差平方和 SSE 等于零，$r^2=1$，拟合是完全的；如果 Y 的变化与 X 无关，X 完全无助于解释 Y 的变动，此时 $r^2=0$。可见，r^2 的取值范围是［0，1］。r^2 越接近于 1，回归平方和 SSR 占总离差平方和 SST 的比例就越大，回归直线与各观测点就越接近，用 X 的变化来解释 Y 值的变差的部分就越多，回归直线的拟合就越好；反之，r^2 越接近于 0，回归直线的拟合程度就越差。

在一元线性回归中，控制参数 r^2 与式(3.4.2)的样本相关系数 r 的平方是相同的。因为式(3.4.9) $\sum_{i=1}^{n}e_i=0$，可得 $\sum_{i=1}^{n}\left(Y_i-\hat{Y}_i\right)=0$，即

$$\begin{aligned}\sum_{i=1}^{n}\left(Y_i-\hat{Y}_i\right)&=\sum_{i=1}^{n}Y_i-\sum_{i=1}^{n}\hat{Y}_i=n\bar{Y}-\sum_{i=1}^{n}\left(\hat{\alpha}+\hat{\beta}X_i\right)\\&=n\bar{Y}-n\hat{\alpha}-\hat{\beta}\sum_{i=1}^{n}X_i=n\bar{Y}-n\hat{\alpha}-n\hat{\beta}\bar{X}=0\end{aligned}$$

所以

$$\bar{Y}=\hat{\alpha}+\hat{\beta}\bar{X}$$

则

$$\text{SSR}=\sum_{i=1}^{n}\left(\hat{\alpha}+\hat{\beta}X_i-\hat{\alpha}-\hat{\beta}\bar{X}\right)^2=\hat{\beta}^2\sum_{i=1}^{n}\left(X_i-\bar{X}\right)^2 \tag{3.4.23}$$

即

$$\text{SSR}=\sum_{i=1}^{n}\left(\hat{Y}_i-\bar{Y}\right)\left(\hat{\alpha}+\hat{\beta}X_i-\hat{\alpha}-\hat{\beta}\bar{X}\right)=\hat{\beta}\sum_{i=1}^{n}\left(\hat{Y}_i-\bar{Y}\right)\left(X_i-\bar{X}\right)$$

所以

$$\text{SSR}=\sum_{i=1}^{n}\left(\hat{Y}_i-\bar{Y}\right)^2=\hat{\beta}^2\sum_{i=1}^{n}\left(X_i-\bar{X}\right)^2=\hat{\beta}\sum_{i=1}^{n}\left(\hat{Y}_i-\bar{Y}\right)\left(X_i-\bar{X}\right)$$

即

$$\sum_{i=1}^{n}\left(\hat{Y}_i-\overline{Y}\right)\left(X_i-\overline{X}\right)=\hat{\beta}\sum_{i=1}^{n}\left(X_i-\overline{X}\right)^2=\frac{1}{\hat{\beta}}\mathrm{SSR} \tag{3.4.24}$$

由于

$$r=\frac{S_{xy}}{S_xS_y}=\frac{\sum_{i=1}^{n}\left(X_i-\overline{X}\right)\left(Y_i-\overline{Y}\right)}{\sqrt{\sum_{i=1}^{n}\left(X_i-\overline{X}\right)^2}\sqrt{\sum_{i=1}^{n}\left(Y_i-\overline{Y}\right)^2}}$$

所以

$$r^2=\frac{\left[\sum_{i=1}^{n}\left(X_i-\overline{X}\right)\left(Y_i-\overline{Y}\right)\right]^2}{\sum_{i=1}^{n}\left(X_i-\overline{X}\right)^2\sum_{i=1}^{n}\left(Y_i-\overline{Y}\right)^2}$$

$$=\frac{\mathrm{SSR}\sum_{i=1}^{n}\left(X_i-\overline{X}\right)^2}{\sum_{i=1}^{n}\left(X_i-\overline{X}\right)^2\sum_{i=1}^{n}\left(Y_i-\overline{Y}\right)^2}$$

即

$$r=\sqrt{\frac{\mathrm{SSR}}{\mathrm{SST}}} \tag{3.4.25}$$

这个结论不仅可以使我们能够由相关系数 r 直接计算决定系数 r^2，也可以使我们进一步理解相关系数的意义。相关系数 r 与回归系数的正负符号是相同的，实际上，相关系数 r 可以作为回归直线拟合程度的另一个测度值。$|r|$越接近于 1，表明回归直线对观测数据的拟合程度越高。但是用相关系数 r 说明回归直线的拟合程度要慎重，因为$|r|$总是大于 r^2(除非$|r|=1|$或 $r=0$)。比如，当 $r=0.5$ 时，$r^2=0.25$，表明回归直线只能解释总变差的 25%。

例 3.15 计算例 3.12 社会消费品零售额对城镇居民人均可支配收入的回归模型的决定系数 r^2。

【解析】 因为

$$\mathrm{SST}=\sum_{i=1}^{20}\left(Y_i-\overline{Y}\right)^2=\sum_{i=1}^{20}Y_i^2-\frac{\left(\sum_{i=1}^{20}Y_i\right)^2}{20}$$

$$=42\,215\,640-\frac{24\,386.7\times 24\,386.7}{20}=12\,480\,083.16$$

$$\mathrm{SSE}=\sum_{i=1}^{20}\left(Y_i-\hat{Y}_i\right)^2=\sum_{i=1}^{20}Y_i^2-\hat{\alpha}\sum_{i=1}^{20}Y_i-\hat{\beta}\sum_{i=1}^{20}X_iY_i$$

$$=42\,215\,640-(-1191.3)\times 24\,386.7-45.38\times 1\,444\,054=5\,736\,345.19$$

所以

$$r^2=\frac{\text{SSR}}{\text{SST}}=1-\frac{\text{SSE}}{\text{SSE}}=1-\frac{5\,736\,345.19}{12\,480\,083.16}=0.54$$

另外，由式(3.4.2)计算得出 r=0.7351，r^2=0.54，两个计算公式的计算结果相同。

2) 估计标准误差

我们已经知道总离差平方和由回归平方和与残差平方和所组成，回归平方和 SSR 占总离差平方和 SST 中的比例即决定系数 r^2，可以用于测度回归直线的拟合程度。而残差平方和则说明实际观测值 Y_i 与回归直线的拟合值 $\hat{Y}_i$ 的差异程度。对于一个变量的诸多观测数值，我们可以用标准差来测度各观测值在平均数周围的分散状况。同样，我们也可以用一个量来测度各实际观测点在回归直线周围的散布状况，这个量称为估计标准误差。一元回归直线的估计标准误差 $S_{\hat{y}}$ 计算公式为

$$S_{\hat{y}}=\sqrt{\frac{\sum_{i=1}^{n}\left(Y_i-\hat{Y}_i\right)^2}{n-2}}=\sqrt{\frac{\sum_{i=1}^{n}Y_i^2-\hat{\alpha}\sum_{i=1}^{n}Y_i-\hat{\beta}\sum_{i=1}^{n}X_iY_i}{n-2}} \tag{3.4.26}$$

即

$$S_y^2=\frac{\text{SSE}}{n-2}$$

估计标准误差 $S_{\hat{y}}$ 可以看作在排除了 X 对 Y 的线性影响后，衡量 Y 随机波动大小的一个估计量。各观测点越靠近回归直线，$S_{\hat{y}}$ 越小，回归直线对各观测点的拟合程度越好；各观测点全部落在回归直线上，$S_{\hat{y}}=0$。可见，估计标准误差 $S_{\hat{y}}$ 也从另一个角度说明了回归直线的拟合程度或两个变量之间关系的密切程度。从式(3.4.26)还可以看出，由最小二乘法确定的回归直线是对 n 个观测点进行拟合的所有直线中，估计标准误差最小的一条直线，因为回归直线的确定满足了 $\sum_{i=1}^{n}e_i^2=\sum_{i=1}^{n}\left(Y_i-\hat{Y}_i\right)^2$ 最小的要求。

例 3.16 根据例 3.12 的有关结果，计算社会消费品零售额对城镇居民人均可支配收入回归的估计标准误差 $S_{\hat{y}}$。

【解析】 已知 SSE=5 736 345.19，n=20，根据式(3.4.26)得

$$S_{\hat{y}}=\sqrt{\frac{\sum_{i=1}^{20}Y_i^2-\hat{\alpha}\sum_{i=1}^{20}Y_i-\hat{\beta}\sum_{i=1}^{20}X_iY_i}{20-2}}=\sqrt{\frac{5\,736\,345.19}{18}}=564.52$$

4．回归分析中的统计检验

我们已经讨论了如何根据样本数据拟合回归方程 $\hat{Y}_i=\hat{\alpha}+\hat{\beta}X_i$，并讨论了如何判断拟合的好坏或拟合程度问题。下面我们讨论回归分析中的统计检验问题，这也是统计模型区别于其他模型的重要特征。

1) 为什么要进行统计检验

对回归方程进行统计检验主要基于以下两点。

第一，当我们根据取得的数据(一般视为从某个总体中抽取的样本数据)拟合直线回归方程时，首先要假设变量 X 和 Y 之间存在着线性关系，也就是说，无论变量 X 和 Y 之间是否是线性关系，都可以求出一个线性回归方程。但是这种假设是否成立，必须通过统计检验才能确认。

第二，样本回归线 $\hat{Y}_i = \hat{\alpha} + \hat{\beta}X_i$ 中的两个系数 $\hat{\alpha}$ 和 $\hat{\beta}$ 分别是对总体参数 α 和 β 的最小二乘估计，能否作为总体参数的估计也需要进行检验。

2) 统计检验的内容

回归分析中的统计检验包括两方面的内容：一是对整个回归方程的显著性检验；二是对回归系数的显著性检验。

(1) 回归方程的显著性检验。

在线性回归分析中，回归方程的检验就是检验自变量和因变量之间的线性关系是否显著，它们之间能否用一个线性模型来表示。回归模型总体函数的线性关系是否显著，其实质就是判断回归平方和 SSR 与残差平方和 SSE 之比值的大小问题。由于回归平方和与残差平方和的数值会随观测值的样本容量和自变量个数的不同而变化，因此不宜直接比较，而是将其分别与各自的自由度(对于回归平方和 SSR，其自由度就是自变量个数；对于残差平方和 SSE，其自由度就是样本容量减变量总个数即自变量和因变量的数目)相除以后比较得到一个统计量 F，然后应用 F 检验进行。一元线性回归分析中回归方程的显著性检验的具体步骤如下。

第一步，提出假设，H_0:回归方程中 X 与 Y 的线性关系不显著。

第二步，根据总变差分解结果，计算检验的统计量

$$F = \frac{\text{SSR}/1}{\text{SSE}/(n-2)} = \frac{\sum_{i=1}^{n}\left(\hat{Y}_i - \bar{Y}\right)^2}{\sum_{i=1}^{n}\left(Y_i - \hat{Y}_i\right)^2/(n-2)} \tag{3.4.27}$$

数学上可以证明，在随机误差项服从正态分布同时原假设成立的条件下，F 服从于第一自由度为 1，第二自由度为 $n-2$ 的 F 分布，即 $F \sim F(1, n-2)$。

第三步，确定显著性水平 α(一般取 α=0.05)，并根据其自由度 $\mathrm{d}f_1=1$，$\mathrm{d}f_2=n-2$ 查 F 分布表，找到相应的临界值 F_α。

第四步，做出决策。若 $F>F_\alpha$，拒绝假设 H_0，说明回归方程中 X 与 Y 的线性关系是显著的；若 $F<F_\alpha$，接受 H_0，说明回归方程中 X 与 Y 的线性关系不显著。

例 3.17 对例 3.12 建立的回归方程进行显著性检验。

【解析】 提出假设，H_0:回归方程中 X 与 Y 的线性关系不显著。

根据前面有关计算结果和公式(3.4.27)，得到

$$F=\frac{\text{SSR}/1}{\text{SSE}/(n-2)}=\frac{\sum\left(\hat{Y}_i-\overline{Y}\right)^2}{\sum\left(Y_i-\hat{Y}_i\right)^2/(n-2)}=\frac{6\,743\,737.97}{5\,736\,345.19/18}=21.16$$

取显著性水平 α=0.05，根据自由度 df_1=1 及 df_2=18 查 F 分布表，得到相应的临界值 F_α=4.41，显然 F=21.16>F_α=4.41，所以，拒绝原假设 H_0，说明社会消费品零售额与城镇居民人均可支配收入之间的线性关系是显著的。

(2) 回归系数的显著性检验。

在回归方程的显著性检验通过以后，对回归系数的显著性检验，就是要检验自变量对因变量的影响是否显著的问题。在一元线性回归分析中，如果总体参数(或称为总体回归系数)β=0，回归线就是一条水平线，表明自变量 X 的变化对因变量 Y 没有影响。因此回归系数的显著性检验就是检验自变量的变化对因变量的影响程度与零是否有显著的差异。一元线性回归分析中，回归系数 β 的显著性检验步骤如下。

第一步，提出假设，H_0:β=0，H_0:$\beta\neq0$。

第二步，根据回归分析结果，计算检验的统计量 t

$$t=\frac{\hat{\beta}}{S_{\hat{\beta}}} \tag{3.4.28}$$

其中 $S_{\hat{\beta}}$ 是回归系数 $\hat{\beta}$ 的标准差，可以由下式求得

$$S_{\hat{\beta}}=S_{\hat{y}}\sqrt{\frac{1}{\sum_{i=1}^{n}\left(X_i-\overline{X}\right)^2}}=\sqrt{\frac{S_{\hat{y}}^2}{\sum_{i=1}^{n}\left(X_i-\overline{X}\right)^2}} \tag{3.4.29}$$

$S_{\hat{y}}$ 是估计标准误差。数学上可以证明，在随机误差项服从正态分布同时原假设成立的条件下，t 服从自由度为 n−2 的 t 分布，即 $t\sim t(n-2)$。

第三步，确定显著性水平 α(一般取 α=0.05)，并根据自由度 n−2 查 t 分布表，找到相应的临界值 $t_{\alpha/2}$。

第四步，做出决策。若$|t|\leqslant t_{\alpha/2}$，接受原假设 H_0，表明 X 对 Y 的影响是不显著的，变量 X 与 Y 之间不存在显著的线性关系；若$|t|>t_{\alpha/2}$，则拒绝原假设 H_0，说明 X 对 Y 的影响是显著的，变量 X 与 Y 存在线性关系。

例 3.18 根据例 3.12 建立的回归方程，对回归系数进行显著性检验。

【解析】 提出假设，假设城镇居民人均可支配收入对社会消费品零售额的影响不显著，两者不存在线性关系，即

提出假设，H_0:β=0。

根据前面有关计算的结果和式(3.4.27)，可得

$$\sum_{i=1}^{n}\left(X_i-\overline{X}\right)^2=59\,711.57-\frac{1\,062.42\times1\,062.42}{20}=3\,274.76$$

$$S_{\hat{\beta}}=564.52\times\sqrt{\frac{1}{3\,274.76}}=9.86$$

$$t = \frac{\hat{\beta}}{S_{\hat{\beta}}} = \frac{45.38}{9.86} = 4.6$$

取显著性水平 α=0.05，根据自由度 $n-2$=18 查 t 分布表，得 $t_{\alpha/2}$=2.1。

由于 t=4.6＞$t_{\alpha/2}$=2.1，拒绝原假设 H_0，即回归系数 β 显著地不等于零，X 与 Y 的线性关系在统计上是显著的，也就是说城镇居民人均可支配收入对社会消费品零售额的影响显著。

在一元线性回归模型中，由于只有一个解释变量 X，对回归系数 β=0 的检验与对整个回归方程的显著性检验是等价的，即一元线性回归分析中的 F 检验和 t 检验结果完全一致，如果回归方程中自变量与因变量的线性关系是显著的，那么回归系数 $\beta \neq 0$ 也会是显著的。也就是说，如果假设 H_0：β=0 被 t 检验所接受(或拒绝)，那么它也将被 F 检验所接受(或拒绝)。但是，在多元回归分析中，回归系数的显著性检验与回归方程的显著性检验的意义是不同的，F 检验是检验所有自变量(2 个以上)与因变量形成的回归关系的显著性，而 t 检验则是检验回归方程中各个回归系数的显著性。

5．回归预测

预测是回归分析最重要的应用之一，如果所拟合的回归方程经过统计检验，同时被认为具有实际意义和被证明有较高的拟合程度，就可以利用其来进行预测。

1) 回归预测的基本公式

一元线性回归预测的基本公式为

$$\hat{Y}_0 = \hat{\alpha} + \hat{\beta} X_0 \tag{3.4.30}$$

式(3.4.30)中的 X_0 是给定的自变量 X 的具体数值，$\hat{Y}_0$ 是 X 给定时因变量 Y 的预测值。$\hat{\alpha}$ 和 $\hat{\beta}$ 是已估计出的样本回归系数。回归预测是一种有条件的预测，在进行回归预测时，必须先给出自变量 X 的具体数值。当给出的 X_0 值在样本数据 X 的取值范围之内时，利用式(3.4.30)去计算 $\hat{Y}_0$ 称为内插预测，而当给出的 X_0 值在样本数据 X 的取值范围之外时，利用式(3.4.30)去计算 $\hat{Y}_0$ 称为外推预测。一般来说，内插预测的效果比外推预测好，特别是对于小样本，外推预测可能会产生很大的误差。

2) 预测误差

$\hat{Y}_0$ 是根据回归方程 $\hat{Y}_0 = \hat{\alpha} + \hat{\beta} X_0$ 计算的，它是样本观测值的函数，因而也是一个随机变量。$\hat{Y}_0$ 与所要预测 Y 的真值之间必然存在一定的误差。在实际的回归模型预测中，发生预测误差的原因可以概括为以下 4 个方面。

(1) 模型本身中的误差因素所造成的误差。由于回归方程并未将所有影响 Y 的因素都纳入模型，同时其具体的函数形式也只是实际变量之间数量联系的近似反映，因此必然存在误差。这一误差可以用总体随机误差项的方差来评价。

(2) 由于回归系数的估计值同其真值不一致所造成的误差。回归系数是根据样本数据估计的，它与总体参数之间总是有一定的误差。这一误差可以用回归系数的最小二乘估计量的方差来评价。

(3) 由于自变量 X 的设定值同其实际值的偏离所造成的误差，当给出的 X_0 在样本数据 X

的取值范围之外时，其本身也需要利用某种方法去进行预测。如果给出的 X_0 与未来时期 X 的实际值不符，将其代入式(3.4.30)求得的预测值当然也会与其实际值有所不同。

(4) 由于未来时期回归系数发生变化所造成的误差。

在以上造成预测误差的原因中，(3)和(4)两项不属于回归方程本身的问题，而且也难以事先予以估计和控制。一般假定只存在(1)和(2)两种误差，即随机误差和系统误差。

3) 区间预测

式(3.4.30)给出了 Y 的单值预测或点估计，但是在许多场合，人们更关心的是对 Y 的区间预测或区间估计，也就是给出一个预测值的可能范围。给一个预测值的可能范围比只给出单个 $\hat{Y}_0$ 值更可信。区间预测问题就是对于给定的显著性水平 α，找一个置位区间(T_1, T_2)，使得对应于某特定的 X 实际值 Y 以(1−α)的概率被区间(T_1, T_2)所包含，用式子表示，即

$$P(T_1 \leqslant Y \leqslant T_2)=1-\alpha \tag{3.4.31}$$

其中 T_1 称为置信下限，T_2 称为置信上限。在小样本情况下，通常用 t 分布建立置信区间(T_1, T_2)，Y 值在(1−α)置信概率下的置信区间(T_1, T_2)计算公式如下。

置信上限的计算公式为

$$T_2 = \hat{Y}_0 + t_{\alpha/2} S_{\hat{y}} \sqrt{1+\frac{1}{n}+\frac{\left(X_0 - X\right)^2}{\sum_{i=1}^{n}\left(X_i - \overline{X}\right)^2}} \tag{3.4.32}$$

置信下限的计算公式为

$$T_1 = \hat{Y}_0 + t_{\alpha/2} S_{\hat{y}} \sqrt{1+\frac{1}{n}+\frac{\left(X_0 - X\right)^2}{\sum_{i=1}^{n}\left(X_i - \overline{X}\right)^2}} \tag{3.4.33}$$

上式中 $t_{\alpha/2}$ 是置信概率为 1−α、自由度为 n−2 的 t 分布临界值，又称为概率度，$S_{\hat{y}}$ 是回归直线的估计标准误差。

在样本容量 n 足够大的情况下，可以根据正态分布原理建立 Y 值的置信区间。如

$$P\left(\hat{Y}_0 - S_{\hat{y}} \leqslant Y \leqslant \hat{Y}_0 + S_{\hat{y}}\right) = 68.27\%$$

$$P\left(\hat{Y}_0 - 2S_{\hat{y}} \leqslant Y \leqslant \hat{Y}_0 + 2S_{\hat{y}}\right) = 95.45\%$$

$$P\left(\hat{Y}_0 - 3S_{\hat{y}} \leqslant Y \leqslant \hat{Y}_0 + 3S_{\hat{y}}\right) = 99.73\%$$

例 3.19 根据例 3.12 建立的回归方程，令 X=80 百元，求社会消费品零售额 Y 的 95%置信区间。

【解析】 由 $\hat{Y} = -1191.3 + 45.38X$，得

$$\hat{Y}_0 = -1191.3 + 45.38 \times 80 = 2\,439.1\text{(亿元)}$$

由已知

$$\sum_{i=1}^{n}\left(X_i - \overline{X}\right)^2 = 3\,274.76$$

$$\left(X_0 - \overline{X}\right) = \left(80 - 1\,062.42/20\right)^2 = 722.48$$

$S_{\hat{y}}$=564.52，1−α=0.95，α=0.05，自由度为 20−2=18，查 t 分布表得 $t_{\alpha/2}$=$t_{0.025}$=2.1，于是社会消费品零售额 Y 95%置信区间的置信上限 T_2 和置信下限 T_1 分别计算如下。

可得置信上限

$$T_2 = 2\,439.1 + 2.1 \times 564.52 \times \sqrt{1 + \frac{1}{20} + \frac{722.48}{3\,274.76}}$$
$$= 2\,439.1 + 1\,336.31 = 3\,775.41(\text{亿元})$$

可得置信下限

$$T_1 = 2\,439.1 - 2.1 \times 564.52 \times \sqrt{1 + \frac{1}{20} + \frac{722.48}{3\,274.76}}$$
$$= 2\,439.1 - 1\,336.31 = 1102.79(\text{亿元})$$

即社会消费品零售额 Y 的 95%置信区间是(1 102.79，3 775.41)，也就是说在置信概率为 95%的条件下，当城镇居民人均可支配收入为 8 000 元时，社会消费品零售额在 1 102.79 亿元到 3 775.41 亿元之间。显然，由于回归直线的估计标准误差 $S_{\hat{y}}$ 的数字比较大，置信区间也比较宽，预测的作用和实际指导意义受到影响，这一点也可以由 r^2=0.54 来说明。r^2=0.54，表明回归直线只能解释总变差的 54%，还有 46%没有得到解释，这 46%包括一些没有纳入回归模型的其他影响因素，如生产水平、人口数量、消费习惯和以往消费等。这也说明了一元线性回归模型的局限性。

3.4.3　多元线性回归

上一节介绍的一元线性回归分析所反映的是一个因变量与一个自变量之间的关系。但是，在现实世界里，影响因变量的因素往往有许多个。例如，社会消费品零售额除了受居民人均可支配收入的影响外，还会受生产水平、人口数量、消费习惯和以往消费等多种因素的影响，如果我们不考虑这些因素的影响，就会产生比较大的误差，模型的解释能力也比较差。为了全面揭示这种复杂的多变量之间的依存关系，就要建立多元回归模型，这样才能获得比较满意的结果。多元回归分析解决的就是一个因变量与多个自变量的回归问题。我们将研究线性相关条件下的两个和两个以上自变量对一个因变量的数量变化关系，称为多元线性回归分析；将表现这一数量关系的数学公式，称为多元线性回归模型。多元线性回归是一元线性回归的扩展，其基本原理与一元线性回归相类似，只是在计算上比较复杂而已，一般需要借助计算机来完成。

1．多元线性回归模型的确定

设因变量 Y 与 $X_1, X_2,\cdots, X_p$ 等 p 个自变量具有线性关系，多元线性回归模型的一般形式可以写为

$$Y = \beta_0 + \beta_1 X_1 + \beta_2 X_2 + \cdots + \beta_p X_p \tag{3.4.34}$$

称 $\beta_1, \beta_2, \cdots, \beta_p$ 为 Y 对 $X_1, X_2,\cdots, X_p$ 的偏回归系数。

若设 $\hat{\beta}_0, \hat{\beta}_1, \hat{\beta}_2, \cdots, \hat{\beta}_p$ 为 $\beta_0, \beta_1, \beta_2, \cdots, \beta_p$ 的估计，则称

$$\hat{Y}=\hat{\beta}_0+\hat{\beta}_1X_1+\hat{\beta}_2X_2+\cdots+\hat{\beta}_pX_p \tag{3.4.35}$$

为 Y 对 $X_1, X_2,\cdots, X_p$ 的多元线性回归方程。

公式(3.4.35)一般是根据样本数据求出，所以也称为 p 元经验线性回归方程。偏回归系数的确定仍然采用最小二乘法，就是使残差平方和最小来估计回归系数。设(X_{i1}, X_{i2}, …, X_{ip}, Y_i)(i=1, 2, …, n)为 n 个样本数据中的第 i 个数据，$\hat{Y}_i=\hat{\beta}_0+\hat{\beta}_1X_{i1}+\hat{\beta}_2X_{i2}$。即

$$\begin{aligned}Q&=\sum_{i=1}^{n}e_i^2=\sum_{i=1}^{n}\left(Y_i-\hat{Y}_i\right)^2\\&=\sum_{i=1}^{n}\left[Y_i-(\hat{\beta}_0+\hat{\beta}_1X_{i1}+\hat{\beta}_2X_{i2}+\cdots+\hat{\beta}_pX_{ip})\right]^2\end{aligned} \tag{3.4.36}$$

最小二乘法就是使得 $Q=\sum_{i=1}^{n}e_i^2$ 最小。

很明显，残差平方和 Q 的大小将依赖于 $\beta_0,\hat{\beta}_1,\hat{\beta}_2,\cdots,\hat{\beta}_p$ 的取值。根据微积分中极小值存在原理，可知 Q 存在极小值，同时使 Q 达到最小，Q 对 $\hat{\beta}_0,\hat{\beta}_1,\hat{\beta}_2,\cdots,\hat{\beta}_p$ 的偏导数一定等于零。

例如，假设因变量 Y 与自变量 X_1 和 X_2 具有线性关系，则有二元线性回归模型为

$$\hat{Y}=\hat{\beta}_0+\hat{\beta}_1X_1+\hat{\beta}_2X_2$$

由最小二乘法，满足 $Q=\sum_{i=1}^{n}e_i^2$ 达到最小，根据微分中值定理，将 Q 分别对 $\hat{\beta}_0$，$\hat{\beta}_1$，$\hat{\beta}_2$ 求偏导数，并令其等于零，即令 $\dfrac{\partial Q}{\partial\hat{\beta}_j}=0(j=0,1,2)$ 可求得 $\hat{\beta}_0$，$\hat{\beta}_1$，$\hat{\beta}_2$ 的标准方程

$$-2\sum_{i=1}^{n}\left[Y_i-\left(\hat{\beta}_0+\hat{\beta}_1X_{i1}+\hat{\beta}_2X_{i2}\right)\right]=0\text{；}$$

$$-2\sum_{i=1}^{n}\left[Y_i-\left(\hat{\beta}_0+\hat{\beta}_1X_{i1}+\hat{\beta}_2X_{i2}\right)\right]X_{i1}=0\text{；}$$

$$-2\sum_{i=1}^{n}\left[Y_i-\left(\hat{\beta}_0+\hat{\beta}_1X_{i1}+\hat{\beta}_2X_{i2}\right)\right]X_{i2}=0$$

解方程组，可以得到最小二乘估计量 $\hat{\beta}_0$，$\hat{\beta}_1$，$\hat{\beta}_2$ 的值。

2. 多元线性回归模型的判定系数和估计标准误差

同一元线性回归模型一样，多元线性回归模型也需要测定其对数据的拟合好坏或拟合程度，测定方法同样用判定系数和估计标准误差来进行，判定系数和估计标准误差的计算方法原理与一元线性回归分析类似。

1) 多元线性回归模型的判定系数 R^2

在一元线性回归分析中，我们由总离差平方和等于回归平方和加残差平方和，即

SST=SSR+SSE

定义了样本判定系数 r^2=SSR/SST。在多元线性回归分析中，仍然可以证明总离差平方和

等于回归平方和加残差平方和，即 SST=SSR+SSE 同样成立。所以，我们定义多元线性回归模型的判定系数 R^2 为

$$R^2=\frac{\text{SSR}}{\text{SST}}=1-\frac{\text{SSE}}{\text{SST}}=1-\frac{\sum_{i=1}^{n}\left(Y_i-\hat{Y}_i\right)^2}{\sum_{i=1}^{n}\left(Y_i-\bar{Y}\right)^2} \tag{3.4.37}$$

上述事实表明多元线性回归模型拟合的好坏同样取决于 SSR 或 SSE 的大小，或者说取决于回归平方和 SSR 在总离差平方和 SST 中的比例大小。SSR 在 SST 中所占的比例越大(同时残差平方和 SSE 在 SST 中所占的比例越小)，多元线性回归模型拟合的效果越好。

多元线性回归模型的判定系数 R^2 是对回归模型拟合程度的综合度量，判定系数 R^2 越大，模型拟合程度越高，判定系数 R^2 越小，则模型的拟合程度越差。若 Y 的变化与 $X_1, X_2,\cdots, X_p$ 完全相关，R^2=1，拟合是完全的；如果 Y 的变化与 $X_1, X_2,\cdots, X_p$ 完全无关，变量 $X_1, X_2,\ \cdots, X_p$ 无助于解释 Y 的变动，此时 R^2=0。可见，R^2 的取值范围是在［0，1］区间内。R^2 越接近于 1，回归平方和 SSR 占总离差平方和 SST 的比例就越大，回归拟合就越好；反之，R^2 越接近于 0，回归拟合就越差。判定系数 R^2 清楚直观地反映了回归拟合的程度和效果。

判定系数 R^2 的平方根 R 称为复相关系数，即

$$R=\sqrt{R^2}=\sqrt{\frac{\text{SSR}}{\text{SST}}} \tag{3.4.38}$$

在两个变量的简单相关系数 r 中，相关系数 r 有正负之分，而复相关系数 R 表示的是因变量 Y 与全体自变量之间的线性关系，它的符号不能由某一个自变量的回归系数的符号来确定，因此，复相关系数都取正号。在多元线性回归的实际应用中，人们可以用复相关系数 R 来表示回归方程对原有数据的拟合程度，它衡量作为一个整体的 $X_1, X_2,\cdots, X_p$ 与 Y 线性关系的大小。

2) 多元线性回归模型的估计标准误差 $S_{\hat{y}}$

与一元线性回归分析类似，多元线性回归模型的估计标准误差 $S_{\hat{y}}$ 定义为

$$S_{\hat{y}}=\sqrt{\frac{\sum_{i=1}^{n}\left(Y_i-\hat{Y}_i\right)^2}{n-p-1}} \tag{3.4.39}$$

式中的 p 是自变量的数目。估计标准误差 s_y 可以看作在排除了 $X_1, X_2,\cdots, X_p$ 对 Y 的线性影响后，衡量 Y 随机波动大小的一个估计量。Y 的变化与 $X_1, X_2,\cdots, X_p$ 等 p 个自变量相关程度越高，则 $S_{\hat{y}}$ 越小，回归模型的拟合越好；若完全相关，则 $S_{\hat{y}}=0$。可见，估计标准误差 $S_{\hat{y}}$ 也从另一个角度说明了回归的拟合程度。

3．多元线性回归的统计检验

在实际问题的研究中，我们事先并不能肯定因变量 Y 与自变量 $X_1, X_2,\cdots, X_p$ 之间存在线性关系，当我们用多元线性回归方程去拟合 Y 与 $X_1, X_2,\cdots, X_p$ 之间的关系时，只是根据一些定性分析所做出的一种假设。因此，在采用最小二乘法得到线性回归方程后，还需要进行统

计假设检验。多元线性回归分析的检验与一元线性回归分析的检验有相同之处，如都包括两个方面的内容，即对整个回归方程的显著性检验和对回归系数的显著性检验。回归方程的显著性检验一般采用 F 检验法，回归系数的显著性检验一般采用 t 检验法。但是，也有不同之处，在一元线性回归模型中，由于只有一个解释变量 X，对回归系数 $\beta=0$ 的检验与对整个回归方程的显著性检验是等价的。而在多元回归分析中，回归系数的显著性检验与回归方程的显著性检验的意义是不等价的，F 检验显著，是说明 Y 对自变量 $X_1, X_2,\cdots, X_p$ 整体的线性回归效果显著，但是不等于 Y 对每一个自变量 X_i 的回归效果都显著；反之，某个或某几个自变量的回归系数不显著，多元线性回归方程的显著性 F 检验仍有可能显著。

1) 回归方程的显著性检验

对多元线性回归方程的显著性检验就是要看自变量 $X_1, X_2,\cdots, X_p$ 从整体上对因变量 Y 是否有明显影响。为此，提出原假设

$$H_0：\beta_1=\beta_2=\cdots\beta_p=0$$

如果 H_0 被接受，则表明 Y 与 $X_1, X_2, \cdots, X_p$ 之间的关系由线性回归模型表示不合适。类似一元线性回归模型的检验，为了建立对 H_0 进行检验的 F 统计量，需要利用总离差平方和 SST 的分解式子，即

$$\sum_{i=1}^{n}\left(Y_i-\bar{Y}\right)^2=\sum_{i=1}^{n}\left(\hat{Y}_i-\bar{Y}\right)^2+\sum_{i=1}^{n}\left(Y_i-\hat{Y}_i\right)^2$$

或 SST=SSR+SSE。

构造的 F 统计量

$$F=\frac{\mathrm{SSR}/p}{\mathrm{SSE}/(n-p-1)} \quad F(p,n-p-1) \tag{3.4.40}$$

式中，p 是自变量的个数，$\mathrm{SSR}=\sum_{i=1}^{n}\left(\hat{Y}_i-\bar{Y}\right)^2$，$\mathrm{SSE}=\sum_{i=1}^{n}\left(Y_i-\hat{Y}_i\right)^2$。

在正态分布假设下，当原假设 H_0：$\beta_1=\beta_2=\cdots\beta_p=0$ 成立时，F 服从第一自由度为 p 及第二自由度 $n-p-1$ 的 F 分布，就是 $F\sim F_\alpha(p, n-p-1)$。于是，可以利用 F 统计量对回归方程的总体显著性进行检验。由样本数据$(X_{i1}, X_{i2}, \cdots, X_{ip}, Y_p)(i=1, 2, \cdots, n)$得到回归系数的最小二乘估计和回归方程，计算出 SSR 和 SSE，代入式(3.4.37)，得到 F 统计量的数值，再由给定的显著性水平 α，查 F 分布表，得临界值 $F_\alpha(p, n-p-1)$。

当 $F>F_\alpha(p, n-p-1)$时，拒绝原假设 H_0：$\beta_1=\beta_2=\cdots\beta_p=0$，认为在给定的显著性水平为 α 时，Y 与 $X_1, X_2, \cdots, X_p$ 有显著的线性关系，即回归方程是显著的。更通俗一些说，就是接受“自变量全体对因变量 Y 产生线性影响”这个结论犯错误的概率不超过 α；反之，当 $F\leqslant F_\alpha(p,n-p-1)$时，则接受原假设 H_0，即回归方程不显著。

2) 回归系数的显著性检验

在多元线性回归中，回归方程显著并不表示每个自变量对 Y 的影响都是显著的，因此我们总是想从回归方程中剔除那些次要的、可有可无的变量，建立更为简洁的回归方程。所以需要对每个自变量进行显著性检验。如果第 j 个自变量 $X_j(j=1, 2, \cdots, p)$对 Y 的影响作用不显著，那么在回归模型中，它的系数 β_j 就应该取值为零。因此，回归系数的显著性检验就是检

验下列假设

$$H_0: \beta_j=0, j=1, 2, \cdots, p$$

如果接受原假设 H_0，表示第 j 个自变量 $X_j(j=1, 2, \cdots, p)$对 Y 的影响作用不显著，或者说 β_j 的取值与零比较没有显著差异。如果原假设 H_0 被拒绝，则有相反的结论，表示第 j 个自变量 $X_j(j=1, 2, \cdots, p)$对 Y 的影响作用显著，或者说 β_j 的取值与零比较有显著差异。

与一元线性回归类似，多元线性回归模型回归系数的显著性检验也是采用 t 检验，其统计量 t 的计算公式为

$$t_j = \frac{\hat{\beta}_j}{S_{\hat{\beta}_j}} \quad (j=1,2,\cdots,p) \tag{3.4.41}$$

式(3.4.41)中的 $\hat{\beta}_j$ 是对应于第 j 个自变量的回归系数，是参数 β_j 的最小二乘估计量，$S_{\hat{\beta}_j}$ 是回归系数 $\hat{\beta}_j$ 的标准差。可以证明，在随机误差项服从正态分布，同时原假设成立的条件下，t_j 服从自由度 $n-p-1$ 的 t 分布，即 $t_j \sim t(n-p-1)$。对于给定的显著性水平 α，根据自由度$(n-p-1)$查 t 分布表，得双侧检验的临界值 $t_{\alpha/2}$。当$|t_j|>t_{\alpha/2}$时拒绝原假设 $H_0: \beta_j=0$，认为 β_j 显著不为零，自变量对因变量 Y 的线性效果显著；当$|t_j| \leqslant t_{\alpha/2}$时，则接受原假设 $H: \beta_j=0$，认为 β_j 为零，自变量 X_j 对因变量 Y 的线性效果不显著。

例 3.20 考虑到社会消费品零售额除了受居民人均可支配收入的影响外，还受到生产水平、人口数量等多种因素的影响，为此，我们对表 3-13 的数据进行了补充，增加了中国部分地区 2002 年的地区生产总值数据，将生产水平与居民人均可支配收入一起来解释各地区的社会消费品零售额的差异，见表 3-15。表中 Y 为社会消费品零售额，X_1 为城镇居民人均可支配收入，X_2 为地区生产总值，试确定社会消费品零售额 Y 对城镇居民人均可支配收入 X_1 和地区生产总值 X_2 的二元线性回归方程，并分析回归方程的拟合程度和进行统计检验。

表 3-15　中国部分地区社会消费品零售额与城镇居民人均可支配收入、地区生产总值数据表

编号	地区名称	Y/亿元	X_1/百元	X_2/亿元
1	河北	1 313.90	47.33	6 122.53
2	山西	441.30	44.41	2 017.54
3	内蒙古	405.30	45.23	1 734.31
4	辽宁	1 487.50	48.04	5 458.22
5	黑龙江	852.80	43.86	3 882.16
6	江苏	2 270.50	62.48	10 631.75
7	浙江	2 008.10	89.30	7 796.00
8	安徽	838.70	44.74	3 569.10
9	福建	1 123.50	67.85	4 682.01
10	江西	571.10	44.39	2 459.48
11	山东	2 281.80	55.62	10 552.06

(续表)

编号	地区名称	Y/亿元	X_1/百元	X_2/亿元
12	河南	1 483.20	45.95	6 168.73
13	湖北	1 435.00	49.55	4 975.63
14	湖南	1 144.20	51.98	4 340.94
15	广东	3 506.60	83.98	11 796.73
16	广西	705.90	52.04	2 455.36
17	甘肃	287.60	43.07	1 161.43
18	四川	1 260.50	47.05	4 875.12
19	云南	473.50	50.17	2 232.32
20	陕西	495.50	45.40	2 035.96

【解析】 本例是将原来的一元线性回归方程扩展为二元线性回归方程，即

$$\hat{Y}=\hat{\beta}_0+\hat{\beta}_1X_1+\hat{\beta}_2X_2$$

根据表 3-15 的数据资料，由最小二乘法建立的标准方程组式(3.4.34)来求解 $\hat{\beta}_0$，$\hat{\beta}_1$ 和 $\hat{\beta}_2$，手工计算有关数据工作量太大，而且容易出错，因此，需要利用计算机来完成数据处理。我们将表 3-15 的数据在统计分析软件 SPSS 上运行，得到社会消费品零售额 Y 对城镇居民人均可支配收入 X_1 和地区生产总值 X_2 的线性回归方程

$$\hat{Y}=-387.125+9.343X_1+0.224X_2$$

回归模型的判定系数 R^2=0.954，复相关系数 R=0.977，估计标准误差 $S_{\hat{y}}=184.22$。

这里回归模型的判定系数达到 95.4%，表明二元线性回归方程对样本数据的拟合程度很高，将二元线性回归方程与前面例 3-13 建立的社会消费品零售额对城镇居民人均可支配收入的一元线性回归方程比较，二元线性回归模型的判定系数大大提高了，估计标准误差大幅度下降，说明二元线性回归模型的解释能力大幅度提高了。

F 统计量的值为 175.37，取 α=0.05，查 F 分布表得临界值

$$F_{0.05}(k,n-k-1)=F_{0.05}(2,17)=3.59=F_{0.05}$$

因为 $F=175.37>F_{0.05}(2,17)=3.59$，表明社会消费品零售额与城镇居民人均可支配收入和地区生产总值之间存在显著的线性关系。

$S_{\hat{\beta}_1}=4.348$，$S_{\hat{\beta}_2}=0.018$，t_1=2.149，t_2=12.329。取 α=0.05，自由度 $n-k-1$=17，查 t 分布表得临界值 $t_{\alpha/2}=t_{0.025}=2.1098$。因为

$$t_1=2.149>t_{0.025}=2.109\,8,\quad t_2=12.329>t_{0.025}=2.109\,8$$

表明城镇居民人均可支配收入和地区生产总值是影响社会消费品零售额的显著因素。

如果所拟合的多元线性回归方程经过统计检验，同时被认为具有实际意义和有较高的拟合程度，可以利用其进行预测。同一元线性回归一样，可以利用式(3.4.34)给出 Y 的单值预测或点估计，也可以建立 Y 的置信区间。

3.4.4　非线性回归

在实际问题中，许多回归模型的因变量 Y 与自变量 X 之间的关系不是线性形式，而是某种曲线，这时就需要拟合适当类型的曲线方程，在统计上称之为非线性回归或曲线回归。非线性回归按自变量的个数也分为一元非线性回归和多元非线性回归。曲线的形式也因实际数据的不同而有多种，如双曲线、指数曲线、对数曲线、多项式曲线、S 型曲线等。拟合何种曲线为宜，有的可以根据理论分析或过去积累的经验事先确定，有的则必须根据实际数据的散布图来确定，也可以先拟合多种不同形式的曲线回归方程，然后再根据某个原则如通过比较估计标准误差的大小来取舍。

对于因变量 Y 与自变量 X 之间的关系是非线性的，但因变量 Y 与模型参数之间的关系却是线性的情形，统计上通常采用变量代换法把非线性形式转化为线性形式来处理，使线性回归分析的方法也能够应用于非线性回归问题的研究。

我们通过一个例子来说明非线性模型的线性化处理方法。

例 3.21　在管理会计里，我们按照成本变动与产量之间的依存关系，将成本分为固定成本与变动成本。固定成本是指在一定的产量范围内与产量增减变化没有直接联系的费用。在相关范围内，成本总额不受产量增减变动的影响，但是从单位产品分摊的固定成本来看，它却随着产量的增加而相应地减少。变动成本是指在相关范围内，其成本总额随着产量增减成比例增减，但是从产品的单位成本来看，它却不受产量变动的影响。假设用因变量 Y 代表单位产品成本，用 X 代表产品产量，那么有如下公式

$$Y = b + c\frac{1}{X}$$

这是双曲线方程式，其中，b 是单位产品变动成本，c 是固定成本。某型号手机生产产量与单位产品成本数据见表 3-16。

表 3-16　某型号手机生产产量与单位产品成本数据计算表

编号	单位成本 Y/元	产量 X/百部	$X' = \frac{1}{X}$	$(X')^2$	YX'
1	2 200.00	10.00	0.100 0	0.010 000	220.00
2	2 100.00	20.00	0.050 0	0.002 500	105.00
3	2 000.00	30.00	0.033 3	0.001 111	66.67
4	1 800.00	50.00	0.020 0	0.004 000	36.00
5	1 780.00	60.00	0.016 7	0.000 278	29.67
6	1 500.00	100.00	0.010 0	0.000 100	15.00
7	1 470.00	120.00	0.008 3	0.000 069	12.25
8	1 450.00	130.00	0.007 7	0.000 059	11.15
9	1 430.00	140.00	0.007 1	0.000 051	10.21
10	1 400.00	150.00	0.006 7	0.000 044	9.33

(续表)

编号	单位成本 Y/元	产量 X/百部	$X'=\frac{1}{X}$	$(X')^2$	YX'
11	1 350.00	200.00	0.005 0	0.000 025	6.75
12	1 300.00	220.00	0.004 5	0.000 021	5.91
13	1 250.00	250.00	0.004 0	0.000 016	5.00
14	1 230.00	280.00	0.003 6	0.000 013	4.39
15	1 200.00	300.00	0.003 3	0.000 011	4.00
合计	23 460	2 060	0.280 3	0.014 698	541.34

手机生产产量与单位产品成本的散点图见图 3-16。

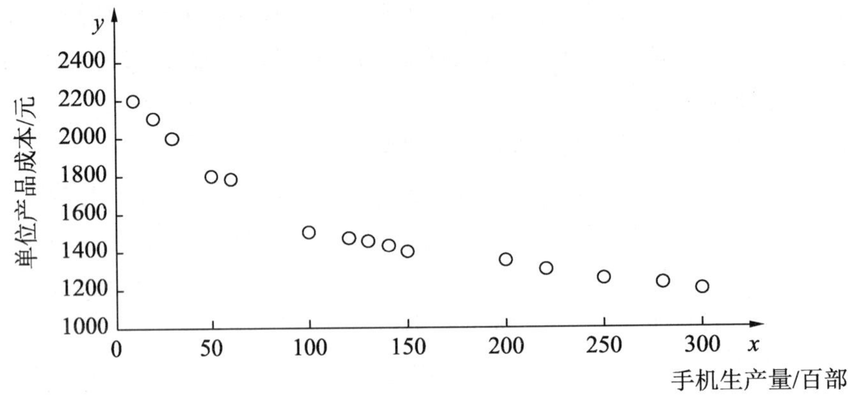

图 3-16　手机生产产量与单位产品成本的散点图

手机生产产量与单位产品成本的散点图显示两者之间的关系为一条下降的曲线，结合前面的理论分析，我们拟合一个以手机生产产量为自变量 X，以单位产品成本为因变量 Y 的双曲线回归模型。即

$$\hat{Y}=\hat{b}+\hat{c}\frac{1}{X}$$

为了求模型中的系数 $\hat{b}$ 和 $\hat{c}$，令 $\widetilde{X}=\frac{1}{X}$，使得上述模型转化为线性模型

$$\hat{Y}=\hat{b}+\hat{c}\widetilde{X}$$

然后用最小二乘法求 $\hat{b}$ 和 $\hat{c}$，将表 3-16 有关数据带入标准线性方程组，有

$$\sum_{i=1}^{n}Y_i=n\hat{b}+\hat{c}\sum_{i=1}^{n}\widetilde{X}_i$$

$$\sum_{i=1}^{n}\widetilde{X}_iY_i=\hat{b}\sum_{i=1}^{n}\widetilde{X}_i+\hat{c}\sum_{i=1}^{n}\widetilde{X}_i^2$$

$$23\,460=15\hat{b}+0.280\,3\hat{c}$$

$$541.34=0.280\,3\hat{b}+0.014\,698\hat{c}$$

解此联立方程，得到

$$\hat{b}=1\,360.64\,,\quad \hat{c}=10\,882.6$$

回归模型为

$$\hat{Y}=1\,360.64+10\,882.6\widetilde{X}$$

或者

$$\hat{Y}=1\,360.64+10\,882.6\frac{1}{X}$$

类似地，对于其他一些可化为线性形式的非线性模型，如指数曲线，对数曲线、多项式曲线、S 型曲线等，也可以通过变量代换法把非线性形式转化为线性形式来处理。

相关与回归分析是处理变量与变量之间关系的一种统计方法。近年来，这种统计方法已经被广泛应用于生物学、医学、心理学、教育学、社会学、经济学、管理学等诸多领域，并取得了一定成效。从所处理的变量多少来看，如果研究的是两个变量之间的关系，称为简单相关与简单回归分析(一元回归分析)；如果研究的是两个以上的变量之间的关系，称为多元相关与多元回归分析。从变量的关系形态上看，有线性相关与线性回归分析以及非线性相关与非线性回归分析。本章主要介绍的是简单线性相关与简单线性回归分析，包括简单线性相关系数的计算和显著性检验，简单线性回归模型的参数估计、回归方程的显著性检验和回归模型的应用等。

一元线性回归模型虽然比较简单，但是它的统计思想非常重要。多元回归分析的很多内容都是一元线性回归结果的直接推广，因此，一元线性回归是基本的回归分析方法，需要读者认真学习和掌握。

第 3 篇

多元统计分析及其方法

第4章 多元统计分析

在实践中，我们常会碰到需要同时观测若干指标的问题。例如，衡量一个地区的经济发展水平，需要观测总产值、利润、效益、劳动生产率等指标；在医学诊断中，需要做多项检测，如检测血压、体温、心跳、白细胞等指标。同时对多个随机变量的观测数据进行有效的分析和处理，有分开研究或同时研究两种做法。研究客观事物中多个随机变量(或多个指标)的统计规律，包括变量之间相互联系。多元统计分析是一元统计分析的延伸和拓展。

总之，多元统计分析就是研究多个随机变量之间相互依赖关系以及内在统计规律的一门科学，其利用不同方法可对研究对象进行分类和简化。

4.1 多元统计分析基本概念

多元统计分析就是讨论多维随机向量的理论和统计方法的总称。多元统计分析研究的对象就是多维随机向量。多元分布的基本概念可由二元概率分布的自然推广而得到，如联合分布、边缘分布、条件分布、独立性、特征函数、数字特征等。

4.1.1 随机向量和随机矩阵数字特征

1. 随机向量和随机矩阵的表示

由定义在同一概率空间(Ω, F, p)上的p个随机变量$X_1, X_2, \cdots, X_p$构成的p维向量

$$X=(X_1, X_2, \cdots, X_p)^T$$

称为p维随机向量，它的概率分布为p元分布。

由定义在统一概率空间(Ω, F, p)上的$p\times n$个随机变量组成的矩阵

$$X=(X_{ij})_{p\times n}$$

称为$p\times n$随机矩阵，矩阵中每个元素X_{ij}都为一随机变量，常记为

$$X=(X_{ij})_{p\times n}=\begin{pmatrix} X_{11} & X_{12} & \cdots & X_{1n} \\ X_{21} & X_{22} & \cdots & X_{2n} \\ \vdots & \vdots & \ddots & \vdots \\ X_{p1} & X_{p2} & \cdots & X_{pn} \end{pmatrix}_{p\times n}$$

X是$p\times n$阶随机矩阵，它可看成n个p维(列)随机向量所构成的，也可看成p个n维(行)

向量构成的。X 的概率分布是指按列接排的全体元素(随机变量)$X_{11}, \cdots, X_{p1}, X_{12}, \cdots, X_{p2}, \cdots, X_{1n}, \cdots, X_{pn}$组成的 $p \times n$ 元分布。

这里需要说明的是，以后所称向量都是指列向量。

2．随机向量和随机矩阵的数字特征

设 p 维随机向量 $X=(X_1, X_2, \cdots, X_p)^T$ 及 $Y=(Y_1, Y_2, \cdots, Y_p)^T$，

$$E(X)=\left[E(X_1),E(X_2),\cdots,E(X_p)\right]^T \tag{4.1.1}$$

称为随机向量 $X=(X_1, X_2, \cdots, X_p)^T$ 的均值向量；

$$\mathrm{Cov}(X,Y)=E\left\{\left[X-E(X)\right]\left[Y-E(Y)\right]^T\right\} \tag{4.1.2}$$

称为 p 维随机向量 X 与 Y 的互协方差阵，简称为 X 与 Y 的互协差阵；

$$\mathrm{Cov}(X,X)=E\left\{\left[X-E(X)\right]\left[X-E(X)\right]^T\right\} \tag{4.1.3}$$

称为 X 的自协方差阵，简称为 X 的自协差阵；称$|\mathrm{Cov}(X, X)|$为 X 的广义方差，它是自协差阵的行列式值，有时也记 $\mathrm{Cov}(X, X)$为 $D(X)$。

显而易见

$$\begin{aligned}\mathrm{Cov}(X,Y)&=E\left\{\left[X-E(X)\right]\left[Y-E(Y)\right]^T\right\}\\&=\left\{E\left[Y-E(Y)\right]\left[X-E(X)\right]^T\right\}^T\\&=\left[\mathrm{Cov}(Y,X)\right]^T\end{aligned}$$

对于 p 维随机向量 $X=(X_1, X_2, \cdots, X_p)^T$，称

$$\rho_{ij}=\frac{\mathrm{Cov}(X_i,X_j)}{\sqrt{D(X_i)}\sqrt{D(X_j)}},\quad ij=1,2,\cdots,p \tag{4.1.4}$$

为分量 X_i 与 X_j 之间的相关系数，称 $R=(r_{ij})_{p\times p}$ 为相关矩阵。

设 $p \times n$ 阶随机矩阵

$$X=(X_{ij})_{p\times n}=\begin{pmatrix}X_{11} & X_{12} & \cdots & X_{1n}\\X_{21} & X_{22} & \cdots & X_{2n}\\\vdots & \vdots & \ddots & \vdots\\X_{p1} & X_{p2} & \cdots & X_{pn}\end{pmatrix}_{p\times n}$$

称

$$E(X)=\begin{pmatrix}E(X_{11}) & E(X_{12}) & \cdots E(X_{1n})\\E(X_{21}) & E(X_{22}) & \cdots E(X_{2n})\\\vdots & \vdots & \ddots & \vdots\\E(X_{p1}) & E(X_{p2}) & \cdots E(X_{pn})\end{pmatrix}=[E(X_{ij})]_{p\times n} \tag{4.1.5}$$

为随机矩阵 X 的均值矩阵。

由上述定义向量、矩阵及有关的基本运算知识，可以证明下述等式成立。

设 A, B, C 为常数矩阵，X, Y 为随机矩阵，则有下列几种等式。

(1) $E(AX)=AE(X)$；

(2) $E(AXB)=AE(X)B$；

(3) $E(AX+BY)=AE(X)+BE(Y)$；

(4) $D(X)\geqslant 0$，$R\geqslant 0$，即 X 的协方差阵及相关矩阵是非负定矩阵；

(5) 对常数向量 α 有 $D(X+\alpha)D(X)$；

(6) $D(AX)=AD(X)A^T$；

(7) $\mathrm{Cov}(AX, BY)=A\mathrm{Cov}(X, Y)B^T$。

这里假定上述各式的运算总是可以进行(如满足协方差阵的存在及阶数、维数协调一致等条件)。

4.1.2 随机向量相互独立性

1．随机向量的联合分布与边缘分布

(1) 设 $X=(X_1, X_2, \cdots, X_p)^T$ 是 p 维随机向量，则称 p 元函数

$$F(x_1,x_2,\cdots,x_p)=P(X_1\leqslant x_1,X_2\leqslant x_2,\cdots,X_p\leqslant x_p)$$

为 X 的联合分布函数。

(2) 若存在非负函数 $f(x_1, x_2, \cdots, x_p)$，使得随机向量 X 的联合分布函数对一切 $(x_1, x_2, \cdots, x_p)\in R^p$ 均可表示为

$$F(x_1,x_2,\cdots,x_p)=\int_{-\infty}^{x_1}\cdots\int_{-\infty}^{x_p}f(x_1,x_2,\cdots,x_p)\mathrm{d}x_1\cdots\mathrm{d}x_p$$

称 $f=(x_1, x_2, \cdots, x_p)$为随机向量 X 的联合分布密度。

(3) 将 p 维随机向量 $X=(X_1, X_2, \cdots, X_p)^T$ 分成两个子向量 $X^{(1)}, X^{(2)}$，即

$$X=\begin{pmatrix}X^{(1)}\\X^{(2)}\end{pmatrix}$$

其中

$$X^{(1)}=\begin{pmatrix}X_1\\\vdots\\X_q\end{pmatrix},\quad X^{(2)}=\begin{pmatrix}X_{q+1}\\\vdots\\X_p\end{pmatrix}$$

这里 $1\leqslant q<p$。

称 $$f_1(x_1,\cdots,x_q)=\int_{-\infty}^{+\infty}\cdots\int_{-\infty}^{+\infty}f(x_1,\cdots,x_p)\mathrm{d}x_{q+1}\cdots\mathrm{d}x_p$$

为 $X^{(1)}$的边缘分布密度。

称 $$f_2(x_{q+1},\cdots,x_p)=\int_{-\infty}^{+\infty}\cdots\int_{-\infty}^{+\infty}f(x_1,\cdots,x_p)\mathrm{d}x_1\cdots\mathrm{d}x_q$$

为 $X^{(2)}$的边缘分布密度。

称
$$F_1(x_1,\cdots,x_q)=\int_{-\infty}^{x_1}\cdots\int_{-\infty}^{x_q}f_1(x_1,\cdots,x_q)\mathrm{d}x_1\cdots\mathrm{d}x_q$$
为 $X^{(1)}$的边缘分布函数。

称
$$F_2(x_{q+1},\cdots,x_p)=\int_{-\infty}^{x_{q+1}}\cdots\int_{-\infty}^{x_p}f_2(x_{q+1},\cdots,x_p)\mathrm{d}x_{q+1}\cdots\mathrm{d}x_p$$
为 $X^{(2)}$的边缘分布函数。

类似可定义离散型的联合分布律及边缘分布率。

2. 随机向量的特征函数

在概率论中，设 X 是一个随机变量, 称
$$\varphi_X(t)=E(\mathrm{e}^{\mathrm{i}tX}) \tag{4.1.6}$$
为随机变量 X 的特征函数, 其中 t 是一个实数，i 是虚数单位，$E(\mathrm{e}^{\mathrm{i}tX})$ 表示 $\mathrm{e}^{\mathrm{i}tX}$ 的期望值。

(1) 对于离散型随机变量 X，其概率分布为 $P(X=x_k)=p_k(k=1,2,\cdots)$，则随机变量 X 的特征函数为
$$\varphi_X(t)=\sum_{k=1}^{+\infty}\mathrm{e}^{\mathrm{i}tx_k}p_k \tag{4.1.7}$$
对于连续型随机变量 X，其概率分布为 $F_X(x)$，则随机变量 X 的特征函数为
$$\varphi_X(t)=\int_{-\infty}^{+\infty}\mathrm{e}^{\mathrm{i}tx}\mathrm{d}F_X(x) \tag{4.1.8}$$
(2) 对于离散型随机向量 $X=(X_1, X_2, \cdots, X_p)^T$，其联合概率分布为 $P(X=x_k)=p_k(k=1,2,\cdots)$，则随机变量 X 的特征函数为
$$\varphi_X(t)=\sum_{k=1}^{+\infty}\mathrm{e}^{\mathrm{i}t^Tx_k}p_k \tag{4.1.9}$$
这里 $t=(t_1, t_2, \cdots, t_p)^T$，$x_k=(x_{k1}, x_{k2}, \cdots, x_{kp})^T$。

对于连续型随机向量 X，其联合概率分布为 $F_X(x)$，则随机变量 X 的特征函数为
$$\varphi_X(t)=\int_{-\infty}^{+\infty}\cdots\int_{-\infty}^{+\infty}\mathrm{e}^{\mathrm{i}t^Tx}\mathrm{d}F_X(x) \tag{4.1.10}$$
对于随机矩阵 X，由于 X 的概率分布是指按列接排的全体元素(随机变量) $X_{11}, \cdots, X_{p1}, X_{12}, \cdots, X_{p2},\cdots, X_{1n},\cdots, X_{pn}$ 组成的 $p\times n$ 元分布，特征函数计算方法与随机向量的特征函数相同。

3. 随机向量的相互独立性

将 p 维随机向量 $X=(X_1, X_2, \cdots, X_p)^T$ 分成两个子向量 $X^{(1)}, X^{(2)}$，即
$$X=\begin{pmatrix}X^{(1)}\\X^{(2)}\end{pmatrix}$$
其中
$$X^{(1)}=\begin{pmatrix}X_1\\\vdots\\X_q\end{pmatrix},\quad X^{(2)}=\begin{pmatrix}X_{q+1}\\\vdots\\X_p\end{pmatrix}$$
这里 $1\leqslant q<p$。

若设 $F(x_1, x_2, \cdots, x_p)$为 X 的联合分布函数，$F_1(x_1, x_2, \cdots, x_q)$和 $F_2(x_{q+1}, x_{q+2}, \cdots, x_p)$分别为随机向量 $X^{(1)}$和 $X^{(2)}$的边缘分布函数，若

$$F(x_1, x_2, \cdots, x_p)=F_1(x_1, x_2, \cdots, x_q)F_2(x_{q+1}, x_{q+2}, \cdots, x_p) \tag{4.1.11}$$

则称随机向量 $X^{(1)}$与 $X^{(2)}$相互独立。

若设 $\varphi(t)$为随机向量 X 的特征函数，$\varphi_1(t_1, t_2, \cdots, t_q)$和 $\varphi_2(t_{q+1}, t_{q+2}, \cdots, t_p)$分别设为随机向量 $X^{(1)}$和 $X^{(2)}$的特征函数，则随机向量 $X^{(1)}$与 $X^{(2)}$相互独立等价于

$$\varphi(t)=\varphi_1(t_1, t_2, \cdots, t_q)\varphi_2(t_{q+1}, t_{q+2}, \cdots, t_p) \tag{4.1.12}$$

条件分布通常分别就离散型、连续型给出定义。现在就连续型情形讨论条件分布问题，对于离散型情形可类似地推出有关结论，在此不作讨论。

设 X 具有分布密度函数 $f(x_1, x_2, \cdots, x_p)$，随机向量 $X^{(1)}$和 $X^{(2)}$具有各自分布的密度函数，分别设为 $f_1(x_1, x_2, \cdots, x_q)$和 $f_2(x_{q+1}, x_{q+2}, \cdots, x_p)$，则可以证明随机向量 $X^{(1)}$在以随机向量 $X^{(2)}$为条件的条件分布密度函数为

$$f_1(x_1,x_2,\cdots,x_q \mid x_{q+1},x_{q+2},\cdots,x_p)=\frac{f(x_1,x_2,\cdots,x_p)}{f_2(x_{q+1},x_{q+2},\cdots,x_p)}$$

随机向量 $X^{(2)}$在以随机向量 $X^{(1)}$为条件的条件分布密度函数为

$$f_2(x_{q+1},x_{q+2},\cdots,x_p \mid x_1,x_2,\cdots,x_q)=\frac{f(x_1,x_2,\cdots,x_p)}{f_1(x_1,x_2,\cdots,x_q)}$$

(证明略)

由此可知随机向量 $X^{(1)}$与 $X^{(2)}$相互独立等价于

$$f(x_1, x_2, \cdots, x_p)=f_1(x_1, x_2, \cdots, x_q)\, f_2(x_{q+1}, x_{q+2}, \cdots, x_p)$$

或

$$f_1(x_1, x_2, \cdots, x_q| x_{q+1}, x_{q+2}, \cdots, x_p)= f_1(x_1, x_2, \cdots, x_q)$$

或

$$f_2(x_{q+1}, x_{q+2}, \cdots, x_p| x_1, x_2, \cdots, x_q)= f_2(x_{q+1}, x_{q+2}, \cdots, x_p)$$

4.1.3 多元样本相关概念

1. 多元样本的表示

从多元总体中随机抽取 n 个个体 $X_{(1)}, X_{(2)}, \cdots, X_{(n)}$，若它们相互独立且与总体同分布，则称 $X_{(1)}, X_{(2)}, \cdots, X_{(n)}$为该总体的一个多元随机样本，简称简单样本。

将 n 个样品对 p 个指标进行观测，结果如下

$$\begin{pmatrix} X_{11} & X_{12} & \cdots & X_{1n} \\ X_{21} & X_{22} & \cdots & X_{2n} \\ \vdots & \vdots & \ddots & \vdots \\ X_{p1} & X_{p2} & \cdots & X_{pn} \end{pmatrix}=(X_{(1)},X_{(2)},\cdots,X_{(n)})$$

其中，$X_{(i)}=(X_{1i}, X_{2i}, \cdots, X_{pi})^T(i=1, 2, \cdots, n)$，把每个样品 $X_{(i)}$看作一个随机向量，因此

$$\begin{pmatrix} X_{11} & X_{12} & \cdots & X_{1n} \\ X_{21} & X_{22} & \cdots & X_{2n} \\ \vdots & \vdots & \ddots & \vdots \\ X_{p1} & X_{p2} & \cdots & X_{pn} \end{pmatrix}_{p\times n}$$

就是一个随机矩阵，为观测矩阵或样本资料库。

需要注意的是，多元样本中的每个样品，对 p 个指标的观测值往往有相关关系，但不同样品之间的观测值一定相互独立；多元分析处理的多元数据一般都属于横截面数据，如果是时序数据则属于多元时间序列分析的范畴。

2．多元样本的数字特征

设 $X_{(1)}, X_{(2)}, \cdots, X_{(n)}$为来自 p 元总体的样本，其中，$X_{(i)}=(X_{1i}, X_{2i}, \cdots, X_{pi})^T(i=1, 2, \cdots, n)$。

(1) 样本均值向量定义为

$$\bar{X}=\frac{1}{n}\sum_{i=1}^{n}X_{(i)}=(\bar{X}_1,\bar{X}_2,\cdots,\bar{X}_p)^T \tag{4.1.13}$$

这里 $\bar{X}_j=\frac{1}{n}\sum_{i=1}^{n}X_{ji}\ (j=1,2,\cdots,p)$。

(2) 样本离差阵可定义为

$$S=\sum_{h=1}^{n}(X_{(h)}-\bar{X})(X_{(h)}-\bar{X})^T=(S_{ij})_{p\times p} \tag{4.1.14}$$

(3) 样本协差阵可定义为

$$V=\frac{1}{n-1}S=\frac{1}{n-1}\sum_{h=1}^{n}(X_{(h)}-\bar{X})(X_{(h)}-\bar{X})^T=(V_{ij})_{p\times p} \tag{4.1.15}$$

(4) 样本相关阵可定义为

$$R=(r_{ij})_{p\times p}$$

这里 $r_{ij}=\frac{V_{ij}}{\sqrt{V_{ii}}\sqrt{V_{jj}}}=\frac{S_{ij}}{\sqrt{S_{ii}}\sqrt{S_{jj}}}$是样本相关系数。

4.2　多元正态分布及其推广

多元正态分布是多元统计分析的基础，是一元正态分布的推广。多元统计中的大多数方法都基于数据从一个多元正态分布生成的假设。虽然实际的数据一般不会恰好是多元正态的，然而正态分布常常是“真实的”总体分布的一种有效近似。正态分布的重要性在于它的双重作用，既可作为某些自然现象总体模型，又可作为许多统计量近似的抽样分布。

4.2.1 多元正态分布定义

若 $X_1, X_2, \cdots, X_p$ 是相互独立的随机变量，且 $X_i \sim N(0, 1), i=1, 2, \cdots, p$，则称 $X=(X_1, X_2, \cdots, X_p)^T$ 为服从 p 元标准正态分布，记为

$$X \sim N_p(0_p, I_p) \tag{4.2.1}$$

这里 $0_p, I_p$ 分别是 p 维零向量和 p 阶单位矩阵，其中 $X=(X_1, X_2, \cdots, X_p)^T$ 为服从 p 元标准正态分布，随机变量

$$Y=\mu+BX$$

这里 $\mu=(\mu_1, \mu_2, \cdots, \mu_q)^T$ 是 q 维向量，B 是 $q\times p$ 阶矩阵，则称 Y 服从 q 元正态分布，记为

$$Y \sim N_p(\mu, \Sigma)$$

这里 $\Sigma=BB^T$ 为 q 阶非负矩阵。

4.2.2 多元正态变量基本性质

多元正态变量的基本性质有以下 8 个。

(1) 若随机向量 $X=(X_1, X_2, \cdots, X_p)^T$，$X \sim N_p(0_p, I_p)$，则

$$E(X)=0_p,\quad \mathrm{Cov}(X, X)=I_p$$

且 X 的概率密度函数为

$$f(x)=\frac{1}{\sqrt{(2\pi)^p}}\exp\left\{-\frac{1}{2}x^T x\right\} \tag{4.2.2}$$

这里 $x=(x_1, x_2, \cdots, x_p)^T$。

下面证明这个函数，由已知条件得

$$E(X)=\left(E(X_1),E(X_2),\cdots,E(X_p)\right)^T=(0,0,\cdots,0)^T$$

$$\begin{aligned}\mathrm{Cov}(X,X)&=E\{[X-E(X)]^T[X-E(X)]\}\\&=\begin{pmatrix}D(X_1)&0&\cdots&0\\0&D(X_2)&\cdots&0\\\vdots&\vdots&\ddots&\vdots\\0&0&\cdots&D(X_p)\end{pmatrix}_{p\times p}=\begin{pmatrix}1&0&\cdots&0\\0&1&\cdots&0\\\vdots&\vdots&\ddots&\vdots\\0&0&\cdots&1\end{pmatrix}_{p\times p}\end{aligned}$$

故得证。

由于 $X_1, X_2, \cdots, X_p$ 是相互独立的随机变量，且 $X_i \sim N(0, 1)(i=1, 2, \cdots, p)$，则 p 维随机向量 $X=(X_1, X_2, \cdots, X_p)^T$ 概率密度函数为

$$\begin{aligned}f(x)&=\prod_{i=1}^{p}f_i(x_i)=\prod_{i=1}^{p}\frac{1}{\sqrt{(2\pi)}}\exp(-\frac{1}{2}x_i^2)\\&=\frac{1}{\sqrt{(2\pi)^p}}\exp\left\{-\frac{1}{2}x^T x\right\}\end{aligned}$$

(2) 若 $X \sim N_p(\mu, \Sigma)$，$\mu=(\mu_1, \mu_2, \cdots, \mu_p)^T$ 是 p 维向量，Σ 为正定矩阵，则

$$E(X)=\mu, \mathrm{Cov}(X,X)=\Sigma$$

且 X 的概率密度函数为

$$f(x)=\frac{1}{\sqrt{(2\pi)^p}\,|\Sigma|^{\frac{1}{2}}}\exp\left\{-\frac{1}{2}(x-\mu)^T(x-\mu)\right\} \tag{4.2.3}$$

即正态随机向量的线性函数也是正态的。

(3) 若 $X \sim N_p(\mu, \Sigma)$，c 为任意实数，则

$$cX \sim N_p(c\mu, c^2\Sigma) \tag{4.2.4}$$

(4) 若 $X \sim N_p(\mu, \Sigma)$，$A_{m\times p}$ 为常数矩阵，d_m 为 m 维常数向量，则

$$Y=A_{m\times p}X_p+d_m \sim N_m(A_{m\times p}\mu+d_m, A_{m\times p}\Sigma A_{m\times p}^T) \tag{4.2.5}$$

(5) 若 $X \sim N_p(\mu, \Sigma)$，则

$$Y=\Sigma^{-\frac{1}{2}}(X-\mu)\sim N(0,I_p) \tag{4.2.6}$$

(6) 若 $X \sim N_p(\mu, \Sigma)$，Σ 为正定矩阵，则

$$(X-\mu)^T\Sigma^{-1}(X-\mu)\sim \chi^2(p) \tag{4.2.7}$$

(7) 多元正态分布的边缘分布仍为正态分布。

(8) 设 X 为 p 维随机变量，X 服从多元正态分布的充分必要条件的是对于任意 p 维向量 α，$Y=\alpha^T X$ 服从一元正态分布，即

$$\alpha^T X \sim N_p(\alpha^T\mu, \alpha^T\Sigma\alpha) \tag{4.2.8}$$

需要注意的是：多元正态分布的任何边缘分布都是正态分布，但反之不真；对于多元正态变量来说，“X 与 Y 不相关”和“X 与 Y 相互独立”是等价的，所以 X 与 Y 相互独立的充要条件是

$$\mathrm{Cov}(X, Y)=0$$

4.2.3　多元正态分布参数估计

设随机向量 $X \sim N_p(\mu, \Sigma)$，其均值向量 μ 和协差阵 Σ 未知。

1．多元正态分布参数的极大似然估计的表示

为了方便求解参数的极大似然估计，先引入下面结论。

设 B 为 $p\times p$ 阶对称正定矩阵，常数 $b>0$，则对任意正定矩阵 Σ，有

$$\frac{1}{|\Sigma|^b}\exp\left[\frac{-tr(\Sigma^{-1}B)}{2}\right]\leqslant\frac{1}{|B|^b}(2b)^{bp}\exp(-bp) \tag{4.2.9}$$

仅当 $\Sigma=\frac{1}{2b}B$ 时，等号成立。由此可得 μ 和 Σ 的极大似然估计表达式。

设随机向量 $X \sim N_p(\mu, \Sigma)$，$X_{(1)}, X_{(2)}, \cdots, X_{(n)}$ 为来自 X 的样本，则

$$\hat{\mu}=\bar{X}\ ,\quad \hat{\Sigma}=\frac{1}{n}\sum_{i=1}^{n}(X_{(i)}-\bar{X})(X_{(i)}-\bar{X})^T=\frac{n-1}{n}S \tag{4.2.10}$$

分别是均值向量 μ 和协差阵 Σ 的极大似然估计量。

2．极大似然估计量的基本性质

(1) 无偏性：$E(\bar{X})=\mu$，即 $\bar{X}$ 是 μ 的无偏估计。

同理，$E(\frac{1}{n-1}S)=\Sigma$，即 $\frac{1}{n-1}S$ 是 Σ 的无偏估计，而 $E(\frac{1}{n}S)=\frac{n-1}{n}\Sigma$，则 $\frac{1}{n}S$ 不是 Σ 的无偏估计；

(2) 有效性：$\bar{X}$，$\frac{1}{n-1}S$ 分别是 μ，Σ 的有效估计。

(3) 一致性：$\bar{X}$，$\frac{1}{n-1}S$ (或 $\frac{1}{n}S$)分别是 μ，Σ 的一致估计(相合估计)。

样本均值向量和样本离差阵在多元统计推断中具有重要的作用，并有如下结论：设随机向量 $X\sim N_p(\mu,\Sigma)$，$\bar{X}$ 和 S 分别是正态总体 X 的样本均值向量和离差阵，则

① $\bar{X}\sim N_p(\mu,\frac{1}{n}\Sigma)$；

② $\bar{X}$ 与 S 相互独立；

③ S 为正定矩阵的充要条件是 $n>p$。

4.2.4 多元正态分布变形形式

在一元统计分析中，我们学过了 χ^2, t, F 等统计量分布，它们在统计推断中起着关键的作用，现在我们把它们推广到一般情形。

1．Wishart分布

1) 定义

设随机向量

$$X_{(i)}=(X_{1i}, X_{2i}, \cdots, X_{pi})^T\sim N_p(\mu_i, \Sigma)(i=1, 2, \cdots, n)$$

且 $X_{(1)}, X_{(2)}, \cdots, X_{(n)}$ 相互独立，则由 $X_{(1)}, X_{(2)}, \cdots, X_{(n)}$ 组成的随机矩阵

$$W=\sum_{i=1}^{n}X_{(i)}X_{(i)}^T \tag{4.2.11}$$

的分布称为非中心 Wishart 分布，记为 $W\sim W_p(n, \Sigma, Z)$。其中，称 n 为分布 $W_p(n, \Sigma, Z)$ 的自由度，$Z=\mu\mu^T$ 为分布 $W_p(n, \Sigma, Z)$ 的非中心参数，$\mu=(\mu_1, \mu_2, \cdots, \mu_n)_{p\times n}$。

当 $Z=0$ 时，该分布称为中心的 Wishart 分布，记为 $W\sim W_p(n, \Sigma)$。显然 Wishart 分布是 χ^2 分布在 p 维正态情况下的推广，因为当 $p=1$ 时，$W\sim W_1(n, \Sigma, Z)$ 就是 $\chi^2(n)$。

2) 性质

(1) 若 $W_1\sim W_m(\Sigma)$，$W_2\sim W_n(\Sigma)$，且 W_1 与 W_2 相互独立，则 $W_1+W_2\sim W_{m+n}(\Sigma)$。

(2) 若 $W\sim W_m(\Sigma)$，则 $CWC^T\sim W_m(C\Sigma C^T)$。

2. Hotelling T^2分布

1) 定义

设 $X \sim N_p(\mu, \Sigma), S \sim W_p(n, \Sigma)$且 X 与 S 相互独立，$n \geqslant p$，则称统计量

$$T^2 = nX^TS^{-1}X \tag{4.2.12}$$

的分布为非中心 Hotelling T^2 分布，记为 $T^2 \sim T^2(p, n, \mu)$。

显然，该分布是一元 t 分布的多元推广。

2) 性质

在一元统计中，若统计量 $t \sim t(n-1)$分布，则 $t^2 \sim F(1, n-1)$分布，即把 t 分布的统计量转化为 F 统计量来处理，在多元统计分析中 T^2 统计量也有类似性质。

若设 $X \sim N_p(\mu, \Sigma), S \sim W_p(n, \Sigma)$，且 X 与 S 相互独立，$n \geqslant p$，令 $T^2 = nX^TS^{-1}X$，则

$$\frac{n-p}{(n-1)p}T^2 \sim F(p, n-p)$$

4.2.5　多元正态分布参数假设检验

1. 多元正态分布的均值向量的检验

设 $X_{(i)} = (X_{1i}, X_{2i}, \cdots, X_{pi})^T \sim N_p(\mu_i, \Sigma)(i=1, 2, \cdots, n)$是 p 维正态总体 $N_p(\mu, \Sigma)$的随机向量。p 维正态随机向量的每一个分量都是一元正态变量，若将 p 维均值向量的检验问题化为 p 个一元正态的均值检验问题，虽然可以使问题简化，但忽略了 p 个分量间的互相依赖关系，常常得不出正确的结论。

1) Σ已知时单个总体均值向量的检验

设随机向量 $X_{(1)}, X_{(2)}, \cdots, X_{(n)}$是来自总体 $N_p(\mu, \Sigma)$的样本，提出假设

$$H_0: \mu = \mu_0, H_1: \mu \neq \mu_0$$

(1) $p=1$ 时，设统计量 $U = \dfrac{\overline{X} - \mu_0}{\sigma}\sqrt{n} \sim N(0,1)$。

(2) $p>1$ 时，设统计量 $T^2 = n(\overline{X} - X_0)^T \Sigma^{-1}(\overline{X} - X_0)$。

在原假设 H_0 下，$\overline{X} \sim Np\left(\mu_0, \dfrac{1}{n}\Sigma\right)$，则 $Y = \sqrt{n}\Sigma^{-\frac{1}{2}}(\overline{X} - \mu_0) \sim N_p(0, I_p)$，且

$$T^2 = n(\overline{X} - \mu_0)^T \Sigma^{-1}(\overline{X} - \mu_0) = Y^TY \sim \chi^2(p)$$

这里 $(\Sigma^{-\frac{1}{2}})^T(\Sigma^{-\frac{1}{2}}) = \Sigma^{-1}$，故得出下面结论。

设随机向量 $X_{(1)}, X_{(2)}, \cdots, X_{(n)}$是来自总体 $N_p(\mu, \Sigma)$的样本，且 Σ已知，则在原假设 $H_0: \mu = \mu_0$ 下，有

$$T^2 = n(\overline{X} - \mu_0)^T \Sigma^{-1}(\overline{X} - \mu_0) = Y^TY \sim \chi^2(p)$$

原假设的拒绝域为 $T_0^2 > \chi_\alpha^2(p)$。

2) Σ未知时单个总体均值向量的检验

用样本协方差 $\dfrac{S}{n-1}$ 来替换Σ，即

$$T^2 = n(n-1)\left(\bar{X}-\mu_0\right)^T S^{-1}\left(\bar{X}-\mu_0\right)$$

提出假设

$$H_0: \mu=\mu_0,\ H_1: \mu\neq\mu_0$$

则

$$\bar{X} \sim N_p\left(\mu_0, \frac{1}{n}\Sigma\right),\quad \bar{X}-\mu_0 \sim N_p\left(0, \frac{1}{n}\Sigma\right)$$

$$S = \sum_{i=1}^{n}(X_{(i)}-\bar{X})(X_{(i)}-\bar{X})^T \sim W_p(n-1, \Sigma)$$

由 T^2 分布定义知

$$\begin{aligned} T^2 &= n(n-1)(\bar{X}-\mu_0)^T S^{-1}(\bar{X}-\mu_0) \\ &= (n-1)\left[\sqrt{n}(\bar{X}-\mu_0)\right]^T S^{-1}\left[\sqrt{n}(\bar{X}-\mu_0)\right] \sim T^2(p, n-1) \end{aligned}$$

利用 T^2 与 F 分布的关系，检验统计量取为

$$\frac{n-p}{(n-1)p}T^2 \sim F(p, n-p)$$

原假设的拒绝域为 $F_0 > F_\alpha(p, n-p)$。

例 4.1 某小麦良种的 4 个主要经济性状的理论值为 $\mu_0=(22.75, 32.75, 51.50, 61.50)^T$，现在从外地引进一个新品种，在 21 个小区种植，取得如表 4-1 所示数据。设新品种的 4 个性状 $X(X_1, X_2, X_3, X_4)^T \sim N_4(\mu, \Sigma)$，试检验假设 $H_0: \mu=\mu_0(\alpha=0.05)$。

表 4-1 某小麦良种的 4 个主要经济性状

小区号	性状X_1	性状X_2	性状X_3	性状X_4
1	22.88	32.81	51.51	61.53
2	22.74	32.56	51.49	61.39
3	22.60	32.76	51.50	61.22
4	22.93	32.95	51.17	61.91
5	22.74	32.74	51.45	61.56
6	22.53	32.53	51.36	61.22
7	22.67	32.58	51.44	61.30
8	22.74	32.67	51.44	60.30
9	22.62	32.57	51.23	61.39
10	22.67	32.67	51.64	61.50
11	22.82	32.80	51.32	61.97
12	22.67	32.67	51.21	61.49

(续表)

小　区　号	性状X_1	性状X_2	性状X_3	性状X_4
13	22.81	32.67	51.43	61.15
14	22.67	32.67	51.43	61.15
15	22.81	33.02	51.70	61.49
16	23.02	33.05	51.48	61.44
17	23.02	32.95	51.55	61.62
18	23.15	33.15	51.58	61.65
19	22.88	33.06	51.45	61.54
20	23.16	32.78	51.48	61.41
21	23.13	32.95	31.38	61.58

【解析】 由于

$$\bar{X}=(\bar{X}_1,\bar{X}_2,\bar{X}_3,\bar{X}_4)^T$$
$$=(22.82,\ 32.79,\ 51.45,\ 61.38)^T$$

$$V=\frac{1}{21-1}\sum_{h=1}^{21}(X_h-\bar{X})(X_h-\bar{X})^T$$

$$V=V^T=\begin{bmatrix} 70.307\,6 & & & \\ -52.146\,9 & 73.5511 & & \\ 3.446\,2 & -19.363\,7 & 90.498 & \\ -6.962\,4 & 1.202\,2 & -33.698\,9 & 40.089\,5 \end{bmatrix}$$

$$T^2=21\times\left(\bar{X}-\mu_0\right)^T V^{-1}\left(\bar{X}-\mu_0\right)=15.291\,0$$

查表得 $F_{0.05}(4.17)=2.96$，因为

$$F_0=\frac{n-p}{p(n-1)}T^2=\frac{17}{4\times 20}T^2=3.249\,3,\ F_0>F_{0.05}(4.17)$$

故拒绝假设 H_0。

3) 两总体协差阵相等(而Σ未知)时均值向量的检验

设随机向量 $X_{(1)}, X_{(2)}, \cdots, X_{(n)}$是来自总体 $N_p(\mu_1, \Sigma)$的样本，$Y_{(1)}, Y_{(2)}, \cdots, Y_{(m)}$是来自总体$N_p(\mu_2, \Sigma)$的样本，$\Sigma$未知，且两总体相互独立，要检验两总体均值是否相等，即

$$H_0: \mu_1=\mu_2,\ H_1: \mu_1\neq\mu_2$$

(1) $p=1$ 时，由于$\bar{X}\sim N_1\left(\mu_1,\dfrac{\sigma^2}{n}\right)$，$\bar{Y}\sim N_1\left(\mu_2,\dfrac{\sigma^2}{m}\right)$，且相互独立，在原假设$H_0: \mu=\mu_0$下，有

$$t=\frac{\dfrac{(\bar{X}-\bar{Y})}{\sqrt{\dfrac{1}{n}+\dfrac{1}{m}}}}{\sqrt{\dfrac{\sum_{i=1}^{n}(X_i-\bar{X})^2+\sum_{j=1}^{m}(Y_i-\bar{Y})^2}{n+m-2}}}\sim t(n+m-2)$$

显然

$$t^2=\frac{nm}{n+m}(\bar{X}-\bar{Y})^T\Lambda^{-1}(\bar{X}-\bar{Y})\sim F(1,n+m-2)$$

其中

$$\Lambda=\left[\frac{\sum_{i=1}^{n}(X_i-\bar{X})^2+\sum_{j=1}^{m}(Y_j-\bar{Y})^2}{n+m-2}\right] \tag{4.2.13}$$

(2) $p>1$ 时，可以得到形式类似的统计量 T^2。设

$$V_e=\frac{\sum_{i=1}^{n}(X_i-\bar{X})(X_i-\bar{X})^T+\sum_{j=1}^{m}(Y_j-\bar{Y})(Y_j-\bar{Y})^T}{n+m-2} \tag{4.2.14}$$

在原假设 $H_0:\mu=\mu_0$ 下

$$T^2=\frac{nm}{n+m}(\bar{X}-\bar{Y})^T V_e^{-1}(\bar{X}-\bar{Y})\sim T^2(p,n+m-1)$$

$$\frac{n+m-p-1}{(n+m-2)p}T^2\sim F(p,n+m-p-1)$$

由于 $(\bar{X}-\bar{Y})\sim N_p(0,\left(\frac{1}{n}+\frac{1}{m}\right)\Sigma)$，则 $\sqrt{\frac{nm}{n+m}}(\bar{X}-\bar{Y})\sim N_p(0,\Sigma)$。

$$S_1=\sum_{i=1}^{m}(X_i-\bar{X})(X_i-\bar{X})^T\sim W_p(n-1,\Sigma)$$

$$S_2=\sum_{j=1}^{m}(Y_j-\bar{Y})(Y_j-\bar{Y})^T\sim W_p(m-1,\Sigma)$$

且 S_1 与 S_2 相互独立，由 Wishart 分布的性质，得

$$S_1+S_2\sim W_p(n+m-2,\Sigma)$$

由 T^2 统计量定义知

$$T^2=(n+m-2)\frac{nm}{n+m}(\bar{X}-\bar{Y})^T(S_1+S_2)^{-1}(\bar{X}-\bar{Y})\sim T^2(p,n+m-1)$$

利用 T^2 与 F 分布的关系，检验统计量取为

$$F=\frac{(n+m-2)-p+1}{(n+m-2)p}T^2\sim F(p,n+m-p\sim 1)$$

原假设的拒绝域为 $F_0>F_\alpha(p,n+m-p-1)$。

2. 多元正态分布的协方差检验

1) 单个 p 元正态总体协方差阵的检验

设随机向量 $X_{(1)},X_{(2)},\cdots,X_{(n)}$是来自总体 $N_p(\mu_1,\Sigma)$的样本，提出假设

$$H_0:\Sigma=\Sigma_0，H_1:\Sigma\neq\Sigma_0$$

(1) 当 $\Sigma_0=I_p$ 时，构造统计量

$$\Lambda=-2\ln(\frac{e}{n})^{\frac{np}{2}}|S|^{\frac{n}{2}}\exp\left[-\frac{1}{2}tr(S)\right] \tag{4.2.15}$$

当样本容量 n 很大且 H_0 成立时，统计量 Λ 渐近服从分布 $\chi^2\left(\frac{p(p+1)}{2}\right)$，利用检验统计量 Λ 来构造检验方法。

(2) 当 $\Sigma_0\neq I_p$ 时，构造统计量

$$\Lambda=-2\ln(\frac{\mathrm{e}}{n})^{\frac{np}{2}}\left|S\Sigma_0^{-1}\right|^{\frac{n}{2}}\exp\left[-\frac{1}{2}tr(S\Sigma_0^{-1})\right] \tag{4.2.16}$$

当样本容量 n 很大且 H_0 成立时，统计量 Λ 渐近服从分布 $\chi^2\left(\frac{p(p+1)}{2}\right)$，利用检验统计量 Λ 来构造检验方法。

(3) 检验 H_0: $\Sigma=\sigma^2\Sigma_0$(σ^2 未知)，设 $W=\frac{p^p\left|\Sigma_0^{-1}S\right|}{\left[tr(\Sigma_0^{-1}S)\right]^p}$，构造统计量

$$\Lambda=-\left[(n-1)-\frac{2p^2+p+2}{6p}\right]\ln W \tag{4.2.17}$$

当样本容量 n 很大且 H_0 成立时，统计量 Λ 渐近服从分布 $\chi^2\left(\frac{p(p+1)}{2}-1\right)$。

2) 两个 p 元正态总体协方差阵相等的检验

设随机向量 $X_{(1)}, X_{(2)}, \cdots, X_{(n)}$是来自总体 $N_p(\mu_1, \Sigma)$的样本，$Y_{(1)}, Y_{(2)}, \cdots, Y_{(m)}$是来自总体 $N_p(\mu_2, \Sigma_2)$的样本，且两总体相互独立。设

$$\lambda^*=\frac{(n+m)^{\frac{p(n+m-2)}{2}}\left|S_1\right|^{\frac{(n-1)}{2}}\left|S_2\right|^{\frac{(m-1)}{2}}}{(n-1)^{\frac{p(n-1)}{2}}(m-1)^{\frac{p(m-1)}{2}}\left|S_1+S_2\right|^{\frac{(n+m-1)}{2}}} \tag{4.2.18}$$

构造统计量

$$\Lambda=-(1-d_1)\ln\lambda^*$$

当样本容量 n 很大且 H_0 成立时，统计量 Λ 渐近服从分布 $\chi^2\left(\frac{p(p+1)}{2}\right)$，其中

$$d_1=\frac{2p^2+3p-1}{6(p+1)}(\frac{1}{n-1}+\frac{1}{m-1}-\frac{1}{n+m-2})$$

4.3　主成分分析

在实际问题的研究中，为了全面系统地分析和研究问题，必须考虑许多指标，这些指标能从不同的侧面反映研究对象的特征，但在某种程度上存在信息的重叠，具有一定的相关性。

实际上，在很多情况下，众多变量间有一定的相关关系，人们希望利用这种相关性对这些变量加以“改造”，用为数较少的新变量反映原变量所提供的大部分信息，通过对新变量的分析达到解决问题的目的。主成分分析及典型相关分析便是在这种降维的思维下产生的处理高维数据的统计方法。本章主要介绍主成分分析。

主成分分析的基本方法是通过构造原变量的适当的线性组合，以产生一系列互不相关的新变量，从中选出少数几个新变量并使它们含有尽可能多的原变量带有的信息，从而使得这几个新变量代替原变量分析问题和解决问题成为可能。当研究的问题确定之后，变量中所含“信息”的大小通常用该变量的方差或样本方差来度量。

4.3.1 基本思想

主成分分析就是把原有的多个指标转化成少数几个代表性较好的综合指标，这少数几个指标能够反映原来指标大部分的信息(85%以上)，并且各个指标之间保持独立，避免出现重叠信息。主成分分析主要起着降维和简化数据结构的作用。

主成分分析将具有一定相关性的众多指标重新组合成新的无相互关系的综合指标来代替，通常数学上的处理就是将这 p 个指标进行线性组合作为新的综合指标。

如果将选取的第一个线性组合即第一个综合指标记为 Z_1，希望它能尽可能多地反映原来指标的信息，即 $\mathrm{Var}(Z_1)$越大，Z_1 所包含的原指标信息就越多。若 Z_1 的方差最大，称 Z_1 为第一主成分。

如果第一主成分 Z_1 不足以代表原来 p 个指标的信息，再考虑选取 Z_2，即选择第二个线性组合。为了有效地反映原来的信息，Z_1 中已包含的信息，无须出现在 Z_2 中，即 $\mathrm{Cov}(Z_1, Z_2)=0$。若 Z_2 的方差仅次于 Z_1 的方差，称 Z_2 为第二主成分。以此类推，可以得到 p 个主成分。

我们可以发现这些主成分之间互不相关且方差递减，即数据的大部分信息包含在前若干个主成分中，因而只需挑选前几个主成分就基本上反映了原始指标的信息。这种既减少了变量的数目又抓住了主要矛盾的做法有利于问题的解决。

主成分分析试图在力保数据信息丢失最少的原则下，对这种多变量的截面数据表进行最佳综合简化，也就是说，对高维变量空间进行降维处理。很显然，辨识系统在一个低维空间要比在一个高维空间容易得多。

4.3.2 主成分分析与几何解释

1. 数学模型

假设我们所讨论的实际问题中，有 p 个指标，我们把这 p 个指标看作 p 个随机变量，记为 $X_1, X_2, \cdots, X_p$，主成分分析就是要把这 p 个指标的问题，转变为讨论 m 个新的指标 $Z_1, Z_2, \cdots, Z_m(m<p)$，按照保留主要信息量的原则充分反映原指标的信息，并且相互独立。这种由讨论多个指标降为少数几个综合指标的过程在数学上就叫做降维。

设有 n 个样品，每个样品观测 p 个指标，$X_1, X_2, \cdots, X_p$，得到原始数据资料矩阵

$$x=\begin{pmatrix} x_{11} & x_{12} & \cdots & x_{1n} \\ x_{21} & x_{22} & \cdots & x_{2n} \\ \vdots & \vdots & \ddots & \vdots \\ x_{p1} & x_{p2} & \cdots & x_{pn} \end{pmatrix}=\begin{pmatrix} x_1^T \\ x_2^T \\ \vdots \\ x_p^T \end{pmatrix}$$

其中

$$x_j=(x_{j1}, x_{j2}, \cdots, x_{jn})^T (j=1, 2, \cdots, p)$$

设 $x_{ji0}=\dfrac{x_{ji}-\overline{x}_j}{s_j}(i=1,2,\cdots,n, j=1,2,\cdots,p)$ 是中心标准化的观测数据，其中 $\overline{x}_j=\dfrac{1}{n}\sum_{i=1}^{n}x_{ji}$ 是变量 X_j 的样本均值，$s_j=\sqrt{\dfrac{1}{n-1}\sum_{i=1}^{n}(x_{ji}-\overline{x}_j)^2}$ 是变量 X_j 的样本标准差，且 $\overline{x}_{j0}=\dfrac{1}{n}\sum_{i=1}^{n}x_{ji0}=0$。变换后的 $x_{ji0}(i=1, 2, \cdots, n, j=1, 2, \cdots, p)$组成的矩阵

$$x_0=(x_{ji0})_{p\times n}=\begin{pmatrix} x_{110} & x_{120} & \cdots & x_{1n0} \\ x_{210} & x_{220} & \cdots & x_{2n0} \\ \vdots & \vdots & \ddots & \vdots \\ x_{p10} & x_{p20} & \cdots & x_{pn0} \end{pmatrix}=\begin{pmatrix} x_{10}^T \\ x_{20}^T \\ \vdots \\ x_{p0}^T \end{pmatrix}$$

是中心标准化的观测数据矩阵，其中

$$x_{j0}=(x_{j10}, x_{j20}, \cdots, x_{jn0})^T (j=1, 2, \cdots, p)$$

设

$$X_{j0}=\frac{X_j-E(X_j)}{\sqrt{DX_j}} \tag{4.3.1}$$

则随机向量 $X=(X_1, X_2, \cdots, X_p)^T$ 经过中心标准化后得到的随机向量为 $X_0=(X_{10}, X_{20}, \cdots, X_{p0})^T$。

由于

$$\begin{aligned}\sum_{k=1}^{n}(x_{ik0}-\overline{x}_{i0})(x_{jk0}-\overline{x}_{j0}) &= \sum_{k=1}^{n}x_{ik0}x_{jk0} \\ &=\sum_{k=1}^{n}\frac{(x_{ik}-\overline{x}_i)}{s_i}\frac{(x_{jk}-\overline{x}_j)}{s_j} \\ &=\frac{(n-1)\sum_{k=1}^{n}(x_{ik}-\overline{x}_i)(x_{jk}-\overline{x}_j)}{\sqrt{\sum_{k=1}^{n}(x_{ik}-\overline{x}_i)^2\sum_{k=1}^{n}(x_{jk}-\overline{x}_j)^2}}\end{aligned}$$

所以

$$\frac{\sum_{k=1}^{n}(x_{ik}-\overline{x}_i)(x_{jk}-\overline{x}_j)}{\sqrt{\sum_{k=1}^{n}(x_{ik}-\overline{x}_i)^2\sum_{k=1}^{n}(x_{jk}-\overline{x}_j)^2}}=\frac{1}{n-1}\sum_{k=1}^{n}x_{ik0}x_{jk0}$$

由此可得随机向量 $X_0=(X_{10}, X_{20}, \cdots, X_{p0})^T$ 的样本相关矩阵为

$$R=\frac{1}{n}x_0^T x_0=(r_{ij})_{p\times p} \tag{4.3.2}$$

其中 $r_{ij}=\frac{\sum_{k=1}^{n}(x_{ik}-\overline{x}_i)(x_{jk}-\overline{x}_j)}{\sqrt{\sum_{k=1}^{n}(x_{ik}-\overline{x}_i)^2\sum_{k=1}^{n}(x_{jk}-\overline{x}_j)^2}}$。因为 $\sqrt{\frac{1}{n-1}\sum_{k=1}^{n}(x_{ki0}-\overline{x}_{i0})^2}=1$，所以中心标准化的随机向量 $X_0=(X_{10}, X_{20}, \cdots, X_{p0})^T$ 的样本相关矩阵与其自协方差矩阵相等，且 $R=\frac{1}{n-1}x_0^T x_0$，即 $R=\frac{1}{n-1}x_0^T x_0=\mathrm{Cov}(x_0,x_0)$。

矩阵 $R=(r_{ij})_{p\times p}$ 中的元素满足 $0\leqslant r_{ij}\leqslant 1$，且

当 $r_{ij}=1$ 时，表示变量 X_i 与变量 X_j 正线性相关；

当 $r_{ij}=0$ 时，表示变量 X_i 与变量 X_j 不相关；

当 $r_{ij}=-1$ 时，表示变量 X_i 与变量 X_j 负线性相关。

协方差矩阵是一个 p 阶半正定对称矩阵。对样本相关矩阵 R 作特征分解，得到 $R=U\Lambda U^T$，其中 $\Lambda=\begin{pmatrix}\lambda_1 & & \\ & \ddots & \\ & & \lambda_p\end{pmatrix}$ 是由 R 的特征值 $\lambda_1\geqslant\lambda_2\geqslant\cdots\geqslant\lambda_p\geqslant 0$ 组成的对角矩阵，$U=\begin{pmatrix}u_{11} & \cdots & u_{1p}\\ \vdots & \ddots & \vdots\\ u_{p1} & \cdots & u_{pp}\end{pmatrix}$ 是由 R 的标准正交化的特征向量按列并排组成的正交矩阵。

设线性变换

$$\begin{cases}X_{10}=u_{11}Z_1+\cdots+u_{1p}Z_p\\ \qquad\vdots\\ X_{p0}=u_{p1}Z_1+\cdots+u_{pp}Z_p\end{cases} \tag{4.3.3}$$

用矩阵形式表示，就是

$$(X_{10},X_{20},\cdots,X_{p0})^T=U(Z_1,Z_2,\cdots,Z_p)^T$$

若设 $Z(Z_1, Z_2, \cdots, Z_p)^T$，则 $X_0=UZ$。由于 U 是正交矩阵，满足 $U^{-1}=U^T$，所以又有 $U^TX_0=Z$，即

$$\begin{cases}Z_1=u_{11}X_{10}+\cdots+u_{p1}X_{p0}\\ \qquad\vdots\\ Z_p=u_{1p}X_{10}+\cdots+u_{pp}X_{p0}\end{cases} \tag{4.3.4}$$

故

$$\begin{aligned}\mathrm{Cov}(Z,Z)&=\mathrm{Cov}(U^TX_0,U^TX_0)=U^T\mathrm{Cov}(X_0,X_0)U=U^TRU\\&=U^T(U\Lambda U^T)U=\Lambda\end{aligned}\tag{4.3.5}$$

当 $i\neq j$ 时，$\mathrm{Cov}(Z_i,Z_j)=0$，且 $\mathrm{Cov}(Z_i,Z_i)=V(Z_i)=\lambda_i(i=1,2,\cdots,p)$，由 $\lambda_1\geqslant\lambda_2\geqslant\cdots\geqslant\lambda_p\geqslant0$，得

$$\mathrm{Var}(Z_1)\geqslant\mathrm{Var}(Z_2)\geqslant\cdots\geqslant\mathrm{Var}(Z_p)\geqslant0\tag{4.3.6}$$

也就是说随机变量 $Z_1,Z_2,\cdots,Z_p$ 是相互独立的，且有效反映出原来信息量是由大到小排列的，可见，U 的转置 U^T 是用原变量 $X_{10},X_{20},\cdots,X_{p0}$ 表示主成分 $Z_1,Z_2,\cdots,Z_p$ 时的系数矩阵，称 U 为主成分载荷矩阵。

特征值 $\lambda_1\geqslant\lambda_2\geqslant\cdots\geqslant\lambda_p$ 的大小反映了主成分 $Z_1,Z_2,\cdots,Z_p$ 对原变量贡献的大小。称 $\dfrac{\lambda_j}{\lambda_1+\cdots+\lambda_p}$ 为第 j 个主成分 Z_j 的贡献率(即 Z_j 的变化在 p 个原变量变化中所占的百分比)，称 $\dfrac{\lambda_1+\cdots+\lambda_m}{\lambda_1+\cdots+\lambda_p}$ 为前 m 个主成分的累计贡献率，称 $A=U\Lambda^{\frac{1}{2}}=U\begin{pmatrix}\sqrt{\lambda_1}&&\\&\ddots&\\&&\sqrt{\lambda_p}\end{pmatrix}$ 为因子载荷矩阵，$B=x_0U$ 为主成分得分矩阵；若 $\lambda_1\lambda_2\cdots\lambda_m\neq0$，$\lambda_{m+1}=\cdots=\lambda_p=0$，$U=(U_1,U_2,\cdots,U_p)$，称 $F=x_0(U_1,\cdots,U_m)\begin{pmatrix}\lambda_1^{-\frac{1}{2}}&&0\\&\ddots&\\0&&\lambda_m^{-\frac{1}{2}}\end{pmatrix}$ 为因子得分矩阵。

当前 m 个主成分的累计贡献率 $\dfrac{\lambda_1+\cdots+\lambda_m}{\lambda_1+\cdots+\lambda_p}\geqslant k\%$ 时，即表示指标 $Z_1,Z_2,\cdots,Z_p$ 的前 m 个指标能够反映原来指标的信息量大于 $k\%$，并且各个指标之间保持独立，就是把原有的 p 个指标转化成少数 $m(m<p)$ 个代表性较好的综合指标避免出现重叠信息。

上述求主成分是从相关矩阵出发，是对相关矩阵进行分解，我们称其为 R 型主成分分析法。在实际应用中，有时用协方差矩阵代替相关矩阵，从协方差矩阵出发求主成分，称其为 S 型主成分分析法。在各随机变量的变化范围差异不大时，这种求法还是有效的，当涉及的各随机变量的变化范围差异较大时，这种求法就有些不够合理，而是从相关矩阵出发求主成分比较合理。

2．主成分的几何意义

从代数学观点看主成分就是 $X_1,X_2,\cdots,X_p$ 的一些特殊的线性组合，而在几何上这些线性组合正是把 $X_1,X_2,\cdots,X_p$ 构成的坐标系旋转产生的新的坐标系，新坐标系使之通过样品方差最大化方向。下面以二元正态变量为例说明主成分的几何意义。

当 $p=2$ 时，原变量是 X_1,X_2，设 $X=(X_1,X_2)^T\sim N_2(\mu,\Sigma)$，它们有图 4-1 所示的相关关系。

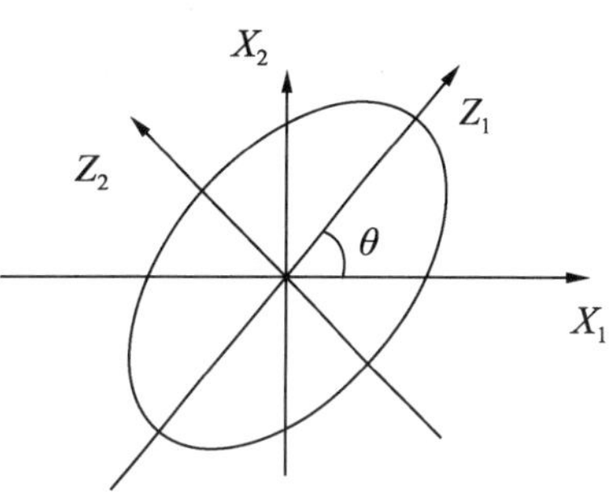

图 4-1　坐标变换示意图

对于二元正态变量，n 个点的散布大致是一个椭圆，在其长轴方向取坐标轴 Z_1，在其短轴方向取坐标轴 Z_2。这相当于在平面上作一坐标变换，即按逆时针方向旋转 θ 角度，得

$$\begin{cases} Z_1 = \cos\theta X_1 + \sin\theta X_2 \\ Z_2 = -\sin\theta X_2 + \cos\theta X_2 \end{cases} \tag{4.3.7}$$

或

$$\begin{pmatrix} Z_1 \\ Z_2 \end{pmatrix} = \begin{pmatrix} \cos\theta & \sin\theta \\ -\sin\theta & \cos\theta \end{pmatrix} \begin{pmatrix} X_1 \\ X_2 \end{pmatrix} = U^T X \tag{4.3.8}$$

这里的 U 为正交矩阵，即 $U^TU=I$。因此，在 Z_1OZ_2 坐标系中有如下性质：

① Z_1 和 Z_2 为 X_1 和 X_2 的线性组合；

② Z_1 与 Z_2 不相关；

③ X_1 与 X_2 的总方差大部分归结为 Z_1 轴上，而 Z_2 轴上很少。

由此可知，一般情况，p 个变量组成 p 维空间，n 个样品点就是 p 维空间的 n 个点，对 p 元正态分布变量来说，找主成分的问题就是找 p 维空间中椭球体的主轴问题。

3．主成分个数的选取

我们知道，主成分分析的根本目的是把复杂的高维空间的(样本)点降至低维空间进行处理分析，这种降维要尽量在不损失原 p 维空间信息的基础上进行，而信息总量的多少已经通过数据的正交变换集中反映在新变量 $Z_1, Z_2, \cdots, Z_p$ 的总方差上，即 $\sum_{i=1}^{p}\mathrm{Var}(Z_i)=\sum_{i=1}^{p}\lambda_i$，而根据特征根的性质知道，前面的特征根取值较大，因此，在实际研究过程只取 p 个主成分中的前 m 个 $Z_1, Z_2, \cdots, Z_p$ 进行讨论，因为它集中了信息总量的绝大部分。到底选择多少变量进行分析合适，需要确定相应的准则。

1) 85%原则

记方差的累积贡献率为

$$\varphi(m) = \frac{\sum_{i=1}^{m}\lambda_i}{\sum_{j=1}^{p}\lambda_j} \tag{4.3.9}$$

根据我国主成分分析的实践来看，$\varphi(m) \geqslant 85\%$通常可以保证分析结果的可靠性。

2) $\lambda_i > \bar{\lambda}$ 的原则

先计算 $\bar{\lambda}=\frac{1}{p}\sum_{i=1}^{p}\lambda_i$，然后将 λ_i 与之进行比较，选取 $\lambda_i > \bar{\lambda}$ 的前 m 个变量的主成分。

$R=\mathrm{Cov}(X_0, X_0)$对角线元素都等于 1，$|\mathrm{Var}(X_0)-\lambda I|=0$ 的一次项系数等于 $\mathrm{Var}(X_0)$对角线元素之和，所以 $\sum_{i=1}^{p}\lambda_i = p$ 。

由于 λ_i 是样本相关矩阵 R 的特征值，所以 $\sum_{i=1}^{p}\lambda_i = p$ ，即 $\bar{\lambda}=1$，故只要选取 $\lambda_i > 1$ 的前 m 个变量作为主成分即可。

3) 斯格理(Screet)原则

斯格理原则的具体做法：计算特征根的差 $\Delta\lambda_i=\lambda_{i+1}-\lambda_i$，如果前 m 个 $\Delta\lambda_i$ 比较接近，即出现了较为稳定的差值，则后 $p-m$ 个变量 $Z_{m+1}, Z_{m+2}, \cdots, Z_p$ 可以确定为非主成分。

4) 巴特莱特(Bartlet)检验原则

检验的原假设 H_0:最后 $p-m$ 个分量均等于或不显著地大于零。

检验统计量

$$\chi^2 = c\ln Q \sim \chi^2\left[\frac{1}{2}(p-m-1)(p-m-2)\right] \tag{4.3.10}$$

其中

$$Q=\left(\prod_{j=m+1}^{p}\lambda_j\right)\left(\frac{1}{p-m}\sum_{j=m+1}^{p}\lambda_i\right)^{-(p-m)} \tag{4.3.11}$$

$$c=-(n-1)+\frac{1}{6(2p+5)}+\frac{1}{3m} \tag{4.3.12}$$

具体做法：从 m=1 开始，一直检验到最后 $p-m$ 个变量不显著为止。

4.3.3　主成分分析步骤

第一步，输入样本观测值 $x=(x_{ji})_{p\times n}$。

第二步，计算各指标的样本均值和样本标准差。

$$\overline{x}_j=\frac{1}{n}\sum_{i=1}^{n}x_{ji}$$

$$s_j=\sqrt{\frac{1}{n-1}\sum_{i=1}^{n}(x_{ji}-\overline{x}_j)^2}\ ,j=1,2,\cdots,p$$

第三步，对 x_{ji} 标准化，计算样本相关阵，令

$$x_{ji0}=\frac{x_{ji}-\overline{x}_j}{s_j},i,j=1,2,\cdots,p$$

得标准化数据阵

$$x_0=(x_{ji0})_{p\times n}$$

$$r_{ij}=\frac{1}{n-1}\sum_{k=1}^{p}x_{ki0}\sum_{h=1}^{p}x_{hj0}$$

相关矩阵 $R=(r_{ij})_{p\times p}$ 为对称阵，对角线上元素为 1。

第四步，求相关矩阵 R 的特征值及单位正交特征向量。

不妨设特征值 $\lambda_1\geqslant\lambda_2\geqslant\cdots\geqslant\lambda_p$，对应的单位正交特征向量为 $U_1, U_2, \cdots, U_p$，且满足

$$U_i^T U_j = \begin{cases} 1 & i = j \\ 0 & i \neq j \end{cases}$$

的正交矩阵

$$U=(U_1, U_2, \cdots, U_p)$$

得到主成分方程组

$$Z=U^T X$$

第五步，求主成分。

按累积方差贡献率

$$\varphi(m) = \frac{\sum_{i=1}^{m} \lambda_i}{\sum_{j=1}^{p} \lambda_j} \geqslant 85\%$$

依据 85%原则，确定 m，从而建立前 m 个主成分。

第六步，分析前 m 个主成分所代表的实际意义。

这一步工作虽然没有复杂的计算，却十分重要。它要求分析者不仅理解主成分分析的数学原理，还必须通晓实际问题。如果不能对主成分所代表的意义给予正确分析，整个主成分分析的数学运算将失去应有的价值。只有把数学理论与实际问题结合在一起，才能清晰理解主成分所代表的意义。

下面以人参属部分种类的数据为例，进行主成分分析。表 4-2 列出人参属数据 13 个性状之间的相关系数。

表 4-2 人参属数据 13 个性状之间的相关系数

性状	(1)	(2)	(3)	(4)	(5)	(6)	(7)	(8)	(9)	(10)	(11)	(12)	(13)
(1)	1.00	0.10	−0.45	−0.01	−0.84	0.17	−0.64	−0.29	−0.15	0.56	−0.50	0.88	−0.56
(2)	0.10	1.00	−0.46	−0.01	−0.84	0.12	−0.67	−0.32	−0.21	0.53	−0.50	0.88	−0.53
(3)	−0.45	−0.46	1.00	−0.63	0.08	−0.41	0.77	−0.37	0.80	−0.91	0.98	−0.66	0.91
(4)	−0.01	−0.00	−0.63	1.00	0.52	0.68	−0.67	0.70	−0.52	0.56	−0.69	0.29	−0.56
(5)	−0.84	−0.83	0.08	0.52	1.00	0.25	0.15	0.62	−0.15	−0.23	0.08	−0.58	0.23
(6)	0.17	0.12	−0.41	0.68	0.25	1.00	−0.49	0.85	−0.01	0.60	−0.54	0.43	−0.60
(7)	−0.64	−0.66	0.79	−0.67	0.15	−0.49	1.00	−0.28	0.65	−0.70	0.841	−0.83	0.70
(8)	−0.29	−0.32	−0.37	0.70	0.64	0.85	−0.28	1.00	−0.19	0.40	−0.43	0.028	−0.40
(9)	−0.15	−0.21	0.80	−0.52	−0.15	−0.01	0.65	−0.19	1.00	−0.47	0.710	−0.30	0.44
(10)	0.56	0.53	−0.91	0.56	−0.23	0.60	−0.70	0.40	−0.47	1.00	−0.95	0.76	−1.00
(11)	−0.50	−0.50	0.98	−0.69	0.08	−0.54	0.84	−0.43	0.71	−0.95	1.00	−0.74	0.95
(12)	0.88	0.88	−0.66	0.29	−0.58	0.43	−0.83	0.028	−0.30	0.76	−0.74	1.00	−0.76
(13)	−0.56	−0.53	0.91	−0.57	0.23	−0.60	0.70	−0.40	0.47	−1.00	0.95	−0.76	1.00

表 4-2 中的性状分别代表为：(1)根状茎节距；(2)根状茎节距标准差；(3)圆锥状肉质根；(4)株高；(5)中央小叶长；(6)中央小叶长/宽；(7)叶缘 10 齿宽；(8)柱头数；(9)花柱合生；(10)成熟果具黑点；(11)种宽；(12)分布海拔；(13)人参醇含量。

从相关系数矩阵 *R*，计算特征值、特征向量、贡献率和累计贡献率，如表 4-3 所示。

表 4-3　人参属数据的特征值、贡献率和累计贡献率

次序	1	2	3	4	5	6	7	…
特征值	7.30	3.53	1.29	0.60	0.20	0.09	0.00	…
贡献率	0.57	0.28	0.10	0.05	0.02	0.00	0.00	…
累计贡献率	0.56	0.83	0.93	0.98	0.99	1.00	1.00	…

表 4-3 给出了特征值、贡献率和累计贡献率，由于特征值很快就趋向于 0，所以表中仅列出了前 7 个数值，后 6 个特征值都为零。

将特征值按大小次序排列，根据前面已经讨论过的有关特征值性质，所有特征值都应该大于或等于 0，并且总和等于 13(性状个数 13)，否则表明运算有误。

表 4-4 列出了所有特征向量值，实际上没有必要把所有的特征向量都打印输出，表 4-4 列出全部单位正交特征向量，以方便初学者学习参考。

表 4-4　对应 13 个特征值的 13 个单位正交特征向量

性状	(1)	(2)	(3)	(4)	(5)	(6)	(7)	(8)	(9)	(10)	(11)	(12)	(13)
(1)	0.25	0.25	–0.34	0.23	–0.09	0.22	–0.33	0.13	–0.22	0.35	–0.36	0.32	–0.35
(2)	–0.37	–0.38	–0.08	0.35	0.50	0.26	0.00	0.44	–0.12	0.03	–0.08	–0.21	–0.03
(3)	0.13	0.07	0.26	–0.03	–0.11	0.56	0.10	0.30	0.66	0.08	0.17	0.15	–0.08
(4)	–0.18	–0.22	–0.24	–0.35	–0.19	–0.12	0.53	0.04	0.08	0.42	–0.16	–0.16	–0.42
(5)	0.04	0.08	–0.06	–0.63	–0.11	0.19	–0.06	0.55	–0.40	–0.19	0.03	0.02	0.19
(6)	–0.36	–0.31	0.06	–0.30	0.21	–0.14	–0.22	–0.11	0.14	0.02	–0.09	0.73	–0.02
(7)	0.22	0.21	–0.36	–0.33	0.67	0.27	0.09	–0.35	0.10	–0.02	0.06	–0.08	–0.01
(8)	–0.26	–0.26	–0.19	0.02	–0.39	0.61	–0.03	–0.45	–0.19	–0.24	0.02	–0.02	0.00
(9)	0.09	0.09	–0.12	0.29	0.04	0.01	0.65	0.09	–0.27	–0.19	0.29	0.51	–0.00
(10)	–0.07	–0.07	–0.24	0.01	–0.06	–0.03	–0.27	0.03	–0.04	0.44	0.81	–0.01	0.02
(11)	–0.70	0.71	0.00	0.02	–0.01	0.03	0.03	0.00	0.04	0.03	0.00	–0.02	–0.02
(12)	0.03	0.03	0.66	–0.08	0.16	0.24	0.12	–0.22	–0.43	0.48	–0.01	0.02	0.03
(13)	–0.01	–0.02	–0.26	0.07	–0.10	0.04	0.15	–0.00	0.13	0.39	–0.25	0.07	0.81

如果把全部 13 个特征向量排列成 13 阶矩阵，就是前面所指的矩阵 *A*。因为矩阵 *A* 是正交矩阵，上列数据从行(或列)的方向，数据的平方和都等于 1，不同行(或列)的数据作向量乘积都为 0。以上这些数学关系都可以作为初次编写程序检验运行是否正确的一个旁证。

从表 4-3 中可以看出主成分十分突出，m 只需取 2，就已经使累计贡献率达到 83%。而且第 1 主成分十分高，竟达到 56%。

对主成分进行分析。根据前面的计算结果 m=2，列出前两个主成分相对应的特征向量，以及每个分量所对应的性状，如表 4-5 所示。

表 4-5　前两个主成分相对应的特征向量

性状	(1)	(2)	(3)	(4)	(5)	(6)	(7)	(8)	(9)	(10)	(11)	(12)	(13)
主成分1	0.25	0.25	−0.34	0.24	−0.09	0.22	−0.33	0.13	−0.22	0.35	−0.36	0.32	−0.35
主成分2	−0.38	−0.38	−0.08	0.36	0.51	0.26	0.01	0.44	−0.12	0.03	−0.08	−0.22	−0.03

前两个主成分累计贡献率达 83%，取 m=2，对前两个主成分进行分析已经反映整个事物的基本面貌。由于第一个主成分的贡献率较高(56%)，第一主成分在全部性状中处于举足轻重的地位，它是认识人参属性最重要的方面。前面列出了第一主成分特征向量各性状分量的值，依绝对值的大小选出如下，(11)种宽，−0.358 5；(10)成熟果具黑点，0.346 8；(13)人参醇含量，−0.346 8；(3)圆锥状肉质根，−0.341 6；(7)叶缘 10 齿宽，−0.334 0；(12)分布海拔，0.319 4；(1)根状茎节距，0.248 5；(2)根状茎节距标准差，0.247 7……

再看原始数据性状之间的相关系数，其中成熟果具黑点、分布海拔、根状茎节距和节距标准差等几个性状彼此之间具有较大的相关性，它们的第一主成分特征向量分量呈现较大的正值。而种宽、人参醇含量、圆锥状肉质根等性状之间亦具有较大的相关性，且与前述一组性状呈现明显的负相关，它们的第一主成分特征向量分量呈现突出的负值。对这些分量绝对值较大的性状进行分析比较，可以看出整个人参属性状的变化表现为两个不同的倾向性：一方面表现为不具显著肉质根，根状茎节距长，标准差大，叶缘锯齿细密，成熟果具黑点，种子较小，人参醇含量低，分布于 1 500m 以上高海拔，它包括羽叶三七、珠子参、竹节参和狭叶竹节参；另一方面表现为具有肥厚的肉质根，根状茎节距短、标准差小，叶缘锯齿疏，成熟果不具黑点，种子较宽大，人参醇含量较高，多生长在 2 000m 以下，它包括西洋参、人参和三七。性状在这两个对立的方向上把整个人参属分为两大类群。一类是分布于高海拔、人参醇含量低、药用价值较小的类群；另一类是具有肥厚肉质根、人参醇含量高、药用价值高的类群。

这就是第一主成分所体现的实际生物学意义。因为第一主成分的贡献率很高，掌握人参属向这两个方向上的分化是认识人参属的关键。

人参属两个不同方向分化为两大类群，这是第一主成分所体现的生物学意义。实际问题是比较复杂的，体现的意义不是由某一两个性状简单构成，而主要是由那些在第一主成分特征向量分量绝对值较大的性状，综合产生的效果。主成分分析运算帮助我们揭示复杂事物内在的联系。

例如，设 $X=(X_1, X_2)^T$ 协方差矩阵和对应的相关矩阵分别为

$$\Sigma=\begin{pmatrix}1 & 4\\ 4 & 100\end{pmatrix}, R=\begin{pmatrix}1 & 0.4\\ 0.4 & 1\end{pmatrix}$$

如果从 Σ 出发作主成分分析，易求得其特征值和相应的单位正交化特征向量为：λ_1=100.16，对应单位正交化特征向量为 $U_1=(0.040, 0.999)^T$，λ_2=0.84，对应单位正交化特征向量为 $U_2=(0.999, 0.040)^T$。则 $X=(X_1, X_2)^T$ 的两个主成分分别为

$$\begin{cases} Z_1 = 0.040X_1 + 0.999X_2 \\ Z_2 = 0.999X_1 + 0.040X_2 \end{cases}$$

第一主成分的贡献率为

$$\frac{\lambda_1}{\lambda_1+\lambda_2} = \frac{100.16}{100.16+0.84} = 99.2\%$$

我们看到由于 X_2 的方差很大，它完全控制了提取信息量占 99.2%的第一主成分 Z_1(X_2 在 Z_1 中的系数为 0.999)，掩盖了变量 X_1 的作用。

如果从相关矩阵 R 出发求主成分，可求得其特征值和相应的单位正交化特征向量为：

$\lambda_1^* = 1.4$，对应单位正交化特征向量为 $U_1^* = (0.707, 0.707)^T$；

$\lambda_2^* = 0.6$，对应单位正交化特征向量为 $U_2^* = (0.707, -0.707)^T$。

则 $X=(X_1, X_2)^T$ 的两个主成分分别为

$$\begin{cases} Z_1 = 0.707\dfrac{X_1-\mu_1}{\sigma_1} + 0.999\dfrac{X_2-\mu_2}{\sigma_2} \\ Z_2 = 0.707\dfrac{X_1-\mu_1}{\sigma_1} - 0.707\dfrac{X_2-\mu_2}{\sigma_2} \end{cases}$$

第一主成分的贡献率为

$$\frac{\lambda_1}{\lambda_1+\lambda_2} = \frac{1.4}{1.4+0.6} = 70\%$$

此时，第一主成分的贡献率有所下降。

由此看到，原变量在第一主成分中的相对重要性由于标准化而有很大的变化。在由 Σ 所求得的第一主成分中的，X_1 和 X_2 的权重系数分别为 0.040 和 0.999，主要由大方差的变量控制。而在由 R 所求得的第一主成分中，X_1 和 X_2 的权重系数反而成了 0.707 和 0.0707，即 X_1 的相对重要性得到提升。此例也表明，由 Σ 和 R 求得的主成分一般是不相同的，而且其中一组主成分也不是第二组主成分的某简单函数。

4.4　层次分析

层次分析法是一种新的定性分析与定量分析相结合的系统分析方法，是将人的主观判断用数量形式表达和处理的方法，简称 AHP(The Analytic Hierarchy Process)法。近年来，层次分析法在草地农业生态系统的系统分析、设计与决策中日益受到重视。

4.4.1　基本思想

简单地说，层次分析法就是运用多因素分级处理来确定因素权重的方法。它是一种定性分析和定量分析相结合的评价决策方法，将评价者对复杂系统的评价思维过程数学化。

层次分析法基本思路是评价者将复杂问题分解为若干层次和若干要素，并在同一层次的

各要素之间简单地进行比较、判断和计算，得出不同替代方案的重要度，从而为选择最优方案提供决策依据，然后评估每一层针对上一层因素的重要程度，通过传递性，最后确定因素层的指标相对于目标层的重要程度，确定全部指标的权重系数。

我们知道层次分析法是把复杂问题分解成各个组成因素，又将这些因素按支配关系分组形成递阶层次结构，通过两两比较的方式确定各个因素的相对重要性，然后综合决策者的判断，确定决策方案相对重要性的总排序。

层次分析法能将人们的思维过程数学化、系统化，分析结果便于人们接受，而且分析所需定量数据信息较少。

4.4.2 递阶层次结构建立

运用层次分析法时，要把系统问题条理化、层次化，构造出一个层次分析的结构模型。在模型中，复杂问题被分解，分解后各组成部分称为元素，这些元素又按属性分成若干组，形成不同层次。同一层次的元素作为准则对下一层次的某些元素起支配作用，同时它又受上一层次元素的支配。层次可分为最高层、中间层和最底层。

最高层中只有一个元素，它是问题的预定目标或理想结果，因此也叫目标层。

中间层包括要实现目标所涉及的中间环节中需要考虑的准则。该层可由若干层次组成，因而有准则和子准则之分，这一层也叫准则层。

最底层包括为实现目标可供选择的各种措施、决策方案等，因此也称为措施层或方案层。

上层元素对下层元素的支配关系所形成的层次结构被称为递阶层次结构。当然，上一层次元素可以支配下一层次的所有元素，但也可只支配其中部分元素。递阶层次结构中的层次数与问题的复杂程度及需要分析的详尽程度有关，可不受限制。每一层次中各元素所支配的元素一般不要超过 9 个，因为支配的元素过多会给两两比较判断带来困难。层次结构的好坏对于解决问题极为重要，当然，层次结构建立得好坏与决策者对问题的认识是否全面、深刻有很大关系。

若把各种所要考虑的因素放在适当的层次内，用层次结构图可清晰地表达这些因素的关系,如图 4.2 所示。

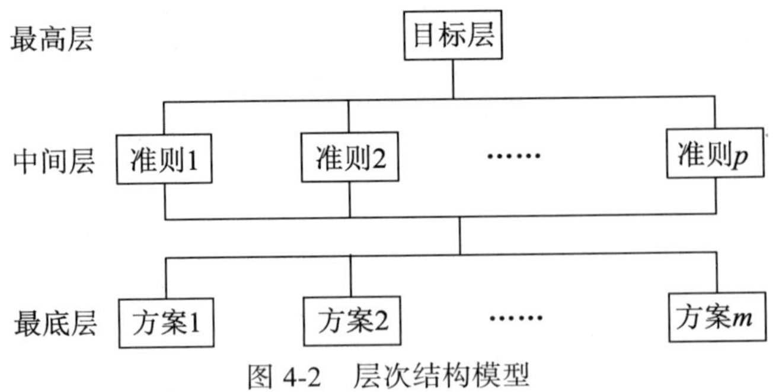

图 4-2　层次结构模型

4.4.3　构造两两比较判断矩阵

在递阶层次结构中，设上一层元素 C 为准则，所支配的下一层元素为 $u_1, u_2, \cdots, u_p$ 对于准则 C 相对重要性，即为权重。权重的确定通常可分为两种情况。

第一种情况，如果 $u_1, u_2, \cdots, u_p$ 对 C 的重要性可定量(如可以使用货币、重量等)，其权重可直接确定。

第二种情况，如果问题复杂，$u_1, u_2, \cdots, u_p$ 对于 C 的重要性无法直接定量，而只能定性，那么确定权重用两两比较方法。其方法是：对于准则 C，元素 μ_i 和 μ_j 哪一个更重要，重要的程度如何，通常按 1 ~ 9 比例标度对重要性程度赋值，表 4-6 中列出了 1 ~ 9 标度的含义。

表 4-6　重要性比例标度的含义

标　　度	含　　义
1	表示两个元素相比，具有同样重要性
3	表示两个元素相比，前者比后者稍重要
5	表示两个元素相比，前者比后者明显重要
7	表示两个元素相比，前者比后者强烈重要
9	表示两个元素相比，前者比后者极端重要
2，4，6，8	表示上述相邻判断的中间值

若元素 i 与 j 的重要性之比为 a_{ij}(重要性比例标度)，那么元素 j 与元素 i 重要性之比为 $a_{ji}=\dfrac{1}{a_{ij}}$。

对于准则 C，p 个元素之间相对重要性的比较得到一个两两比较判断矩阵 A

$$A=(a_{ij})_{p\times p}$$

其中 a_{ij} 就是元素 u_i 和 u_j 相对于 C 的重要性的比例标度。判断矩阵 A 具有下列性质，即当 $a_{ji}=\dfrac{1}{a_{ij}}>0$，$a_{ii}=1$，即判断矩阵 A 是正互反矩阵。

由判断矩阵所具有的性质可知，一个 p 个元素的判断矩阵只需要给出其上(或下)三角的 $\dfrac{p(p-1)}{2}$ 个元素就可以了，即只需做 $\dfrac{p(p-1)}{2}$ 个比较判断即可。

4.4.4　判断矩阵一致性检验

关于互反判断矩阵的一致性定义主要包括完全一致性、满意一致性。

1．完全一致性

若互反判断矩阵 A 的所有元素满足 $a_{ij}\times a_{jk}=a_{ik}$，则称 A 为具有完全一致性矩阵。完全一

致性互反判断矩阵 A 具有如下性质。

(1) A^T 是完全一致性互反判断矩阵。

(2) A 的各行成比例，即 rank(A)=1。

(3) A 的最大特征根 $\lambda_{\max} \geqslant p$，且当 A 的最大特征值 $\lambda=p$ 时，其余 $p-1$ 个特征值均为零。

(4) A 的任一列都是对应于特征值 p 的特征向量。

(5) 当 $1 \leqslant \lambda \leqslant 9$ 时，若 $a_{ij} \geqslant \lambda$ 且 $a_{jk} \geqslant \lambda$，则必有 $a_{ik} \geqslant \lambda$。

(6) 当 $\frac{1}{9} \leqslant \lambda \leqslant 1$ 时，若 $a_{ij} \leqslant \lambda$ 且 $a_{jk} \leqslant \lambda$，则必有 $a_{ik} \leqslant \lambda$。

不是所有的判断矩阵都满足完全一致性条件，也没有必要这样要求，只是在特殊情况下才有可能满足完全一致性条件。

2．满意一致性

在判断矩阵的构造中，并不要求判断矩阵具有传递性和一致性，即不要求 $a_{ij} \times a_{jk} = a_{ik}$ 严格成立，这是由客观事物的复杂性与人的认识的多样性所决定的，但要求判断矩阵满足大体上的一致性。如果出现“甲比乙极端重要，乙比丙极端重要，而丙又比甲极端重要”的判断，则显然是违反常识的，一个混乱的经不起推敲的判断矩阵有可能导致决策上的失误并且上述各种计算排序权重向量(即相对权重向量)的方法，在判断矩阵过于偏离一致性时，其可靠程度也就值得怀疑了，因此要对判断矩阵的一致性进行检验，具体步骤如下所述。

1) 计算一致性指标 C.I. (Consistency Index)

由于 λ 连续依赖于 a_{ij}，λ 比 p 大得越多，A 的不一致性就越严重。用最大特征值对应的特征向量作为被比较因素对上层某因素影响程度的权向量，其不一致程度越大，引起的判断误差就越大，因而可以用 $\lambda_{\max}-p$ 数值的大小来衡量 A 的不一致程度。定义一致性指标为

$$\text{C.I.}=\frac{\lambda_{\max}-p}{p-1} \tag{4.4.1}$$

C.I.=0，互反矩阵具有完全的一致性；C.I.越大，不一致越严重。

2) 查找相应的平均随机一致性指标 R.I. (Random Index)

平均随机一致性指标，是指同阶随机判断矩阵的一致性指标的平均值，即

$$\text{R.I.}=\frac{\text{C.I.}_1+\text{C.I.}_2+\text{L}+\text{C.I.}_n}{n} \tag{4.4.2}$$

其计算过程如下所述。

首先，随机构造 1 000 个同阶互反判断矩阵 $A_1, A_2, \cdots, A_{1000}$。

其次，计算一致性指标 $\text{C.I.}_1, \text{C.I.}_2, \cdots, \text{C.I.}_{1000}$。

最后，计算平均随机一致性指标 R.I.，其中

$$\text{R.I.}=\frac{\text{C.I.}_1+\text{C.I.}_2+\text{L}+\text{C.I.}_{1000}}{1\,000}=\frac{\frac{\lambda_1+\lambda_2+\cdots\lambda_{1000}}{1\,000}-p}{p-1} \tag{4.4.3}$$

表 4-7 给出了 1～15 阶正互反矩阵计算 1 000 次得到的平均随机一致性指标。

表 4-7　平均随机一致性指标R.I.

矩阵阶数 p	1	2	3	4	5	6	7	8
R.I.	0	0	0.52	0.89	1.12	1.26	1.36	1.41
矩阵阶数 p	9	10	11	12	13	14	15	
R.I.	1.46	1.49	1.52	1.54	1.56	1.58	1.59	

3) 计算性一致性比例 C.R. (Consistency Ratio)

$$\text{C.R.}=\frac{\text{C.I.}}{\text{R.I.}} \tag{4.4.4}$$

当 C.R.<0.1 时，认为判断矩阵的一致性是可以接受的；当 C.R.⩾0.1 时，应该对判断矩阵做适当修正。

当 C.R.<0.1 时，称互反判断矩阵具有满意一致性。

为了讨论一致性，需要计算矩阵最大特征根 $\lambda_{\max}$，除常用的特征根方法外，还可使用公式

$$\lambda_{\max}=\frac{1}{n}\sum_{i=1}^{n}\frac{\sum_{j=1}^{n}a_{ij}w_j}{w_i} \tag{4.4.5}$$

4.4.5　元素对目标层总排序权重

1．权重计算方法

已知 p 个元素 $u_1, u_2, \cdots, u_p$ 对于准则 C 的判断矩阵为 A，求 $u_1, u_2, \cdots, u_p$ 对于准则 C 的相对权重 $w_1, w_2, \cdots, w_p$，写成向量形式即为 $W=(w_1, w_2, \cdots, w_p)^T$(权重 w_i，即元素 u_i 在所有元素中的重要性比例标度值)。

1) 和法

将判断矩阵 A 的 p 个列向量归一化后的行算术平均值，近似作为权重向量，即

$$w_i=\frac{1}{p}\sum_{j=1}^{p}\frac{a_{ij}}{\sum_{k=1}^{p}a_{kj}}(i=1,2,\cdots,p) \tag{4.4.6}$$

计算步骤如下所述。

第一步，A 的元素按列归一化。

第二步，将归一化后的各行求和。

第三步，将相加后的向量除以 p，即得权重向量。

类似的还有列和归一化方法计算，即

$$w_i=\frac{\frac{1}{p}\sum_{j=1}^{p}a_{ij}}{\sum_{k=1}^{p}\sum_{j=1}^{p}a_{kj}}\quad(i=1,2,\cdots,p) \tag{4.4.7}$$

2) 根法(几何平均法)

将 A 的各个行向量进行几何平均，然后归一化，得到的行向量就是权重向量，其公式为

$$w_i = \frac{\left(\prod_{j=1}^{p} a_{ij}\right)^{\frac{1}{p}}}{\sum_{k=1}^{p}\left(\sum_{j=1}^{p} a_{kj}\right)^{\frac{1}{p}}} \quad (i=1,2,\cdots,p) \tag{4.4.8}$$

计算步骤如下所述。

第一步，A 的元素按行相乘得一新向量。

第二步，将新向量的每个分量开 p 次方。

第三步，将所得向量归一化后即为权重向量。

3) 特征根法

两个矩阵相乘的意义是将右边矩阵中的每一列列向量变换到左边矩阵中每一行行向量为基所表示的空间中去。抽象来说，一个矩阵可以表示一种线性变换。

矩阵乘法对应了一个变换，在这个变换的过程中，原向量主要发生旋转、伸缩的变化。如果矩阵对某一个向量或某些向量只发生伸缩变化，不对这些向量产生旋转的效果，那么这些向量就称为这个矩阵的特征向量，伸缩的比例就是特征值。

实际上，上述的一段话既讲了矩阵变换特征值及特征向量的几何意义(图形变换)，也讲了其物理含义。特征向量的物理含义就是运动的图景：特征向量在一个矩阵的作用下做伸缩运动，伸缩的幅度由特征值确定。特征值大于 1，所有属于此特征值的特征向量身形变长；特征值大于 0 小于 1，特征向量身形缩小；特征值小于 0，特征向量在矩阵的作用下变成反方向。

我们通常求特征值和特征向量即为求出该矩阵能使哪些向量(当然是特征向量)只发生拉伸，使其发生拉伸的程度如何(特征值大小)。这样做的意义在于，看清一个矩阵在哪些方面能产生最大的效果，并根据所产生的每个特征向量(一般研究特征值最大的那几个)进行分类讨论与研究。

求解判断矩阵 A 的特征根

$$AW=\lambda_{\max}W \tag{4.4.9}$$

式中，$\lambda_{\max}$ 是 A 的最大特征根，W 是相应的特征向量，所得到的 W 经归一化后就可作为权重向量。

4) 对数最小二乘法

用拟合方法确定权重向量 $W=(w_1, w_2, \cdots, w_p)^T$，使残差平方和

$$\sum_{0\leqslant i\leqslant j\leqslant p}\left[\lg a_{ij} - \lg\left(\frac{w_i}{w_j}\right)\right]^2 \tag{4.4.10}$$

为最小，其结果与根法结果一致。

5) 最小二乘法

确定权重向量 $W=(w_1, w_2, \cdots, w_p)^T$，使残差平方和

$$\sum_{0 \leqslant i \leqslant j \leqslant p} \left(a_{ij} - \frac{w_i}{w_j} \right)^2 \tag{4.4.11}$$

为最小，这是一个非线性优化问题，计算比较复杂。

2．元素对目标层的总排序权重

上面得到的是一组元素对其上一层中某元素的权重向量，而最终要得到的是各元素，特别是最低层中各元素对于目标的排序权重，即所谓总排序权重，从而进行方案的选择。总排序权重要自上而下地将单准则下的权重进行合成，并逐层进行总的判断一致性检验。

设 $W^{(k-1)} = (w_1^{(k-1)}, w_2^{(k-1)}, \cdots, w_{p_{k-1}}^{(k-1)})^T$ 表示第 k–1 层上 p_{k-1} 个元素相对于总目标的排序权重向量，用 $W_j^{(k)} = (w_{1j}^{(k)}, w_{2j}^{(k)}, \cdots, w_{p_k j}^{(k)})^T$ 表示第 k 层上 p_k 个元素对第 k–1 层上第 j 个元素为准则的排序权重向量，其中不受 j 元素支配的元素权重取为零。矩阵 $P^{(k)} = (W_1^{(k)}, W_2^{(k)}, \cdots, W_{p_{k-1}}^{(k)})^T$ 是 $p_k \times p_{k-1}$ 阶矩阵，它表示第 k 层上元素对 k–1 层上各元素的排序，那么第 k 层上元素对目标的总排序 $W^{(k)}$为

$$W^{(k)} = (w_1^{(k)}, w_2^{(k)}, \cdots w_{p_k}^{(k)})^T = P^{(k)} W^{(k-1)} \tag{4.4.12}$$

并且一般公式为

$$W^{(k)} = (w_1^{(k)}, w_2^{(k)}, \cdots w_{p_k}^{(k)})^T = P^{(k)} P^{(k-1)} \cdots P^{(3)} W^{(2)} \tag{4.4.13}$$

其中 $W^{(2)}$是第二层上元素的总排序向量，也是单准则下的排序向量。

从上到下逐层进行一致性检验时，若已求得 k–1 层上元素 j 为准则的一致性指标 $(\text{C.I.})_j^{(k)}$，平均随机一致性指标 $(\text{R.I.})_j^{(k)}$，一致性比例 $(\text{C.R.})_j^{(k)}$，j=1, 2, ⋯, p_{k-1}，则 k 层的综合指标

$$(\text{C.I.})^{(k)} = \left((\text{C.I.})_1^{(k)}, (\text{C.I.})_2^{(k)}, \cdots, (\text{C.I.})_{p_{k-1}}^{(k)} \right) W^{k-1} \tag{4.4.14}$$

所以

$$(\text{C.R.})^{(k)} = \frac{(\text{C.I.})^{(k)}}{(\text{R.I.})^{(k)}} \tag{4.4.15}$$

当 $(\text{C.R.})^{(k)} = \dfrac{(\text{C.I.})^{(k)}}{(\text{R.I.})^{(k)}} < 0.1$ 时，认为递阶层次结构在 k 层水平的所有判断具有整体满意的一致性。

4.5 聚 类 分 析

聚类分析是新近发展起来的一种研究分类问题的多元统计方法，是实用多元分析的一个崭新分支，正处于发展阶段，理论上虽不是很完善，但由于它能够解决许多实际问题，因此这个方法受到人们的重视，特别是与其他方法联合起来使用往往效果更好。例如，对一批观测对象先使用聚类分析进行分类，然后用判别分析的方法建立判别准则，用以对新的观测对象判别归类。

4.5.1 基本思想

聚类分析是从一批样品的多个指标变量中，定义能度量样品间或变量间相似程度(或亲疏关系)的统计量，在此基础上求出各样品(或变量)之间的相似程度度量值，按相似程度的大小，把样品(或变量)逐一分类，关系密切的类聚集到一个小的分类单位，关系疏远的类聚集到一个大的分类单位，直到所有的样品或变量都聚集完毕，把不同的类型一一划分出来，形成一个亲疏关系谱系图，用以更直观地显示分类对象(样品或变量)的差异和联系。也就是说，聚类是指根据“物以类聚”原理，将本身没有类别的样本聚集成不同的组，这样的一组数据对象的集合叫做簇，并且对每一个这样的簇进行描述的过程。它的目的是使得属于同一个簇的样本之间应该彼此相似，而不同簇的样本应该足够不相似，旨在发现空间实体的属性间的函数关系，挖掘的知识用以属性名为变量的数学方程来表示。

聚类分析和判别分析(后面第 4.6 中介绍)都是研究分类问题，但两者有本质的区别。聚类分析一般寻求客观分类的方法，事先对总体到底有几种类型无所知晓，而判别分析则是在总体类型划分已知，在各总体分布或来自各总体性状数据基础上，对当前的新样本用统计的方法判定它们属于哪个总体。

聚类分析的内容十分丰富，按其聚类的方法可分为以下几种。

第一种，系统聚类法，即开始每个对象自成一类，然后每次将最相似的两类合并，合并后重新计算新类与其他类的距离或相近性测度。这一过程一直执行，直到所有对象归为一类为止，并类的过程可用一张谱系聚类图描述。

第二种，调优法(动态聚类法)，即首先对 n 个对象初步分类，然后根据分类的损失函数尽可能小的原则对分类进行调整，直到分类合理为止。

第三种，最优分割法(有序样品聚类法)，开始将所有样品看成一类，然后根据某种最优准则将它们分割为二类、三类，一直分割到所需的 k 类为止，这种方法适用于有序样品的分类问题，也成为有序样品的聚类法。

第四种，模糊聚类法，即利用模糊集理论来处理分类问题，它对经济领域中具有模糊特征的两态数据或多态数据具有明显的分类效果。

第五种，图论聚类法，即利用图论中最小支撑树的概念来处理分类问题，创造了独具风格的方法。

第六种，聚类预报法，即在多元统计分析中，可用来作预报的方法很多，如回归分析和判别分析，但对一些异常数据，如气象中的灾害性天气的预报，回归或判别分析处理的效果都不好，而聚类预报弥补了这一不足，这是一个值得重视的方法。

对样品进行分类的方法称为 Q 型聚类法，所用的统计量用“距离”这一术语描述；对变量进行分类的方法，称为 R 型聚类法，所用的统计量用“相似系数”来描述。下面分别介绍几种常用的距离和相似系数。

4.5.2　衡量相似性统计量

有很多种定义样品间距离或变量间相似性的方法，常用的有以下几种。

1．距离系数

设考虑事物的 p 个特征，把 n 个样品看成 p 维空间中 n 个点，得矩阵

$$\begin{pmatrix} x_{11} & x_{12} & \cdots & x_{1n} \\ x_{21} & x_{22} & \cdots & x_{1n} \\ \vdots & \vdots & \ddots & \vdots \\ x_{p1} & x_{p2} & \cdots & x_{pn} \end{pmatrix}$$

样品 $i(i\leqslant n)$的坐标为$(x_{1i}, x_{2i}, \cdots, x_{pi})$，则两个样品间相似程度可用 p 维空间中两点的距离来度量，令 d_{ij} 表示样品 X_i 与 X_j 的距离。常用的距离有以下几种。

1) 明氏(Minkowski)距离

$$d_{ij}(q)=\left(\sum_{k=1}^{p}\left|x_{ki}-x_{kj}\right|^{q}\right)^{\frac{1}{q}} \tag{4.5.1}$$

当 q=1 时，$d_{ij}(1)=\sum_{k=1}^{p}\left|x_{ki}-x_{kj}\right|$，即绝对距离。

当 q=2 时，$d_{ij}(2)=\left(\sum_{k=1}^{p}(x_{ki}-x_{kj})^{2}\right)^{\frac{1}{2}}$，即欧氏距离。

当 q=∞时，$d_{ij}(\infty)=\max\limits_{1\leqslant k\leqslant p}\left|x_{ki}-x_{kj}\right|$，即切比雪夫距离。

当各样品的测量值相差悬殊时，要用明氏距离并不合理，需要先对数据标准化，然后用标准化后的数据计算距离。

明氏距离，特别是其中的欧氏距离，是人们较为熟悉的也是使用最多的距离，但明氏距离存在不足之处，主要表现在两个方面：第一，它与各指标的量纲有关；第二，它没有考虑指标之间的相关性，欧氏距离也不例外。除此之外，从统计的角度上看，使用欧氏距离要求一个向量的 p 个分量是不相关的，且具有相同的方差，或者说各坐标对欧氏距离的贡献是同等的且变差大小也是相同的，这时使用欧氏距离才合适，效果也较好，否则就有可能不如实反映情况，甚至导致错误结论。因此，一个合理的做法就是对坐标加权，这就产生了“统计距离”。比如设 $Q=(x_1, x_2, \cdots, x_p)^T$，$Q_0=(y_1, y_2, \cdots, y_p)^T$，且 Q_0 的坐标是固定的，点 Q 的 p 个坐标相互独立地变化。用 $s_1, s_2, \cdots, s_p$ 表示 p 个变量 $x_1, x_2, \cdots, x_p$ 的 n 次观测的样本方差，则可以定义 Q 到 Q_0 的统计距离为

$$d(P,Q)=\sqrt{\frac{(x_1-y_1)^2}{s_1}+\frac{(x_1-y_2)^2}{s_2}+\cdots+\frac{(x_p-y_p)^2}{s_p}} \tag{4.5.2}$$

所加的权是 $k_1=\frac{1}{s_1}, k_2=\frac{1}{s_2}, \cdots, k_p=\frac{1}{s_p}$。当取 $y_1=y_2=\cdots=y_p=0$ 时，就是点 Q 到原点 O 的距离。若 $s_1=s_2=\cdots=s_p=1$ 时，就是欧氏距离。

2) 马氏(Mahalanobis)距离

马氏距离是由印度统计学家马哈拉诺比斯于 1936 年引入的，故称为马氏距离。这一距离在多元统计分析中起着十分重要的作用，下面给出其公式。

设 Σ 表示指标的协方差阵，即 $\Sigma(\sigma_{ij})_{p\times p}$，其中

$$\sigma_{ij}=\frac{1}{n-1}\sum_{k=1}^{n}(x_{ik}-\overline{x}_i)(x_{jk}-\overline{x}_j),i,j=1,\cdots,p \tag{4.5.3}$$

$$\overline{x}_i=\frac{1}{n}\sum_{k=1}^{n}x_{ik},\overline{x}_j=\frac{1}{n}\sum_{k=1}^{n}x_{jk}$$

如果 Σ^{-1} 存在，则两个样品之间的马氏距离公式为

$$d_{ij}(M)=\sqrt{(X_i-X_j)^T\Sigma^{-1}(X_i-X_j)} \tag{4.5.4}$$

这里 X_i 为样品 i 的 p 个指标组成的向量，$X_i=(x_{1i}, x_{2i}, \cdots, x_{pi})^T$，样品 X_j 为样品 j 的 p 个指标组成的向量，$X_j=(x_{1j}, x_{2j}, \cdots, x_{pj})^T$。

给出样品 X 到总体 G 均值的马氏距离公式为

$$[d(X,G)]^2=(X-\mu)^T\Sigma^{-1}(X-\mu) \tag{4.5.5}$$

其中 μ 为总体的均值向量，Σ 为协方差阵。

马氏距离既排除了各指标之间相关性的干扰，也不受各指标量纲的影响。除此之外，它还有一些优点，如将原数据作线性交换后，马氏距离仍不变等。

3) 兰氏(Canberra)距离

它是由 Lance 和 Williams 最早提出的，故称兰氏距离。其公式为

$$d_{ij}(L)=\frac{1}{p}\sum_{k=1}^{p}\frac{|x_{ki}-x_{kj}|}{x_{ki}+x_{kj}},i,j=1,\cdots,n \tag{4.5.6}$$

此距离仅适用于一切 $x_{ij}>0$ 的情况，这个距离有助于克服各指标之间量纲的影响，但没有考虑指标之间的相关性。

以上三种距离适用于间隔尺度变量，如果样品是有序尺度或名义尺度时，也有一些定义距离的方法，在此不作介绍。

对于计算任何两个样品 X_i 与 X_j 之间的距离 d_{ij}，其值越小，表示两个样品接近程度越大；d_{ij} 值越大，表示两个样品接近程度越小。如果把任何两个样品的距离都算出来，可排成距离阵 D

$$D=\begin{pmatrix} d_{11} & d_{12} & \cdots & d_{1n} \\ d_{21} & d_{22} & \cdots & d_{2n} \\ \vdots & \vdots & \ddots & \vdots \\ d_{n1} & d_{n2} & \cdots & d_{nn} \end{pmatrix}$$

其中 $d_{11}=d_{22}=\cdots=d_{nn}=0$。$D$ 是一个实对称阵，所以只需计算上三角形部分或下三角形部分即可。根据 D 可对 n 个点进行分类，距离近的点归为一类，距离远的点归为不同的类。

2．相似系数

研究变量之间的关系，除了用距离表示外，还有相似系数。顾名思义，相似系数是描写变量之间相似程度的一个量，常用的相似系数有如下几种。

1) 夹角余弦

这是受相似形的启发而来的，图 4-3 中，曲线 AB 和 CD 尽管长度不一，但形状相似。

当长度不是主要矛盾时，要定义一种相似系数，使 AB 和 CD 呈现比较密切的关系，则夹角余弦就适合这个要求。夹角余弦的定义为，将任何两个变量 X_i 与 X_j 看成 p 维空间的两个向量，这两个向量的夹角余弦用 $\cos\theta_{ij}$ 表示，则

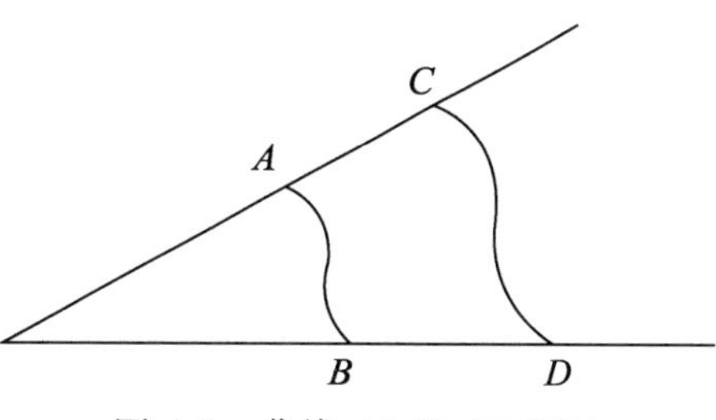

图 4-3　曲线 AB 和 CD 图示

$$\cos\theta_{ij}=\frac{\sum_{k=1}^{p}x_{ki}x_{kj}}{\sqrt{\sum_{k=1}^{p}x_{ki}^2\sum_{k=1}^{p}x_{kj}^2}}\quad(-1\leqslant\cos\theta_{ij}\leqslant1)\tag{4.5.7}$$

当 $\cos\theta_{ij}=1$，说明两个变量 X_i 与 X_j 完全相似。

当 $\cos\theta_{ij}$ 接近 1，说明 X_i 与 X_j 相似密切。

当 $\cos\theta_{ij}=0$，说明 X_i 与 X_j 完全不一样。

当 $\cos\theta_{ij}$ 接近 0，说明 X_i 与 X_j 差别大。

当 $\cos\theta_{ij}=-1$ 时，说明 X_i 与 X_j 完全相反。

当把所有两两变量的相似系数都算出，可排成相似系数矩阵 H

$$H=\begin{pmatrix}\cos\theta_{11} & \cos\theta_{12} & \cdots & \cos\theta_{1n}\\ \cos\theta_{21} & \cos\theta_{22} & \cdots & \cos\theta_{2n}\\ \vdots & \vdots & \ddots & \vdots\\ \cos\theta_{n1} & \cos\theta_{n2} & \cdots & \cos\theta_{nn}\end{pmatrix}$$

其中 $\cos\theta_{11}=\cos\theta_{22}=\cdots=\cos\theta_{nn}=1$。$H$ 是一个实对称阵，所以只需计算上三角形部分或下三角形部分，根据 H 可对 n 个变量进行分类，把比较相似的变量归为一类，不相似的变量归为不同的类。

2) 相关系数

通常所说相关系数，一般指变量间的相关系数，作为刻划变量间的相似关系也可类似给出定义，即第 i 个变量与第 j 个变量之间的相关系数公式为

$$r_{ij}=\frac{\sum_{k=1}^{p}\left(x_{ki}-\overline{x}_i\right)\left(x_{kj}-\overline{x}_j\right)}{\sqrt{\sum_{k=1}^{p}\left(x_{ki}-\overline{x}_i\right)^2\sum_{k=1}^{p}\left(x_{kj}-\overline{x}_j\right)^2}}\ (-1\leqslant r_{ij}\leqslant1)\tag{4.5.8}$$

其中

$$\overline{x}_i=\frac{1}{p}\sum_{k=1}^{p}x_{ki},\overline{x}_j=\frac{1}{p}\sum_{k=1}^{p}x_{kj}$$

若设向量 $Y_i=\left(x_{1i}-\overline{x}_i,x_{2i}-\overline{x}_i,\cdots,x_{pi}-\overline{x}_i\right)$，$Y_j=\left(x_{1j}-\overline{x}_j,x_{2j}-\overline{x}_j,\cdots,x_{pj}-\overline{x}_j\right)$，$r_{ij}$ 就是两个向量 Y_i 与 Y_j 的夹角余弦。若将原始数据标准化，则 $\overline{Y}_i=\overline{Y}_j=0$，这时 $r_{ij}=\cos\theta_{ij}$。

$$R=\left(r_{ij}\right)_{n\times n}$$

其中 $r_{11}=r_{22}=\cdots=r_{nn}=1$，可根据 R 对 n 个变量进行分类。

由于样品分类和变量分类从方法上看基本上是一样的，所以两者就不严格分开介绍了。

4.5.3 系统聚类方法

正如样品(变量)之间的距离(相似)可以有不同的定义方法一样，类与类之间的距离也有各种定义。例如，可以定义类与类之间的距离为两类之间最近样品的距离，或者定义为两类之间最远样品的距离，也可以定义为两类重心之间的距离等等。本节介绍常用的八种系统聚类方法，即最短距离法、最长距离法、中间距离法、重心法、类平均法、可变类平均法、可变法、离差平方和法。系统聚类分析尽管方法很多，但归类的步骤基本上是一样的，所不同的仅是类与类之间的距离有不同的定义，从而得到不同的计算距离的公式，产生了不同的系统聚类方法。这些公式在形式上不大一样，但最后可将它们统一为一个公式，为利用计算机编程计算带来很大的方便。

以下用 d_{ij} 表示样品 X_i 与 X_j 之间距离，用 D_{ij} 表示类 G_i 与 G_j 之间的距离。

1．最短距离法

定义类 G_i 与 G_j 之间的距离为两类最近样品的距离，即

$$D_{ij}=\min_{\substack{X_i\in G_i\\X_j\in G_j}} d_{ij} \tag{4.5.9}$$

设类 G_p 与 G_q 合并成一个新类记为 G_r，则任一类 G_k 与 G_r 的距离为

$$D_{kr}=\min_{\substack{X_k\in G_k\\X_r\in G_r}} d_{kr}=\min\left\{\min_{\substack{X_k\in G_k\\X_p\in G_p}} d_{kp},\min_{\substack{X_k\in G_k\\X_q\in G_q}} d_{kq}\right\}=\min\left\{D_{kp},D_{kq}\right\} \tag{4.5.10}$$

最短距离法聚类的步骤如下所述。

第一步，定义样品之间距离，计算样品两两距离，得一距离阵记为 $D_{(0)}$，开始每个样品自成一类，显然这时 $D_{ij}=d_{ij}$。

第二步，找出 $D_{(0)}$的非对角线最小元素，设为 D_{pq}，则将 G_p 与 G_q 合并成一个新类，记为 G_r，即 $G_r=\{G_p,G_q\}$。

第三步，给出计算新类与其他类的距离公式

$$D_{kr}=\min\left\{D_{kp},D_{kq}\right\}$$

将 $D_{(0)}$中第 p、q 行及 p、q 列用上面公式并成一个新行新列，新行新列对应 G_r，所得到的矩阵记为 $D_{(1)}$。

第四步，对 $D_{(1)}$重复上述对 $D_{(0)}$的(2)和(3)两步得 $D_{(2)}$，如此下去，直到所有的元素并成一类为止。

如果某一步 $D_{(k)}$中非对角线最小的元素不止一个，则对应这些最小元素的类可以同时合并。

最短距离法也可用于指标(变量)分类，分类时可以用距离，也可以用相似系数，但用相似系数时应找最大的元素并类，也就是把公式 $D_{pq}=\min\limits_{\substack{X_p\in G_p\\X_q\in G_q}} d_{pq}$ 中的 min 换成 max。

2．最长距离法

定义类 G_i 与类 G_j 之间距离为两类最远样品的距离，即

$$D_{pq}=\max_{\substack{X_p\in G_p\\X_q\in G_q}} d_{pq} \tag{4.5.11}$$

最长距离法与最短距离法的并类步骤完全一样，也是将各样品先自成一类，然后将非对角线上最小元素对应的两类合并。设某一步将类 G_p 与 G_q 合并为 G_r，则任一类 G_k 与 G_r 的距离用最长距离公式为

$$D_{kr}=\max_{\substack{X_k\in G_k\\X_r\in G_r}} d_{kr}=\max\left\{\max_{\substack{X_k\in G_k\\X_p\in G_p}} d_{kp},\max_{\substack{X_k\in G_k\\X_q\in G_q}} d_{kq}\right\}=\max\left\{D_{kp},D_{kq}\right\} \tag{4.5.12}$$

再找非对角线最小元素的两类并类，直至所有的样品归为一类为止。

很显然，最长距离法与最短距离法只有两方面不同：一方面是类与类之间的距离定义不同；另一方面是计算新类与其他类的距离所用的公式不同。其他系统聚类法之间的不同点也表现在定义和公式上，而并类步骤完全一样，所以下面介绍其他系统聚类方法时，主要指出定义和公式。

3．中间距离法

定义类与类之间的距离既不采用两类之间最近的距离，也不采用两类之间最远的距离，而是采用介于两者之间的距离，故称为中间距离法。

如果在某一步将类 G_p 与类 G_q 合并为 G_r，任一类 G_k 和 G_r 的距离公式为

$$D_{kr}^2=\frac{1}{2}D_{kp}^2+\frac{1}{2}D_{kq}^2+\beta D_{pq}^2,-\frac{1}{4}\leqslant\beta\leqslant 0 \tag{4.5.13}$$

当 $\beta=-\frac{1}{4}$ 时，由初等几何可知 D_{kr} 就是三角形的中线，如图 4-4 所示。假设 G_k 和 G_p 的几何距离小于 G_k 和 G_q 的几何距离，则采用最短距离法，即 $D_{kr}=D_{kp}$，如果采用最长距离法，即 $D_{kr}=D_{kq}$；如果取夹在这两边的中线作为 D_{kr}，则 $D_{kr}=\sqrt{\frac{1}{2}D_{kp}^2+\frac{1}{2}D_{kp}^2-\frac{1}{4}D_{pq}^2}$。由于距离公式中的量都是距离的平方，为了方便在计算机上计算，可将元素 $D_{(0)}$，$D_{(1)}$，$D_{(2)}$…都用相应元素的平方代替，即 $D_{(0)}^2$，$D_{(1)}^2$，$D_{(2)}^2$…。

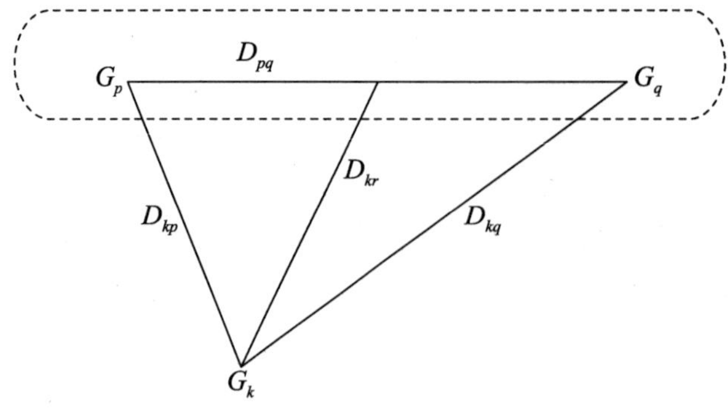

图 4-4　中间距离法

4．重心法

定义类与类之间距离时，为了体现出每类包含的样品个数，给出重心法。

重心法定义两类之间的距离就是两类重心之间的距离。设 G_p 和 G_q 的重心(即该类样品的均值)分别是 $\bar{X}_p$ 和 $\bar{X}_q$，则 G_p 和 G_q 之间的距离是

$$D_{pq} = d_{\bar{X}_p \bar{X}_q} \tag{4.5.14}$$

设聚类到某一步，G_p 和 G_q 分别有样品 n_p, n_q 个，将 G_p 和 G_q 合并为 G_r，则 G_r 内样品个数为 $n_r=n_p+n_q$，它的重心是 $\bar{X}_r = \frac{1}{n_r}\left(n_p\bar{X}_p + n_q\bar{X}_q\right)$，某一类 G_k 的重心是 $\bar{X}_k$，如果最初样品之间的距离采用欧氏距离，则它与新类 G_r 的距离为

$$\begin{aligned}
D_{kr}^2 = d_{X_k X_r}^2 &= \left(\bar{X}_k - \bar{X}_r\right)^T\left(\bar{X}_k - \bar{X}_r\right) \\
&= \left[\bar{X}_k - \frac{1}{n_r}\left(n_p\bar{X}_p + n_q\bar{X}_q\right)\right]^T\left[\bar{X}_k - \frac{1}{n_r}\left(n_p\bar{X}_p + n_q\bar{X}_q\right)\right] \\
&= \bar{X}_k^T\bar{X}_k - 2\frac{n_p}{n_r}\bar{X}_k^T\bar{X}_p - 2\frac{n_q}{n_r}\bar{X}_k^T\bar{X}_q \\
&\quad + \frac{1}{n_r^2}\left(n_p^2\bar{X}_P^T\bar{X}_P + 2n_p n_q\bar{X}_p^T\bar{X}_q + n_Q^2\bar{X}_q^T\bar{X}_q\right)
\end{aligned}$$

利用

$$\bar{X}_k^T\bar{X}_k = \frac{1}{n_r}\left(n_p\bar{X}_k^T\bar{X}_k + n_q\bar{X}_k^T\bar{X}_k\right)$$

代入上式得

$$\begin{aligned}
D_{kr}^2 &= \frac{n_p}{n_r}\bar{X}_k^T\bar{X}_k + \frac{n_q}{n_r}\bar{X}_k^T\bar{X}_k - 2\frac{n_p}{n_r}\bar{X}_k^T\bar{X}_p - 2\frac{n_q}{n_r}\bar{X}_k^T\bar{X}_q \\
&\quad + \frac{1}{n_r^2}\left(n_p^2\bar{X}_P^T\bar{X}_P + 2n_p n_q\bar{X}_p^T\bar{X}_q + n_q^2\bar{X}_q^T\bar{X}_q\right) \\
&= \frac{n_p}{n_r}\left(\bar{X}_k^T\bar{X}_k - 2\bar{X}_p^T\bar{X}_q + \bar{X}_p^T\bar{X}_q\right) + \frac{n_q}{n_r}\left(\bar{X}_k^T\bar{X}_k - 2\bar{X}_k^T\bar{X}_q + \bar{X}_q^T\bar{X}_q\right) \\
&\quad - \frac{n_p n_q}{n_r^2}\left(\bar{X}_p^T\bar{X}_p - 2\bar{X}_p^T\bar{X}_q + \bar{X}_q^T\bar{X}_q\right) \\
&= \frac{n_p}{n_r}D_{kp}^2 + \frac{n_q}{n_r}D_{kq}^2 - \frac{n_p}{n_r}\frac{n_q}{n_r}D_{pq}^2
\end{aligned}$$

显然，当 $n_p=n_q$ 时即为中间距离法的公式。

如果样品之间的距离不是欧氏距离，可根据不同情况给出不同的距离公式。

重心法的归类步骤与前三种方法基本上一样，所不同的是每合并一次类，就要重新计算新类的重心及各类与新类的距离。

5. 类平均法

重心法虽有代表性，但并未充分利用各样品的信息，因此给出类平均法。类平均法定义两类之间的距离平方为这两类元素两两之间距离平方的平均值，即

$$D_{pq}^2=\frac{1}{n_p n_q}\sum_{X_i\in G_p}\sum_{X_j\in G_q}d_{ij}^2 \tag{4.5.15}$$

设聚类到某一步将 G_p 和 G_q 合并为 G_r，则任一类 G_k 与 G_r 的距离为

$$\begin{aligned}D_{kr}^2&=\frac{1}{n_k n_r}\sum_{X_i\in G_k}\sum_{X_j\in G_r}d_{ij}^2\\&=\frac{1}{n_k n_r}\left(\sum_{X_i\in G_k}\sum_{X_j\in G_p}d_{ij}^2+\sum_{X_i\in G_k}\sum_{X_j\in G_q}d_{ij}^2\right)\\&=\frac{n_p D_{kp}^2+n_q D_{kq}^2}{n_r}\end{aligned}$$

类平均法的聚类步骤与上述方法完全类似，就不赘述了。

6. 可变类平均法

由于类平均法公式中没有反映 G_p 和 G_q 之间距离 G_{pq} 的影响，所以给出可变类平均法。此法定义两类之间的距离同上，只是将任一类 G_k 与新类 G_r 的距离公式改为如下形式

$$D_{kr}^2=\frac{1}{n_r}\left[n_p(1-\beta)D_{kp}^2+n_q(1-\beta)D_{kq}^2\right]+\beta D_{pq}^2 \tag{4.5.16}$$

其中 β 是可变的，且 $\beta<1$。

7. 可变法

此法定义两类之间的距离仍同上，而新类 G_r 与任一类的 G_k 的距离公式为

$$D_{kr}^2=\frac{1-\beta}{2}\left(D_{kp}^2+D_{kq}^2\right)+\beta D_{pq}^2 \tag{4.5.17}$$

其中 β 是可变的，且 $\beta<1$。

显然，在可变类平均法中取 $\frac{n_p}{n_r}=\frac{n_q}{n_r}=\frac{1}{2}$，即为可变法中定义的两类之间的距离。

可变类平均法与可变法的分类效果与 β 的选择关系极大，β 如果接近 1，一般分类效果不好。在实际应用中 β 常取负值。

8. 离差平方和法

这个方法是 Ward 提出来的，故又称为 Ward 法。

设将 n 个样品分成 k 类，即 $G_1, G_2, \cdots, G_k$，用 $X_i^{(t)}$ 表示 G_t 中的第 i 个样品(注意 $X_i^{(t)}$ 是 p 维向量)，n_t 表示 G_t 中的样品个数，$\bar{X}^{(t)}$ 是 G_t 的重心，则 G_t 中样品的离差平方和为

$$S_t=\sum_{i=1}^{n_t}\left(X_i^{(t)}-\bar{X}^{(t)}\right)^T\left(X_i^{(t)}-\bar{X}^{(t)}\right) \tag{4.5.18}$$

k 个类的类内离差平方和为

$$S=\sum_{t=1}^{k}S_t=\sum_{t=1}^{k}\sum_{i=1}^{n_t}\left(X_i^{(t)}-\bar{X}^{(t)}\right)^T\left(X_i^{(t)}-\bar{X}^{(t)}\right)$$

Ward 法的基本思想是来自方差分析，如果分类正确，同类样品的离差平方和应当较小，类与类的离差平方和应当较大。具体做法是先将 n 个样品各自成一类，然后每次缩小一类，每缩小一类离差平方和就要增大，选择使 S 增加最小的两类合并(因为如果分类正确，同类样品的离差平方和应当较小)，直到所有的样品归为一类为止。

表面上看，Ward 法与前 7 种方法有较大的差异，但是如果将 G_p 与 G_q 的距离定义为

$$D_{pq}^2=S_r-S_p-S_q \tag{4.5.19}$$

其中 $G_r=G_p\cup G_q$，就可使 Ward 法和前 7 种系统聚类方法统一起来，且可以证明 Ward 法合并类的距离公式为

$$D_{kr}^2=\frac{n_k+n_p}{n_r+n_k}D_{kp}^2+\frac{n_k+n_q}{n_r+n_k}D_{kq}^2-\frac{n_k}{n_r+n_k}D_{pq}^2 \tag{4.5.20}$$

4.6 判别分析

判别问题又称识别或者归类问题。判别分析的方法很多，适用于定性指标或计数资料的有最大似然法、训练迭代法，适用于定量指标或计量资料的有 Fisher 两类判别、Bayers 多类判别以及逐步判别。半定量指标界于两者之间，可根据不同情况分别采用以上方法。本节介绍 Fisher 两类判别、Bayers 多类判别以及逐步判别法。

类别是指具有相同属性或者特征指标的个体(又称之为样品)的集合。那么如何来表征相同属性、相同的特征指标呢？同一类别的样本之间距离小，不同类别的样本之间距离大，而距离是一个原则性的定义，只要满足对称性、非负性和三角不等式的函数就可以定义为距离函数。

判别分析是指根据已知的 G 个类中取出的 G 组样品的观测值，建立类与样品变量之间定量关系(判别函数)，并据此判别未知类属样品类别的一种多元统计分析方法。为叙述方便，将已知明确类别的个体称为训练样本，个体所属的类称为总体。训练样本要求类别明确，测量指标完整准确。一般样本含量不宜过小，但不能为追求样本含量而牺牲类别的准确，如果类别不可靠、测量值不准确，即使样本含量再大，任何统计方法也无法弥补这一缺陷。

当 $G=2$ 时，叫做两总体判别，又称为线性判别；当 $G>2$ 时，叫做多总体判别；筛选变量建立判别函数的方法叫做逐步判别分析。

判别分析的基本步骤如下所述。

第一步，收集来自 G 个总体的 G 组已知观测值。

第二步，根据已知数据建立判别函数。

第三步，利用判别函数判别未知总体的样品类属。

4.6.1　Fisher 两类判别

简单说，两总体判别就是确定样品 X 是属于总体 A 还是属于 B 的统计分析方法。判别函数一般是线性判别函数。

1．训练样本的观测值

设个体只分成 AB、甲乙两类，并分别从两类中抽得 n_1 及 n_2 个训练样本，p 个性状，依次用 $x_1, x_2,\cdots, x_p$ 表示，观测值如表 4-8、表 4-9 所示。

表 4-8　A类训练样本

编　　号	x_1	x_2	…	x_p
1	$x_{11}^{(1)}$	$x_{21}^{(1)}$	…	$x_{p1}^{(1)}$
2	$x_{12}^{(1)}$	$x_{22}^{(1)}$	…	$x_{p2}^{(1)}$
…	…	…	…	…
n_1	$x_{1n_1}^{(1)}$	$x_{2n_1}^{(1)}$	…	$x_{pn_1}^{(1)}$
均数	$\overline{x}_1^{(1)}$	$\overline{x}_2^{(1)}$	…	$\overline{x}_p^{(1)}$

表 4-9　B类训练样本

编　　号	x_1	x_2	…	x_p
1	$x_{11}^{(2)}$	$x_{21}^{(2)}$	…	$x_{p1}^{(2)}$
2	$x_{21}^{(2)}$	$x_{22}^{(2)}$	…	$x_{2p}^{(2)}$
…	…	…	…	…
n_2	$x_{1n_2}^{(2)}$	$x_{2n_2}^{(2)}$	…	$x_{pn_2}^{(2)}$
均数	$\overline{x}_1^{(2)}$	$\overline{x}_2^{(2)}$	…	$\overline{x}_p^{(2)}$

其中 $\overline{x}_i^{(1)} = \dfrac{1}{n_1}\sum\limits_{k=1}^{n_1} x_{ik}^{(1)}, \overline{x}_i^{(2)} = \dfrac{1}{n_2}\sum\limits_{k=1}^{n_2} x_{ik}^{(2)}$，得训练样本观测值矩阵

$$A = \begin{pmatrix} x_{11}^{(1)} & x_{12}^{(1)} & \cdots & x_{1n_1}^{(1)} \\ x_{21}^{(1)} & x_{22}^{(1)} & \cdots & x_{2n_1}^{(1)} \\ \vdots & \vdots & \ddots & \vdots \\ x_{p1}^{(1)} & x_{p2}^{(1)} & \cdots & x_{pn_1}^{(1)} \end{pmatrix}^T, \quad B = \begin{pmatrix} x_{11}^{(2)} & x_{12}^{(2)} & \cdots & x_{1n_2}^{(2)} \\ x_{21}^{(2)} & x_{22}^{(2)} & \cdots & x_{2n_2}^{(2)} \\ \vdots & \vdots & \ddots & \vdots \\ x_{p1}^{(2)} & x_{p2}^{(2)} & \cdots & x_{pn_2}^{(2)} \end{pmatrix}^T$$

令 $y_{ji}^{(g)} = x_{ji}^{(g)} - \overline{x}_j^{(g)}$，得标准化训练样本观测值矩阵

$$A_0 = \begin{pmatrix} y_{11}^{(1)} & y_{12}^{(1)} & \cdots & y_{1n_1}^{(1)} \\ y_{21}^{(1)} & y_{22}^{(1)} & \cdots & y_{2n_1}^{(1)} \\ \vdots & \vdots & \ddots & \vdots \\ y_{p1}^{(1)} & y_{p2}^{(1)} & \cdots & y_{pn_1}^{(1)} \end{pmatrix}^T, \quad B_0 = \begin{pmatrix} y_{11}^{(2)} & y_{12}^{(2)} & \cdots & y_{1n_2}^{(2)} \\ y_{21}^{(2)} & y_{22}^{(2)} & \cdots & y_{2n_2}^{(2)} \\ \vdots & \vdots & \ddots & \vdots \\ y_{p1}^{(2)} & y_{p2}^{(2)} & \cdots & y_{pn_2}^{(2)} \end{pmatrix}^T$$

2．建立判别函数

找到一个函数 $u=f(x_1, x_2,\cdots, x_p)$，作为 p 个性状的综合性指标来判断这两类个体。设

$$u=\lambda_1 x_1+\lambda_2 x_2+\cdots+\lambda_p x_p \tag{4.6.1}$$

称式(4.6.1)为线性判别函数，它是空间中的平面，称 $\lambda_1, \lambda_2, \cdots, \lambda_p$ 为判别系数。

将第 g 类中第 k 个训练样本代入线性判别函数中，并记为 $u_k^{(g)}$，即

$$u_k^{(g)}=\lambda_1 x_{1k}^{(g)}+\lambda_2 x_{2k}^{(g)}+\cdots+\lambda_p x_{pk}^{(g)}, g=1,2,\cdots,k=1,2,\cdots,n_g \tag{4.6.2}$$

定义类内离差平方和为

$$\omega(u)=\sum_{g=1}^{2}\sum_{k=1}^{n_g}\left(u_k^{(g)}-\bar{u}_g\right)^2 \tag{4.6.3}$$

类间离差平方和为

$$\beta(u)=n_1\left(\bar{u}_1-\bar{u}\right)^2+n_2\left(\bar{u}_2-\bar{u}\right)^2 \tag{4.6.4}$$

式中

$$\bar{u}_g=\frac{1}{n_g}\sum_{k=1}^{n_g}u_k^{(g)}, \bar{u}=\frac{1}{n_1+n_2}\sum_{g=1}^{2}\sum_{k=1}^{n_g}u_k^{(g)}$$

费歇尔(Fisher)准则是使 $\omega(u)$达到最小及 $\beta(u)$达到最大。$\omega(u)$达到最小，表明判别函数点的分布最集中，$\beta(u)$达到最大，表明两组判别函数点的中心距最大。满足以上条件的判别函数可最大限度地把 A 和 B 区分开。

选取 $\lambda_1, \lambda_2, \cdots, \lambda_p$ 使 $\omega(u)$最小及 $\beta(u)$最大，即 $\lambda=\dfrac{\omega(u)}{\beta(u)}$ 达到最小值。设

$$\bar{x}_i=\frac{\left(\sum_{k=1}^{n_1}x_{ik}^{(1)}+\sum_{k=1}^{n_2}x_{ik}^{(2)}\right)}{\left(n_1+n_2\right)}$$

$$S^{(1)}=A_0^T A_0=(s_{ij}^{(1)})_{p\times p}, S^{(2)}=B_0^T B_0=(s_{ij}^{(2)})_{p\times p}$$

其中 $s_{ij}^{(1)}=\sum_{k=1}^{n_1}y_{ik}^{(1)}y_{jk}^{(1)}, s_{ij}^{(2)}=\sum_{k=1}^{n_1}y_{ik}^{(2)}y_{jk}^{(2)}$ 。

定义类内离差阵为

$$W=S^{(1)}+S^{(2)}=(w_{ij})_{p\times p} \tag{4.6.5}$$

其中 $w_{ij}=\sum_{k=1}^{n_1}\left(x_{ik}^{(1)}-\bar{x}_i^{(1)}\right)\left(x_{jk}^{(1)}-\bar{x}_j^{(1)}\right)+\sum_{k=1}^{n_2}\left(x_{ik}^{(2)}-\bar{x}_i^{(2)}\right)\left(x_{jk}^{(2)}-\bar{x}_j^{(2)}\right), i, j=1,2,\cdots,p$ 。

令 $d_i=\bar{x}_i^{(1)}-\bar{x}_i^{(2)}, (i=1,2,\cdots,p)$，可以证明 $\lambda=\dfrac{\omega(u)}{\beta(u)}$ 取最小值的 $\lambda_1, \lambda_2, \cdots, \lambda_p$ 满足下面线性方程组

$$\begin{cases} w_{11}\lambda_1+w_{12}\lambda_2+\cdots+w_{1p}\lambda_p=cd_1 \\ w_{21}\lambda_1+w_{22}\lambda_2+\cdots+w_{2p}\lambda_p=cd_2 \\ \qquad\vdots \\ w_{p1}\lambda_1+w_{p2}\lambda_2+\cdots+w_{pp}\lambda_p=cd_p \end{cases} \tag{4.6.6}$$

c 与 i 无关，对所求的 $\lambda_1, \lambda_2, \cdots, \lambda_p$ 仅起同时放大或同时缩小的作用，不妨设 c=1。

3．u值的判别界值

分别将 $\overline{x}_1^{(1)}, \overline{x}_2^{(1)}, \cdots, \overline{x}_p^{(1)}$ 和 $\overline{x}_1^{(2)}, \overline{x}_2^{(2)}, \cdots, \overline{x}_p^{(2)}$ 两组值代入判别函数

$$u=\lambda_1 x_1+\lambda_2 x_2+\cdots+\lambda_p x_p$$

得到相应 $\overline{u}_1$ 和 $\overline{u}_2$ 的值，则两类的判别界值为

$$u^* = \frac{1}{2}\sum_{g=1}^{2}\overline{u}_g \tag{4.6.7}$$

当两类的样本容量相差较多时应加权，用下式计算判别界值

$$u^* = \frac{n_1\overline{u}_1 + n_2\overline{u}_2}{n_1 + n_2} \tag{4.6.8}$$

根据判别界值 u^*判别归类有以下两种情况。

第一种情况，当 $\overline{u}_1 < \overline{u}_2$ 时，$u<u^*$判断样品为第 A 类，$u>u^*$判断样品为第 B 类；

第二种情况，当 $\overline{u}_1 > \overline{u}_2$ 时，$u>u^*$判断样品为第 A 类，$u<u^*$判断样品为第 B 类。

4．对判别函数检验

令

$$D=\lambda_1 d_1+\lambda_2 d_2+\cdots+\lambda_p d_p \tag{4.6.9}$$

$$F = \frac{n_1 n_2}{n_1 + n_2}\times\frac{n_1 + n_2 - p - 1}{p}D \tag{4.6.10}$$

可以证明，当两类的各对应特征间无显著差异时，$F \sim F(p, n_1+n_2-p-1)$，于是可根据由训练样本的数据计算出来的 F 值来判断这 p 个性状能否作为两类间判别的依据。

例 4.2 设要建立一个判别函数来判别医院的工作情况，已知医院 A 类 11 所，B 类 9 所。设 X_1 为床位使用率，X_2 为治愈率，X_3 为诊断指数。判别指标样本观察值如表 4-10 和表 4-11。

表 4-10　A类医院训练样本观测值

编　号	X_1	X_2	X_3
1	98.82	85.49	93.18
2	85.37	79.10	99.65
3	86.64	80.64	96.94
4	73.08	86.82	98.70
5	78.73	80.44	97.61
6	103.44	80.40	93.75
7	91.99	80.77	93.93
8	87.50	82.50	94.10
9	81.82	88.45	97.90
10	73.16	82.94	92.12
11	86.19	83.55	93.30
均数	86.06 727	82.82 727	95.56 182

表 4-11　B类医院训练样本观测值

编　号	X_1	X_2	X_3
1	72.48	78.12	82.38
2	58.81	86.20	73.46
3	72.48	84.87	74.09
4	90.56	82.07	77.15
5	73.73	66.63	93.98
6	72.79	87.59	77.15
7	74.27	93.91	85.54
8	93.62	85.89	79.80
9	78.69	77.01	86.79
均数	76.381 11	82.476 67	81.148 89

$$S^{(1)}=\begin{pmatrix} 909.546\,2 & -79.104\,8 & -97.239\,8 \\ & 89.789\,0 & 2.403\,6 \\ & & 68.840\,4 \end{pmatrix}$$

$$S^{(2)}=\begin{pmatrix} 867.113\,7 & -17.798\,2 & 61.982\,3 \\ & 488.256\,6 & -258.275 \\ & & 360.005\,7 \end{pmatrix}$$

则类内离差阵为

$$\begin{aligned} W &= S^{(1)}+S^{(2)}=(w_{ij})_{3\times 3} \\ &=\begin{pmatrix} 909.546\,2 & -79.104\,8 & -97.239\,8 \\ & 89.789\,0 & 2.4036 \\ & & 68.840\,4 \end{pmatrix}+\begin{pmatrix} 867.113\,7 & -17.798\,2 & 61.982\,3 \\ & 488.256\,6 & -258.275 \\ & & 360.005\,7 \end{pmatrix} \\ &=\begin{pmatrix} 1776.66 & -96.902\,9 & -35.257\,5 \\ & 578.045\,6 & -255.872 \\ & & 428.846\,1 \end{pmatrix} \end{aligned}$$

$$d_1=\overline{x}_1^{(1)}-\overline{x}_1^{(2)}=86.067\,3-76.381\,1=9.686\,2$$
$$d_2=\overline{x}_2^{(1)}-\overline{x}_2^{(2)}=82.827\,3-82.476\,7=0.350\,6$$
$$d_3=\overline{x}_3^{(1)}-\overline{x}_3^{(2)}=95.561\,8-81.148\,9=14.412\,9$$

$$\begin{cases} w_{11}\lambda_1+w_{12}\lambda_2+w_{13}\lambda_3=cd_1 \\ w_{21}\lambda_1+w_{22}\lambda_2+w_{23}\lambda_3=cd_2 \\ w_{31}\lambda_1+w_{32}\lambda_2+w_{33}\lambda_3=cd_3 \end{cases}$$

其中 c=1。解下列方程组

$$\begin{cases} 1\,777.66\lambda_1-97.902\,9\lambda_2-35.257\,5\lambda_3=9.686\,2 \\ -97.902\,9\lambda_1+578.045\,6\lambda_2+255.872\lambda_3=0.350\,6 \\ -97.902\,9\lambda_1+578.045\,6\lambda_2+255.872\lambda_3=0.350\,6 \end{cases}$$

得解 λ_1=0.007 67，λ_2=0.023 32，λ_3=0.048 13，判别函数为

$$u = 0.007\,67x_1 + 0.023\,32x_2 + 0.048\,13x_3$$

计算 $u_i^{(1)}$，$u_i^{(2)}$ 及 u^* 的值如表 4-12 所示。

表 4-12　$u_i^{(1)}$，$u_i^{(2)}$ 及 u^* 的值

*A*类	$u_i^{(1)}$	分类	*B*类	$u_i^{(2)}$	分类
1	7.235 9	1	1	6.342 2	2
2	7.295 2	1	2	5.996 46	2
3	7.210 4	1	3	6.100 6	2
4	7.335 1	1	4	6.321 3	2
5	7.177 2	1	5	6.642 2	2
6	7.180 0	1	6	6.314	2
7	7.109 57	1	7	6.876 2	1
8	7.123 6	1	8	6.561 4	2
9	7.401 70	1	9	6.576 2	2
10	6.928 6	1	均值 $\bar{u}_2$	6.414 5	
11	7.099 6	1	$u^* = \frac{\bar{u}_1 + \bar{u}_2}{2}$	6.802 6	
均值 $\bar{u}_1$	7.190 6		$u^* = \frac{n_1\bar{u}_1 + n_2\bar{u}_2}{n_1 + n_2}$	6.841 4	

由此得

$$D = \lambda_1 d_1 + \lambda_2 d_2 + \lambda_3 d_3 = 0.776\,16$$

$$F = \frac{n_1 n_2}{n_1 + n_2} \times \frac{n_1 + n_2 - p - 1}{p} D = 20.490\,624$$

因为 F=20.490 624＞$F_{0.01}(3,16)$=5.29，所以判断函数的判断效果高度显著，上述三个性状可以作为分类的依据。判别结果如表 4-13。

表 4-13　判别效果

原　分　类	判别函数的判别归类	
	A	B
A	10	0
B	1	9

A 正确率=100%；B 正确率=90%；总正确率(符合率)=95%；A 误判率=0%；B 误判率=10%；总误判率=5%。

4.6.2　Bayes 多类判别

上节所介绍的 Fisher 判别方法主要适用于两类判别。本节介绍 Bayes 判别方法，适用于当已知个体可分为 G 类(G>2)的情况。

1．训练样本的观测值

设个体分成 G 类(G>2)，并分别从第 g 类中抽得 $n_g(g=1, 2, \cdots, G)$个训练样本，p 个性状，依次用 $x_1, x_2,\cdots, x_p$ 表示，观测值如表 4-14 所示。

表 4-14　g类训练样本

编号	x_1	x_2	…	x_p
1	$x_{11}^{(g)}$	$x_{21}^{(g)}$	…	$x_{p1}^{(g)}$
2	$x_{12}^{(g)}$	$x_{22}^{(g)}$	…	$x_{p2}^{(g)}$
…	…	…	…	…
n_g	$x_{1n_g}^{(g)}$	$x_{2n_g}^{(g)}$	…	$x_{pn_g}^{(g)}$
均数	$\overline{x}_1^{(g)}$	$\overline{x}_2^{(g)}$	…	$\overline{x}_p^{(g)}$

其中 $\overline{x}_i^{(g)}=\dfrac{1}{n_g}\sum\limits_{k=1}^{n_g}x_{ik}^{(g)}$，得训练样本观测值矩阵

$$A^{(g)}=\begin{pmatrix} x_{11}^{(g)} & x_{12}^{(g)} & \cdots & x_{1n_g}^{(g)} \\ x_{21}^{(g)} & x_{22}^{(g)} & \cdots & x_{2n_g}^{(g)} \\ \vdots & \vdots & \ddots & \vdots \\ x_{p1}^{(g)} & x_{p2}^{(g)} & \cdots & x_{pn_g}^{(g)} \end{pmatrix}^T$$
$$=(x_1^{(g)},x_2^{(g)},\cdots,x_{n_g}^{(g)})^T$$

其中 $x_k^{(g)}=(x_{1k}^{(g)},x_{2k}^{(g)},\cdots,x_{pk}^{(g)})^T$，$g=1,2,\cdots,G,k=1,2,\cdots,n_g$。

从训练样本分析，根据这 p 个分类指标进行分类，思考各类之间的差异是否显著。如果差异是显著的，则求出判别函数，以便利用判别函数对其他个体进行判别分类。

2．建立判别函数

(1) 计算各类均值及协方差阵

$$\overline{x}_i^{(g)}=\frac{1}{n}\sum_{k=1}^{n_g}x_{ik}^{(g)}\quad (i=1,2,\cdots,p;g=1,2,\cdots,G) \tag{4.6.11}$$

并记为 $\overline{X}^{(g)}=(\overline{x}_1^{(g)},\overline{x}_2^{(g)},\cdots,\overline{x}_p^{(g)})^T$。设

$$S^{(g)}=\begin{pmatrix} s_{11}^{(g)} & s_{12}^{(g)} & \cdots & s_{1p}^{(g)} \\ s_{21}^{(g)} & s_{22}^{(g)} & \cdots & s_{2p}^{(g)} \\ \vdots & \vdots & \ddots & \vdots \\ s_{p1}^{(g)} & s_{p2}^{(g)} & \cdots & s_{pp}^{(g)} \end{pmatrix}$$

其中 $s_{ij}^{(g)}=\sum\limits_{k=1}^{n_g}\left(x_{ik}^{(g)}-\overline{x}_i^{(g)}\right)\left(x_{jk}^{(g)}-\overline{x}_j^{(g)}\right), i,j=1,2,\cdots,p$。

则类内离差阵为

$$W = \sum_{g=1}^{G} S^{(g)} = \begin{pmatrix} w_{11} & w_{12} & \cdots & w_{1p} \\ w_{21} & w_{22} & \cdots & w_{2p} \\ \vdots & \vdots & \ddots & \vdots \\ w_{p1} & w_{p2} & \cdots & w_{pp} \end{pmatrix} \tag{4.6.12}$$

其中 $w_{ij} = \sum_{g=1}^{G}\sum_{k=1}^{n_g}\left(x_{ik}^{(g)} - \overline{x}_i^{(g)}\right)\left(x_{jk}^{(g)} - \overline{x}_j^{(g)}\right), i, j = 1,2,\cdots,p$。

协方差阵为

$$S = \frac{1}{N-G}W = \begin{pmatrix} s_{11} & s_{12} & \cdots & s_{1p} \\ s_{21} & s_{22} & \cdots & s_{2p} \\ \vdots & \vdots & \ddots & \vdots \\ s_{p1} & s_{p2} & \cdots & s_{pp} \end{pmatrix} \tag{4.6.13}$$

其中 $s_{ij} = \frac{1}{N-G}w_{ij}$， $N = \sum_{g=1}^{G} n_g$。

(2) 判别系数。

计算协方差阵 S 的逆阵

$$S^{-1}=C=(c_{ij})_{p\times p} \tag{4.6.14}$$

令

$$C^{(g)} = C\overline{X}^{(g)} = (c_1^{(g)}, c_2^{(g)}, \cdots, c_p^{(g)})^T \tag{4.6.15}$$

$$c_0^{(g)} = \frac{1}{2}\sum_{i=1}^{p} c_i^{(g)}\overline{x}_i^{(g)} \ ,\quad p^{(g)} = \frac{n_g}{N} \tag{4.6.16}$$

其中 $c_i^{(g)} = \sum_{j=1}^{p} c_{ij}\overline{x}_j^{(g)}, j = 1,2,\cdots,p, g = 1,2,\cdots,G$。

(3) 建立判别函数。

建立判别函数

$$y^{(g)}(X) = \ln p^{(g)} + c_0^{(g)} + c_1^{(g)}x_1 + c_2^{(g)}x_2 + \cdots + c_p^{(g)}x_p, g = 1,2,\cdots,G \tag{4.6.17}$$

对于任一个体 $X_0=(x_1, x_2, \cdots, x_p)$，代到式(4.6.17)中，得出 G 个值，若其中 $y^{(g^*)}(X_0)$ 最大，则该个体 $X=(x_1, x_2, \cdots, x_p)$是属于 g^*类。

3．各类之间的差异显著检验

(1) 两类之间差异显著性检验。

检验第 g 类与第 h 类间的差异

$$D_{gh} = \sum_{i=1}^{p}(c_i^{(g)} - c_i^{(h)})(\overline{x}_i^{(g)} - \overline{x}_i^{(h)}) \tag{4.6.18}$$

提出假设 H_0:两类均值相等。则

$$F = \frac{N-p-G+1}{p} \times \frac{n_g n_h}{n_g + n_h} \times \frac{1}{N-G} D_{gh} \sim F(p, N-p-G+1) \tag{4.6.19}$$

(2) 多类之间差异显著性检验。

定义组间离差矩阵为

$$B=(b_{ij}) \tag{4.6.20}$$

其中 $b_{ij}=\sum_{g=1}^{G} n_g\left(\overline{x}_i^{(g)}-\overline{x}_i\right)\left(\overline{x}_j^{(g)}-\overline{x}_j\right), i,j=1,2,\cdots,p$ ，这里 $\overline{x}_i=\sum_{g=1}^{G}\overline{x}_i^{(g)}(i=1,2,\cdots,p)$。

类内离差矩阵与组间离差矩阵之和定义为总离差阵，即 $T=W+B$，设

$$\Lambda=\frac{|W|}{|T|} \tag{4.6.21}$$

其中 $|W|$ 为类内离差矩阵 W 的行列式，$|T|$ 为总离差矩阵 T 的行列式。显然 Λ 值越小越有利于 G 类的区分，因此 Λ 值可以作为"判断能力"的度量，利用统计量 Λ 进行统计检验。而 $-\left(N-\frac{1}{2}(p+G)-1\right)\ln\Lambda$ 的极限分布是服从于大样本的 $\chi^2\left[p(G-1)\right]$。

例如，有 3 个总体，样品有 2 个变量，其观测值如表 4-15 所示。

表 4-15　训练样本观测值

总体样品(x_1, x_2)	a_1	a_2	a_3
1	1.0，2.5	1.1，4.0	1.1，5.0
2	1.1，2.6	1.0，4.2	1.0，5.2
3	1.3，2.4	1.3，4.1	1.4，5.1
4	1.2，2.3	1.2，4.3	1.2，5.3
5	1.1，2.7	1.0，4.2	1.3，5.2

可得

$$W=\begin{bmatrix}0.2200 & -0.0460\\ -0.0460 & 0.2040\end{bmatrix}，\quad T=\begin{bmatrix}0.2373 & 0.2980\\ 0.2980 & 18.2560\end{bmatrix}$$

$$\Lambda=\frac{|W|}{|T|}=0.010$$

再如，3 个总体，样品有 2 个变量，样品观测值如表 4-16 所示。

表 4-16　训练样本观测值

总体样品(x_1, x_2)	a_1	a_2	a_3
1	1.0，2.5	1.1，2.1	1.1，2.1
2	1.1，2.6	1.0，2.3	1.0，2.3
3	1.3，2.4	1.3，2.7	1.4，2.1
4	1.2，2.3	1.2，2.5	1.2，2.7
5	1.1，2.7	1.0，2.4	1.3，2.6

可得

$$W=\begin{bmatrix}0.2200 & 0.0700\\ -0.0700 & 0.6120\end{bmatrix}，\quad T=\begin{bmatrix}0.2373 & 0.0353\\ -0.0353 & 0.6299\end{bmatrix}$$

$$\Lambda=\frac{|W|}{|T|}=0.8752$$

上述结果说明 Λ 值越大变量的区分能力越弱，即总体之间的差异越小。

4.6.3　逐步判别分析

在拟定的判别变量之间，既有相对的独立性，又存在着一定的成因联系。对于区分已知总体来说，具有成因联系的那些变量似乎各自的区分能力都较强，但当把它们都选入判别函数后，又使得先选入的变量区分能力变弱。另外，建立判别函数时需要求出协方差阵 S 的逆阵 S^{-1}，若存在区分能力不显著的变量，可能导致 S^{-1} 不存在，故求不出判别函数。鉴于上述原因，提出“筛选”变量的方法，挑选那些判别能力真正强的变量建立判别函数，即逐步判别分析法。

例如，3 个总体(或类)各有 5 个样品，每个样品有 2 个变量(或性状)，它们的观测值如表 4-17 所示。

表 4-17　训练样本观测值

总体样品(x_1, x_2)	a_1	a_2	a_3
1	1.0，2.5	1.2，4.0	1.4，5.0
2	1.0，2.6	1.2，4.2	1.4，5.2
3	1.0，2.4	1.2，4.1	1.4，5.1
4	1.0，2.3	1.2，4.3	1.4，5.3
5	1.0，2.7	1.2，4.2	1.4，5.2

对上述 3 个总体来说，x_1 的区分能力远不如 x_2 大，由于

$$S=\begin{bmatrix}0.000 & 0.000\\ 0.000 & 0.156\end{bmatrix}$$

矩阵 S 不可逆，故求不出判别函数。

1．逐步判别分析的基本思想

在判别问题中，当判别变量个数较多时，如果不加选择地一概采用来建立判别函数，不仅计算量大，还由于变量之间的相关性，可能使求解逆矩阵的计算精度下降，建立的判别函数不稳定。因此适当地筛选变量的问题就成为一个很重要的事情。凡具有筛选变量能力的判别分析方法就统称为逐步判别法。

逐步判别法和通常的判别分析一样，也有许多不同的原则，从而产生各种方法。这里讨论的逐步判别分析方法是在多组判别分析基础上发展起来的一种方法，判别准则为贝叶斯判别函数，其基本思路类似于逐步回归分析，采用“有进有出”的算法，即按照变量是否重要，从而逐步引入变量，每引入一个“最重要”的变量进入判别式，同时要考虑较早引入的变量是否由于其后引入的新变量使之丧失了重要性，而变得不再显著了(例如其作用被后引入的某几个变量的组合所代替)，应及时从判别式中把它剔除，直到判别式中没有不重要的变量需要剔除，剩下来的变量也没有重要的变量可引入判别式时，逐步筛选结束。也就是说每步引入或剔除变量，都作相应的统计检验，使最后的贝叶斯判别函数仅保留“重要”的变量。

综上所述，所谓逐步判别分析法，即逐个检验拟定变量的区分能力，把区分能力强的变

量“引入”判别函数，在引入变量的过程中，随时“剔出”已引入判别函数中的区分能力变弱的变量，直到既没有区分能力强的变量引入，又没有区分能力变弱的变量剔除为止。

2．逐步判别的基础理论——对判别变量附加信息的检验

根据逐步判别分析的基本思想，进行判别分析需要解决两个关键的问题，一个是引入或剔除判别变量的依据和检验问题，另外则是判别函数及时导出的问题。其中的理论基础又在于如何对判别变量在区别各个总体中是否提供附加信息的检验。为此这里先给出如何对判别变量在区别各个总体中是否提供附加信息进行检验的基础理论。

设有 G 个总体，分别抽出样品个数为 $n_1, n_2, \cdots, n_G$，且 $n_1+n_2+\cdots+n_G=N$，每个样品观测 p 个指标。

和多组判别分析一样，假定各组的样品都是相互独立的正态随机向量，各组的协方差矩阵都一样，即第 g 个总称服从于 $N(\mu_g, \Sigma)$，其中 $g=1, 2, \cdots, G$。

为了对这 G 个总体建立判别函数，需要检验。提出假设

$$H_0: \mu_1=\mu_2=\cdots=\mu_G$$

当 H_0 被接受时，说明区分这 G 个总体是没有什么意义的，在此基础上建立的判别函数效果不好。当 H_0 被否定时，说明 G 个总体可以区分，建立的判别函数有意义。

但是为了达到区分这 G 个总体的目的，原来选择的 p 个指标是否可以减少而达到同样的判别效果，为此，也就要去掉一些对区分 G 个总体不带附加信息的变量。

对于上述问题的检验，可以采用维尔克斯统计量(Wilks) Λ 来进行，即

$$\Lambda = \frac{|W|}{|T|}$$

而 $-\left(N-\frac{1}{2}(p+G)-1\right)\ln\Lambda$ 的极限分布是服从于大样本的 $\chi^2\left[p(G-1)\right]$。

为了进一步考虑这一问题，把 p 个变量分解为两个部分，如果通过某种步骤已经选中了 $p-1$ 个变量，我们要检验增加第 p 个变量后对区分总体是否提供了附加信息，即对第 p 个变量的“判别能力”进行检验。为此，将矩阵 W、T 进行分块

$$W = \begin{bmatrix} W_{11} & W_{12} \\ W_{21} & W_{22} \end{bmatrix}_{p\times p}$$

$$T = \begin{bmatrix} T_{11} & T_{12} \\ T_{21} & T_{22} \end{bmatrix}_{p\times p}$$

其中 W_{11} 和 T_{11} 是 $(p-1)\times(p-1)$ 阶方阵，前 $p-1$ 个变量的维尔克斯统计量(Wilks) Λ_{p-1} 为

$$\Lambda_{p-1} = \frac{|W_{11}|}{|T_{11}|}$$

当增加第 p 个变量后，p 个变量的维尔克斯统计量 Λ_p 为

$$\Lambda_p = \frac{|W|}{|T|} = \frac{\begin{vmatrix} W_{11} & W_{12} \\ W_{21} & W_{22} \end{vmatrix}}{\begin{vmatrix} T_{11} & T_{12} \\ T_{21} & T_{22} \end{vmatrix}}$$

$$=\frac{\left|W_{11}\right|\left|W_{22}-W_{21}W_{11}^{-1}W_{12}\right|}{\left|T_{11}\right|\left|T_{22}-T_{21}T_{11}^{-1}T_{12}\right|}$$

$$=\Lambda_{p-1}\frac{\left|W_{22}-W_{21}W_{11}^{-1}W_{12}\right|}{\left|T_{22}-T_{21}T_{11}^{-1}T_{12}\right|}$$

所以有

$$\frac{\Lambda_{p-1}}{\Lambda_p}=\frac{\left|T_{22}-T_{21}T_{11}^{-1}T_{12}\right|}{\left|W_{22}-W_{21}W_{11}^{-1}W_{12}\right|}$$

即

$$\frac{\Lambda_{p-1}}{\Lambda_p}-1=\frac{\left|T_{22}-T_{21}T_{11}^{-1}T_{12}\right|-\left|W_{22}-W_{21}W_{11}^{-1}W_{12}\right|}{\left|W_{22}-W_{21}W_{11}^{-1}W_{12}\right|}$$

统计量 $F=\left(\frac{\Lambda_{p-1}}{\Lambda_p}-1\right)\frac{\left[N-(p-1)-G\right]}{(G-1)}$ 的极限分布是服从于

$$F\left[(G-1),N-(p-1)-G\right]$$

用此统计量 F 来检验给定前 $p-1$ 个变量的条件下，增加第 p 个变量的条件均值是否相等，即是否对区分总体提供附加信息。

3．引入和剔除变量的依据和检验统计量

1) WilksΛ 统计量

假设第 g 总体服从于 $N(\mu_g,\Sigma), g=1,2,\cdots,G$，类内离差矩阵 $W=\left[w_{ij}\right]_{p\times p}$、类间离差矩阵 $B=\left[b_{ij}\right]_{p\times p}$ 及总离差矩阵 $T=\left[t_{ij}\right]_{p\times p}$，满足 $T=W+B$。可以证明 $t_{ij}=\sum_{g=1}^{G}\sum_{k=1}^{n_g}\left(x_{ik}^{(g)}-\bar{x}_i\right)\left(x_{jk}^{(g)}-\bar{x}_j\right)$。

为了检验变量的区分能力，设维尔克斯统计量 Λ 为

$$\Lambda=\frac{|W|}{|T|}$$

我们知道 Λ 值越小类内部差异越小，类之间差异越大。

2) 引入和剔除变量

在上述理论基础上，下面给出判别分析中引入变量和剔除变量的依据和检验方法。

(1) 假定我们已经计算了 l 步，并且已经引入了 $x_1,x_2,\cdots,x_l$，现对第 $l+1$ 步添加一个新变量 x_r 的“判别能力”进行检验，为此将变量分为两组，第一组是前 l 个已经引入的变量，第二组仅有一个变量 x_r，将这 $l+1$ 个变量的组内离差阵和总离差阵仍分别记为 W 与 T。

$$W=\begin{bmatrix}W_{11} & W_{12}\\ W_{21} & W_{22}\end{bmatrix}_{(l+1)\times(l+1)}$$

$$|W|=\left|W_{11}\right|\cdot w_{rr}^{(l)}$$

其中，$w_{rr}^{(l)} = W_{22} - W_{21} \cdot W_{11}^{-1} W_{12} = W_{rr} - W_{r1} W_{11}^{-1} W_{1r}$

$$T = \begin{bmatrix} T_{11} & T_{12} \\ T_{21} & T_{22} \end{bmatrix}_{(l+1)\times(l+1)}$$

$$|T| = |T_{11}| \cdot t_{rr}^{(l)}$$

其中，$t_{rr}^{(l)} = T_{22} - T_{21} \cdot T_{11}^{-1} T_{12} = T_{rr} - T_{r1} \cdot T_{11}^{-1} T_{1r}$

这里 W_{11} 和 T_{11} 是 $l \times l$ 阶方阵。维尔克斯统计量为

$$\Lambda_{l+1} = \frac{|W|}{|T|} = \frac{|W_{11}| w_{rr}^{(l)}}{|T_{11}| t_{rr}^{(l)}} = \Lambda_l \frac{w_{rr}^{(l)}}{t_{rr}^{(l)}} \tag{4.6.22}$$

令 $V_r = \dfrac{w_{rr}^{(l)}}{t_{rr}^{(l)}}$，有

$$\frac{\Lambda_{l+1}}{\Lambda_l} - 1 = \frac{1 - V_r}{V_r} \tag{4.6.23}$$

由附加信息检验准则，则引入变量的依据是 V_r，引入变量的检验统计量为

$$F_{1r} = \frac{1 - V_r}{V_r} \cdot \frac{N - l - G}{G - 1} = \frac{t_{rr}(l) - w_{rr}(l)}{w_{rr}(l)} \cdot \frac{N - l - G}{G - 1} \tag{4.6.24}$$

它服从于分布 $F(G-1, N-l-G)$。

在未选入变量中，选择使 V_r 达到最小值的变量 x_r，当 $F_{1r} \leqslant F(m-1, n-l-m)$ 时，则认为变量 x_r 提供了附加信息，即 x_r 的判别能力显著，由此将 x_r 作为入选变量 x_{l+1}。

对已入选的 l 个变量中，要考虑较早选入的变量中其重要性有没有较大变化，应及时把不能提供附加信息的变量剔除，剔除的原则同于引进变量。

(2) 如果第 $l+1$ 步是剔除变量 $x_r (1 \leqslant r \leqslant l)$，第 $l+1$ 步剔除变量 x_r 的能力等价于第 l 步引入 x_r 的判别能力，令

$$V_r = \frac{w_{rr}^{(l-1)}}{t_{rr}^{(l-1)}} = \frac{t_{rr}^{(l)}}{w_{rr}^{(l)}}$$

则相应的剔除变量的依据是 V_r，剔除变量的检验统计量为

$$F_{2r} = \frac{1 - V_r}{V_r} \cdot \frac{N - (l-1) - G}{G - 1} = \frac{w_{rr}^{(l)} - t_{rr}^{(l)}}{t_{rr}^{(l)}} \cdot \frac{N - (l-1) - G}{G - 1} \tag{4.6.25}$$

它服从于分布 $F[G-1, N-(l-1)-G]$)。

如果对于某个变量 $x_r (1 \leqslant r \leqslant l)$，使得在已经入选的变量中的 V_r 具有最大值，并且满足 $F_{2r} \leqslant F(G-1, N-(l-1)-G)$，则认为变量 x_r 不能提供附加信息了，即 x_r 的判别能力不显著，由此应该将 x_r 从入选变量中剔除。

4．逐步判别的变换公式

逐步判别建立判别函数的过程要对 W 和 T 两个矩阵进行变换。它的第 $l+1$ 步不论是引入还是剔除变量 x_r，都是对 W 和 T 矩阵进行一次变换。

对前一步已得到的矩阵 $W^{(l)}$、$T^{(l)}$ 作消去的变换公式为

$$w_{ij}^{(l+1)}=\begin{cases}1/w_{rr}^{(l)} & (i=r,j=r)\\ w_{rj}^{(l)}/w_{rr}^{(l)} & (i=r,j\neq r)\\ -w_{ir}^{(l)}/w_{rr}^{(l)} & (i\neq r,j=r)\\ w_{ij}^{(l)}-w_{ir}^{(l)}w_{rj}^{(l)}/w_{rr}^{(l)} & (i\neq r,j\neq r)\end{cases}\tag{4.6.26}$$

$$t_{ij}^{(l+1)}\begin{cases}1/t_{rr}^{(l)} & (i=r,j=r)\\ t_{rj}^{(l)}/t_{rr}^{(l)} & (i=r,j\neq r)\\ -t_{ir}^{(l)}/t_{rr}^{(l)} & (i\neq r,j=r)\\ t_{ij}^{(l)}-t_{ir}^{(l)}t_{rj}^{(l)}/t_{rr}^{(l)} & (i\neq r,j\neq r)\end{cases}\tag{4.6.27}$$

得到矩阵 $W^{(l+1)},T^{(l+1)}$。

5．逐步判断分析的计算步骤

第一步，按 $V_r=\dfrac{w_{rr}}{t_{rr}},r=1,2,\cdots,p$ ，计算 V_r 的值，从中选出 V_r 值最小的变量。不失一般性，设这个变量是 x_1，否则可将变量次序重新排列，使入选的变量排在第一个。对矩阵 W 及 T 作变换 L_1，记变换结果为

$$W^{(1)}=(w_{ij}^{(1)}),T^{(1)}=(t_{ij}^{(1)})\tag{4.6.28}$$

第二步，对未入选的变量逐个计算统计量

$$\Lambda_{1r}=\frac{\begin{vmatrix}w_{11} & w_{1r}\\ w_{r1} & w_{rr}\end{vmatrix}}{\begin{vmatrix}t_{11} & t_{1r}\\ t_{r1} & t_{r}\end{vmatrix}}\tag{4.6.29}$$

利用已对 W 及 T 所作的变换，上式可用 $W^{(1)}$及 $T^{(1)}$计算

$$\Lambda_{1r}=\frac{w_{11}}{t_{11}}\times\frac{w_{rr}^{(1)}}{t_{rr}^{(1)}},r=1,2,\cdots,p\tag{4.6.30}$$

令

$$\Lambda_{r/1}=\frac{w_{rr}^{(1)}}{t_{rr}^{(1)}}\tag{4.6.31}$$

$\Lambda_{r/1}$ 表示当第一个变量入选后，添加第 r 个变量所引起的 Λ 的变化，则 $\Lambda_{1r}=\Lambda_1\Lambda_{r/1}$，从中选出 Λ_{1r} 值为最小的变量，不妨设为 x_2。

对 $W^{(1)}$及 $T^{(1)}$作变换 L_2，记变换后所得的矩阵为

$$W^{(2)}=\left(w_{ij}^{(2)}\right),T^{(2)}=\left(t_{ij}^{(2)}\right)\tag{4.6.32}$$

设已经进行了 l 步，选出了变量 $x_1,x_2,\cdots,x_l$，并得到矩阵 $W^{(l)}$及 $T^{(l)}$。

第 l+1 步，计算

$$\Lambda_{12\cdots lr}=\Lambda_{12\cdots l}\Lambda_{r/12\cdots l}=\Lambda_{12\cdots l}\frac{w_{rr}^{(l)}}{t_{rr}^{(l)}},\quad r=l+1,\cdots,p\tag{4.6.33}$$

式中

$$\Lambda_{12\cdots l}=\frac{w_{11}}{t_{11}}\times\frac{w_{22}^{(1)}}{t_{22}^{(1)}}\times\cdots\times\frac{w_{ll}^{(l-1)}}{t_{ll}^{(l-1)}},\quad \Lambda_{r/12\cdots l}=\frac{w_{rr}^{(l)}}{t_{rr}^{(l)}}\tag{4.6.34}$$

从中选出最小的 $\Lambda_{12\cdots lr}$，不妨设 $\Lambda_{12\cdots lr(l+1)}$，这时选中的变量为 x_{l+1} 与 $x_1, x_2, \cdots, x_l$ 组合比其他变量与 $x_1, x_2, \cdots, x_l$ 的组合有更好的效果。

为保证选入的变量有真正的判别效果，每一步中(除前三步以外)都应当先考虑剔除，再考虑选入。

假如已选入了 l 个变量(仍假设已入选的变量为 $x_1, x_2, \cdots, x_l$)，要考虑这 l 个变量中有一个变量 $x_r(r=1, 2, \cdots, l)$的作用是否仍然显著，需对其判别能力作显著性检验，计算

$$\Lambda_{r(-)}=\frac{t_{rr}^{(l)}}{w_{rr}^{(l)}}, r=1,2,\cdots,l \tag{4.6.35}$$

在这 l 个值中找一个最大的，记为 Λ_-，并计算

$$F_-=\frac{1-\Lambda_-}{\Lambda_-}\times\frac{N-G-(l-1)}{G-1} \tag{4.6.36}$$

然后与自由度为$[G-1, N-G-(l-1)]$的 F 分布的临界值 $F_\alpha[G-1, N-G-(l-1)]$比较，如果 $F_-\leqslant F_\alpha$，则应把对应的变量剔除。

在进行了 l 步后，设未选入的变量为 $x_{l+1}, x_{l+2}, \cdots, x_p$，对于这些变量计算

$$\Lambda_{r(+)}=\frac{w_{rr}^{(l)}}{t_{rr}^{(l)}},\ r=l+1, l+2, \cdots, p \tag{4.6.37}$$

再从中找出最小的，记为 Λ_+，用以下公式计算 F 值

$$F_+=\frac{1-\Lambda_+}{\Lambda_+}\times\frac{N-G-l}{G-1} \tag{4.6.38}$$

并与自由度为$(G-1, N-G-l)$的 F 分布的临界值 $F_\alpha(G-1, N-G-l)$比较，如果 $F_+\geqslant F_\alpha$，则应把对应的变量选入。

在既不能剔除，也不能选入新变量时，结束逐步计算，并由已选入的变量 $x_1, x_2, \cdots, x_l$ 求出判别函数，这时判别系数可按下列公式计算

$$\begin{cases} c_i^{(g)}=(N-G)\sum_{j=1}^{l}w_{ij}^{(l)}\bar{x}_j^{(g)} \\ c_0^{(g)}=-\frac{1}{2}\sum_{i=1}^{l}c_i^{(g)}\bar{x}_i^{(g)} \end{cases} \tag{4.6.39}$$

$i=1, 2, \cdots, l$；$g=1, 2, \cdots, G$

6．判别效果检验

这 l 个变量的判别效果可用 χ^2 统计量检验，χ^2 值的计算公式为

$$\chi^2=-\left[N-1-\frac{1}{2}(l+G)\right]\ln\Lambda_{12\cdots l} \tag{4.6.40}$$

这里自由度为 $l(G-l)$，$\Lambda_{12\cdots l}=\dfrac{w_{11}w_{22}^{(1)}\cdots w_{ll}^{(l-1)}}{t_{11}t_{22}^{(1)}\cdots t_{ll}^{(l-1)}}$。

对第 g 类和第 h 类总体的判别效果，可作 F 检验，F 的计算公式为

$$F=\frac{(N-G-l+1)}{l(N-G)(n_g+n_h)}D_{gh} \tag{4.6.41}$$

这里 $df=(l, N-G-l+1)$，$D_{gh}=\left(\overline{c}_i^{(g)}-\overline{c}_i^{(h)}\right)\left(\overline{x}_i^{(g)}-\overline{x}_i^{(h)}\right)$。

7．判别函数建立

判别函数为

$$y^{(g)}(x)=\ln p^{(g)}+c_0^{(g)}+\sum_{i=1}^{l}c_i^{(g)}x_i\ ,\quad g=1,2,\cdots,G \tag{4.6.42}$$

对需要判别分类的个体逐个计算判别函数的值，若

$$y^{(g^*)}(x)=\max_{1\leqslant g\leqslant G}[y^{(g)}(x)] \tag{4.6.43}$$

则把这个个体划归第 g^*类。

至此，逐步判别计算完全结束。

第 4 篇

数据挖掘技术

第 5 章 数据挖掘导论

5.1 数 据 挖 掘

5.1.1 数据挖掘意义

随着信息技术的迅猛发展，许多行业如商业、企业、科研机构和政府部门等都积累了海量的、不同形式存储的数据资料。这些海量数据中往往隐含着各种各样有用的信息，仅仅依靠数据库的查询检索机制和统计学方法很难获得这些信息，数据和信息之间的鸿沟要求系统地开发数据挖掘工具，将数据转换成有价值的知识信息，从而达到为决策服务的目的。在这种情况下，一个新的技术——数据挖掘技术应运而生。数据挖掘技术正是为了迎合这种需要而产生并迅速发展起来的，是用于开发信息资源的一种新数据处理技术。数据挖掘技术是当前数据库和人工智能领域研究的热点。

数据挖掘就是从大量的、有噪声的、不完全的、模糊的、随机的实际应用数据中，提取有效的、新颖的、潜在有用的知识的非平凡过程。所得到的信息应具有先前未知、有效和实用三个特征。这些数据的类型可以是结构化的、半结构化的，甚至是异构型的。发现知识的方法可以是数学的、非数学的，也可以是归纳的。被挖掘发现的知识可以用于信息管理、查询优化、决策支持及数据自身的维护等。

数据挖掘通常又称数据库中的知识发现，是一个多学科领域，它融合了数据库技术、人工智能、机器学习、统计学、知识工程、信息检索等最新技术的研究成果，其应用非常广泛。只要是有分析价值的数据库，都可以利用数据挖掘工具来挖掘有用的信息。数据挖掘典型的应用领域包括市场、工业生产、金融、医学、科学研究、工程诊断等。

5.1.2 数据挖掘与数据分析区别

广义的数据分析包含狭义的数据分析和数据挖掘。

信息，抽象地说，就是可信的数据信息，和数据最大的区别就在于数据是客观的，信息是主观的。例如你用尺子量桌子长宽，那么得出的值是数据，这是客观存在的。无论你的尺子是英制还是公制，但对于你而言，你并不关心实际的长度，而通常关心的是购买的桌子是否适合你家里的格局和空间等信息，这种主观对客观数据的接受和再描述就是信息。区分数据和信息的最大差别，就是客观和主观的差别。

数据分析是指用适当的统计分析方法对收集来的大量数据进行分析，提取有用信息和形成结论，对数据加以详细研究和概括总结的过程，这一过程也是质量管理体系的支持过程。在实用中，数据分析可帮助人们作出判断，以便采取适当行动。数据分析的数学基础在 20 世纪早期就已确立，但直到计算机的出现才使得实际操作成为可能，并使得数据分析得以推广。数据分析是数学与计算机科学相结合的产物。数据分析将数据转化为信息，而这些信息需要进一步获得认知，转化为有效的预测和决策，这时就需要数据挖掘。数据挖掘，称为资料探勘、数据采矿，它是数据库知识发现中的一个步骤。数据挖掘一般是指从大量的数据中通过算法搜索隐藏于其中的信息的过程。数据挖掘通常与计算机科学有关，并通过统计、在线分析处理、情报检索、机器学习、专家系统(依靠过去的经验法则)和模式识别等诸多方法来实现上述目标。

数据挖掘与数据分析两者紧密相连，具有循环递归的关系，数据分析结果需要进一步进行数据挖掘才能指导决策，而数据挖掘进行价值评估的过程也需要调整先验约束而再次进行数据分析。数据分析的结果是信息，这些信息作为数据，再进行数据挖掘。而数据挖掘，又使用了数据分析的手段，周而复始。

数据分析和数据挖掘的最大区别在于，数据分析是以输入的数据为基础，通过先验的约束，对数据进行处理，但是不以结论来调整先验的约束。例如你需要图像识别，这个属于数据分析。你要分析人脸，数据通过你的先验的方法，而出来个猫脸，你的数据分析也没有问题，你需要默默地承受结果，并且尊重事实。因此数据分析的重点在于数据的有效性、真实性和先验约束的正确性。而数据挖掘则不同，数据挖掘是对信息的价值化的获取，价值化自然不考虑数据本身，而是考虑数据是否有价值。由此，对于一批数据，你尝试对它做不同的价值评估，就是数据挖掘。此时，你需要调整你的先验约束，再次对数据进行分析，而先验的约束已经不是针对数据来源自身的特点，是你期望得到的一个有价值的内容，做先验的约束以观测数据，根据这个约束，判断是否有正确的反馈。

总之，数据挖掘与数据分析的区别主要有以下 5 个方面。

(1) 两者所研究数据的数量规模不同。数据挖掘是指从大量的数据中，通过统计学、人工智能、机器学习等方法，挖掘出未知的、具有价值的信息和知识的过程。而数据分析的数据规模不需要很大，用适当的统计分析方法及工具，对收集来的数据进行处理与分析，提取有价值的信息，发挥数据的作用。

(2) 两者目的不同。数据挖掘主要侧重解决 4 类问题，即分类、聚类、关联和预测(定量、定性)，数据挖掘的重点在寻找未知的模式与规律，数据挖掘的目标不是很清晰，要依靠挖掘算法来找出隐藏在大量数据中的规则、模式、规律等，并不追求原因分析。如我们常说的数据挖掘案例“啤酒与尿布”等，这就是事先未知的，但又是非常有价值的信息。而数据分析主要实现三大作用，即现状分析、原因分析、预测分析(定量)。数据分析一般要求分析的目标比较明确，分析条件也比较清楚。先做假设，然后通过数据分析来验证假设是否正确，从而得到相应的结论。

(3) 两者所需的约束不同。数据挖掘不需要假设，可以自动建立方程。数据分析是从一个假设出发，需要自行建立方程或模型来与假设吻合。

(4) 两者使用的方法不同。数据挖掘主要采用决策树、神经网络、关联规则、聚类分析等技术，运用统计学、人工智能、机器学习等方法进行挖掘。而数据分析主要采用对比分析、分组分析、交叉分析、回归分析等常用分析方法。

(5) 两者输出的结果不同。数据挖掘输出模型或规则，并且可相应得到模型得分或标签，把信息变成认知的工具。数据挖掘的结果不容易解释，对信息进行价值评估，着眼于预测未来，并提出决策性建议。而数据分析一般都会得到一个指标统计量结果，如总和、平均值等，这些指标数据都需要与业务结合进行解读，才能发挥出数据的价值与作用，呈现有效信息。如果我们想要从数据中提取一定的规律(即认知)，往往需要将数据分析和数据挖掘结合使用。

综合起来，数据分析(狭义)与数据挖掘的本质都是从数据里面发现关于业务的知识(有价值的信息)，从而帮助业务运营、改进产品以及帮助企业做更好的决策。所以数据分析(狭义)与数据挖掘构成广义的数据分析。

5.2 数据挖掘任务与应用

5.2.1 数据挖掘主要任务

数据挖掘的主要任务有分类问题、聚类问题、关联问题、预测和时序模式及偏差分析问题等。

1. 分类问题

分类问题属于预测性的问题，但是它跟普通预测问题的区别在于其预测的结果是类别(如A、B、C 三类)而不是一个具体的数值。

举个例子，你和朋友在路上走着，迎面走来一个人，你对朋友说：“我猜这个人是个上海人。”那么这个问题就属于分类问题；如果你对朋友说：“我猜这个人的年龄在 30 岁左右。”那么这个问题就属于后面要说到的普遍意义下的预测问题。

商业案例中，分类问题可谓是最多的，如给你一个客户的相关信息，预测一下他未来一段时间是否会离网，信用度如何，是否会使用你的某个产品，将来是否会成为你的价值客户，成为高、中、低哪级客户，是否会响应你的某个促销活动等。

有一种很特殊的分类问题，那就是“二分”问题。显而易见，“二分”问题意味着预测的分类结果只有两类，如是/否、好/坏、高/低等。这类问题也称为 0/1 问题。之所以说它很特殊，主要是因为解决这类问题时，我们只需预测属于其中一类的概率即可，因为两个类的概率可以互相推导。如预测 x=1 的概率为 $p(x=1)$，那么 x=0 的概率 $p(x=0)=1-p(x=1)$。解决这类问题的一个大前提就是通过已收集的历史数据，明确知道某些用户的分类结果，如已经收集到了 10 000 个用户的分类结果，其中 7 000 个属于“1”这类；3 000 个属于“0”这类。伴随着收集到分类结果的同时，还收集了这 10 000 个用户的若干特征(指标、变量)。这样的数据集一般在数据挖掘中被称为训练集，顾名思义，分类预测的规则就是通过这个数据集训练出来的。训练的大概思路是这样的，对所有已经收集到的特征或变量分别进行分析，寻找与目标 0/1 变量相关的特征或变量，然后归纳出 $p(x=1)$与筛选出来的相关特征或变量之间的关系，不同方法归纳出来的关系表达方式是各不相同的，如回归的方法是通过函数关系式，决策树方法是通过规则集等。

2．聚类问题

聚类问题不属于预测性的问题，它主要解决的是把一群对象划分成若干个组的问题。划分的依据是聚类问题的核心。所谓“物以类聚，人以群分”，故得名聚类。

聚类问题容易与分类问题混淆，主要是语言表达的原因，因为我们常说这样的话：“根据客户的消费行为，我们把客户分成三个类，第一个类的主要特征是……”，实际上这是一个聚类问题，但是在表达上容易让我们误解为这是个分类问题。分类问题与聚类问题是有本质区别的：分类问题是预测一个未知类别的用户属于哪个类别(相当于做单选题)，而聚类问题是根据选定的指标，对一群用户进行划分(相当于做开放式的论述题)，它不属于预测问题。

聚类问题在商业案例中也是非常常见的，例如需要选择若干个指标(如价值、成本、使用的产品等)对已有的用户群进行划分，特征相似的用户聚为一类，特征不同的用户分属于不同的类。

聚类的方法层出不穷，基于用户间彼此距离的长短来对用户进行聚类划分的方法依然是当前最流行的方法。首先确定选择哪些指标对用户进行聚类；然后在选择的指标上计算用户彼此间的距离，距离的计算公式很多，最常用的就是几何距离；最后聚类方法把彼此距离比较短的用户聚为一类，类与类之间的距离相对比较长。

3．关联问题

关联分析要解决的主要问题是一群用户购买了很多产品之后，哪些产品同时购买的概率比较高，买了 A 产品的同时买哪个产品的概率比较高。可由于最初关联分析主要是在超市应用比较广泛，所以又叫“购物篮分析”。

在研究的问题中，如果一个用户购买的所有产品是同时一次性购买的，那么分析的重点就是所有用户购买的产品之间的关联性。如果一个用户购买的产品的时间是不同的，而且分析时需要突出时间先后上的关联，如先买了什么，然后又买什么，那么这类问题称为序列问题，它是关联问题的一种特殊情况。从某种意义上来说，序列问题也可以按照关联问题来操作。

关联分析有三个非常重要的概念，那就是“三度”，即支持度、可信度、提升度。假设有 10 000 个人购买了产品，其中购买 A 产品的人是 1 000 个，购买 B 产品的人是 2 000 个，同时购买 A、B 的人是 800 个。支持度指的是关联的产品(假定 A 产品和 B 产品关联)同时购买的人数占总人数的比例，即 800/10 000=8%，有 8%的用户同时购买了 A 和 B 两个产品；可信度指的是在购买了一个产品之后购买另外一个产品的可能性，例如购买了 A 产品之后购买 B 产品的可信度=800/1 000=80%，即 80%的用户在购买了 A 产品之后会购买 B 产品；提升度就是在购买 A 产品这个条件下购买 B 产品的可能性与没有这个条件下购买 B 产品的可能性之比，没有任何条件下购买 B 产品可能性=2 000 ÷ 10 000=20%，那么提升度=80% ÷ 20%=4。

4．预测和时序模式及偏差问题

预测(Predication)是指利用历史数据找出变化规律，建立模型，并由此模型对未来数据的种类及特征进行预测。预测关心的是精度和不确定性，通常用预测方差来度量。

时序模式(Time-series Pattern)是指通过时间序列搜索出的重复发生率较高的模式。与回归一样，它也是用已知的数据预测未来的值，但这些数据的区别是变量所处时间的不同。

偏差分析又称为挣得值分析法或赢得值法。偏差分析是在工程项目实施中使用较多的一种方法，是对项目进度和费用进行综合控制的一种有效方法。偏差分析能得出数据库中的数据存在的异常情况，这是非常重要的。偏差检验的基本方法就是寻找检查结果与参照之间的差别。

5.2.2 数据挖掘应用

数据挖掘是因应用而产生，前面说到数据挖掘技术的主要方法是分类分析、聚类分析、关联分析等，如果把这些技术运用到不同的行业，我们将看到数据挖掘的应用是非常广泛的。

1．数据统计是数据挖掘最直接的应用

数据统计是大数据应用的最直观的形式，数据统计在企业中常被称为商业智能(Business Intelligence，BI)系统，使用者们通过观察数据报表来掌握企业的经营状况，发现企业运营的问题。大数据技术利用各种分析方法和工具在大规模海量数据中建立模型和发现数据间的潜在关系，帮助管理者制定决策寻找依据。

随着技术的进步，数据统计应用发展得越来越迅速，例如传统按周、按天生成的数据报表，可以缩短为小时级甚至分钟级，同时报表的细分刻画能力也更强，这有助于管理者更及时掌握业务变化情况，更深入了解变化的细节。

2．个性化技术蕴藏巨大价值

每个人生来就是与众不同的，需求也是个性化的。以时装产业为例，每个用户穿着打扮的偏好、喜爱的款式是各不相同的，大数据能充分发挥所长，挖掘出用户的个性化需求并加以满足。亚马逊公司(Amazon)通过挖掘用户在线的浏览行为和购买记录，成功挖掘出了用户个性化模型并进行针对性商品推荐，极大促进了商品的购买率。目前亚马逊上超过 30%的购买收入由个性化推荐系统所贡献，这是了不起的成就。

私人订制就是个性化的一个典型案例。以往私人订制是高端人群独有的服务，价格昂贵，耗时耗力，而大数据技术能将定制过程自动化，使成本降低，让普通民众享受到个性化服务的优势。亚马逊总裁杰夫·贝佐斯曾说过：“如果我的网站有一百万个顾客，我就应该有一百万个商店。”

个性化数据技术对合理调配企业资源也有积极的意义。例如美国的 Dunnhumby Shop 公司通过分析消费者访问超市的时间和消费明细，对不同顾客群体采取针对性的促销手段，同时帮助供应商针对不同区域制定合理有效的价格、库存和配送方案，节约了运营成本。

3. 预测技术应用

我们每天都在进行着大大小小的预测，如预测从家里出发到工作地点所需要的时间，预测某款产品发布以后一个月内的订单量。预测结果愈准确，则成功的把握愈大。大数据技术通过对趋势、季节变动、循环波动和不规则波动的因素细致把握，赋予我们更强的洞察未来的能力。例如，美国第二大连锁超市 Target，通过大数据技术分析顾客的详细购买记录，判断出某位还在读书的年轻女孩已经怀孕了，并给她寄去了大量婴儿用品的优惠券，这位女孩的父亲收到优惠券后极为惊讶，经过和女儿的进一步沟通才发现女儿真的已经有孕了。大数据技术比这位父亲更早预测出了真相。

4. 分类和回归技术应用

如同谚语“朝霞不出门，晚霞行千里”所说的，我们常常通过经验来分析不同现象之间存在的潜在关联和因果关系，而如今大数据技术能代替人工经验来更好地分析数据间的关联关系，帮助人们找出规律。所谓回归分析技术(Regression Analysis)，它通过统计科学来把握两个或多个变量间相关关系的强度；所谓分类技术(Classification)，是指通过分析已标注好的训练数据，自动将新的未知数据按种类、等级或性质分别归类的过程。

分类和回归是人脑最常进行的操作，现在计算机也能逐步代替人类完成这样的操作，且效率是人类的数万倍。例如，英国 Adzuna 公司根据积累的海量职位薪酬数据，自动为招聘双方提供薪酬制定的科学依据，其最优的预测算法非常精确，生成的预测值和实际薪水值误差不到 10%。Adzuna 已成为英国内阁高官“幕后智囊团”，帮助英国政府了解失业率、职位空缺、薪资水平等经济发展情况。

5. 辅助决策系统

企业战略决策往往决定了企业的生死存亡，怎样才能更科学合理进行决策？大数据技术基于海量数据，能让决策更科学且降低误判的风险。其中大数据辅助分析有一个称为GREAT(Guided, Relevant, Explainable, Actionable, Timely)的原则。基于 GREAT 原则，越来越多的企业将会充分利用大数据，发挥智囊团的作用。

5.3 数　据　流

随着高级数据库技术和万维网的发展，各种复杂类型的数据得到高速增长。对于这些复杂数据的挖掘逐渐成为数据挖掘研究的重要课题。数据流就是复杂数据中的一种，它以流的形式连续不断地流进和流出各种计算机系统，广泛存在于现实生活中。例如，一个网站每天的点击率、股票价格的波动数据、各种实时监控系统的数据等。从数据流中挖掘出一些潜在的、有价值的信息可以给众多行业带来巨大帮助，这也成为数据挖掘领域的研究热点问题之一。

5.3.1 数据流概念

1. 数据流

所谓数据流就是大量的、连续的、以特定次序传输的数据序列，这种数据序列中包含许多潜在知识和有用信息。数据流挖掘就是用特殊技术从这种流式数据中提取出有用知识的过程。由于数据流是按时间顺序的、快速变化的、海量的和潜在无限的，使大多数传统的数据挖掘方法不适用于在数据流上进行挖掘。数据流的潜在无限性使它不可能全部存储在数据库中，快速变化使它不能多次重复扫描，因而只能对其进行实时、抽样扫描，导致数据流挖掘的结果也只能是近似值。

2. 数据流特点

数据流具有如下特点：①有序性、连续性、实时(或随时)性，即数据有序地、连续地到达并实时地变化；②无限性，即数据量大，甚至是无限的数据量，存储所有数据的代价是极大的；③单遍性，即由于内存的限制，只能对数据流进行单遍扫描；④概要性，即处理数据流数据时，要求构造概要数据结构；⑤低层次性和多维性，即数据流的原始细节数据的概念层次较低且具有多维(或高维)的特点；⑥近似性，即数据流查询以及挖掘处理得到的结果是近似的；⑦即时性，即用户要求得到即时的处理结果。另外，分布式数据流还具有分布性、并行性和多重性的特点。

值得指出的是，传统的实时数据库(Real-time Database)技术以及中间件(Middleware)技术一般不适合用来解决数据流的查询、挖掘等问题，或在某种程度上只能满足部分的数据流处理要求，其原因之一是这两种技术的处理引擎的效率与数据流的流速不匹配。

3. 数据流类型

数据流分为两种，一种是数据源产生的数据独立同分布，称为稳定数据流；另一种是数据源产生的数据不独立同分布，在数据产生过程中发生了“概念漂移”，称为动态数据流。

5.3.2 数据流模型与分类

1. 数据流模型

数据流管理、查询和挖掘任务对数据结构、算法等提出了新的要求。在处理数据流时，要求设计出有效的单遍扫描算法，在有限的内存空间里不断更新能够表征数据流的概要数据结构，使得查询、挖掘算法在任意时刻都能够根据概要数据结构获得近似的且其准确性有概率保证的计算结果。

一般来说，数据流处理的联机(On-line)算法主要包括两部分内容，一个是监控数据流并不断更新概要数据结构的算法；另一个是响应用户的查询请求和挖掘任务，并且能实时地计算得到近似结果的算法。在此，相关的算法要以一定概率保证计算结果的误差被限制在一个小的范围内。同时，由于内存空间的限制，要求概要数据结构模型的复杂度至多是次线性的。根据数据流的特点可知，数据结构模型及时更新问题是数据流技术要解决的关键问题之一。

在进行数据流计算时，有哪些数据被包含在计算范围之内，关于这个问题，按照算法处理数据流时所采用的时序范围，数据流模型可分为以下几类。

1) 快照模型

快照模型处理数据的范围限制在两个预定义的时间戳之间。

2) 界标模型

界标模型处理数据的范围从某一个已知的初始时间点到当前时间点为止。

3) 滑动窗口模型

滑动窗口模型处理数据的范围由某个固定大小的滑动窗口确定，此滑动窗口的终点永远为当前时刻，其中滑动窗口的大小可以由一个时间区间定义，也可以由窗口所包含的数据项数目定义。

2．数据流概要描述技术

为了在正确性与存储空间之间进行平衡，可以对数据流进行概要描述，即保存数据流的压缩信息，使得在任何时候都能根据数据的概要描述获得满足查询要求的近似结果。对数据流的概要描述一般采用大纲数据结构。生成概要数据结构的常用技术主要包括随机抽样、滑动窗口、直方图、小波技术、哈希方法、梗概技术等。

1) 随机抽样

随机抽样是指对数据流进行周期区间随机取样，从数据集中随机抽取一小部分数据作为整个数据集的样本，根据该样本集合获得近似查询结果。

2) 滑动窗口

滑动窗口是对最近的数据进行计算，设窗口“大小”或长度为 w，每个时刻 t 都有新元素到来，则该元素在 $t+w$ 时刻“过期”，可以根据窗口中未过期的元素得到近似查询结果。

3) 直方图

直方图技术是将数据按照数据项的值域或出现频率划分为一系列相邻的桶，使用这些直方图来产生近似查询结果。

4) 小波技术

小波技术是一种信号处理技术，小波变换可以将输入的信号变换成一系列小波参数，提取其中的少数几个高能量参数，近似还原原始信号。

5) 哈希方法

哈希方法是通过一组哈希函数，将大量数据从一个范围映射到另一个范围中去，使用一小块远小于数据集数据范围的内存空间表示数据集。

6) 梗概技术

梗概技术是对数据进行垂直取样，基于散列的技术，即沿着某一维投影以实现维数约减的方法，梗概划分确保误差，使用基本数据的粗略统计信息来智能地划分属性的定义域。

5.3.3 不确定数据流概念漂移

1. 数据流概念漂移

现实生活中产生的数据以数据流的形式出现，其概念并不是稳定不变的，而随时间改变，例如天气预报，人们的穿衣习惯都会随季节不同而发生改变等。当某些数据产生环境因素发生变化时，新的数据分布规律将发生变化，所产生的概念也将会发生改变，而这时利用历史数据建立的数据模型或概念将不再适合对新数据分类或新事物的认识，旧模型、旧概念就必须发生与时俱进的改变。这种数据流中数据分布随时间发生改变而概念发生变化的现象，称为“概念漂移”。

在预测分析和机器学习领域中，概念漂移表示目标变量的统计特性，随着时间的推移，以不可预见的方式发生了变化，即随着时间的推移，模型的预测精度将降低。

概念漂移中“概念”指的是要被预测的目标变量，更确切地说，它也可以指其他感兴趣的现象之外目标的概念，但是在概念漂移的上下文中，“概念”通常指的是目标变量。

例如，在欺诈检测应用中，目标概念“欺诈”是一个二元属性，其值为“是”或“否”，指示给定的交易是否为欺诈。又如，在一个天气预测的应用中，有多个目标的概念，如温度、压力和湿度。

从概率论角度可以给出数据流概念漂移定义。

设联合概率 $P(x,y)$在相邻时间段内发生改变，即 $P_{t-1}(x,y)\neq P_t(x,y)$。其中 x 为样本，y 为类别标签。在此基础上，联合概率可等价转换成

$$P(x,y)=P(x)P(y/x)$$

当 $P(x)$改变而 $P(y/x)$不变时，称为特征改变，又称缓漂移；当 $P(y/x)$改变而 $P(x)$不变时，称为条件改变，又称突漂移或实漂移。

概念漂移问题给机器学习带来了巨大的挑战。目前，各种人工学习系统的构造算法在本质上都是基于一个静态学习环境以保证学习系统泛化能力为目标的一个寻优过程，所以现有各种机器学习算法本质上大部分不适应进行概念漂移数据流学习。这种不适应体现为计算模型或者缺乏获取新知识的能力，或者不能保持原本学到的知识。

2. 概念漂移数据流学习器的构建

对已有各种学习器进行调整使之适应概念漂移数据流学习是目前需要研究的问题。这些算法可分为两类，一类通过单学习器实现，另一类通过多学习器实现。

1) 利用单学习器进行概念漂移数据流学习的方法

利用单学习器进行概念漂移数据流学习的方法有以下 4 种。

(1) 选择训练样本。该类方法的主要思路是从开始到目前为止采集的训练样本中选择一部分最适合对未来数据实施机器学习的数据集，其主要做法有滑动窗口法、自适应滑动窗口调整法以及动态样本选择法。

(2) 给训练样本赋以权值。该类方法的主要思路是对最新的训练样本赋以最大的权值，以提高对新概念的反应速度。

(3) 调整学习器的结构。该类方法的特点是动态调整学习器的内部结构，以适应概念漂移检测的要求。

(4) 第 4 种是各种方法的组合。

2) 多学习器集成进行概念漂移数据流学习的方法

多学习器集成是机器学习的研究热点之一。国内外学者在利用集成学习策略实施概念漂移数据流学习方面已经做了许多探索，具体的研究内容主要分两个方面。

(1) 利用集成学习策略对数据流实施分块学习。这类算法通常假定最近获得的训练样本与即将要采集的样本同分布，该算法在分类决策问题研究较多，然而当概念漂移突然发生时，体现新概念的分类器不足以跟旧分类器相抗衡。

(2) 基于在线学习模型对整个数据流实施集成学习。所有基于学习器采用相同的学习算法，它们各自的训练样本来自同一数据流。基于在线学习模型对整个数据流实施集成学习的思路是学习器的性能动态的增加和减少学习器在在线分类中的作用。

第6章 分类挖掘算法

6.1 分类挖掘算法研究概述

6.1.1 分类挖掘研究背景及意义

分类(Classification)问题是数据挖掘领域研究的历史最为悠长，也是研究较为透彻的问题。在数据挖掘领域，分类可以看成从一个数据集到一组预先定义的、非交叠的类别映射过程。其中映射关系的生成以及映射关系的应用就是数据挖掘分类方法主要的研究内容。这里的映射关系就是我们常说的分类函数或分类模型(分类器)，映射关系的应用就是我们使用分类器将数据集中的数据项划分到给定类别中某一个类别的过程。

举一个简单的例子，我们怎么区分一个人是男性或女性的问题就是一个分类的问题。在我们的大脑中早就建立了男人和女人的模型，每当我们遇到一个陌生人的时候，我们的大脑就获取到了这个人的特征信息，通过大脑中的模型而将这个人归类到男性或者女性的类别中(当然人的大脑神经系统处理这个问题时的流程往往比较复杂)。我们大脑建立模型的过程都是从过去的经验中总结积累出来的，并在实践过程中不断地修正或扩充。

分类就是从历史的特征数据中推导出特定对象的描述模型，用来对未来数据进行预测和分析。到目前为止，基于各种思想和理论的分类算法已提出很多，算法的实际应用也已趋于成熟，用这些算法来对平衡数据集分类一般都能获得很好的泛化性能。这些成熟分类器的设计都是基于数据集类分布大致平衡这一假设的，但是用这些方法直接对类非平衡分布数据集进行分类，往往取得较差的分类效果。与类平衡数据集分类方法不同，对类非平衡数据集分类的目标可以描述为获取一个分类器，使得其能在不严重影响多数类实例分类准确率的基础上，尽可能正确分类少数类实例。

实践证明，没有一种分类算法对所有的数据类型和定义域都优于其他分类算法，每种相对较优的算法都有其具体的应用环境。另外，概念漂移问题给机器学习带来了巨大的挑战。目前各种机器学习系统的构造算法在本质上都是基于一个静态学习环境，且以尽量保证学习系统泛化能力为目标的一个寻优过程，所以现有各种机器学习算法本质上都不适应进行概念漂移数据流学习。目前，包含概念漂移数据流分类的研究动向是对概念漂移数据流分类中的类别不平衡学习、重复概念学习及半监督学习和主动学习等问题的研究。

6.1.2　分类挖掘含义

分类是根据数据集的特点构造一个分类器，利用分类器对未知类别的样本赋予类别的一种技术。分类技术适用于预测、描述二元或标称类型的数据集，不适用于序数分类。分类和回归都可以用于预测，与回归方法不同的是，分类的输出是离散的类别值，而回归的输出是连续或有序的类别值。

给定一个数据集，所给定的数据集称为训练数据集，就是分类问题。训练数据集由一组数据库元组(常称作训练样本、实例或对象)构成，每个训练样本是一个由属性值或特征值组成的特征向量，而且每个训练样本还有一个类标号属性。一个具体的样本形式可为 $x=(x_1, x_2, \cdots, x_p:c)$，其中 x_k 表示属性 A_k 值，c 表示类标号。给定的训练数据集用来建立一个分类函数(也称为分类模型或分类器)，所建立的分类器用来预测数据库中类标号未知的数据元组的类别。

构造模型的过程一般分为训练和测试两个阶段。在构造模型之前，要求将数据集随机地分为训练数据集和测试数据集。在训练阶段使用训练数据集，通过分析由属性描述的数据库元组来构造模型，假定每个元组属于一个预定义的类，由一个称作类标号的属性来定义。训练数据集中的单个元组也称为训练样本，由于提供了每个训练样本的类标号，该阶段也称为有指导的学习，模型通常用分类规则、判定树或数学公式的形式提供。在测试阶段，使用测试数据集来评估模型的分类准确率，如果认为模型的准确率可以接受，就可以用该模型对其他数据元组进行分类。一般来说，测试阶段的代价远远低于训练阶段。

为了提高分类的准确性、有效性和可伸缩性，在进行分类之前，通常要对数据进行预处理，包括以下 3 个方面：①数据清理。其目的是消除或减少数据噪声，处理空缺值。②相关性分析。由于数据集中的许多属性可能与分类任务不相关，若包含这些属性将减慢和可能误导学习过程。相关性分析的目的就是删除这些不相关或冗余的属性。③数据变换。数据可以概化到较高层概念。例如，连续值属性“收入”的数值可以概化为离散值低、中、高。又如，标称值属性“市”可概化到高层概念“省”。此外，数据也可以规范化，将给定属性的值按比例缩放，落入较小的区间，比如(0,1)等。

6.1.3　分类器性能评估标准

不同的分类方法有不同的特点，用来比较和评估分类方法的标准主要有以下几个方面：①预测的准确率，模型正确地预测数据类标号的能力；②速度，产生和使用模型的计算花费；③健壮性，模型对噪声数据或空缺值数据正确预测的能力；④可伸缩性，对于数据量很大的数据集，有效构造模型的能力；⑤可解释性，模型提供的理解和洞察的层次。

分类的效果一般与数据的特点有关，有的数据噪声大、有的有缺失值、有的分布稀疏、有的属性是连续的，而有的则是离散的或混合式的。但是由于每一种方法都有缺陷，再加上实际问题的复杂性和数据的多样性，使得无论哪一种方法都只能解决某一类问题。近年来，随着人工智能、机器学习、模式识别和数据挖掘等领域中传统方法的不断发展以及各种新方法和新技术的不断涌现，分类方法得到了长足的发展。

6.1.4 分类挖掘算法研究现状及应用领域

1. 分类算法的研究现状

分类是一个比较古老的问题，它在机器学习、模式识别、数据挖掘和人工智能等领域都得到了广泛研究。

数据分类技术主要分为基于传统技术和基于软计算技术两种。

1) 基于传统的数据挖掘分类方法

分类技术针对数据集构造分类器，从而对未知类别样本赋予类别标签。在其学习过程中和无监督的聚类相比，一般而言，分类技术假定存在具备环境知识和输入输出样本集知识的老师，但环境及其特性、模型参数等却是未知的。

目前基于传统的数据挖掘分类方法有：基于关联规则的分类算法、K 邻近分类算法、决策树分类算法、贝叶斯分类算法等。

2) 基于软计算的数据分类算法

在数据挖掘领域，软计算的用途越来越广泛。模糊逻辑用于处理不完整、不精确的数据以及近似答案等；神经网络用于高非线型决策、泛化学习、自适应、自组织和模式识别；遗传算法用于动态环境下的高效搜索、复杂目标对象的自适应和优化；基于粗糙集理论，根据“核”属性获得对象的近似描述，能有效处理不精确、不一致、不完整等各种不完备信息。当数据集表现出越来越多的无标签性、不确定性、不完整性、非均匀性和动态性特点时，传统数据挖掘算法对此往往无能为力，软计算却可为此提供一种灵活处理数据的能力，软计算的融合和与传统数据挖掘方法的结合逐渐成为数据挖掘领域的研究趋势。

目前，已有多种软计算方法被应用于数据挖掘分类算法中，用以处理一些具有挑战性的问题。软计算的分类算法主要包括基于模糊逻辑、神经网络、遗传算法和粗糙集等理论的分类方法。这些方法各具优势，它们是互补而非竞争的，与传统的数据分析技术相比，它能使系统更加智能化，有更好的可理解性且成本更低。

2. 分类算法的应用领域

分类是数据挖掘中应用领域极其广泛的重要技术之一，经典分类方法在很多领域都得到了应用，比如决策树方法已经成功地应用到医学诊断、贷款风险评估等领域；神经网络则因为对噪声数据有很好的承受能力而在实际问题中得到了非常成功的应用，比如手写字符识别、语音识别和人脸识别等。

6.1.5　分类挖掘研究面临的问题

随着网络技术的发展，越来越多的行业、企业、政府部门需要从快速、动态的业务数据流中获取信息用于决策，实际需要不断推动着数据流挖掘技术的发展。分类是数据流挖掘的一项重要任务，也是一个充满挑战的研究领域。目前，许多技术也正处于蓬勃发展阶段，特别是在更有效地处理数据流中广泛存在的不平稳性问题等方面还有大量的问题期待解决。这些问题主要包括概念漂移与噪声的处理问题、不平衡数据流的处理问题、连续属性的处理问题、分类器性能的评价标准问题、代价与性能的平衡管理问题、特征属性的选择问题、训练窗口大小的自适应调整问题、样本的抽取问题、数据流的预处理问题和数据流管理系统问题等。

1．概念漂移与噪声的处理问题

挖掘存在概念漂移或含大量噪声的数据流是当前数据流挖掘领域的一个热点。虽然机器学习领域对概念学习问题已经有了一定的研究基础，但是面对高速动态的数据流，如何更快速地探测概念漂移的发生、概念漂移与噪声的分辨问题、概念的发现和保存、重复背景下概念的发现、旧概念的重新利用，以及预测概念漂移的变化趋势等，都是非常值得研究的。

2．不平衡数据的处理问题

在各类样本数量分布不平衡数据流应用中，用户往往更关注系统对少数类的分类情况，如金融领域的信用卡欺诈。而当前的分类系统往往对多数类具有很好的分类精度，从而保证整个系统具有很高的分类精度，整体高性能往往掩盖了系统对于少数类处理不力的问题。在保持系统整体高性能的同时如何提高系统对于少数类的分类精度是一个具有广泛实际应用价值的问题。

3．连续属性的处理问题

即使在机器学习和传统的数据挖掘领域，连续属性处理问题依然是十分重要的研究内容。在数据流分类中，如何根据数据流的特点选择更有效的测度函数和如何更快速地计算这些测度函数，以及如何压缩存储属性值等都值得进一步研究。

4．分类器性能的评价标准问题

当前大部分分类模型都追求高分类精度，但是一方面由于噪声、不确定性数据、不平衡数据以及属性值缺失等问题的存在，使得如何提高分类器的分类精度变得更加重要和困难；另一方面，数据流分类大都跟实际应用相关，单一分类精度指标往往并不能完全反映用户的需求。如何根据实际应用问题需要，设计合适的分类性能评价准则仍然值得进一步研究。

5．代价与性能的平衡管理问题

在数据流分类应用中，系统需要根据新流入数据及时调整更新当前分类模型，同时将训练集中过时样本删除。这意味着系统既需要进行增量学习，及时获取新流入数据所带来的“新信息”，又需要进行“减量学习”，及时删除过时数据滞留的“陈旧信息”。两者都期望分类模型能正确描述数据流的当前实际情况，从而保持或获得更高的分类性能。但是，更新分类模型需要付出“代价”，必然带来时空消耗，尤其在大规模数据流量的分类应用中，此时复杂分类模型的更新或重建将付出昂贵的代价，但不更新又可能带来分类性能的下降。因此，如何在模型更新代价与分类性能之间进行适度平衡与管理是一个非常值得研究的问题。

6. 特征属性的选择问题

如何更有效选择相关的、包含信息丰富的特征属性是机器学习与数据挖掘的共同任务，在数据流挖掘中，这项任务显得更具挑战性。在传统的数据挖掘中，特征属性之间的相关性是保持不变的；在数据流应用中，特征属性之间相关性等概念被严格限制在一定的时间区间内，过去相关的特征属性可能现在已经不相关，过去不相关的特征属性可能现在已经相关。因此，如何根据数据流的不断演化、进化来不断调整特征属性的选择策略是一项非常有意义的研究工作。

7. 训练窗口大小的自适应调整问题

在基于滑动窗口的数据流模型中，滑动窗口内拥有最近的 n 个观察样本。随着数据的流动，分类系统采用滑动窗口内的样本作为训练集更新或重新构建分类器，此时分类器的性能就与训练窗口的大小(滑动窗口内样本的个数)密切相关。训练窗口太小，可能导致分类器长期训练不足，并且可能对数据流中的概念变化过于敏感；训练窗口过大，可能导致分类器对于数据流中的概念变化不敏感(更适合于稳定分布数据流的挖掘分类)。这两个方面都可能导致分类器分类性能的不稳定。因此，如何根据分类算法与数据流的特性(概念变化频度等)自适应调整训练窗口大小、如何获取最优的窗口大小以及如何评估不同窗口大小对于分类器性能的影响也是一个十分重要的研究课题。

8. 样本的抽取问题

在传统的机器学习与统计学习中，训练样本不足是一个非常重要的问题，训练样本个数不足往往容易导致模型出现过拟合。但在数据流挖掘中，大量数据高速到达，样本数目过多，因此需要进行样本的抽样工作，这导致模型容易出现欠拟合。如何更有效地抽取部分样本代表全部数据以及如何用更少的样本获取更好的分类精度，并防止欠拟合的出现，这在理论与现实技术上仍有大量的问题需要研究。

9. 数据流的预处理问题

在传统数据挖掘中，数据预处理是一个关键但非常耗时的环节。面对高速动态的数据流，如何保证预处理算法满足数据流挖掘的实时性要求是一个非常重要的问题，特别是在保证系统分类性能的前提下，如何设计一个快速、轻量级数据流自动预处理框架是一项具有挑战性的工作。

10. 数据流管理系统问题

近年来，随着数据流处理技术的发展，出现了一些基于数据流模型的管理系统，即数据流管理系统。但是目前数据流管理系统都是针对具体的应用需求，设计目标各异，且开发重点都集中于数据流的连续查询处理方面。如何借鉴已有关系数据库管理系统的成果，如何设计通用且全面的数据流管理系统仍需进行大力研究。

6.2　分类挖掘算法举例

6.2.1　决策树分类算法

1. 基本思想

决策树是以实例为基础的归纳学习算法，从一组无次序、无规则的元组中推理出决策树表示形式的分类规则。它采用自顶向下的递归方式，在决策树的内部结点进行属性值的比较，并根据不同的属性值从该结点向下分支，叶结点是要学习划分的类。从根到叶结点的一条路径就对应着一条合取规则，整个决策树就对应着一组析取表达式规则。1986 年，Quinlan 提出了著名的 ID3 算法。在 ID3 算法的基础上，1993 年，Quinlan 又提出了 C4.5 算法。为了适应处理大规模数据集的需要，1996 年，IBM Almaden Research Center 提出了 SLIQ 的算法。

决策树是一个类似流程图的树结构，其中每个内部节点表示在一个属性上的测试，每个分支代表一个测试输出，而每个树叶节点代表类或类分布，树的最顶层节点是根节点。由判定树可以很容易得到“IF THEN”形式的分类规则。方法是沿着由根节点到树叶节点的路径，路径上的每个属性值对形成“IF”部分的一个合取项，树叶节点包含类预测，形成“THEN”部分。决策树中一条路径创建一个规则。

判定树归纳的基本算法是贪心算法，以自顶向下递归的各个击破方式构造。

2. 算法描述

决策树算法描述。

算法：决策树算法。

输入：包含类标的数据记录 D，属性列表 A。

输出：一棵决策树。

算法步骤如下所述。

第一步：构造一个节点 N。

第二步：如果数据记录 D 中的所有记录的类标都相同(记为 C 类)，则将节点 N 作为叶子节点标记为 C，并返回节点 N；如果属性列表为空，则将节点 N 作为叶子节点，标记为 D 中类标最多的类，并返回节点 N。

第三步：调用选择最佳的分裂准则，将节点 N 标记为最佳分裂准则。

第四步：如果分裂属性取值是离散的，并且允许决策树进行多叉分裂，从属性列表中减去分裂属性得新属性列表 A_j。

第五步：对分裂属性的每一个取值 d_j，D 中满足分裂属性为 d_j 的记录集合标记为 D_j，如果 D_j 为空，则新建一个叶节点 F，标记为 D 中类标最多的类，并且把节点 F 挂在 N 下。

第六步：调用集合 D_j 及属性列表 A_j，得到决策子树节点 N_j，将 N_j 挂在 N 下。

第七步：令 $D=D_j$，$A=A_j$，递归上述第二步至第六步划分子集及产生叶节点的过程，这样每一个子集都会产生一个决策(子)树 N_j，直到所有节点变成叶节点，终止循环。

第八步：返回节点 N。

3．决策树分类算法举例

1) ID3 算法

设 S 是 s 个数据样本的集合。假定类标号属性具有 m 个不同值，定义 m 个不同类 $C_i(i=1, 2, \cdots, m)$，c_i 是类 C_i 中的样本数，$p_i=\frac{c_i}{s}$ 是任意样本属于 C_i 的概率。

假设属性 A 具有 v 个不同值$(a_1, a_2, \cdots, a_v)$，可以用属性 A 将 S 划分为 v 个子集$(S_1, S_2, \cdots, S_v)$，其中 $S_j(j=1, 2, \cdots, v)$中的样本在属性 A 上具有相同的值 a_j，s_j 为子集 S_j 的样本数，s_{ij} 是子集 S_j 中类 C_i 的样本数，即属性 A 将 S 分成 $m\times v$ 个子集，每个子集所含的样本个数为 s_{ij}，$p_{ij}=\frac{s_{ij}}{s_j}$ 是 S_j 中样本属于类 C_i 的概率。则

$$A=\begin{pmatrix} s_{11} & s_{12} & \cdots & s_{1v} \\ s_{21} & s_{22} & \cdots & s_{2v} \\ \vdots & \vdots & \ddots & \vdots \\ s_{m1} & s_{m2} & \cdots & s_{mv} \end{pmatrix}$$

为属性 A 的一个划分矩阵，且

$$\begin{array}{cc} & \begin{array}{c}\sum\end{array} \\ \begin{pmatrix} s_{11} & s_{12} & \cdots & s_{1v} \\ s_{21} & s_{22} & \cdots & s_{2v} \\ \vdots & \vdots & \ddots & \vdots \\ s_{m1} & s_{m2} & \cdots & s_{mv} \end{pmatrix} & \begin{array}{c} c_1 \\ c_2 \\ \vdots \\ c_m \end{array} \\ \sum \quad \begin{array}{cccc} s_1 & s_2 & \cdots & s_v \end{array} & \end{array}$$

式中，$c_i=\sum_{j=1}^{v}s_{ij}$，$s_j=\sum_{i=1}^{m}s_{ij}$。

引入几个概念，如下所述。

(1) 个体类信息量

$$\log_2\frac{1}{p_i}=-\log_2 p_i \tag{6.2.1}$$

(2) 信息期望或熵

$$\text{info}(S)=\text{I}(p_1,p_2,\cdots,p_m)=-\sum_{j=1}^{m}\left(p_i\times\log_2 p_i\right) \tag{6.2.2}$$

(3) 属性 A 将集合 S 分裂后(划分成子集)的信息期望或熵

$$\text{infor}(A,S)=\sum_{j=1}^{v}\left(\frac{s_j}{s}\times\text{info}(S_j)\right) \tag{6.2.3}$$

这里

$$\text{info}(S_j) = -\sum_{i=1}^{m}\left(p_{ij}\log_2 p_{ij}\right) \tag{6.2.4}$$

(4) 属性 A 将集合 S 分裂后获得的信息增益

$$\text{Gani}(A,S) = \text{info}(S) - \text{infor}(A,S) = -\sum_{i=1}^{m}\left(p_i \times \log_2 p_i\right) - \sum_{j}^{v}\left(\frac{s_j}{s}\text{info}(S_j)\right) \tag{6.2.5}$$

ID3 算法的核心是在决策树各级结点上选择属性时，用信息增益(Information gain)作为属性的选择标准，使得在每一个非叶结点进行测试时，能获得关于被测试记录最大的类别信息。其具体方法是：假设具有 p 个属性，即属性集为 $A=(A_1, A_2, \cdots, A_p)$。检测所有的属性，选择信息增益最大的属性产生决策树结点，由 A_k 属性的不同取值建立分支，再对各分支的子集递归调用上述方法建立决策树结点的分支，直到所有子集仅包含同一类别的数据为止。最后得到的一棵决策树，它可以用来对新的样本进行分类。

ID3 算法具有算法的理论清晰、方法简单、学习能力较强的优点。但只对比较小的数据集有效，且对噪声比较敏感。由于每次产生决策树结点时都要对备选属性的信息增益进行计算，并判断信息增益最大的属性，所以运算量大。当训练数据集加大时，决策树可能会随之改变。

2) C4.5 算法

ID3 算法是将信息增益最大的属性作为最佳分裂属性，但用信息增益选择分类属性的方法有一个很大的缺陷，它总是会倾向于选择属性值多的属性，这样的分类有时没有意义，它没有任何泛化能力。而 C4.5 算法继承了 ID3 算法的优点，并在以下几方面对 ID3 算法进行了改进。

用信息增益率来选择属性，即设信息增益率为

$$\text{Gain Ratio}(A,S) = \frac{\text{Gain}(A,S)}{\text{Split Infor}(A,S)} \tag{6.2.6}$$

其中，分裂信息期望

$$\text{Split Infor}(A,S) = \sum_{j=1}^{v}\left(\frac{s_j}{s}\times\log_2\frac{s_j}{s}\right) \tag{6.2.7}$$

用信息增益率来选择属性，克服了用信息增益选择属性时偏向选择取值多的属性的不足，在树构造过程中进行剪枝，完成对连续属性的离散化处理，对不完整数据进行处理。

C4.5 算法与其他分类算法(如统计方法、神经网络等)比较起来具有产生的分类规则易于理解、准确率较高的特点。但在构造树的过程中，需要对数据集进行多次的顺序扫描和排序，因而导致算法的低效。此外，C4.5 只适合于能够驻留于内存的数据集，当训练集大得无法在内存容纳时程序无法运行。

3) 信息熵改进算法

由于 $f(x)=-\log_2 x$ 在 $0<x\leqslant 1$ 内是凸函数，所以在 $0<x\leqslant 1$ 内的任意值 $x_1, x_2, \cdots, x_m$, $\lambda_1, \lambda_2, \cdots, \lambda_m>0$，且满足 $\lambda_1+\lambda_2+\cdots+\lambda_m=1$，这有

$$\lambda_1 f(x_1) + \lambda_2 f(x_2) + \cdots + \lambda_m f(x_m) \leqslant f(\lambda_1 x_1 + \lambda_2 x_2 + \cdots + \lambda_m x_m) \tag{6.2.8}$$

所以对于函数 $f(x)=-\log x$，若设 $p_i=\lambda_i=x_i(i=1,2,\cdots,m)$，则有

$$-\sum_{i=1}^{m}(p_i\times\log_2 p_i)\leqslant-\log_2\sum_{i=1}^{m}(p_i)^2 \tag{6.2.9}$$

成立，且函数 $-\sum_{i=1}^{m}(p_i\times\log_2 p_i)$ 与 $-\log_2\sum_{i=1}^{m}(p_i)^2$ 的描述的变化趋势是相似的，因此在计算信息熵时可以用 $-\log_2\sum_{i=1}^{m}(p_i)^2$ 替代 $-\sum_{i=1}^{m}(p_i\times\log_2 p_i)$，改进的信息熵计算公式将对数的计算次数降为 1 次，从而使计算更简单高效，提高了决策树构造的效率，即改进后得到的信息熵的计算公式为

$$\text{info}(S)=-\log_2\sum_{i=1}^{m}(p_i)^2 \tag{6.2.10}$$

由于信息熵计算公式的改变，子集 S_j 的信息熵也相应改变为

$$\text{info}(S_j)=-\log_2\sum_{i=1}^{m}p_{ij}^2 \tag{6.2.11}$$

在属性 A 的信息增益改进为

$$\text{Gain}(A,S)=\text{info}(S)-\text{infor}(A,S)=-\log_2\left(\sum_{i=1}^{m}p_i^2\right)-\sum_{j}^{v}\left(\frac{s_j}{s}\log_2\sum_{i}^{m}p_{ij}^2\right) \tag{6.2.12}$$

分裂信息期望改进为

$$\text{Split Infor}(A,S)=\log_2\sum_{j=1}^{v}\left(\frac{s_j}{s}\right)^2 \tag{6.2.13}$$

信息增益率改进为

$$\text{Gain Ratio}(A,S)=\frac{-\log_2\left(\sum_{i=1}^{m}p_i^2\right)-\sum_{j=1}^{v}\left(\frac{s_j}{s}\log_2\sum_{i=1}^{m}p_{ij}^2\right)}{\log_2\left[\sum_{j=1}^{v}\left(\frac{s_j}{s}\right)^2\right]} \tag{6.2.14}$$

4) SLIQ 算法

(1) SLIQ 是对 C4.5 决策树分类算法的改进

SLIQ 算法对 C4.5 决策树分类算法的实现方法进行了改进，在决策树的构造过程中采用了预排序和广度优先策略两种技术。

① 预排序。连续属性在每个内部结点寻找其最优分裂标准时，都需要对训练集按照该属性的取值进行排序，而排序是很浪费时间的操作。为此 SLIQ 算法采用了预排序技术。所谓预排序，就是针对每个属性的取值，把所有的记录按照从小到大的顺序进行排序，以消除决策树的每个结点对数据集进行的排序。具体实现时需要为训练数据集的每个属性创建一个属性列表，为类别属性创建一个类别列表。

② 广度优先策略。在 C4.5 算法中，树的构造是按照深度优先策略完成的，需要对每个属性列表在每个结点处都进行一遍扫描，很费时，为此 SLIQ 采用广度优先策略构造决策树，

即在决策树的每一层只需对每个属性列表扫描一次，就可以为当前决策树中每个叶子结点找到最优分裂标准。所谓广度优先，即输入样本后，一层一层的分裂属性，优先访问一层结点。

(2) SLIQ 算法存在的问题

SLIQ 算法由于采用了上述两种技术，使得该算法能够处理比 C4.5 大得多的训练集，在一定范围内具有良好的随记录个数和属性个数增长的可伸缩性。

然而它仍然存在如下缺点：①由于需要将类别列表存放于内存，而类别列表的元组数与训练集的元组数是相同的，这就一定程度上限制了可以处理的数据集的大小。②由于采用了预排序技术，而排序算法的复杂度本身并不是与记录个数形成线性关系，因此，SLIQ 算法不可能达到随记录数目增长的线性可伸缩性。

5) SPRINT 算法

为了减少驻留于内存的数据量，SPRINT 算法进一步改进了决策树算法的数据结构，去掉了在 SLIQ 中需要驻留于内存的类别列表，将它的类别列表合并到每个属性列表中。这样，在遍历每个属性列表寻找当前结点的最优分裂标准时，不必参照其他信息，将对结点的分裂表现在对属性列表的分裂，即将每个属性列表分成两个，分别存放属于各个结点的记录。

SPRINT 算法在寻找每个结点的最优分裂标准时变得更简单，但对非分裂属性的属性列表进行分裂变得很困难。解决的办法是对分裂属性进行分裂时用哈希表记录下每个记录属于哪个孩子结点，若内存能够容纳下整个哈希表，其他属性列表的分裂只需参照该哈希表即可。由于哈希表的大小与训练集的大小成正比，当训练集很大时，由于内存容量有限制，哈希表无法大量存储，此时分裂只能分批执行，所以 SPRINT 算法的可伸缩性仍然不是很好。

6.2.2　贝叶斯分类算法

1. 贝叶斯分类算法基本思想

诸多算法中朴素贝叶斯分类模型是最早的，其算法逻辑简单，构造朴素。贝叶斯分类模型结构也比较简单，运算速度比同类算法快很多，分类所需的时间也比较短，并且大多数情况下分类精度也比较高，因而在实际中贝叶斯分类器得到了广泛的应用。该分类器有一个朴素的假定：以属性的类条件独立性假设为前提，即在给定类别状态条件下，属性之间是相互独立的。

贝叶斯分类是统计学的分类方法，基于贝叶斯公式即后验概率公式。朴素贝叶斯分类的分类过程是令每个数据样本用一个 P 维特征向量 $X=(x_1, x_2, \cdots, x_p)^T$ 表示，其中 $x_k(i=1, 2, \cdots, p)$ 是属性 A_k 的值，所有的样本分为 m 类，即 $C_1, C_2, \cdots, C_m$。对于一个类别的标记未知的数据记录而言，若 $P(C_i|X)>P(C_j|X)$，$1\leqslant j\leqslant m, j\neq i$，也就是说，如果条件 X 下，数据记录属于 C_i 类的概率大于属于其他类的概率的话，贝叶斯分类将把这条记录归类为 C_i 类。

统计上的贝叶斯分类对非线性样本数据及含噪声、孤立点的数据，在分类准确性上仍存在问题。

2. 贝叶斯理论相关知识

1) 贝叶斯决策准则

假设 $C=(C_1, C_2, \cdots, C_m)^T$ 是有 m 个不同类别的集合，特征向量 X 是 p 维向量，即 $X=(x_1,$

$x_2, \cdots, x_p)^T$，$P(C_i|X)$是特征向量 X 在类别 C_i 状态下的条件概率，$P(C_i)$为 C_i 的先验概率，根据贝叶斯公式，后验概率 $P(C_i|X)$的计算公式为

$$P(C_i \mid X) = \frac{P(X \mid C_i)}{P(X)} P(C_i) \tag{6.2.15}$$

其中 $P(X) = \sum_{j=1}^{m} P(X \mid C_j) P(C_j)$。

贝叶斯决策准则：如果对于任意 $i \neq j$，都有 $P(C_i|X) > P(C_j|X)$成立，则样本模式 X 被判定为类别 C_i。

2) 极大后验假设

根据贝叶斯公式可得到一种计算后验概率的方法：在一定假设的条件下，根据先验概率和统计样本数据得到的概率，可以得到后验概率。

$C=(C_1, C_2, \cdots, C_m)^T$ 为类别集合，也就是待选假设集合，在给定未知类别标号样本 X 时，通过计算找到可能性最大的假设类别，具有最大可能性的假设或类别被称为极大后验假设，记作 C_{map}。

$$C_{map} = \arg\left\{\max_{C_i \in C} P(C_i \mid X)\right\} = \arg\left\{\max_{C_i \in C} \frac{P(X \mid C_i)}{P(X)} P(C_i)\right\} \tag{6.2.16}$$

由于 $P(X)$与假设 C_i 无关，上式可变为

$$C_{map} = \arg\left\{\max_{C_i \in C} P(X \mid C_i) P(C_i)\right\} \tag{6.2.17}$$

当没有给定类别概率的情形下，可做一个简单假定：假设 C 中每个假设都有相等的先验概率，也就是对于任意的 $C_i, C_j \in C(i \neq j)$，有 $P(C_i)=P(C_j)$，再做进一步简化，只需计算 $P(X|C_i)$ 找到使之达到最大的假设。$P(X|C_i)$被称为极大似然假设，记为

$$C_{ml} = \arg\left\{\max_{C_i \in C} P(X \mid C_i)\right\} \tag{6.2.18}$$

3. 朴素贝叶斯分类算法

贝叶斯分类是统计学分类方法，它是一类利用概率统计知识进行分类的算法。在许多场合，朴素贝叶斯(NB)分类算法可以与决策树和神经网络分类算法相媲美，该算法能运用到大型数据库中，方法简单、分类准确率高、速度快。

1) 朴素贝叶斯分类模型

假设样本空间有 m 个类别 $C_1, C_2, \cdots, C_m$，数据集有 p 个属性 $A_1, A_2, \cdots, A_p$，给定一未知类别的样本 $X=(x_1, x_2, \cdots, x_p)^T$，其中 x_i 表示第 i 个属性的取值，即 $x_i \in A_i$，则可用贝叶斯公式计算样本 $X=(x_1, x_2, \cdots, x_p)^T$ 属于类别 $C_i(1 \leqslant i \leqslant m)$的概率。由贝叶斯公式，有

$$P(C_i \mid X) = \frac{P(X \mid C_i)}{P(X)} P(C_i) \propto P(C_i) P(X \mid C_i) \tag{6.2.19}$$

即要得到 $P(C_i|X)$的值关键要计算 $P(X|C_i)$和 $P(C_i)$。令 $C(X)$为 X 所属的类别标签，由贝叶斯分类准则，如果对于任意 $i \neq j$ 都有 $P(C_i|X) > P(C_j|X)$成立，则把未知类别的样本 X 指派给类别 C_i，贝叶斯分类器的计算模型为

$$C(X)=\arg\left\{\max_i P(X\mid C_i)P(C_i)\right\} \tag{6.2.20}$$

由朴素贝叶斯分类器的属性独立性假设，假设各属性 $A_k(k=1, 2, \cdots, p)$间相互类条件独立，则

$$P(X\mid C_i)=\prod_{k=1}^{p}P(x_k\mid C_i) \tag{6.2.21}$$

于是上式被修改为

$$C(X)=\arg\left\{\max_i P(C_i)\prod_{k=1}^{p}P(x_k\mid C_i)\right\} \tag{6.2.22}$$

$P(C_i)$为先验概率，可通过 $P(C_i)=\dfrac{c_i}{s}$ 计算得到，式中 c_i 表示类别 C_i 的训练样本的个数，s 表示训练样本的总数。若属性 A_k 是离散的，则概率可由 $P(x_k\mid C_i)=\dfrac{d_{ik}}{c_i}$ 计算得到，其中 d_{ik} 是训练样本集合中属于类 C_i 并且属性 A_k 取值为 x_k 的样本个数，c_i 是属于类 C_i 的训练样本的个数。

2) 朴素贝叶斯分类模型的算法描述

算法：朴素贝叶斯分类算法。

输入：训练集和测试集。

输出：分类准则及测试集分类结果。

算法步骤如下所述。

第一步，对训练样本数据集和测试样本数据集进行离散化处理和缺失值处理。

第二步，扫描训练样本数据集，分别统计训练集中类别 C_i 的个数 c_i 和属于类别 C_i 的样本中属性 A_k 取值为 x_k 的实例样本个数 d_{ik}，构成统计表；

第三步，计算先验概率 $P(C_i)=\dfrac{c_i}{s}$ 和条件概率 $P(x_k\mid C_i)=P(A_k=x_k\mid C_i)=\dfrac{d_{ik}}{d_i}$，构成概率表；

第四步，构建分类模型 $C(X)=\left\{\max_i P(X\mid C_i)P(C_i)\right\}$；

第五步，扫描测试集的样本数据集，调用已得到的统计表、概率表以及构建好的分类准则，得出分类结果；

第六步，算法结束，输出分类准则及测试集分类结果。

3) 朴素贝叶斯分类器的优缺点

朴素贝叶斯分类算法有诸多优点，如逻辑简单、易于实现、分类过程中算法的时间空间开销比较小；算法比较稳定、分类性能对于具有不同数据特点的数据集合其差别不大，即具有比较好的健壮性等优点。

尽管在实际情况中难以满足朴素贝叶斯模型的属性类条件独立性假定，但它分类预测效果在大多数情况下仍比较精确。原因有如下几个：要估计的参数比较少，从而加强了估计的稳定性；虽然概率估计是有偏的，但人们大多关心的不是它的绝对值，而是它的排列次序，

因此有偏的概率估计在某些情况下可能并不重要；现实中很多时候已经对数据进行了预处理，比如对变量进行了筛选，可能已经去掉了高度相关的量等。除了分类性能很好外，贝叶斯分类模型还具有形式简单、可扩展性很强和可理解性很好等优点。

朴素贝叶斯分类器的缺点是属性间类条件独立的这个假定，而很多实际问题中这个独立性假设并不成立，如果在属性间存在相关性的实际问题中忽视这一点，会导致分类效果下降。

朴素贝叶斯分类模型虽然在某些不满足独立性假设的情况下分类效果不好，但是大量研究表明可以通过各种改进方法来提高朴素贝叶斯分类器的性能。朴素贝叶斯分类器的改进方法主要有两类：一类是弱化属性的类条件独立性假设，在朴素贝叶斯分类器的基础上构建属性间的相关性，如构建相关性度量公式，增加属性间可能存在的依赖关系；另一类是构建新的样本属性集，期望在新的属性集中，属性间存在较好的类条件独立关系。

6.2.3 支持向量机分类算法

1. 支持向量机基本思想

分类作为数据挖掘领域中一项非常重要的任务，它的目的是学习一个分类函数或分类模型(或者叫作分类器)，而支持向量机本身便是一种监督式学习的方法，它广泛应用于统计分类以及回归分析中。

支持向量机(SVM)是 20 世纪 90 年代中期发展起来的基于统计学习理论的一种机器学习方法，其通过寻求结构化风险最小来提高学习机泛化能力，实现经验风险和置信范围的最小化，从而达到在统计样本量较少的情况下，亦能获得良好统计规律的目的。通俗来讲，它是一种两类分类模型，其基本模型定义为特征空间上的间隔最大的线性分类器，最终可转化为一个凸二次规划问题的求解。

2. 线性可分支持向量机

1) 分类标准

这里我们考虑的是一个两类的分类问题，数据点用 x 来表示，这是一个 n 维列向量，类标签用 y 来表示，可以取 1 或者-1，分别代表两个不同的类。一个线性分类器的学习目标就是要在 n 维的数据空间中找到一个分类超平面，其方程可以表示为

$$w^T x+b=0 \tag{6.2.23}$$

式中，w 是 n 维列向量。上面给出了线性分类的定义描述，为何用 y 取 1 或者-1 来表示两个不同的类别。其实，这个 1 或者-1 的分类标准起源于 Logistic 回归，为了完整和过渡的自然性，下面介绍 Logistic 回归。

2) Logistic 回归

Logistic 回归目的是从特征学习过程中构造出一个 0/1 分类模型，而这个模型是将特性的线性组合作为自变量，由于自变量的取值范围是负无穷到正无穷。因此使用 Logistic 函数(或称为 Sigmoid 函数)将自变量映射到(0,1)上，映射后的值被认为是属于 y=1 的概率。

形式化表示就是假设函数

$$h_\theta(x)=g(\theta^T x)=\frac{1}{1+e^{-\theta^T x}} \tag{6.2.24}$$

其中 x 是 p 维特征向量，函数 g 就是 Logistic 函数。函数 $g(z)=\frac{1}{1+e^{-z}}$ 的图像如图 6-1 所示。

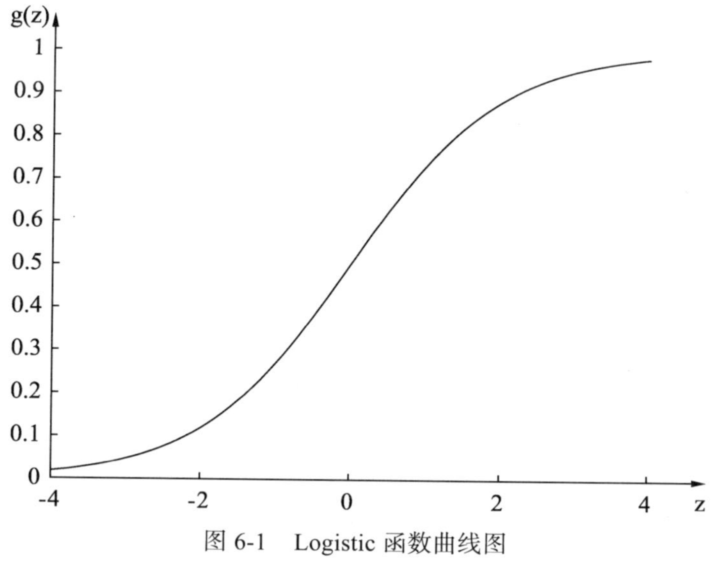

图 6-1　Logistic 函数曲线图

而 Logistic 函数值就是特征属于 y=1 的概率，即

$$P(y=1|\ x;\theta)=h_\theta(x) \tag{6.2.25}$$

$$P(y=0|\ x;\theta)=1-h_\theta(x) \tag{6.2.26}$$

当我们要判别一个新的具有特征向量的样本属于哪个类时，若 $h_\theta(x)$=g(θ^Tx)值大于 0.5 就是 y=1 的类，反之属于 y=0 类。

再审视一下 $h_\theta(x)$，发现 $h_\theta(x)$只和 θ^Tx 有关($\theta^Tx>0$)，那么 $g(z)$只不过是用来映射的，真实的类别决定权还在 θ^Tx。还有当 $\theta^Tx>0$ 时，$h_\theta(x)$趋于 1，反之当 $\theta^Tx<0$ 时，$h_\theta(x)$趋于 0。如果我们只从 θ^Tx 出发，希望模型达到的目标无非就是让训练数据中 y=1 的特征 $\theta^Tx>0$，而是 y=0 的特征 $\theta^Tx<0$。Logistic 回归就是要学习得到 θ，使得正例的特征远大于 0，负例的特征远小于 0，强调在全部训练实例上达到这个目标。

3) 假设函数形式化表示改进

假设函数形式化表示就是对类标签 y，用 y=−1 和 y=1 替换在 Logistic 回归中使用的 y=0 和 y=1，同时将 θ 替换成 w 和 b，即对于 $\theta^Tx=\theta_0x_0+\theta_1x_1+\theta_2x_2+\cdots+\theta_px_p$ (其中认为 x_0=1)。

令 $\theta_0=b$，$w=(w_1,w_2,\cdots,w_p)^T=(\theta_1,\theta_2,\cdots,\theta_P)^T$，则 $\theta^Tx=w^Tx+b$，故

$$h_\theta(x)=g(\theta^Tx)=g(w^Tx+b) \tag{6.2.27}$$

也就是说，除了类标签 y 由 y=1 变为 y=−1，其余的与 Logistic 回归的形式化表示没区别。假设函数变为

$$h_{w,b}(x)=g(w^Tx+b) \tag{6.2.28}$$

上面提到过我们分类只需考虑 θ^Tx 的正负问题，而不用关心 $g(z)$，因此我们这里将 $g(z)$ 做一个简化，将其简单映射到 y=−1 和 y=1 上。映射关系如下

$$g(z)=\begin{cases}1, & z\geqslant 0\\ -1, & z<0\end{cases} \tag{6.2.29}$$

即形式化表示假设函数，为

$$y = h_{w,b}(x) = \begin{cases} 1, & w^T x + b \geqslant 0 \\ -1, & w^T x + b < 0 \end{cases} \tag{6.2.30}$$

4) 线性分类的示例

下面举个简单的例子，一个二维平面(一个超平面，在二维空间中的例子就是一条直线)，如下图所示，平面上有两种不同的点，分别用两种不同几何形状表示，实线表示一个可行的超平面，如图 6-2 所示。

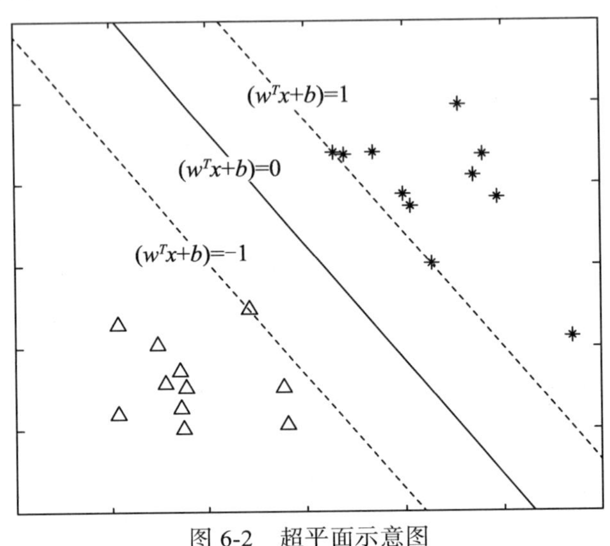

图 6-2　超平面示意图

从图 6-2 中我们可以看出，这条实线把星符号和三角符号的点分开来了。而这条实线就是我们上面所说的超平面，也就是说，这个所谓的超平面把这两种不同符号的数据点分隔开来，在超平面一边的数据点所对应 $y=-1$，其类别称为负类，而在另一边的数据点所对应 $y=1$，其类别称为正类。

根据分类函数

$$f(x)=w^Tx+b \tag{6.2.31}$$

显然，如果 $f(x)=0$，那么 x 是位于超平面上的点。我们不妨要求对于所有满足 $f(x)<0$ 的点，其对应的 y 等于−1，而 $f(x)>0$ 则对应 $y=1$ 的数据点。

为求图中超平面$(w^Tx+b)=0$，求满足 $y^{(i)}(w^Tx^{(i)}+b)\geqslant(i=1, 2, \cdots, n)$条件的 w, b。设$(w^Tx+b)=1$ 和$(w^Tx+b)=-1$ 为边缘超平面，位于边缘超平面上的正类和负类样本称为支持向量。不同两类的样本被超平面隔在两侧，如图 6-2，即 $y^{(i)}=1$ 的样本点为满足 $w^Tx^{(i)}+b\geqslant1$；$y^{(i)}=-1$ 的为样本点满足 $w^Tx^{(i)}+b\leqslant-1$。

超平面方程中的 w 称为斜率向量；超平面方程中的 b 称为截距向量。两边缘超平面的距离越大分类精度越好。

分别取两边缘超平面的点 x_1, x_2，即满足

$$w^T x_1 + b = 1\text{，}\quad w^T x_2 + b = -1$$

且设两点连线与超平面垂直，称$\|x_1 - x_2\|$为分离间隔，此时向量 w 与 x_1-x_2 平行。两式相减得

$$w^T(x_1 - x_2) = 2$$
$$\|w\| \cdot \|x_1 - x_2\| = 2$$

不妨设超平面存在，则$\|x_1 - x_2\| = \dfrac{2}{\|w\|}$。

由上述分析，求超平面的问题即化为约束条件凸线性规划

$$\begin{cases} \min \ \|w\| \\ s.t.\ y^{(i)}(w^T x^{(i)} + b) \geqslant 1, i = 1, 2, \cdots, n \end{cases} \tag{6.2.32}$$

的求解问题。这里 $x^{(i)}$为第 i 的样本点的指标向量。

当然，有些时候数据并不是线性可分的，这个时候满足这样条件的超平面就根本不存在。这里先从最简单的情形开始推导，假设数据都是线性可分的，即这样的超平面是存在的。

引入拉格朗日乘子 α，建立拉格朗日函数

$$L(w,b,\alpha) = \frac{1}{2}\|w\|^2 - \sum_{i=1}^{n} \alpha_i [y^{(i)}(w^T x^{(i)} + b) - 1] \tag{6.2.33}$$

求超平面的问题即转化为求解无条件凸规划

$$\min L(w,b,\alpha) \tag{6.2.34}$$

即满足

$$\frac{\partial L}{\partial w} = 0 \Rightarrow w = \sum_{i=1}^{n} \alpha_i y^{(i)} x^{(i)} \tag{6.2.35}$$

$$\frac{\partial L}{\partial b} = 0 \Rightarrow \sum_{i=1}^{n} \alpha_i y^{(i)} = 0 \tag{6.2.36}$$

将该结果代到 $L(w,b,\alpha) = \frac{1}{2}\|w\|^2 - \sum_{i=1}^{n} \alpha_i \left[y^{(i)}(w^T x^{(i)} + b) - 1 \right]$中，得

$$L(w,b,\alpha) = -\frac{1}{2} \sum_{i=1}^{n} \sum_{j=1}^{n} \alpha_i y^{(i)} \alpha_j y^{(j)} (x^{(i)})^T x^{(j)} + \sum_{i=1}^{n} \alpha_i$$

这是因为

$$\begin{aligned}
L(w,b,\alpha) &= \frac{1}{2}\|w\|^2 - \sum_{i=1}^{n} \alpha_i \left[y^{(i)}(w^T x^{(i)} + b) - 1 \right] \\
&= \frac{1}{2} w^T w - \sum_{i=1}^{n} \alpha_i y^{(i)} w^T x^{(i)} - \sum_{i=1}^{n} \alpha_i y^{(i)} b + \sum_{i=1}^{n} \alpha_i \\
&= \frac{1}{2} w^T \sum_{i=1}^{n} \alpha_i y^{(i)} x^{(i)} - w^T \sum_{i=1}^{n} \alpha_i y^{(i)} x^{(i)} - b \sum_{i=1}^{n} \alpha_i y^{(i)} + \sum_{i=1}^{n} \alpha_i \\
&= -\frac{1}{2} w^T \sum_{i=1}^{n} \alpha_i y^{(i)} x^{(i)} + \sum_{i=1}^{n} \alpha_i \\
&= -\frac{1}{2} \left(\sum_{i=1}^{n} \alpha_i y^{(i)} x^{(i)} \right)^T \sum_{i=1}^{n} \alpha_i y^{(i)} x^{(i)} + \sum_{i=1}^{n} \alpha_i \\
&= -\frac{1}{2} w^T w + \sum_{i=1}^{n} \alpha_i \\
&= -\frac{1}{2} \sum_{i=1}^{n} \sum_{j=1}^{n} \alpha_i y^{(i)} \alpha_j y^{(j)} (x^{(i)})^T x^{(j)} + \sum_{i=1}^{n} \alpha_i
\end{aligned}$$

从上面的最后一个式子，我们可以看出，此时的拉格朗日函数只包含一个向量，那就是 $\alpha=(\alpha_1, \alpha_2, \cdots, \alpha_n)^{\mathrm{T}}$，求 $L(w, b, \alpha)$对 α 的极小问题，即是关于对偶问题的最优化问题。

对于一个样本向量 x 进行分类，实际上是通过把 x 带入 $f(x)=w^Tx+b$ 算出结果，然后根据其正负号来进行类别划分。而前面的推导中我们得到 $w=\sum_{i=1}^{n}\alpha_i y^{(i)}x^{(i)}$，因此分类函数为

$$f(x)=\left(\sum_{i=1}^{n}\alpha_i y^{(i)}x^{(i)}\right)^T x+b=\sum_{i=1}^{n}\alpha_i y^{(i)}\left\langle x^{(i)},x\right\rangle+b \tag{6.2.37}$$

对于新点 x 的预测，只需要计算它与训练数据点的内积即可(〈·,·〉表示向量内积)，这一点至关重要。此外，所谓支持向量也在这里显示出来，事实上，所有非支持向量所对应的系数 α_i 都是等于零的，因此对于新点的内积计算实际上只要针对少量的“支持向量”而不是所有的训练数据。为什么非支持向量对应的 α 等于零呢？直观上来理解的话，就是这些“后方”的点——正如我们之前分析过的一样，对超平面是没有影响的，由于分类完全有超平面决定，所以这些无关的点并不会参与分类问题的计算，因而也就不会产生任何影响，所以“后方”点约束条件所对应的系数 $\alpha_i=0$。

3．线性不可分支持向量机

先考虑我们特征空间的隐式映射——核函数。

对于线性不可分的情况，支持向量机的处理方法是选择一个核函数 $k\langle\cdot,\cdot\rangle$，通过将数据映射到高维空间，来解决在原始空间中线性不可分的问题。所谓核函数 $k\langle\cdot,\cdot\rangle$，即选择一个映射 $\phi{:}x\to H$，将数据 x 映射到高维空间，定义映射函数的内积为核函数，即 $k\langle\cdot,\cdot\rangle = \phi(x)^T\phi(x)$。由于核函数的优良品质，这样的非线性扩展在计算量上并没有比原来复杂多少，这一点是非常难得的。现实世界复杂的应用需要有比线性函数更富有表达能力的假设空间，也就是说，目标概念通常不能由给定属性的简单线性函数组合产生，而是应该寻找待研究数据的更为一般化的抽象特征。

我们使用支持向量机进行数据集分类工作的过程，首先是预先选定一些非线性映射将输入空间映射到高维特征特征空间，使得在高维特征属性空间中有可能使训练数据实现超平面的分割，避免了在原输入空间中进行非线性曲面分割计算。支持向量机数据集形成的分类函数具有这样的性质：它是一组以支持向量为参数的非线性函数的线性组合，因此分类函数的表达式仅和支持向量的数量有关，而独立于空间的维度，在处理高维输入空间的分类时，这种方法尤其有效。

再来分析核函数如何处理非线性数据。

下面举个例子，如图 6-3 所示的两类数据，分别分布为两个曲线的形状，这样的数据本身就是线性不可分的，此时我们该如何把这两类数据分开？

事实上，图 6-3 所述的这个数据集，是用两条曲线加上了少量的噪音生成的。所以，一个理想的分界应该是一个“曲线”，而不是一条线(超平面)。如果用 $x=(x_1, x_2)$来表示这个二维平面的两个坐标的话，我们知道一条二次曲线的方程可以写作这样的形式

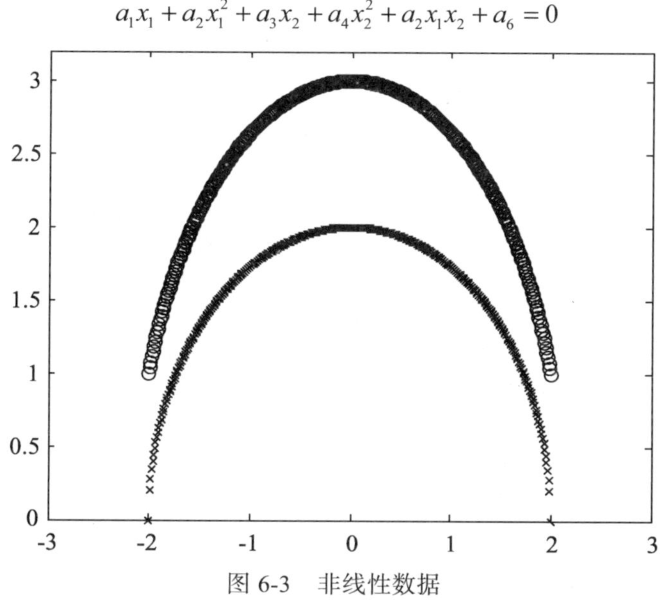

图 6-3　非线性数据

如果我们构造另外一个五维的空间，其中五个坐标的值分别为 $z_1=x_1$，$z_2 = x_1^2$，$z_3=x_2$，$z_4 = x_2^2$，$z_5=x_1x_2$。显然，上面的方程在新的坐标系下可以写作

$$\sum_{i=1}^{5} a_i z_i + a_6 = 0$$

关于新的坐标 $z=(z_1, z_2, \cdots, z_5)$，这正是一个超平面方程，也就是说，如果我们做一个映射 $\varphi: R^2 \to R^5$，将 $x=(x_1, x_2)$按照规则 φ 映射为 $z=(z_1, z_2, \cdots, z_5)$，那么在新的空间中原来的数据将变成线性可分的，从而使用之前我们推导的线性分类算法就可以进行处理了，这正是核方法处理非线性问题的基本思想。

4．使用松弛变量处理异常值方法

对于非线性数据的情况，支持向量机的处理方法是选择一个核函数 $k\langle\cdot,\cdot\rangle$，来解决在原始空间中线性不可分的问题。当有些数据可能并不是因为数据本身是非线性结构的，而只是因为数据有噪音。对于这种偏离正常位置很远的数据点，我们称之为异常值。在我们原来的支持向量机模型里，异常值的存在有可能造成很大的影响，因为超平面本身就是只有少数几个支持向量组成的，如果这些支持向量里又存在异常值的话，其影响就很大了。

例如，图 6-4 用黑圈圈起来的那个点是一个异常值，它偏离了自己原本所应该在的那个半空间，如果直接忽略掉它的话，原来的分隔超平面还是挺好的，但是由于这个异常值的出现，导致分隔超平面不得不被挤歪了，变成图中黑色粗线所示(这只是一个示意图，并没有严格计算精确坐标)，同时间隔也相应变小了。当然更严重的情况是，如果这个异常值再往右侧移动一些距离的话，我们将无法构造出能将数据分开的超平面来。

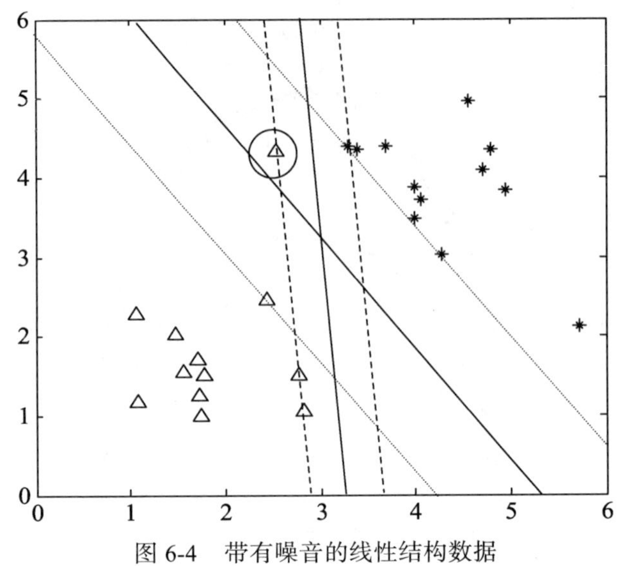

图 6-4　带有噪音的线性结构数据

为了处理这种情况，支持向量机允许数据点在一定程度上偏离超平面。例如图 6-4 中，到黑色实线所对应的距离，就是该异常值偏离的距离，如果把它移动回来，就刚好落在原来的边缘超平面上，而不会使得超平面发生变形了。

设远离超平面的点值为 0；边缘上的点值在[0,1/*L*]之间，通常我们设 *L* 为训练数据集个数，即 *L*=*n*；对于异常值数据和内部的数据值为 1/*L*，如图 6-5 所示。

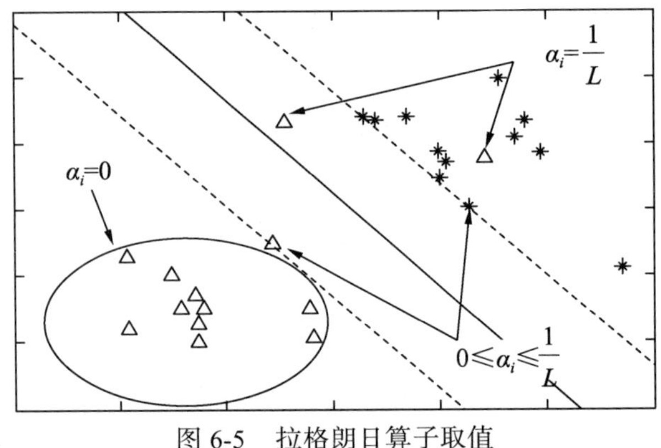

图 6-5　拉格朗日算子取值

原来的约束条件为

$$y_i(w^T x_i + b) \geqslant 1, i = 1, \cdots, n$$

现在考虑到异常值问题，约束条件变成了

$$y_i(w^T x_i + b) \geqslant 1 - \xi_i, i = 1, \cdots, n$$

其中 $\xi_i \geqslant 0$ 称为松弛变量(slack variable)，对应数据点 x_i 允许偏离函数间隔的量。当然，如果我们运行 ξ_i 任意大的话，那任意的超平面都是符合条件的了。所以，我们在原来的目标函数后面加上一项，使得这些 ξ_i 的总和也要最小，即

$$\min \frac{1}{2}\|w\|^2 + C\sum_{i=1}^{n}\xi_i \tag{6.2.38}$$

其中 C 是一个参数，用于控制目标函数中两项(“寻找间隔最大的超平面”和“保证数据点偏差量最小”)之间的权重。注意，其中 ξ_i 是需要优化的变量，而 C 是一个事先确定好的常量。完整公式为

$$\begin{cases} \min \ \dfrac{1}{2}\|w\|^2 + C\sum_{i=1}^{n}\xi_i \\ s.t. \ \ y^{(i)}(w^T x^{(i)} + b) \geq 1 - \xi_i, i = 1, \cdots, n \\ \qquad \xi_i \geqslant 0, i = 1, \cdots, n \end{cases} \tag{6.2.39}$$

建立拉格朗日函数，即

$$L(w,b,\xi,\alpha,r) = \frac{1}{2}\|w\|^2 + C\sum_{i=1}^{n}\xi_i - \sum_{i=1}^{n}\alpha_i\left(y^{(i)}(w^T x^{(i)} + b) - 1 + \xi_i\right) - \sum_{i=1}^{n} r_i\xi_i \tag{6.2.40}$$

分析方法和前面一样，转换为另一个问题之后，我们先让拉格朗日函数 $L(w,b,\xi,\alpha,r)$ 针对 w、b 和 ξ 最小化。

$$\frac{\partial L}{\partial w} = 0 \Rightarrow w = \sum_{i=1}^{n}\alpha_i y^{(i)} x^{(i)} \tag{6.2.41}$$

$$\frac{\partial L}{\partial b} = 0 \Rightarrow \sum_{i=1}^{n}\alpha_i y^{(i)} = 0 \tag{6.2.42}$$

$$\frac{\partial L}{\partial \xi_i} = 0 \Rightarrow C - \alpha_i - r_i = 0, i = 1, \cdots, n \tag{6.2.43}$$

将 w 带入 $L(w,b,\xi,\alpha,r)$ 并化简，得到和原来一样的目标函数

$$\max_{\alpha} \sum_{i=1}^{n}\alpha_i - \frac{1}{2}\sum_{i=1}^{n}\sum_{j=1}^{n}\alpha_i\alpha_j y^{(i)} y^{(j)} \left\langle x^{(i)}, x^{(j)} \right\rangle$$

不过，由于我们得到 $C-\alpha_i-r_i=0$，而又有 $r_i \geqslant 0$(作为拉格朗日乘子的条件)，因此有 $\alpha_i \leqslant C$，所以得到对偶问题

$$\begin{cases} \max\limits_{\alpha} \sum_{i=1}^{n}\alpha_i - \dfrac{1}{2}\sum_{i=1}^{n}\sum_{j=1}^{n}\alpha_i\alpha_j y^{(i)} y^{(j)} \left\langle x^{(i)}, x^{(j)} \right\rangle \\ s.t. \ \ 0 \leqslant \alpha_i \leqslant C, i = 1, \cdots, n \\ \qquad \sum_{i=1}^{n}\alpha_i y^{(i)} = 0 \end{cases} \tag{6.2.44}$$

把前后的结果对比一下，可以看到唯一的区别就是现在对偶问题 α 多了一个上限 C。而核函数的非线性形式也是一样的，只要把 $\langle x^{(i)}, x^{(j)} \rangle$ 换成 $k\langle x^{(i)}, x^{(j)} \rangle$ 即可。

总之，支持向量机它本质上即是一个分类方法，用 w^Tx+b 定义为分类函数，于是求 w, b 为寻最大间隔，引出 $1/2\|w\|^2$，继而引入拉格朗日因子，化为对拉格朗日乘子 α 的求解(求解过程中会涉及一系列最优化或凸二次规划等问题)，如此，求 w, b 与求 α 等价。

第 7 章 聚类挖掘算法

7.1 聚类挖掘算法研究概述

7.1.1 聚类挖掘研究背景及意义

数据收集和数据存储技术的快速进步使得各组织机构可以积累海量数据。然而，提取有用的信息已成为巨大的挑战。通常由于数据量太大，无法使用传统的数据分析工具和技术处理它们，即使数据集相对较小，由于数据本身的非传统特点，也不能使用传统的方法，这就需要开发新的方法。数据挖掘是一种技术，它将传统的数据分析方法与处理大量数据的复杂算法相结合。数据挖掘为探查和分析新的数据类型以及用新方法分析原有传统数据类型提供了更多的机会。

聚类分析最早起源于分类学。初时人们依靠经验将事件的集合分为若干子集。随着科技的发展，人们将数学工具引入分类学，聚类算法便被细化归入数值分类学领域。后来，信息技术快速发展，新数据的出现呈井喷趋势，其结构的复杂性和内容的多元化尤为聚类提出了新的要求，于是多元分析技术被引入数值分析学，形成了聚类分析学。

前面 § 4.5 介绍的传统聚类算法主要是针对静态数据库进行设计的,这类算法处理的多是存储在磁盘或其他存储介质中的静态数据，是对这些数据进行随机操作、多次扫描，计算量往往都是很大的，I/O 开销随着数据量的增多也会增大。

大数据时代，聚类分析已成为数据挖掘领域的主要研究课题之一，一个重要的原因就是聚类分析在海量数据中越来越多的应用，对于这些海量数据，单纯的统计方法无法实现有效的处理，不能从中得出有用的信息，需要与数据库管理、人工智能等计算机技术结合在一起，提出集成的解决方案，而聚类分析正好为解决这些问题提供了一个有力工具。近年来，随着硬件技术的发展，越来越多的应用产生数据流，数据流不同于传统的存储在磁盘上的静态数据，而是一类新的数据对象，它是无限的、连续的、有序的、快速变化的、海量的。典型的数据流包括网络与道路交通监测系统的监测信息数据、电信部门的通话记录数据、由传感器传回的各种监测数据、股票交易所的股票价格信息数据以及环境温度的监测数据等。数据流本身的这些特点决定了对数据流进行处理时只能对数据做一次或有限次的扫描，并只能临时存储少量的数据。因此，原来很多成熟传统的聚类分析算法在数据流上变得不适用了，需要提出新的解决方法。数据流挖掘技术作为数据挖掘领域的新问题，很多挖掘算法需要针对数据流进行改造。数据流聚类分析作为数据流挖掘的一个重要研究方向，同样面临着巨大的挑战，也引起了研究者们的广泛关注，目前出现了不少相关的研究成果，并应用到实践中。

7.1.2　聚类分析含义

聚类分析，英文 Cluster Analysis，又译为群集分析。简单而言，其作用即是非监督式的将大量数据以相似度为基础形成集合。非监督式是聚类分析与分类和回归分析的区别所在，聚类不需要人为的输入标签，尽管某些聚类算法需要设定初始划分方法或者根据输入参数确定聚类集合个数，但在分析过程中，算法无须人为输入分类标准。因此，聚类分析在很多时候用于大型数据库的分类预处理，当然聚类分析也常作为独立分析数据的工具。在实际应用中，聚类问题与分类问题往往容易发生混淆。这两个问题是相关的，但是存在区别。聚类可以看作一种分类，它用类(簇)标号创建数据对象的标记。然而，这些标号只能从数据中导出。因此，有时聚类分析也被称为非监督分类，相比之下，分类指的是监督分类，也就是使用一个由类标号已知的对象开发的模型，对新的、无标记的对象赋予一个类标号。

聚类分析是一种“物以类聚”的方法，将物理或抽象对象的集合分组为由类似的对象组成的多个类的分析过程，它是一种重要的人类行为。聚类的目的就是要将一组数据分组，而这种分组要基于以下原理：即满足最大的组内相似性和最小的组间相似性，使得不同聚类中的数据尽可能不同，而同一聚类中的数据尽可能相似。

根据相似度判断标准，就形成了不同的聚类算法。聚类算法的分类有很多，从时间上可以分为传统聚类算法和现代聚类算法；从子集元素可以分为软聚类和硬聚类；从对初始状态的处理可以分为结构性聚类和分散性聚类等。

7.1.3　聚类挖掘算法性能评估方法

聚类的应用对聚类分析提出了各种不同的要求。一般可从以下几个方面评估聚类算法的性能。

1. 可伸缩性

聚类算法在处理小数据量的数据集合(比如数据对象小于 200 个)时具有很好的性能，但是在处理大规模数据集(比如包含几百万个数据对象)时则会表现出效率的严重降低，这严重限制了聚类算法的应用范围。

2. 处理不同类型属性的能力

很多算法处理的属性类型仅仅是针对数值类型的数据，但是在实际应用中，往往要求聚类算法拥有处理其他属性数据的能力，比如标称型、序数型、二元类型等数据，或者是这些数据类型的混合。

3. 适用发现任意形状簇的聚类

许多聚类算法使用欧几里德距离或者曼哈坦距离作为数据对象相似程度的度量，并以此为依据确定聚类。很多基于这样的距离量度的算法趋向于发现具有相近密度和尺寸的球状簇。但一个数据簇有可能是任意形状的，所以提出能发现任意形状簇的算法是很重要的。

4. 用于决定输入参数的领域知识最小化

在聚类分析中，许多聚类算法要求用户输入一定的参数，比如希望得到簇的数目。有些算法的结果对于输入参数很敏感，通常参数难以确定，尤其是对于含有高维对象的数据集更是如此。

5. 对于输入记录的顺序不敏感

一些聚类算法对于输入数据的顺序是敏感的。比如，对于某一个数据集合，以不同的顺序提交给同一个算法时，可能产生差别很大的聚类结果。研究和开发对数据输入顺序不敏感的算法具有重要的意义。

6. 高维度数据处理能力

一个数据库可能含有很多数据维度或者属性。很多聚类算法擅长处理低维度数据，一般仅涉及二到三维。通常，最多是在三维的情况下能够很好地判断聚类的质量。对高维空间中的数据对象进行聚类是非常有挑战性的工作，尤其数据可能是高度偏斜，非常稀疏的。

7. 处理噪声数据的能力

在现实应用中的绝大多数数据都包含了孤立点、未知数据、空缺数据或者错误的数据。有些聚类算法对于这样的数据敏感，将会导致质量较低的聚类结果。

8. 基于约束的聚类

在实际应用中有可能需要在各种约束条件下进行聚类。一组数据既要满足特定的约束，又要具有良好的聚类特性。

9. 可解释性和可用性

通常用户希望聚类结果是可解释的、可理解的和可用的，因此应用目标如何影响聚类方法的选择也是一项重要的研究课题。

每种算法都有各自的侧重，并不是各方面性能都优良，因此，在实际应用时应结合数据对象的特点，选择合适的聚类方法。某种情况下，可以多种算法组合。

7.1.4 聚类挖掘研究发展趋势及应用领域

1. 发展趋势

由于每一种聚类方法都有缺陷，再加上实际问题的复杂性和数据的多样性，使得无论哪一种方法都只能解决某一类问题。近年来，随着人工智能、机器学习、模式识别和数据挖掘等领域中传统方法的不断发展以及各种新方法和新技术的涌现，数据挖掘中的聚类分析方法得到了长足发展。整体来看，主要围绕样本归属关系、样本的相似性度量、样本数据增量、高维样本等几个方面展开研究。

1) 基于样本归属关系的聚类

(1) 基于粒度的聚类算法。

从表面上看，聚类和分类有很大的差异。聚类是无导师或无监督学习，而分类是有导师或有监督学习。更进一步地说，聚类的目的是发现样本点之间最本质的抱团性质，是一种客观反映；分类在这一点上却不大相同，分类需要一个训练样本集，由领域专家指明哪些样本数据属于一类，哪些样本数据属于另一类，但是分类的这种先验知识却常常是纯粹主观的。如果从信息粒度的角度来看的话，就会发现聚类和分类有很大的相通之处：聚类操作实际上是在一个统一粒度下进行计算的；分类操作是在不同粒度下进行计算的。在粒度原理下，聚类和分类是相通的，很多分类的方法也可以用在聚类方法中。

(2) 不确定聚类算法。

① 模糊聚类。在实践中大多数对象没有严格的属性，它们的类属和形态存在着中介性，适合软划分。由于模糊聚类分析具有描述样本类属中间性的优点，能客观地反映现实世界，成为当今聚类分析研究的主流。1969 年，Ruspini 首次将模糊集理论应用到聚类分析中，提出了模糊聚类算法，它是基于模糊数学理论的一种非监督学习方法。模糊聚类一经提出，就得到了学术界极大关注，模糊聚类是一个很大的聚类“家族”，关于模糊聚类的研究十分活跃，从目标函数、隶属度函数和聚类准则函数等三个方面进行研究。

② 粗糙聚类。不确定聚类另外一种就是粗糙聚类，从粗糙集与聚类算法的耦合来看，可以把粗糙聚类分为两类，即强耦合粗糙聚类和弱耦合粗糙聚类。所谓弱耦合粗糙聚类，就是粗糙集扮演着数据预处理等角色，最主要的应用就是用粗糙集的属性简约理论对进行聚类的样本数据进行降维；所谓的强耦合粗糙聚类是指利用粗糙集的上、下近似理论对聚类算法进行上、下近似处理。

③ 基于熵的聚类。在物理学中，熵用来描述原子分布的无序程度。当某一系统越有序、越确定时，该系统的热熵越小。在信息论中，信息熵是一个信源发出某一消息所含信息量的度量，当某一信源发出的消息越确定时，该信源的信息熵越小。数据点的分布类似于原子的分布，当聚类的划分越合理，数据点在某一聚类上的归属越确定时，该聚类的信息熵值越小。在聚类分析中，由于在分组前数据点对某一聚类的归属在主观划分上是依赖于用户所选取的算法的，当用户采取不同的算法时，数据点的归属性就不同，而客观上来讲，数据点对某一聚类的归属又是确定的。因此，如果在主观上找到尽可能确定的数据点归属，即求得信息熵值最小的聚类结果，那么聚类的目的就达到了，这就是基于熵的聚类算法。

2) 基于样本相似性度量的聚类

(1) 谱聚类算法。谱聚类算法是建立在谱图理论基础之上，并利用数据的相似矩阵的特征向量进行聚类，使得算法与数据点的维数无关，而仅与数据点的个数有关，因而统称为谱聚类算法。谱聚类算法是一种基于两点间相似关系的方法，这使得该方法适用于非测度空间。与其他方法相比，该方法不仅思想简单、易于实现、不易陷入局部最优解，还具有识别非凸分布的聚类能力，非常适合于许多实际应用问题。

(2) 仿射聚类。仿射聚类是 2007 年 Science 报道的一个全新聚类算法，其优势体现在处理类数很多的情况时运算速度快。仿射聚类算法通过一个迭代循环，不断进行证据的收集和传递(亦称为消息传递)以产生 m 个高质量的类代表和对应的聚类，同时聚类的能量函数也得到了最小化，将各数据点分配给最近的类代表所属的类，则找到的 m 个聚类即是聚类结果。

(3) 混合属性聚类。在实际数据聚类中，需要处理的数据除数值型属性外，还包括文本、图像等符号型属性的混合型数据。这些算法在进行不同属性的数据处理时，都要进行相关转换，或者全部转换成数值型数据，或者全部转换成符号型数据进行处理，数据聚类精度在进行转换时受到影响。面向混合型数据的聚类方法就是解决这类聚类问题的。CBL(Clustering Based on Lattice)算法是以格论为基础，利用格论中简单元组和超级元组的概念，对数据进行格的划分，以非距离的格关系作为聚类相似度的衡量方法，同时也产生了基于 CBL 的改进算法，利用格论中简单元组及超级元组将对象属性转化为格模型，以对象间格覆盖数来衡量类间相似度，根据高覆盖高相似度的原则选择聚类中心进行聚类。

3) 基于样本数据增量的聚类

增量聚类的研究主要有两个思路：一是将所有的数据进行迭代，即从第一个数据到最后一个数据进行迭代运算，其优点是精度高，不足之处是不能利用前一次聚类的结果，浪费资源；另一个是利用上一次聚类的结果，每次将一个数据点划分到已有簇中，即新增的数据点被划入中心离它最近的簇中并将中心移向新增的数据点，优点是不需要每次对所有数据进行重新聚类，缺点是泛化能力弱，监测不出孤立点。

样本数据的增量聚类有以下两种。

(1) 数据流增量聚类。数据流的聚类问题是典型的增量聚类问题，这些数据是具有实时性、连续性、顺序性的动态流式数据。数据流聚类的基本任务就是，随着新数据的不断流入，动态调整和更新聚类结果以真实反映数据流的聚类形态。目前，我们主要是把一些传统的聚类算法应用到数据流聚类问题当中来。

(2) 基于群体智能的增量聚类。研究者从生物的智能行为中受到启发，建立了各种模型，用来求解复杂的科学问题，如基于遗传算法的增量聚类、基于 PSO 算法的增量聚类、基于蚁群算法的增量聚类、基于人工免疫系统的增量聚类等。

4) 基于样本高维性的聚类

由于高维数据存在的普遍性，对高维数据的聚类研究已成为近几年研究的一个热点。高维数据聚类具有以下几个特点。

(1) 随着维数增长，聚类的时间和空间复杂度迅速上升从而导致算法的性能下降。

(2) 高维数据集中存在大量无关的属性，并且在这些不相关的维上十分稀疏，这就使得在所有维中存在簇的可能性几乎为零，所以传统的聚类算法不适合对高维数据进行聚类。

(3) 距离函数难于定义，聚类操作的基础是数据对象之间相似性的度量，相似度高的对象归为一类，但在高维情况下距离函数失效，因此必须通过重新定义合适的距离函数或相似性度量函数以避开“维度效应”的影响。

针对高维数据的稀疏性、空间和“维灾”等特征，目前主要有两种研究思路：一是通过选维、降维技术去除与数据簇不相关的维，再使用聚类算法对转换后的数据进行聚类；另一个是子空间聚类，该类算法从数据集中找不同子空间中的簇。

5) 与其他学科的融合聚类

(1) 量子聚类算法。量子力学是一门研究粒子在能量场中分布的科学，聚类是研究样本在尺度空间中的分布情况。可见，量子力学研究的粒子在空间中的分布，同聚类研究样本在尺度空间中的分布情况是等价的。对于量子力学而言，样本分布已知时聚类描述的粒子分布波函数也是已知的，此时，采用薛定锷方程求解势能函数，而这个势能函数将最终决定粒子的分布。

(2) 聚类集成。聚类集成是基于集成思想的一种新的聚类算法，利用多个聚类结果(经过选择的)找到一个新的数据(或对象)划分，这个划分在最大限度上共享了所有输入的聚类结果对数据(或对象)集的聚类信息。聚类集成可以分为两个阶段：聚类成员个体生成阶段和对聚类成员个体结果进行集成阶段。

(3) 球壳聚类。球壳聚类其实是模糊聚类的衍生，模糊聚类的原型由点逐步扩展到线、面、球壳、椭圆壳、矩形壳和多边形壳，其中球壳聚类是聚类研究最为活跃的一种。所谓球壳聚类就是样本数据的分布呈球壳状的聚类问题，可以采用球壳作为聚类原型，定义目标函数，并推导出球壳聚类的迭代算法。模糊壳聚类方法依赖于人脑事先给出确定的聚类壳数，并且对原型初始化要求较高。

2. 应用领域

聚类分析具有广泛的应用领域。聚类分析作为一种基本的数据挖掘方法已经广泛地应用于相似搜索、顾客划分、模式识别、趋势分析、金融投资、地理信息系统、卫星图像和医疗卫生等领域，并取得了一定成效。下面是几个比较有代表性的应用实例。

(1) 在交易数据库中，对顾客一次购买商品的情况进行聚类分析，根据聚类结果来布置商品摆放位置，从而提高销售利润。

(2) 在电子商务中，用聚类算法分析每天日常业务产生的大量数据，能帮助销售商确定相对固定的顾客群，便于商家有针对性地制订销售方案、开展有效的促销活动，这样既能赢得最大利润，又能发展新顾客群、留住旧顾客群。

(3) 在信息检索领域中，聚类分析对文档进行分类，改善信息检索的效率，从而提高工作效率。

(4) 在气象预测中，通过对传感器传来的空气温度、湿度、可见度等信息进行聚类，可以预测未来几天气候的变化。

(5) 在医疗分析中，通过对一组新型疾病的聚类分析，可得到每类疾病的特征描述，从而对这些疾病进行识别，提高治疗的功效。聚类分析还能帮助医生发现不正常类别的病例，例如组织结构的病变细胞。

另外，聚类分析还用于发现空间趋势，即空间数据库中一个或多个非空间属性的变化模式。在天文学上，研究人员利用聚类分析宇宙仿真系统得到的数据，更好地理解黑洞形成和进化的物理过程等。

7.1.5 聚类挖掘研究面临的问题

作为数据挖掘的重要工具，聚类分析已经得到了广泛关注。近年来，随着信息技术的迅猛发展，具有不同结构特点的数据不断涌现，为聚类分析的研究提出了新的挑战。尽管如此，聚类分析研究中的基本问题始终是人们研究工作的重点内容，其有效解决对于数据挖掘、模式识别中的许多问题都具有重要的借鉴意义。这些基本问题包括以下几点：①对于不同结构特征的数据，如何合理计算数据点之间的相异或相似程度；②对于包含噪声或例外点的数据，如何提高算法的鲁棒性；③对于高维数据，如何进行特征降维；④对于包含多个类簇的数据，如何确定数据集包含的聚类数目；⑤对于大规模数据集，如何进行高效的聚类。

1. 如何合理计算数据点之间的相异或相似程度

如何衡量数据点之间的相异或相似程度是设计聚类算法的基础问题，会直接影响聚类分析的效果，最直观的方法是使用距离函数或相似性函数。通常而言，数据集上的距离函数应该满足对称性和非负性，如果它还满足三角不等式和自反性，则该距离函数就是一个度量，数据集上的相似性函数也有类似的性质。

2. 如何提高聚类算法对噪声和例外点的鲁棒性

噪声和例外点在各种类型的数据集中普遍存在。为了减少聚类过程中噪声、例外点对正常数据的影响，必然要提高聚类算法的抗噪性。在聚类过程中，使用对噪声鲁棒的距离度量来计算数据点之间的距离成为提高算法鲁棒性的另一种方法。

3. 如何对高维数据进行聚类

许多聚类算法对高维数据无能为力，这是因为在高维空间中，传统的距离函数会出现不稳定现象，数据点之间的距离变得几乎相等。在实际应用中，文本数据、时间序列、基因数据、基因表达数据、生物特征数据等都是典型的高维数据，如何对这些高维数据进行有效的聚类成为当前研究的热点和难点。下面主要介绍以下 3 种技术。

1) 特征约简技术

为了对高维数据进行聚类，通常可以先进行特征约简，将高维特征空间中的数据转换到低维特征空间，然后使用 K-Means 等传统的聚类算法在低维特征空间中进行聚类。特征约简技术可分为特征选择和特征提取两种策略，前者是指从一组特征中选取一些最有代表性的特征以达到降低特征空间维数的目的，后者是指将高维空间中的数据通过线性或非线性变换映射到低维空间中。特征约简技术可以有效降低计算开销，并且使用户对感兴趣的数据有更清晰的理解。但是，在特征约简过程中会不可避免地发生信息损失，从而使聚类结果失真。

2) 特征加权技术

对于高维数据而言，每个特征在聚类过程中所起的作用是不同的，部分特征在聚类过程中起了主导作用，它们对簇的形成起到积极作用，而另一部分特征在聚类过程中起的作用通常不大，有时甚至会引入噪声，从而为簇的生成带来负面影响。以此为出发点，对特征进行加权成为处理高维数据的有效方法，这相当于在欧氏空间中拉长或缩短不同特征所对应的轴。此外，对于高维数据，为每一维特征指定权重在实际应用中也不尽可行。这些方法的共同点在于，先通过学习算法对特征权重进行学习，在此基础上形成特征加权的距离函数。近年来，自动特征加权技术得到了充分研究，这类方法将特征权重的学习融合在聚类分析的过程中。

3) 子空间聚类技术

在高维空间中，属于不同类簇的样本点通常分布在由不同特征子集构成的子空间中。子空间聚类技术就是针对类簇的这一分布特点而设计的聚类方法。根据各个特征对于不同类簇的从属关系，子空间聚类算法可以分为硬子空间聚类和软子空间聚类两大类。在硬子空间聚类中，数据集不同的特征子集张成不同的子空间，硬子空间聚类则在这些不同的子空间中搜索类簇。对于硬子空间聚类而言，某个特征或者属于某个类簇，或者不属于某个类簇。与数据集“硬划分”概念不同的是，一个特征可以同时从属于多个类簇。研究表明，硬子空间聚类算法能够成功地发现高维数据集不同子空间中任意形状的类簇，但它们对参数的选取比较敏感，如何合理地选取参数仍是进一步需要研究的问题。在特征子集的选择上引入模糊概念，学术界提出了“软子空间”的概念。软子空间聚类技术也成为近年来的研究热点，其基本思想是，数据集中的各类别赋予不同的特征权重向量，以此来表示聚类过程中各维特征对此类别贡献的大小。在聚类过程中，每一维特征对于各个类别都有不同的贡献，因此每一类都有不同的特征权重向量，从而在整个特征空间中形成了若干个“软子空间”，聚类过程就是在各个“软子空间”中进行的。

4. 如何确定数据集包含的聚类数目

聚类过程将数据集划分为若干个子集，虽然在某些情况下，用户根据自身经验可以为数据集选择较为合理的聚类数目，但大多数情况下，数据集包含的聚类数目对用户而言是未知的。许多聚类算法将聚类数目作为一个需要预先设定的输入参数，对这类聚类算法而言，聚类结果的质量与此参数的设置密切相关。如果用户设置的聚类数目过大，则会使聚类结果过于复杂而难以解释；相反，如果数目过少，则聚类结果中会丢失许多有价值的信息。可见，为数据集确定合理的聚类数目，无论是对实际应用本身还是对聚类算法的有效运行都具有十分重要的意义。

估计聚类数目最简单的方法是将数据可视化。对于可以有效地投影到二维欧氏空间中的数据集而言，通过数据点在二维空间中的分布图可以直观地获取数据集包含的聚类数目信息。但是，对于高维数据和结构复杂的数据而言，这种方法往往不适用。

5. 如何对大规模数据进行高效聚类

近年来，大规模数据集在各领域的频繁出现对聚类分析研究提出了新的挑战。对大规模数据集进行聚类分析通常从两方面进行考虑：一方面，开发算法复杂度较低的算法，当算法的时间与空间复杂度与数据集大小接近线性关系时，该算法被认为适合于处理大规模数据集；另一方面对原数据集进行采样或压缩，在不影响聚类效果的前提下得到原数据集的子集。

7.2 聚类挖掘算法举例

7.2.1 划分聚类法

1. K-Means均值聚类算法

J. B. MacQueen 在 1967 年提出的 K-Means 均值聚类算法，是到目前为止用于科学和工业应用的诸多聚类算法中一种极有影响的技术。它是聚类方法中一个基本的划分方法，常常采用误差平方和代价函数(代价函数的意义是对异常信号的损失达到最小)SAD 作为聚类准则函数，误差平方和代价函数 SAD 设为

$$\text{SAD}=\sum_{i=1}^{k}\sum_{x\in C_i}\left(x-\overline{x}_i\right)^2 \tag{7.2.1}$$

这里

$$\overline{x}_i=\frac{1}{n_i}\sum_{j=1}^{n_i}x_{ij}\,(i=1,2,\cdots,k) \tag{7.2.2}$$

SAD 表示所有对象的平方误差总和，x 表示所给定的数据对象，$C_i(i=1, 2, \cdots, k)$分别代表 k 个类，$\overline{x}_i(i=1,2,\cdots,k)$ 是簇 C_i 中数据对象的均值，即是簇 C_i 形成的新质心。

1) K-Means 均值聚类算法的工作原理

首先随机从数据集中选取 k 个数据对象作为初始聚类质心 $\overline{x}_i(i=1,2,\cdots,k)$，然后计算各个样本到各聚类质心的距离，把样本归到离它最近的那个聚类质心所在的簇 $C_i(i=1, 2, \cdots, k)$，即赋予样本 x 类标号为

$$i=arc\min_{i}(x-\overline{x}_i)^2 \tag{7.2.3}$$

样本按赋予的类标号把样本集划分为 k 个类簇，计算新形成的每一个簇 C_i 中数据对象的平均值 $\overline{x}_i$，并以 $\overline{x}_i$ 为聚类更新质心进行重新划分 k 个类簇 $C_1, C_2, \cdots, C_k$，以此分下去。如果相邻两次的误差平方和代价函数 SAD 不变(或改变小于给定的阈值)，即聚类质心没有变化，说明样本调整结束，聚类准则函数已经收敛。

本算法的一个特点是在每次迭代中都要考察每个样本的分类是否正确。若不正确，就要调整，在全部样本调整完后，再修改聚类质心，进入下一次迭代。如果在一次迭代算法中，所有的样本被正确分类，则不会有调整，聚类中心也不会有任何变化，这标志着已经收敛，因此算法结束。

K-Means 均值聚类是基于质心的算法，质心通常代表的是一个簇中所包含对象的平均值。该准则将使得聚类生成的结果簇既紧凑又独立。

2) K-Means 均值聚类算法描述

算法：K-Means 均值聚类。

输入：类的数目 k 和包含 n 个对象的数据库。

输出：k 个类簇集合。

算法步骤如下所述。

第一步，对于数据对象集，任意选取 k 个对象 $\overline{x}_i(i=1,2,\cdots,k)$ 作为初始的类中心。

第二步，根据类中对象的平均值，将每个对象重新赋予最相似的类。

第三步，更新类的平均值，即更新后每个类中对象的平均值 $\overline{x}_i$ $(i=1, 2, \cdots, k)$。

第四步，重复第二步和第三步。

第五步，直到不再发生变化，终止循环。

第六步，算法结束，输出 k 个类簇集合。

SAD 值依赖于的几何形状和位置。SAD 是对象和聚类质心的函数，数据对象集 S 给定的情况下 SAD 的值取决于 k 个聚类质心。SAD 描述 n 个样本聚类成 k 个类时所产生的总的误差平方和。显然，若 SAD 值越大，说明误差越大，聚类结果越不好。因此，应该寻求使 SAD 最小的聚类结果，即在误差平方和代价函数 SAD 下的最优结果。这种聚类通常也称为最小方差划分。

3) K-Means 均值聚类优势和存在的问题

K-Means 算法的特点是采用两阶段反复循环过程算法，结束的条件是不再有数据元素被重新分配：指定聚类，即指定样本到某一个聚类，使得它与这个聚类中心的距离比它到其他聚类中心的距离要近；修改聚类中心。

(1) K-Means 均值聚类算法的优点主要集中在于以下几点。

① 算法快速且简单。

② 对大数据集有较高的效率并且具有可伸缩性。

③ 时间复杂度近于线性，而且适合挖掘大规模数据集。

(2) K-Means 均值聚类算法存在以下几点问题。

① 在 K-Means 算法中 k 是事先给定的，这个 k 值的选定是非常难以估计的，很多时候，事先并不知道给定的数据集应该分成多少个类别才最合适，这也是 K-Means 算法的一个不足。有的算法是通过类的自动合并和分裂，得到较为合理的类型数目 k，例如 ISODATA 算法。关于 K-Means 算法中聚类数目 k 值的确定，有研究者是根据方差分析理论，应用混合 F 统计量来确定最佳分类数，并应用了模糊划分熵来验证最佳分类数的正确性。

② 在 K-Means 算法中，首先需要根据初始聚类中心来确定一个初始划分，然后对初始划分进行优化。这个初始聚类中心的选择对聚类结果有较大的影响，一旦初始值选择的不好，可能无法得到有效的聚类结果，这也成为 K-Means 算法的一个主要问题。对于该问题的解决，许多算法采用遗传算法(GA)进行初始化，以内部聚类准则函数作为评价指标。

③ 从 K-Means 算法框架可以看出，该算法需要不断进行样本分类调整，不断计算调整后的新的聚类质心，因此当数据量非常大时，算法的时间开销是非常大的，所以需要对算法的时间复杂度进行分析、改进，提高算法应用范围。目前有研究者从时间复杂度进行分析考虑，通过一定的相似性准则以去掉聚类质心的候选集。

2．K-Medoid中心聚类算法

1) K-Medoid 中心聚类算法工作原理

K-Medoid 中心聚类算法，即 K-中心聚类算法，是基于划分的聚类方法，基本思路是给定数据集，通过迭代的方式构造数据集的 k 个划分，一个划分代表一个簇。该方法首先随机选定 k 个实际对象 $x_1, x_2, \cdots, x_k$ 来作为 k 个簇的初始中心点，即 $w_i=x_i(i=1, 2, \cdots, k)$，以此作为参照点，然后计算其余所有对象与各参照点的距离 $d_i(x)=(x-w_i)^2(x \in S)$，即对象间的相异度，相异度越小，越相似，继而将剩余的每个对象分配到与其最相似的参照点所在的簇当中，生成初始 k 个簇，即簇 $C_1, C_2, \cdots, C_k$。

重复迭代尝试让每个代表对象都成为簇的实际中心点，比较各种中心点选择方案，取代价最小者为最佳。由此确定 n 个对象划分到 k 个簇的分配方案。而聚类结果的好坏则通过代价函数来计算，即对象与其簇的参照中心点之间的平均相异度。

聚类结果的质量用一个误差平方和 SAD 代价函数来估计，即

$$\mathrm{SAD}=\sum_{j=1}^{k}\sum_{x\in C_j}\left(x-w_j\right)^2 \tag{7.2.4}$$

该函数评估了对象与其参照对象的平均相异度。

PAM 聚类算法是最早提出的基于划分的 K-Medoid 中心聚类算法之一。PAM 聚类算法的基本思想是选用簇中最中心的对象，试图对 n 个对象给出 k 个划分。代表对象也被称为是中心点，其他对象则被称为非代表对象。最初随机选择 k 个对象作为中心点，该算法反复地用非代表对象来代替代表对象，试图找出更好的中心点，以改进聚类的质量。在每次迭代中，所有可能“成对”的对象被分析，每个“成对”中的一个对象是中心点，而另一个是非代表对象。

对可能的各种组合，估算聚类结果的质量；一个对象 $w_j(j=1, 2, \cdots, k)$可以被最大平方——误差值减少的对象代替。在一次迭代中产生的最佳对象集合成为下次迭代的中心点，直至收敛。为了确定任一个非聚类代表对象是否可以替换当前一个聚类代表 Q，这里 Q, R 是聚类代表，O, P 是非聚类代表。需要根据以下 4 种情况对各非聚类代表对象 P 进行检查。

图 7-1 表示若对象 O 当前属于 Q (所代表的聚类)，且如果用 P 替换 Q，作为新聚类代表，而 O 就更接近其他 R，那么就将 O 归类到 R (所代表的聚类)中。

图 7-2 表示若对象 O 当前属于 Q (所代表的聚类)，且如果用 P 替换 Q，作为新聚类代表，而 O 更接近 P，那么就将 O 归类到 P (所代表的聚类)中。

图 7-3 表示若对象 O 当前属于 R (所代表的聚类)，且如果用 P 替换 Q，作为新聚类代表，而 O 仍然最接近 R，那么 O 归类不发生变化。

图 7-4 表示若对象 O 当前属于 R (所代表的聚类)，且如果用 P 替换 Q，作为新聚类代表，而 O 更接近 P，那么就将 O 归类到 P (所代表的聚类)中。

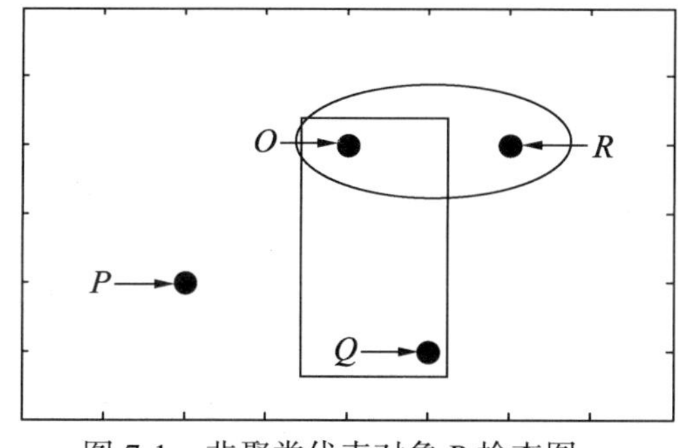

图 7-1　非聚类代表对象 P 检查图一

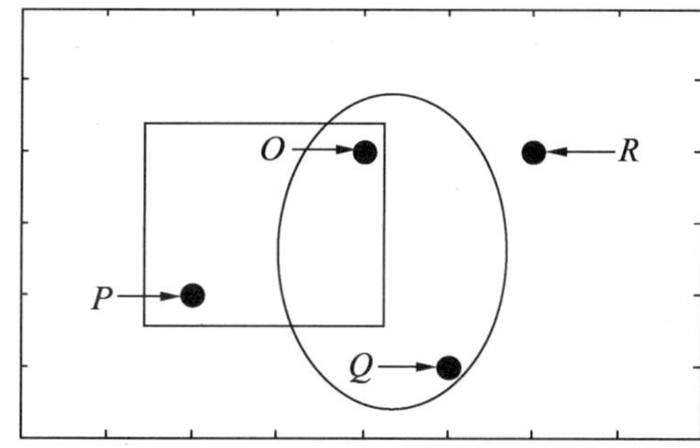

图 7-2　非聚类代表对象 P 检查图二

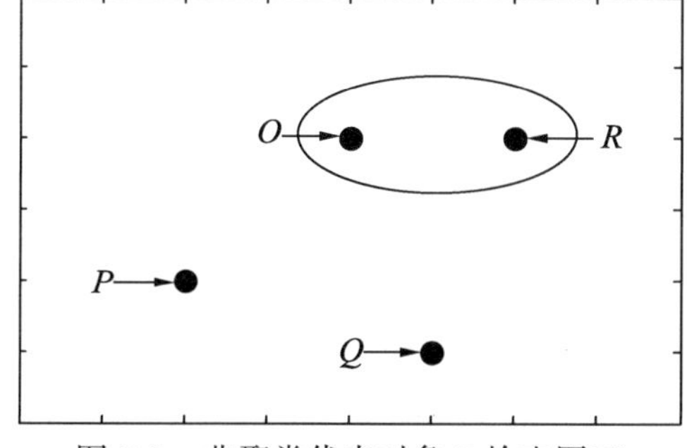

图 7-3　非聚类代表对象 P 检查图三

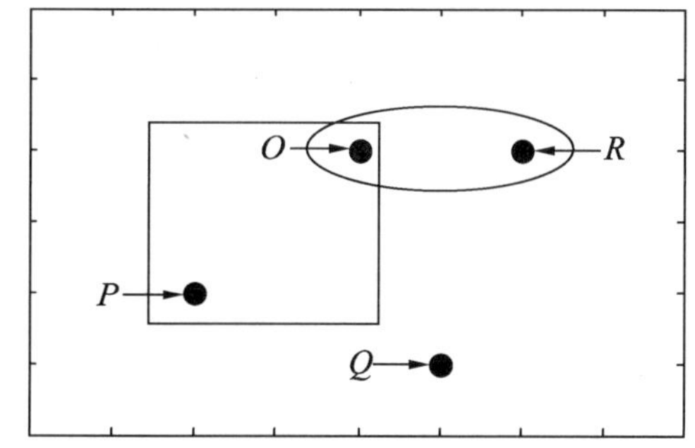

图 7-4　非聚类代表对象 P 检查图四

每次对象重新归类，都会使得聚类误差平方和代价函数 SAD 发生变化，因此借助代价函数能够计算出聚类代表替换前后的方差变化。通过替换不合适的代表来而使距离方差发生变化的差值 ΔSAD 就构成了成本函数的输出。若整个输出成本为负值，那么就用 P 替换 Q，以便能够减少实际的代价函数 SAD。若整个输出成本为正值，那么就认为当前的 Q，是可接受的，本次循环就无须变动。

2) K-Medoid 中心聚类——PAM 聚类算法描述

算法：PAM 聚类算法。

输入：类的数目 k 和包含 n 个对象的数据库。

输出：k 个类簇集合。

算法步骤如下所述。

第一步，从 n 个数据对象任意选择 k 个对象作为初始聚类代表(聚类中心)。

第二步，依次计算其余各非聚类代表对象与这些聚类代表间的距离，并根据最小距离原则将各对象分配到离它最近的聚类代表所在的簇中。

第三步，任意选择一个非中心对象 P，计算其与中心对象 Q，交换的成本函数 ΔSAD。

第四步，若 ΔSAD 为负值则，P 替换 Q，构成新聚类的 k 个中心对象。

第五步，重复第二步到第四步，直至不再发生簇的重新分配，每个聚类不再发生变化，终止循环。

第六步，算法结束，输出 k 个类簇集合。

3. K-Harmonic Means算法

1) K-Harmonic Means 算法工作原理

与 K-Means 算法一样，是建立在中心基础上的迭代算法。K-Harmonic Means 算法是将所有点到所有中心均方距离的调和平均值之和作为该算法的评价函数，即评价函数为

$$\mathrm{KHM}(X,C)=\sum_{i=1}^{n}\frac{k}{\sum_{j=1}^{k}\frac{1}{\|x_i-x_j\|^{\lambda}}} \tag{7.2.5}$$

这里 $x_1, x_2, \cdots, x_n$ 是 n 个样本，$w_1, w_2, \cdots, w_k$ 是 k 类别的质心，$x_i \neq w_j (i=1, 2, \cdots, n;\ j=1, 2, \cdots, k)$，$\lambda$ 是参数。为了得到最优算法，我们通过对上式求出关于中心 $w_j (j=1, 2, \cdots, k)$ 的导数，并令其等于 0，可以得出中心 w_j 的迭代公式

$$w_j=\frac{\sum_{i=1}^{n}\frac{x_i}{\|x_i-w_j\|^{\lambda+1}\left(\sum_{j=1}^{k}\frac{1}{\|x_i-w_j\|^{\lambda}}\right)^2}}{\sum_{i=1}^{n}\frac{1}{\|x_i-w_j\|^{\lambda+1}\left(\sum_{j=1}^{k}\frac{1}{\|x_i-w_j\|^{\lambda}}\right)^2}} \tag{7.2.6}$$

K-Harmonic Means 算法的关键是运用了调和平均值这个概念，$a_1, a_2, \cdots, a_k$ 的调和平均值定义为

$$HA=\frac{k}{\sum_{i=1}^{k}\frac{1}{a_i}} \tag{7.2.7}$$

如果 $a_1, a_2, \cdots, a_k$ 中任何一个元素很小时，调和均值也将很小，如果元素中没有很小的值，那么调和均值将会很大，它就像是一个赋予每一个元素一些权重的极小化函数。

在 K-Harmonic Means 算法中，对于每个点来说，评价函数都应用了该点到所有中心的距离。而当该点离两个或更多的中心同时都很近的时候，调和均值是敏感的，该算法会将多余的中心自然转移到那些没有最近中心点的区域，这样就会创造一个较小的评价函数的值。从另一方面，在 K-Means 算法的每次迭代中，评价函数都分配给所有点相同的权重值。而 K-Harmonic Means 算法是在调和均值的基础上分配给每个点的权重值是动态的。当某个点的附近没有可靠近的中心时，调和均值将分配一个较大的权重给该点，而反之，当某个点附近有多于一个的中心可靠近时，调和均值将会分配一个较小的权重给该点。

$$f_{\mathrm{KHM}}(x_i)=\frac{\sum_{j=1}^{k}\|x_i-w_j\|^{-\lambda-2}}{\left(\sum_{j=1}^{k}\|x_i-w_j\|^{-\lambda}\right)^2} \tag{7.2.8}$$

这个准则对于 K-Harmonic Means 算法的初值点不敏感。从中心的迭代公式中可以发现每个类中心的迭代不是只和迭代当前类中现有的成员有关，而是和整个数据集中的成员紧密相

连的，所以不管初始点选取什么值，对中心的迭代影响都不是很大。在实际应用中，不依赖初始点选取的 K-Harmonic Means 算法在鲁棒性方面具有一定优势。

2) K-Harmonic Means 算法描述

算法：K-Harmonic Means 算法。

输入：类的数目 k、参数 λ 和包含 n 个对象的数据库。

输出：k 个类簇集合。

算法步骤如下所述。

第一步，算法初始化并且随机选择初始聚类中心 $w_1, w_2, \cdots, w_k$。

第二步，根据样本集合以及随机选择的初始聚类中心集合，计算评价函数值

$$\mathrm{KHM}(X,C)=\sum_{i=1}^{n}\frac{k}{\sum\limits_{j=1}^{k}\frac{1}{\left\|x_i-w_j\right\|^{\lambda}}}$$

第三步，对于每一个样本点 x_i，计算其在聚类中心 $w_1, w_2, \cdots, w_k$ 的权重系数

$$f_{\mathrm{KHM}}(x_i)=\frac{\sum\limits_{j=1}^{k}\left\|x_i-w_j\right\|^{-\lambda-2}}{\left(\sum\limits_{j=1}^{k}\left\|x_i-w_j\right\|^{-\lambda}\right)^2}$$

第四步，对于每个聚类的聚类中心 w_j，根据 w_j 的迭代公式重新计算其位置

$$w_j=\frac{\sum\limits_{i=1}^{n}\frac{x_i}{\left\|x_i-w_j\right\|^{\lambda+1}\left(\sum\limits_{j=1}^{k}\frac{1}{\left\|x_i-w_j\right\|^{\lambda}}\right)^2}}{\sum\limits_{i=1}^{n}\frac{1}{\left\|x_i-w_j\right\|^{\lambda+1}\left(\sum\limits_{j=1}^{k}\frac{1}{\left\|x_i-w_j\right\|^{\lambda}}\right)^2}}$$

第五步，重复计算步骤第二步至步骤第四步，当更新聚类中心位置前后的评价函数值差值小于给定的阈值时，终止循环。

第六步，算法结束，输出 k 个类簇集合。

7.2.2　层次聚类法

层次聚类算法是通过将数据分为若干组并形成一个相应的树来进行聚类的。根据层次是自底向上还是自顶而下形成，层次聚类算法可以进一步分为凝聚聚类算法和分裂聚类算法。但是层次聚类算法没有使用准则函数，它所含对数据结构的假设更少，所以它的通用性更强。

1．AGNES算法

1) AGNES 算法基本思想

AGNES 是凝聚层次聚类自底向上的策略，首先将每个对象作为一个簇，然后合并这些原子簇为越来越大的簇，逐渐合并，直到所有的对象都在一个簇中，或者某个终结条件被达到要求。终止条件为满足了某个期望的簇数目，或者两个最近簇之间的距离达到了某一个阈值等。

AGNES 算法是层次凝聚的典型代表算法。

初始时，AGNES 将每个样本点自为一簇，之后这样的簇依照某一种准则逐渐合并。AGNES 层次聚类算法使用单链接的方法。两簇之间的相似度是由不同簇中的两个数据点距离最相近的相似度来定义的。此外当两个簇距离超过用户给定的阈值时聚类过程就会终止。聚类的合并过程反复进行直到最终满足簇数目。例如，如果簇 C_1 中的一个对象和簇 C_2 中的一个对象之间的距离是所属不同簇的对象间欧式距离中最小的，则 C_1 和 C_2 可能被合并。

2) AGNES 算法描述

算法：AGNES 算法。

输入：n 个对象，终止条件簇的数目 k。

输出：k 个类簇集合。

算法步骤如下所述。

第一步，将每个对象当成一个初始簇。

第二步，根据两个簇中最近的数据点找到最近的两个簇。

第三步，合并两个簇，生成新的簇的集合。

第四步，重复第二步和第三步，直到达到定义的簇的数目，终止循环。

第五步，算法结束，输出 k 个类簇集合。

2. DIANA算法

1) DIANA 算法基本思想

DIANA 是分裂层次聚类自顶向下的策略，与凝聚层次聚类不同，它首先将所有对象放在一个簇中，然后慢慢地细分为越来越小的簇，直到每个对象自行形成一簇，或者达到满足其他的一个终结条件。

DIANA 算法是分裂聚类的典型代表算法。

初始时，DIANA 将所有样本点归为同一类簇，然后根据某种准则进行逐渐分裂。两簇之间的相似度是由不同簇中的两个数据点距离最相近的相似度来定义的。此外当两个簇距离超过用户给定的阈值时聚类分裂过程就会终止。聚类的分裂过程反复进行直到最终满足簇数目。

例如，如果类簇 C 中两个样本点 a 和 b 之间的距离是类簇 C 中所有样本点间距离最远的一对，那么样本点 a 和 b 将分裂成两个簇 C_1 和 C_2，并且先前类簇 C 中其他样本点根据与 a 和 b 之间的距离，分别纳入簇 C_1 和 C_2 中。

2) DIANA 算法描述

算法：DIANA 算法。

输入：n 个对象，终止条件簇的数目 k。

输出：k 个类簇集合。

算法步骤如下所述。

第一步，将所有样本点归并成一个初始簇。

第二步，在所有簇中挑出具有最大直径的簇 C。

第三步，找出 C 中与其它点平均相异度最大的一个点 a，并把 a 放入分裂出来的新类簇 C_1 中，剩余的放在原始类簇 C 中。

第四步，原始类簇 C 中找出与新类簇 C_1 相异度比与 C 中其它点平均相异度小的样本点，将该样本点分配到新类簇 C_1 中，直到没有原始类簇 C 中的样本点被分配到新类簇 C_1 中。

第五步，原始类簇 C 被分裂为两个类簇 C_1 和 C_2，与其它类簇一起组成新的类簇集合。

第六步，重复第二步到第五步，直到分类数目等于 k，终止循环。

第七步，算法结束，输出 k 个类簇集合。

3) 凝聚层次聚类和分裂层次聚类算法的分类

在凝聚和分裂的层次聚类之间，我们又依据计算簇间的距离不同，分为下面几类方法。

(1) 单连锁(Single Linkage)，又称最近邻(Nearest Neighbor)方法，指两个不一样的簇之间任意两点之间的最近距离。这里的距离是表示两个簇的相异度，所以距离越近，两个簇相似度越大。这种方法最善于处理非椭圆结构，却对于噪声和孤立点特别的敏感，取出距离很远的两个类之中出现一个孤立点时，这个点就很有可能把两类合并在一起。此时，距离公式为

$$d_{\min}(C_i,C_j)=\min_{a\in C_i,b\in C_j}|a-b| \tag{7.2.9}$$

(2) 全连锁(Comlpete Linkage)，又称最远邻(furthest neighbor)方法。指两个不一样的簇中任意的两点之间的最远距离。它面对噪声和孤立点很不敏感，趋向于寻求某一些紧凑的分类，但是，有可能使比较大的簇破裂。此时，距离公式为

$$d_{\max}(C_i,C_j)=\max_{a\in C_i,b\in C_j}|a-b| \tag{7.2.10}$$

(3) 组平均方法(Group Average Linkage)，定义距离为数据两两距离的平均值。这个方法倾向于合并差异小的两个类，产生的聚类具有相对的鲁棒性。此时，距离公式为

$$d_{avg}(C_i,C_j)=\sum_{a\in C_i}\sum_{b\in C_j}\frac{|a-b|}{n_i n_j} \tag{7.2.11}$$

(4) 平均值方法(Centroid Linkage)，先计算各个类的平均值，然后定义平均值之差为两类的距离。此时，距离公式为

$$d_{mean}(C_i,C_j)=|m_i-m_j| \tag{7.2.12}$$

式中，C_i，C_j 是两个类，$|a-b|$为对象 a 和 b 之间的距离，n_i，n_j 分别为 C_i，C_j 的对象个数，m_i，m_j 分别为类 C_i，C_j 的平均值。

4) 凝聚层次聚类和分裂层次聚类算法存在的不足

凝聚的层次聚类和分裂的层次聚类的所有方法都需要用户提供希望得到的聚类终止条件簇的数目 k 和阈值作为聚类分析的终止条件，但是对于复杂的数据来说，这个是很难事先判定的。尽管层次聚类的方法实现得很简单，但是偶尔会遇见合并或分裂点抉择的困难。这样的抉择是特别关键的，因为只要其中的两个对象被合并或者分裂，接下来的处理将只能在新

生成的簇中完成。已形成的处理就不能被撤销，两个聚类之间也不能交换对象。如果在某个阶段没有选择合并或分裂的决策，就非常可能会导致产生质量不高的聚类结果，而且这种聚类方法不具有特别好的可伸缩性，因为它们合并或分裂的决策需要经过检测和估算大量的对象或簇。

层次聚类算法由于要使用距离矩阵，所以它的时间和空间复杂性都很高，为 $o(n^2)$，几乎不能在大数据集上使用。层次聚类算法只处理符合某静态模型的簇，忽略了不同簇间的信息，而且忽略了簇间的互连性(簇间距离较近数据对的多少)和近似度(簇间对数据对的相似度)。

3. BIRCH算法

1) BIRCH 算法概述

BIRCH(Balanced Iterative Reducing and Clustering using Hierarchies)的全称是利用层次方法的平衡迭代规约和聚类，它是用层次方法来聚类和规约数据。BIRCH 只需要单遍扫描数据集而进行聚类。

BIRCH 是一个综合的层次聚类算法，它的第一步是建立一棵聚类特征时 CF Tree(Clustering Feature Tree，简称 CF Tree)放在内存中，然后才是利用一种聚类算法对 CF Tree 的叶结点进行聚类。这棵树的每一个节点是由聚类特征(Clustering Feature，CF)组成的。

CF 是一个三元组，可以用 $(n, \overrightarrow{LS}, \overrightarrow{SS})$ 表示，即 $CF=(n, \overrightarrow{LS}, \overrightarrow{SS})$。给定一个聚类中的 n 个 p 维数据点 $x_1, x_2, \cdots, x_n$ $(x_i \in R^p)$，其中 $\overrightarrow{LS}$ 是 n 个样本点各特征维度的和向量，$\overrightarrow{SS}$ 是 n 个样本点各特征维度平方和向量，即

$$\overrightarrow{LS}=\left(\sum_{i=1}^{n} x_{i1}, \sum_{i=1}^{n} x_{i2}, \cdots, \sum_{i=1}^{n} x_{ip}\right), \quad \overrightarrow{SS}=\left(\sum_{i=1}^{n} x_{i1}^2, \sum_{i=1}^{n} x_{i2}^2, \cdots, \sum_{i=1}^{n} x_{ip}^2\right) \tag{7.2.13}$$

其中 $x_i=(x_{i1}, x_{i2}, \cdots, x_{ip})$。

对于聚类特征 CF 有如下性质，即假设 $CF_1=(n_1, \overrightarrow{LS}_1, \overrightarrow{SS}_1)$ 与 $CF_2=(n_2, \overrightarrow{LS}_2, \overrightarrow{SS}_2)$ 分别为两个类的聚类特征，合并后的新类特征为

$$CF_1+CF_2=(n_1+n_2, \overrightarrow{LS}_1+\overrightarrow{LS}_2, \overrightarrow{SS}_1+\overrightarrow{SS}_2)$$

也就是说，在 CF Tree 中，对于每个父节点中，它的 $(n, \overrightarrow{LS}, \overrightarrow{SS})$ 三元组的值等于这个 CF 节点所指向的所有子节点的三元组之和。BIRCH 算法的过程就是要把待分类的数据插入一棵树中，并且原始数据都在叶子节点上。这棵树如图 7-5 所示。

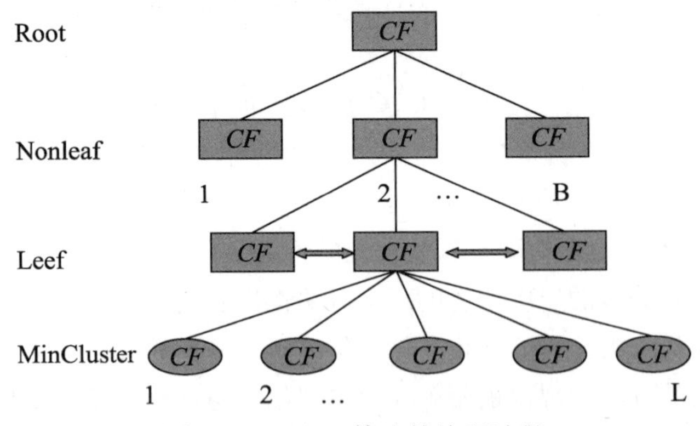

图 7-5 BIRCH 算法的处理过程

在这棵“树”中有 3 种类型的节点，即 Nonleaf(非叶节点)、Leaf(叶节点)、MinCluster(最小簇)，而 Root 可能是一种 Nonleaf，也可能是一种 Leaf。每一个节点都包含一个 *CF* 值，通常情况下，我们用 *CF* 作为 Nonleaf、Leaf、MinCluster 的统称。对于 CF Tree，我们一般有几个重要参数，第一个参数是每个 Nonleaf 的最大子节点 *CF* 数为 B，第二个参数是每个 Leaf 的最大 *CF* 数为 L，第三个参数是针对 Leaf 中每个 *CF* 的最大半径阈值 T，也就是说，MinCluster 中的所有样本点一定要在半径小于 T 的一个超球体内。CF Tree 是一棵高度平衡树，它支持增量聚类，可以动态地构造。每个样本点插入的位置总是那个距离它最近的 Leaf，如果插入后经过计算使得该 Leaf 的 MinCluster 的直径大于阈值，则该 Leaf 或其他节点很有可能被分裂。插入新样本点后，要更新整个 CF Tree 的信息，从插入节点的父节点开始一直到 Root。

BIRCH 算法偏好于处理球形的数据，能够取得较好的聚类效果。BIRCH 算法可以方便对中心、半径、直径和簇内、簇间距离进行计算，具有良好的聚类质量。

2)BIRCH 算法的思想

BIRCH 算法主要分为两个阶段。

第一个阶段对整个数据集进行扫描，根据给定的初始阈值 T 建立一棵初始聚类特征树，得到第一个样本点 $a=(x_{11}, x_{12}, \cdots, x_{1p})$，我们创建一个空的 Leaf 和 MinCluster，把点 a 的 ID 值放入 MinCluster，更新 MinCluster 的 *CF* 值为

$$CF=(1,(x_{11},x_{12},\cdots,x_{1p}),(x_{11}^2,x_{12}^2,\cdots,x_{1p}^2)) \tag{7.2.14}$$

把 MinCluster 作为 Leaf 的一个孩子，同时更新 Leaf 的 *CF* 值。实际上只要往树中放入一个 *CF*，就要更新从 Root 到该叶子节点的路径上所有节点的 *CF* 值。

第二阶段通过提升阈值 T 重建 CF Tree，得到一棵压缩的 CF Tree，CF Tree 在数据扫描时创建。每当遇到(扫描)一个样本点，就从根结点开始遍历 CF Tree，每层选择最近的结点。当最终识别出当前样本点的最近 Leaf 时，就进行测试，检查将该数据项添加到候选 MinCluster 中是否导致 MinCluster 的直径大于给定的阈值 T。如果不是，则通过更新 *CF* 信息将样本点添加到候选 MinCluster 中。从该 Leaf 到 Root 的所有结点的信息也都需要更新。如果 MinCluster 的直径大于 T，就创建一个单独新 MinCluster，成为 MinCluster 的兄弟节点，否则必须分裂 Leaf。此时，在该 Leaf 中选择两个相距最远的 MinCluster 作为种子，而其余的项分布到两个新的 Leaf 中，分配于包含与其距离最近的种子 MinCluster 的 Leaf 中。一旦分裂 Leaf，就要更新父节点，并且在必要时分裂父节点。这一过程可能继续，一直到根结点。

3)BIRCH 算法描述

算法：BIRCH 算法。

输入：n 个训练数据(训练集)，参数 Nonleaf 的最大子节点 *CF* 数 B，Leaf 的最大 *CF* 数 L，MinCluster 的最大半径阈值 T。

输出：CF Tree。

算法步骤如下所述。

第一步，扫描训练集并取出一个数据对象，从 CF Tree 的 Root 开始，自顶向下找到选择距离自己最近的孩子节点。

第二步，到达 Leaf 后，首先找到距离自身最近的 MinCluster，检查最近的 MinCluster 能否吸收此数据，若能吸收，则更新此 MinCluster 的 *CF* 值，否则检查该 Leaf 是否能添加一个新的 MinCluster，若能添加，则在该 Leaf 中添加新的 MinCluster；若不能，则必须将这个 Leaf 一分为二，找到此 Leaf 中距离最远的两个 MinCluster，然后将这两个 MinCluster 作为种子形成新的两个 Leaf，并将原 Leaf 中的 MinCluster 按照距离最近的原则，重新分配到这两个新的 Leaf 中。

第三步，当数据对象插入 CF Tree 中后，要对插入路径上的每一个 Nonleaf 的 *CF* 信息进行更新，在 Leaf 没有被拆分的情况下，只更新 Nonleaf 已有的 *CF* 信息，反映出 CF Tree 中插入了新的数据信息。若在 Leaf 被拆分的情况下，则要对父节点添加一个该数据对象存储新增加节点的信息，如果父节点有空间存放该数据对象，则进行添加，否则参照子节点的方式对父节点进行拆分，如果拆分到根节点时，CF Tree 的高度增加一层。

第四步，如果 CF Tree 超过了阈值 T，可以通过调节阈值重建一棵 CF Tree，树的重建过程不需要重新扫描待聚类数据集，而是把所有 Leaf 中的元组作为输入，重新插入 CF Tree 中。

在上述构建 CF Tree 的基本步骤基础上，需要注意以下 4 点。

第一点，延时分裂。当我们在扫描某个样本数据并插入 CF Tree 中时，超出了约束 T，此时我们可以选择暂时不对 CF Tree 重建，因为可能还有更多的满足约束 T 的数据样本等待插入 CF Tree 中，此时我们选择延时分裂，将此数据点暂时存储起来，继续扫描不会改变 CF Tree 尺寸的点并插入树中。

第二点，延时分裂点处理。对形成的延时分裂点，待数据集扫描完成后，将逐一的向 CF Tree 中插入。在插入过程中若 CF Tree 没超出阈值 T，则正常对节点进行插入，否则在插入延时分裂点的过程中能被某个 Leaf 的聚类特征融合，插入成功，否则将该延时分裂点加入离散点队列中。

第三点，离散点的处理。在重建 CF Tree 的过程中，会把一些密度低于一定阈值的 Leaf 作为离散点隔离出来。当 CF Tree 构建完成，即对所有样本数据点扫描完成后，将离散点队列中的所有数据点重新插入 CF Tree 中，离散点的插入与延时分裂点的插入算法相同，若能被某个聚类融合则插入成功。

第四点，阈值 T 的处理。阈值 T 的默认值为 0，当 CF Tree 进行重建时，阈值 T 也要随之增加，但是阈值 T 增加太大会使 CF 聚类信息不够详细，太小则会引起重建次数增多。

4) BIRCH 的优势和劣势

(1) 算法优势。①节省存储空间。Leaf 放在磁盘分区上，Nonleaf 仅仅是存储了一个 *CF* 值，外加指向父节点和孩子节点的指针。②计算速度快。合并两簇只需要两个 *CF* 算术相加即可，计算两个簇的距离只需要用到 $(n, \overline{LS}, \overline{SS})$ 而已。③一遍扫描数据库即可建立 CF Tree。④可识别噪声点。建立好 CF Tree 后把那些包含数据点少的 MinCluster 当作离散点。⑤由于 CF Tree 是高度平衡的，所以在树上进行插入或查找操作很快。

(2) 算法缺点。①算法结果依赖于数据点的插入顺序。本属于同一个簇的点可能由于插入顺序相差很远而分到不同的簇中，即使同一个点在不同的时刻被插入，也会被分到不同的簇中。②对非球状的簇聚类效果欠佳，这取决于簇直径和簇间距离的计算方法。③对高维数据聚类效果欠佳。④由于每个节点只能包含一定数目的子节点，最后得出来的簇可能和自然簇相差很大。⑤BIRCH 适合于处理时间较长的聚类的数据，但在整个过程中算法一旦中断，一切必须从头再来。⑥局部性也导致了 BIRCH 的聚类效果欠佳。

7.2.3　基于密度和网格聚类法

一个好的聚类算法应该满足如下的条件：①好的时间效率；②处理任意形状的簇；③区分噪声；④与数据点的顺序无关；⑤对用户输入参数的依赖小。

基于密度的聚类方法认为，簇是那些被低密度区域隔离开来的高密度区域，这种方法可以很好地处理形状不规则的聚类，并可以排除噪声的干扰，得到较高质量的聚类结果。但是，由于这种方法需要计算每个点与其他点的距离，因此时间代价较高，不适于处理大规模数据集。基于网格的方法将数据空间划分为若干互不相交的网格单元，以网格单元为单位进行聚类过程而不是单个数据点。

目前来看，主流的基于密度的方法和基于网格的方法很难在质量和时间上取得很好的平衡，而且都需要设置若干个参数。在没有先验知识的情况下，人为地确定这些参数是十分困难的，不同的参数设置可能导致差距较大的聚类结果，同时由于在部分数据集上产生的聚类结果可能不能直观地被评估，根据聚类结果调整需要输入的参数也是不现实的。所以，应该尽量降低聚类算法对输入参数的依赖，自动参数的选取是十分必要和有意义的。

1. DBSCAN聚类算法

DBSCAN 算法是基于密度聚类的经典算法，它基于这样一个事实：一个聚类可以由其中的任何核心对象唯一确定。等价可以表述为：任一满足核心对象条件的数据对象 a，数据库 S 中所有从 a 密度可达的数据对象 o 所组成的集合构成了一个完整的聚类 C，且 a 属于 C。

DBSCAN 基于密度的聚类是寻找被低密度区域分离的高密度区域。聚类是找出样本比较密集的部分，每一个密集部分就是一个类。基于密度的聚类的关键思想是：对于聚类中的每一个对象，在给定半径(Eps)的邻域中至少要包含最小数目(MinPts)个对象，即邻域的基数必须超过一个阈值。

首先扫描整个数据集，找到任意一个核心点，对该核心点进行扩充。扩充的方法是寻找从该核心点出发的所有密度相连的数据点。遍历该核心点的邻域内的所有核心点(因为边界点是无法扩充的)，寻找与这些数据点密度相连的点，直到没有可以扩充的数据点为止。聚类成簇的边界节点都是非核心数据点。之后就是重新扫描数据集(不包括之前寻找到的簇中任何数据点)，寻找没有被聚类的核心点，再重复上面的步骤，对该核心点进行扩充直到数据集中没有新的核心点为止。数据集中没有包含在任何簇中的数据点就构成异常点。

1) 相关概念

(1) 密度，即空间中一点的密度为以该点为圆心，以 Eps 为半径的圆内包含样本点的数目。

(2) Eps-邻域，即给定对象半径 Eps 内的邻域称为该对象的 Eps 邻域，我们用 $N_{Eps}(a)$表示点 a 的 Eps-半径内的点的集合，即

$$N_{Eps}(a)=\{b \mid b\in S, \text{Distance}(a,b)\leqslant \text{Eps}\} \tag{7.2.15}$$

(3) 核心对象(核心点)，即如果一个对象的 Eps-邻域内至少包含 MinPts 个样本点，则称其为核心对象。

(4) 稠密区域内部的核心点，即在半径 Eps 内含有超过 MinPts 数目的样本点，则称为稠密区域内部核心点，这些点都是在簇内的。

(5) 稠密区域边缘上的点(边界点)，即在半径 Eps 内样本点的数量小于 MinPts，但是在核心点的邻域点。边界点不是核心点，但落在某个核心点的邻域内；

(6) 直接密度可达，即给定一个对象集合 S，如果 a 在 b 的 Eps 邻域内，而 b 是一个核心对象，则称对象 a 从对象 b 出发时是直接密度可达(Directly Density-reachable)。

(7) 密度可达，即如果存在一个对象链 $a_1, a_2, \cdots, a_n$，这里 $a_1=b, a_n=a$，对于 $a_i\in S(1\leqslant i\leqslant n)$，$a_{i+1}$ 是从 a_i 关于 Eps 和 MinPts 直接密度可达的，则对象 a 是从对象 b 关于 Eps 和 MinPts 密度可达(Density-reachable)。

(8) 密度相连，即如果存在对象 $o\in S$，使对象 a 和 b 都是从 o 关于 Eps 和 MinPts 密度可达的，那么对象 a 到 b 是关于 Eps 和 MinPts 密度相连(Density-connected)。

直接密度可达、密度可达和密度相连的概念示意描述如图 7-6 所示。

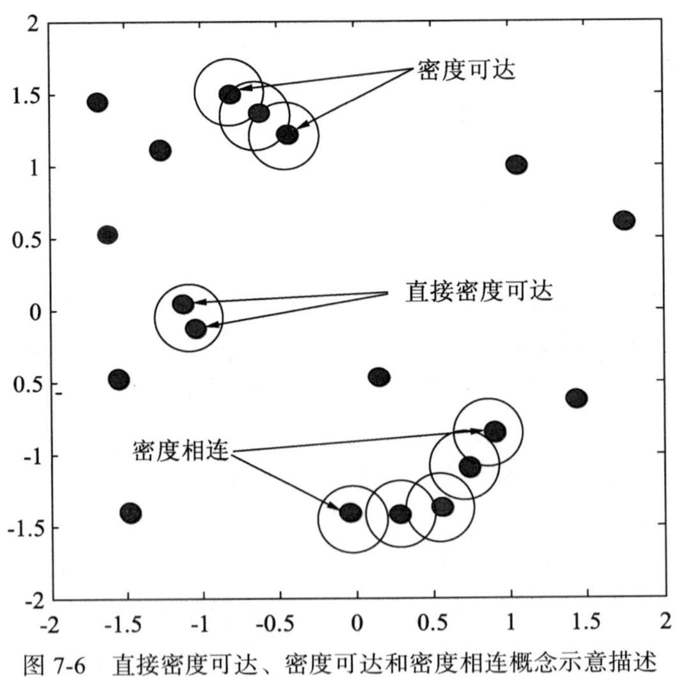

图 7-6　直接密度可达、密度可达和密度相连概念示意描述

(9) 类，即对于参数 Eps 和 MinPts，一个类 C 是满足下面两个条件的 S 的非空子集：

①对于任意的 $a,b\in S$，如果 $b\in C$ 并且 a 是从 b 基于密度可达的，那么 $a\in C$；②对于任意的 $a,b\in C$，a 和 b 是基于密度可连接的。

(10) 噪声。不属于任何一类的对象被认为是噪声。核心点、边界点及噪声的概念示意描述如图 7-7 所示。

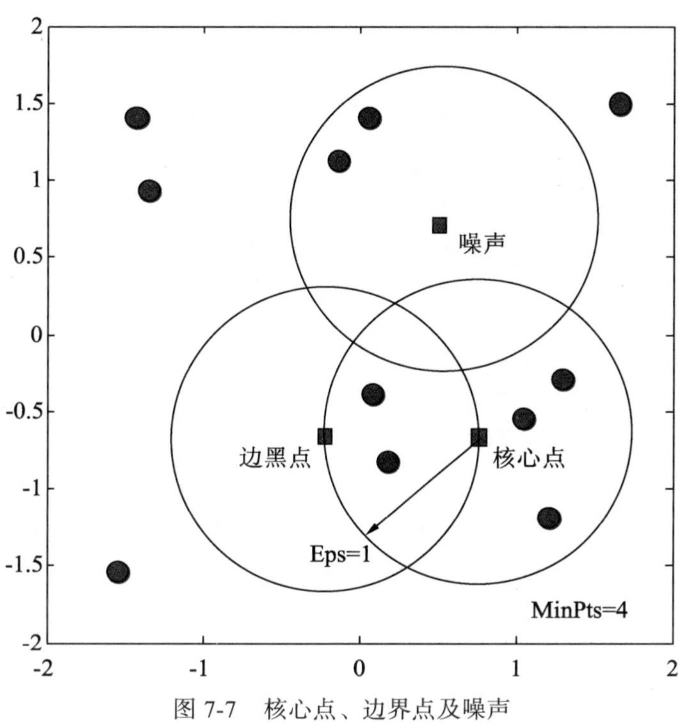

图 7-7　核心点、边界点及噪声

2) DBSCAN 算法描述

算法：DBSCAN 算法。

输入：包含 n 个对象的数据库，半径 Eps，最少数目 MinPts。

输出：所有生成的簇，达到密度要求。

算法步骤如下所述。

第一步，从数据库中抽出一个未处理的点。

第二步，如果抽出的点是核心点，然后找出所有从该点密度可达的对象，形成一个簇。

第三步，若抽出的点是边缘点(非核心对象)，跳出本次循环，寻找下一个点。

第四步，重复第一步到第三步，直到所有的点都被处理为止，终止循环。

第五步，算法结束，输出达到密度要求的类簇集合。

DBSCAN 对用户定义的参数很敏感，细微的不同都可能导致差别很大的结果，而参数的选择无规律可循，只能靠经验确定。

3) 优势和缺点

(1) DBSCAN 聚类算法基于密度定义，具有相对抗噪音、能处理任意形状和大小的簇的优点。

(2) 当簇的密度变化太大时，DBSCAN 聚类算法会很麻烦；对于高维问题，DBSCAN 聚类算法密度定义是个比较复杂的问题。

2．OPTICS算法

在前面介绍的DBSCAN算法中，有两个初始参数Eps和MinPts需要用户手动设置输入，并且聚类的类簇结果对这两个参数的取值非常敏感，不同的取值将产生不同的聚类结果，其实这也是大多数其他需要初始化参数聚类算法的弊端。为了克服DBSCAN算法这一缺点，研究人员提出了OPTICS算法(Ordering Points to identify the clustering structure)。OPTICS并不显示的产生结果类簇，而是为聚类分析生成一个增广的簇排序(比如，以可达距离为纵轴，样本点输出次序为横轴的坐标图)，这个排序代表了各样本点基于密度的聚类结构。它包含的信息等价于从一个广泛的参数设置所获得的基于密度的聚类，换句话说，从这个排序中可以得到基于任何参数Eps和MinPts的DBSCAN算法的聚类结果。

1) 相关概念

(1) 核心距离。对象a的核心距离是指使a成为核心对象的最小Eps。如果a不是核心对象，那么a的核心距离没有任何意义。

(2) 可达距离。对象b到对象a的可达距离是指a的核心距离和a与b之间距离之间的较大值。如果a不是核心对象，a和b之间的可达距离没有意义。

例如，假设邻域半径为Eps=1，MinPts=3，则存在点$A(2, 3)$，$B(2, 4)$，$C(1, 4)$，$D(1, 3)$，$E(2, 2)$，$F(3, 2)$，如图7-8所示。在A的邻域中有点$\{A, B, C, D, E, F\}$，其中A的核心距离为Eps=1，因为在点A的Eps邻域中有点A, B, D, E，点的个数>3，所以A为核心对象；点F到核心对象点A的可达距离为$\sqrt{2}$，这是因为A到F的距离$\sqrt{2}$，大于点A的核心距离Eps=1。

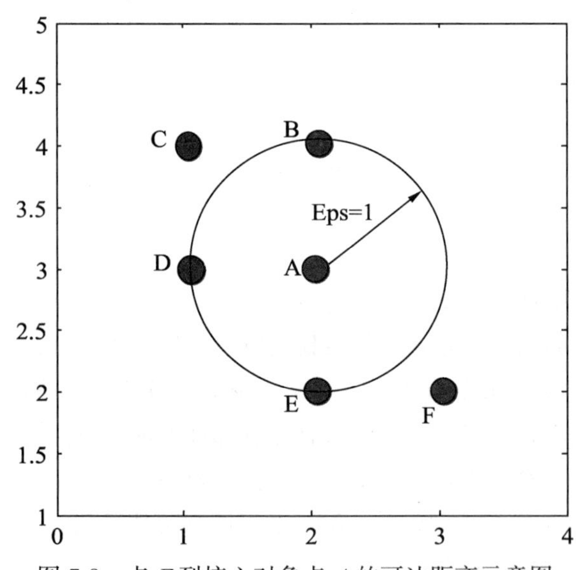

图7-8　点F到核心对象点A的可达距离示意图

2) OPTICS算法描述

算法：OPTICS聚类算法。

输入：样本集$X=(x_1, x_2, \cdots, x_n)$，邻域参数(Eps，MinPts)。

输出：核心对象集合Ω和序列表p。

算法步骤如下所述。

第一步，初始化核心对象集合 $\Omega = \varnothing$ 。

第二步，遍历 $X = (x_1, x_2, \cdots, x_n)$ 的元素，如果是核心对象，则将其加入核心对象集合 Ω 中。

第三步，如果核心对象集合 Ω 中元素都已经被处理，则转入第六步，否则转入第四步。

第四步，在核心对象集合 Ω 中，随机选择一个未处理的核心对象 o，首先将 o 标记为已处理，同时将 o 插入有序列表 p 中，然后将 o 的 Eps 邻域中未访问的点，根据可达距离的大小(计算未访问的邻居点到 o 点的可达距离)依次存放到种子集合 *seeds* 中。

第五步，如果种子集合 $seeds = \varnothing$ ，跳转到第三步，否则，从种子集合 *seeds* 中挑选可达距离最近的种子点 *seed*，首先将 *seed* 标记为已处理，同时将 *seed* 插入有序列表 p 中，然后判断 *seed* 是否为核心对象，如果是则将 *seed* 中未访问的邻居点加入种子集合中，重新计算可达距离，(计算种子集合中距离 *seed* 点的可达距离)重复第五步。

第六步，算法结束。

3．STING网格聚类算法

1) STING 网格聚类算法概述

STING 是一种基于网格的多分辨率聚类技术，它将空间区域划分为矩形单元。针对不同级别的分辨率，通常存在多个级别的矩形单元，这些单元形成了一个层次结构，高层的每个单元被划分为多个低一层的单元，如图 7-9 所示。关于每个网格单元属性的统计信息(例如平均值、最大值和最小值)被预先计算和存储。这些统计信息对于下面描述的查询处理是很重要的。

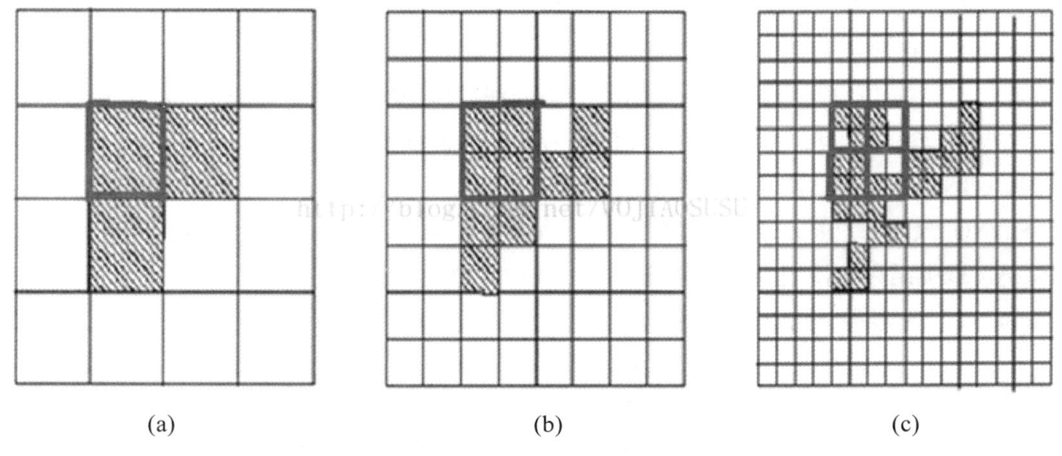

图 7-9　STING 聚类的层次结构

高层单元的统计参数可以很容易地从低层单元的计算得到。这些统计参数包括以下内容：属性无关的参数，如 count(总数)；属性相关的参数，如 m(平均值)、stdev(标准偏差)、min(最小值)和 max(最大值)，以及该单元中属性值遵循的分布类型。当数据被装载进数据库，底层单元的参数 count、m、stdev、min 和 max 直接进行计算。如果分布的类型事先知道，统计参数可以由用户指定，也可以通过假设检验来获得。一个高层单元的分布类型可以基于它对应的低层单元多数的分布类型，用一个阈值过滤过程来计算。如果低层单元的分布彼此不同，阈值检验失败，高层单元的分布类型被置为 none(无)。

统计参数的使用可以按照自顶向下的基于网格方法。首先，在层次结构中选定一层作为查询处理的开始点，通常该层包含少量的单元。对当前层次的每个单元，我们计算置信度区间(或者估算其概率范围)，用以反映该单元与给定查询的关联程度。不相关的单元就不再考虑。低一层的处理就只检查剩余的相关单元。这个处理过程反复进行，一直达到底层。此时，如果查询要求被满足，那么返回相关单元的区域。否则，检索和进一步的处理落在相关单元中的数据，直到它们满足查询要求。

2) STING 聚类的层次结构

通过图 7-9，我们可以清晰的理解，STING 的层次结构，上一层与下一层的关系。

3) STING 算法描述

算法：STING 算法。

输入：数据集，分布检验阈值。

输出：带有集群标签的数据对象。

算法步骤如下所述。

第一步，从一个层次开始。

第二步，对于这一个层次的每个单元格，我们计算查询相关的属性值。

第三步，在计算的属性值以及约束条件下，我们将每一个单元格标记成相关或者不相关(不相关的单元格不再考虑，下一个较低层的处理就只检查剩余的相关单元格)。

第四步，如果这一层是底层，那么转到第六步，否则转到第五步。

第五步，我们由层次结构转到下一层，转到第二步进行。

第六步，查询结果得到满足，转到第八步，否则转到第七步。

第七步，恢复数据到相关的单元格进一步处理以得到满意的结果，转到第八步。

第八步，算法结束，输出相关单元的区域及其集群标签。

4) STING 算法的性质及优势和缺点

STING 聚类算法中，如果粒度趋向于 0(即朝向非常底层的数据)，则聚类结果趋向于 DBSCAN 聚类结果。使用 STING 算法可以近似的识别稠密的簇。

(1) STING 聚类算法具有如下优点：①基于网格的计算是独立于查询的，因为存储在每个单元的统计信息提供了单元中数据汇总信息，不依赖于具体信息的查询。②网格结构有利于增量更新和并行处理。③效率高。STING 扫描数据库一次计算单元的统计信息，因此产生聚类的时间复杂度为 $o(n)$，在层次结构建立之后，查询处理时间通常远远小于 n。

(2) STING 聚类算法也有如下缺点：①由于 STING 算法采用了一种多分辨率的方法来进行聚类分析，因此 STING 的聚类质量取决于网格结构的最底层的粒度。如果最底层的粒度很细，则处理的成本会显著增加；如果粒度太粗，聚类质量难以得到保证。②STING 算法在构建一个父单元时没有考虑到子单元和其他相邻单元之间的联系。所有的簇边界不是水平的，就是竖直的，没有斜的分界线，降低了聚类质量。

第8章 关联规则挖掘算法

8.1 关联规则挖掘算法研究概述

8.1.1 关联规则研究背景及意义

关联规则挖掘是数据挖掘领域中一个非常重要的研究课题，是知识发现(Knowledge Discovery in Database，简称 KDD)技术研究的重要内容。随着数据的积累，许多业界人士对于从数据库中挖掘关联规则越来越感兴趣。关联规则挖掘算法是关联规则挖掘研究的主要内容。

关联规则最初是针对购物篮分析(Market Basket Analysis)问题提出的。当分店经理想要了解顾客更多的购物习惯，尤其想知道顾客可能会同时购买哪些商品时，便会对顾客购买物品的清单进行分析。该过程通过发现顾客放入“购物篮”中的不同商品之间的关联，分析顾客的购物习惯。这种关联的发现可以帮助零售商了解哪些商品频繁地被顾客同时购买，从而帮助零售商开发更好的营销策略。1993 年，Agrawal 等人在提出关联规则概念的同时，又给出了相应的挖掘算法 AIS，但是这种算法的性能较差。1994 年，他们建立了项目集格空间理论，并依据上述两个原理，提出了著名的 Apriori 算法，这种算法的核心思想是通过候选集生成和数据的向下封闭性检测两个阶段来挖掘频繁项集。迄今为止，Apriori 算法的思想作为关联规则挖掘代表性算法被广泛优化、改进，适应了各个领域，通过对数据的关联性进行分析，从而得出这些数据在决策制定过程中存在的内在隐藏的相互规则信息或参考价值。

随着社会物质文化的不断丰富，消费者群体的消费观念与消费能力也在不断进步。特别是电子商务的发展，依靠互联网的购物模式变得越来越平常，商家大多选择在电子商务平台上投放相应的广告以吸引用户，从而获得较高利润。在电子商务平台中正确合理地投放广告，一方面可以极大扩展客源，刺激消费者积极消费，扩大经济收益；另一方面可以增加商务平台的点击率和知名度。为使广告投放更有针对性，能满足不同的用户，从而最大化广告的价值，商家就需要为不同的用户提供不同的广告服务，即根据用户的个人喜好、商品购买频率，为处于不同消费水平的用户推荐符合该用户实际消费能力的商品。这样，关联规则挖掘一方面可以使商户通过推荐商品吸引一些潜在客户，在竞争过程中博得一席之地；另一方面，消费者通过智能推荐系统进行信息挖掘后归纳出的个性化推荐，就可以在有限的时间内迅速找到藏于众多商品之中理想的购买商品。

8.1.2 关联规则含义

关联规则就是在给定训练项集上频繁出现的项集与项集之间的一种紧密的联系。其中“频繁”是由人为设定的一个阈值即支持度(Support)来衡量，“紧密”也是由人为设定的一个关联阈值即置信度(Confidence)来衡量的。这两种度量标准是频繁项集挖掘中两个至关重要的因素，也是挖掘算法的关键所在。项集支持度和规则置信度是影响挖掘算法效率的决定性因素，也是对频繁项集挖掘进行改进的入口点和研究热点。

1．相关概念

(1) 项，即事务数据库中的一个属性字段，每个字段有一定的取值范围。例如对超市数据来讲，项是指交易中的特定商品。

(2) 项集，即包含若干个项的集合。

(3) 项集维数，即把一个项集所包含的项的个数称为此项集的维数或项集的长度，长度为 k 的项集，称为 k-项集。

(4) 2 项子集，即生成的子集中有两个项集，如有 3 个 2-项频繁集 (a, b)，(b, c)，(c, f)，则它所有的 2 项子集为 $\{(a, b), (b, c)\}$，$\{(a, b), (c, f)\}$，$\{(b, c), (c, f)\}$。

(5) 项集的支持度。设 $I=\{I_1, I_2, \cdots, I_p\}$是 p 个不同项目的集合，假定 X 是一个项集，且 $X \subseteq I$，$D=\{x_1, x_2, \cdots, x_n\}$是一个事务集合或事务数据库，称 D 中支持项集 X 的个数(称为项集 X 的支持数)，记为 Count(X)，与 D 中总个数之比为 X 在 D 中的支持度，记为 Support(X)，即

$$\text{Support}(X)=\frac{\text{Count}(X)}{\|D\|}=\frac{\|\{T \mid T \in D, X \subseteq T\}\|}{\|D\|} \tag{8.1.1}$$

支持度表示的是数据在整个数据集中出现的频繁程度。支持度是一种重要度量，支持度很低的规则可能只在整个数据集中偶然出现。从商务角度来看，支持度低的规则一般不会有很大的价值，比如对顾客很少同时购买的商品进行促销一般不能产生利润。因此，支持度通常用来删去那些不令人感兴趣或者价值不大的规则。

(6) 关联规则 $X \Rightarrow Y$ 的支持度。关联规则 $X \Rightarrow Y$ 的支持度是事务数据库 D 中支持 $X \cup Y$ 项集的个数(称为关联规则 $X \Rightarrow Y$ 的支持数)，记为 Count($X \Rightarrow Y$)，占事务数据库 D 的个数百分比，记为 Support($X \Rightarrow Y$)，即

$$\text{Support}(X \Rightarrow Y)=\frac{\text{Count}(X \Rightarrow Y)}{\|D\|}=\frac{\|\{T \mid T \in D, (X \cup Y) \subseteq T\}\|}{\|D\|} \tag{8.1.2}$$

(7) 最小支持度，即由用户定义的衡量项集频繁程度的一个阈值，记作 min_sup；

(8) 频繁项集。对于一个项集 X，如果 X 的支持度不小于最小支持度，即 Support(X)≥min_sup，称 X 为频繁项集。

(9) 非频繁项集。对于一个项集 X，如果 X 的支持度小于最小支持度，即 Support(X)<min_sup，称 X 为非频繁项集。

(10) 极大频繁项集。不存在包含当前频繁项集的频繁超集，则当前频繁项集就是极大频繁项集。

(11) 置信度。X 和 Y 都是项集，$X \Rightarrow Y$ 的关联规则的置信度定义为事务集合 D 中支持项集 $X \cup Y$ 的事务个数与 D 中支持项集 X 的事务个数之比，或者说是项集 $X \cup Y$ 的支持度与 X 的支持度之比，记作 Confidence($X \Rightarrow Y$)，即

$$\text{Confidence}(X \Rightarrow Y) = \frac{\text{Support}(X \Rightarrow Y)}{\text{Support}(X)} = \frac{\left\|\{T \mid T \in D, (X \cup Y) \subseteq T\}\right\|}{\left\|\{T \mid T \in D, X \subseteq T\}\right\|} \tag{8.1.3}$$

置信度表示 Y 在包含 X 的事务中出现的频繁程度，置信度可以度量通过规则进行推理的可靠性。对于给定的规则 $X \Rightarrow Y$，置信度越高，Y 在包含 X 的事务中出现的可能性就越大。置信度也提供在 Y 给定 X 下的条件概率估计。

(12) 最小置信度(Minimum Confidence)，即用户定义的一个置信度阈值，表示规则的最低可靠性，记作 min_conf。

(13) 候选项集，即用来获取频繁项集的候选项集，候选项集中满足支持度条件的项集保留，不满足条件的舍弃。

2．两个定理

1) 连接定理

若有两个(k–1)-项集，每个项集按照“属性-值”(一般按值)的字母顺序进行排序。如果两个(k–1)-项集的前(k–2)个项相同，而最后一个项不同，可证明它们是可连接的，即这(k–1)-项集可以联姻，即可连接生成 k -项集。如有两个 3-项集，$\{a, b, c\}$和$\{a, b, d\}$，这两个 3-项集就是可连接的，它们可以连接生成 4-项集$\{a, b, c, d\}$。又如两个 3-项集$\{a, b, c\}$和$\{a, d, e\}$，这两个 3-项集是不能连接生成 4-项集的。

2) 频繁子集定理(Apriori 定理)

频繁项集的所有非空子集也一定是频繁的。频繁项集是向下封闭的，因为如果一个项集满足最小支持度的要求，其所有子集也满足这一要求。

表 8-1 是用户购买记录的数据集 D，包含 6 行，即 6 个事务，$\|D\|$=6。每一列对应一个项，如果项在事务中出现，记为 1，否则为 0，项集 I={网球拍,网球,运动鞋,羽毛球}。

表 8-1　用户购物的记录数据表

事务	网球拍	网球	运动鞋	羽毛球
1	1	1	1	0
2	1	1	0	0
3	1	0	0	0
4	1	0	1	0
5	0	1	1	1
6	1	1	0	0

设 X={网球拍}，Y={网球}，考虑关联规则 $X \Rightarrow Y$。事务 1,2,3,4,6 包含网球拍，即 X 的支持数 Count(X)=5；事务 1,2,5,6 包含网球，即 Y 的支持数 Count(Y)=4；事务 1,2,6 同时包含

网球拍和网球，即关联规则 $X \Rightarrow Y$，X 的支持数 Count($X \Rightarrow Y$)=3。所以关联规则的 $X \Rightarrow Y$ 支持度为

$$\text{Support}(X \Rightarrow Y) = \frac{\text{Count}(X \Rightarrow Y)}{\|D\|} = \frac{3}{6}$$

关联规则 $X \Rightarrow Y$ 的置信度为

$$\begin{aligned}\text{Confidence}(X \Rightarrow Y) &= \frac{\text{Support}(X \Rightarrow Y)}{\text{Support}(X)} \\ &= \frac{\|\{T \mid T \in D, (X \cup Y) \subseteq T\}\|}{\|\{T \mid T \in D, X \subseteq T\}\|} = \frac{3}{5}\end{aligned}$$

若给定最小支持度 α=0.5，最小置信度 β=0.6，即 X 和 Y 都是频繁项集，并认为购买网球拍和购买网球之间存在关联。

3．生成频繁项集及生成规则

原始的关联规则挖掘方法是计算所有规则的支持度和置信度，再删去支持度或置信度不满足阈值的规则，而从数据集中提取的规则数目是指数级的，因此这种方法的计算任务繁重，过高的代价也使得它在很多场合下变得不可行。研究者通过对关联规则挖掘的研究发现，很多规则是没有必要计算的，仅仅计算可能满足要求的规则，就可以节省大量的时间。

目前，我们通常将关联规则挖掘任务分解为如下两个主要的子任务。

(1) 生成频繁项集，其任务是生成所有满足最小支持度阈值的项集，即生成频繁项集。

(2) 生成规则，其任务是从上一步生成的频繁项集中提取所有高置信度的规则。

通常用格结构来表示所有可能的项集。一个包含 k 个项的项集最多可能产生 2^k-1 个非空频繁项集。由于在许多实际应用中 k 的值可能非常大，需要查找的项集搜索空间可能是指数规模的。通常采用减少候选项集的数目和减少比较次数来存储候选项集或者压缩数据集，以此来替代将每个候选项集与每个事务相匹配，从而可以减少比较次数。

对频繁项集再增加置信度的要求，即可从数据集中挖掘出满足要求的关联规则。相对频繁项集生成而言，规则的生成较为简单和直观。通常，生成频繁项集所需的计算开销远大于生成规则所需的计算开销。目前，对关联规则挖掘的研究主要集中在提高频繁项集生成的效率上。

8.1.3　关联规则挖掘研究现状及应用领域

最经典、最具影响力的挖掘频繁项目集的算法是 Apriori 算法，由 Rakesh Agrawal 等人于 1994 年提出，该算法在关联规则挖掘研究中具有里程碑作用。但是随着研究的不断深入，它的缺点也逐步暴露出来。Apriorfi 算法有两个致命的性能缺欠：其一是多次扫描事务数据库，需要很大的 I／O 负载；其二是可能产生庞大的候选集。针对 Apriori 算法的不足，许多专家学者通过大量的研究工作，相继提出了一些优化的方法。例如，Park 等人提出的 DHP 算法，使用哈希技术有效地改进了候选项集的产生过程；Savasere 等人提出的 Partition 算法，采用基于划分的技术，把数据库分割处理，有效地减少了挖掘过程中扫描数据库的次数，减

轻了 CPU 的负担；H. Toivonen 采用基于抽样 Samping 的优化方法，用从事务数据库中抽取出来的采样得到一些在整个数据库中可能成立的规则，然后对数据库的剩余部分验证这个结果，减少了输入输出的代价。这些算法的提出不同程度地改进了关联规则的挖掘效率，但没有完全克服 Apriori 算法中固有的缺陷，因此有待进一步研究。在实际应用中，用于挖掘的数据常发生增加、减少和修改等数据更新的情况，同时，用户为了得到感兴趣的关联规则，经常调整最小支持度和最小置信度这两个阈值。这样原来挖掘出的关联规则在变化后的数据库中，或在新的最小支持度、最小置信度下不一定仍然是强规则，同时还可能存在以前没有挖掘出的关联规则，因此必须进行关联规则的更新。目前，已有一些学者对关联规则增量式更新挖掘进行了研究，并提出了一些相关算法，但随着数据库规模的日益增大，一些算法的执行效率需要进一步提高。

作为决策支持系统的两个重要组成部分，数据仓库技术和 OLAP 技术近年来得到了快速的发展。通过实际应用我们发现，较高的概念层中往往会产生有价值的关联规则，且这些关联规则可能会提供一般性意义的知识，而在较低的概念层中却几乎没有发现有价值的关联规则。另外，分析出数据包含的各个属性，即从“维”的角度去把握数据，是近年来数据挖掘研究的一个重要方向，并且对于关系数据库或数据仓库中的挖掘来说显得尤为重要。再者，关系数据库中有许多非离散的数值属性，而这些属性对知识的形成又起着关键的作用。因此，多层、多维及数量关联规则挖掘成为近年来关联规则挖掘研究的重点。

研究关联规则挖掘的目的是为了应用于关联知识的发现。近年来，关联规则挖掘已经在商业、医疗、教育、保险等领域进行了广泛的应用。在商业领域，目前最常见的应用是推荐服务。很多电子商务网站都提供了推荐服务，挖掘买家的购买需求和习惯，自动地显示买家已经浏览的商品以及主动地帮买家推荐适合的商品。这些电子商务平台主要用到的数据挖掘算法就包含关联规则挖掘算法。在医疗领域，关联规则挖掘算法也可以帮助医务人员更好地研究疾病与生活习惯、遗传基因、环境、水资源等因素的关系。还有在招聘方面，关联规则挖掘算法可以研究不同的企业类型对应聘者的要求，帮助应聘者做到知己知彼，从而更好地把握招聘时机以便找到自己满意的工作。

8.1.4　关联规则挖掘算法分类

1．根据规则中处理的变量类别划分

根据规则中处理的变量类别，关联规则可以分为布尔型和数值型。

布尔型关联规则有两种逻辑状态的变量，即真和假，我们根据变量值的真假而赋予整型值 1 或 0。布尔型关联规则处理的值是离散的、种类化的，并不关心量的多少，而数值型关联规则描述的是量化项之间的关联关系，它所处理的项中有的项属性为数值型，例如规则“性别=男，收入>5000 参加高尔夫俱乐部”中的收入属性。

2．根据规则中数据的抽象层次划分

根据规则中数据的抽象层次，关联规则可以分为单层的和多层的。

现实数据是具有多个不同层次的，如果能对规则的层次进一步细化和深入，则有利于发现更为实用的规则，因而出现了多层关联规则。例如，对于规则“啤酒$\Rightarrow$尿布”来说，“金士百啤酒$\Rightarrow$爱心牌尿布”就是它的细化，金士百啤酒与爱心牌尿布在抽象层次上分别位于啤酒和尿布的下一层，故称这样的规则是同层关联规则，而对于规则“金士百啤酒$\Rightarrow$尿布”，由于规则中所涉及的项集处在不同的抽象层次，所以称这样的规则为层间关联规则。

3．根据规则中涉及的数据维数

根据规则中涉及的数据的维数，关联规则可以分为单维的和多维的。

在关联规则“$X \Rightarrow Y$”中，如果项集 X 或 Y 包含多个属性，则称之为多维关联规则。单维关联规则只涉及数据的一个维，多维关联规则处理的数据涉及多个维。例如，规则“性别=男”“年龄=25 至 35 之间”，这就涉及多个属性。

4．相对于$X \Rightarrow Y$型规则的负关联规则

除了以上介绍的关联规则类型外，还有相对于 $X \Rightarrow Y$ 型规则(可称为正关联规则)的负关联规则。其对应于购物篮分析的意义是购买物品 X 的同时不会购买 Y，不购买 X 但是会购买 Y，不购买 X 的同时也不购买 Y。研究负关联规则后，可能会出现一些在正关联规则中没有发现的问题，当同时挖掘正负关联规则时可能也会挖掘出相互矛盾的规则。

5．项目赋以权重的加权关联规则

目前的许多关联规则挖掘算法都认为事务数据库中的每个项目对规则的重要性都是相同的，但在实际的应用中，用户真正看重的可能只是其中的一些项目，比如在购物篮分析中，规则“啤酒$\Rightarrow$尿布”所带来的利润就远没有规则“电视$\Rightarrow$DVD”的大。作为超市的决策者可能更希望了解到和那些能带来更大利润的商品相关的规则，为了加强这些项目对规则的影响，引入了为项目赋以权重的思想，这样的规则就是加权关联规则。

8.1.5 关联规则挖掘研究面临的问题

尽管关联规则挖掘研究取得了许多成果，但同时还存在着许多有待于进一步研究的问题。主要包括以下几个方面。

1．算法效率的问题

关联规则挖掘所面对的一般都是大型数据库。数据库的记录数可能达数百万条，每条记录的属性可能达上千个，加上可能需要对一些连续属性进行划分，这使得项集数量巨大。现有的数据挖掘算法大都是基于宽度优先的有序搜索策略，这种搜索方法的效率与问题空间的大小有直接关系。经典的 Apriori 算法把整个数据库作为问题空间，并需要频繁扫描数据库。后来虽然有一些基于剪枝的改进算法，但其效率仍然不能满足现实要求。因此，如何有效地从大量数据中搜索、发现频繁项集，仍然需要研究。

2．挖掘算法的并行性

随着数据库规模的不断扩大，出现并行算法。并行思想是促进计算机软硬件迅速发展的

重要动力之一，它同时也是处理海量数据较为理想的解决方案。设计高效的并行算法，可以充分利用计算机软硬件资源，结合分布式挖掘，也可以将挖掘开销分摊到网络中的多台计算机中，从而有效地节约挖掘成本和提高挖掘效率。

3．算法公平性问题

在几乎所有算法中，只要在一个事务中某项目一出现就记为 1，根本不管其数值的大小。例如，对商户来说，某些项目(如铂金钻戒)的利润很高，而另一些项目(如面包)的利润很低，如果将这两个项目进行同等处理，对利润高的商品是不公平的。为了有效地解决这个问题，研究者在传统的常规关联规则算法中为每一个项目添加权值，充分考虑到每个项目的重要性，充分体现算法的公平性，从而挖掘出更多用户关心的规则，使得关联规则挖掘在商业及其他领域都拥有广泛的应用价值。

4．挖掘算法的交互性

目前的挖掘算法在交互性上处于较低的层次。大多数算法在用户给定最小支持度阈值和最小置信度阈值后，就脱离了用户。而事实上，用户的参与对缩小挖掘空间和改进挖掘策略十分重要。在挖掘过程中增加用户的参与，利用用户掌握的先验知识和用户的兴趣聚集搜索模式，可以精炼挖掘请求，有效提高挖掘效率。

5．挖掘语言的研究

目前的数据挖掘大多采用一种高级语言作为宿主语言，还没有出现统一的数据挖掘语言。设计专门的数据挖掘语言可以有效地将挖掘算法与数据库系统集成在一起，实现数据挖掘的标准化。

6．增量挖掘的研究

信息技术总在不断地发展，数据也在不停地变化。先前挖掘出来的关联规则，对最新的数据和情况并不一定适应，所以研究增量挖掘技术对用户掌握新的信息具有重要作用。目前增量挖掘技术主要有两种方法，一种是重新挖掘，这种方法耗时且效率低下；另一种是利用先前的挖掘结果，结合先前的数据结构与新的数据结构进行挖掘，这样可以避免对历史数据重复操作。

8.2　关联规则挖掘算法举例

8.2.1　Apriori 算法

Apriori 算法是现今研究关联规则中最具代表性的方法。Apriori 算法利用层次顺序搜索的循环方法(又称为逐层搜索的迭代方法)来完成频繁项集的挖掘工作，同时利用下面的 Apriori 定理来压缩搜索空间，提高频繁项集产生的效率。

1. Apriori算法基本思想

Apriori 算法的基本思想是生成特定规模的候选项集，然后扫描数据库并进行计数，以确定这些候选项集是否属于频繁项集。

首先，通过扫描数据库，累积每个项的计数，并收集满足最小支持度的项，找出频繁 1-项集的集合，该集合记为 L_1；然后，L_1 与 L_1 连接得到候选 2-项集 C_2，对 C_2 计数，找频繁 2-项集 L_2；最后，通过频繁(k−1)-项集连接得到 k-项集 $\tilde{C}_k\ (k > 2)$，运用频繁子集定理对 $\tilde{C}_k$ 进行剪枝，得到候选 k-项集 C_k，对 C_k 进行计数得到频繁 k-项集 L_k。如果频繁 k-项集非空，则继续连接生成(k+1)-项集。

2. Apriori算法描述

算法：Apriori。

输入：事务数据库 D，最小支持度及最小置信度阈值。

输出：D 中的频繁项集 L。

算法步骤如下所述。

第一步，扫描数据库，生成候选 1-项集和频繁 1-项集。

第二步，从 2 项集开始循环，由频繁(k−1)-项集生成频繁 k-项集：①频繁(k−1)-项集生成 2 项子集；②对由①生成的 2 项子集中的两个项集根据连接定理进行连接，生成 k-项集；③对 k-项集中的每个项集根据频繁子集定理进行计算，舍弃掉子集不是频繁项集即不在频繁(k−1)-项集中的项集；④扫描数据库，计算③中过滤后的 k-项集的支持度，舍弃掉支持度小于阈值的项集，生成频繁 k-项集；

第三步，当前生成的频繁 k-项集中只有一个项集时循环结束；

第四步，算法结束，输出 D 中的频繁项集 L。

3. Apriori算法存在的问题

基于频繁项集的 Apriori 算法采用了逐层搜索的迭代方法，算法简单明了，没有复杂的理论推导，也易于实现。但是它存在一些难以克服的缺陷，主要表现以下几个方面。

1) 对数据库的扫描次数过多

在 Apriori 算法的扫描中，每生成一个候选项集，都要对数据库进行一次全面搜索，如果要生成最大长度为 k 的频繁项集，那么就要对数据库进行 k 次扫描。当数据库中存放大量的事务数据时，在有限的内存容量下，系统 I/O 负载相当大，每次扫描数据库的时间就会很长，这样效率就非常低。

2) Apriori 算法可能产生大量的候选项集

在规模较大的情况下，Apriori 算法需要产生大量的候选项集。如果有 10^4 个频繁 1-项集，则需要产生 10^7 个频繁 2-项集。

3) 在频繁项集长度变大的情况下，运算时间显著增加

当频繁项集长度变大时，支持该频繁项集的事务会减少，从理论上讲，计算其支持度所需要的时间不会明显增加，但 Apriori 算法仍然是在原来事务数据库中来计算频繁项集的支持度，由于每个频繁项集的项目变多了，所以确定每个频繁项集是否被事务支持的开销也增大

了，而且事务没有减少，因此频繁项集长度增加时，运算时间显著增加。

4) 采用唯一支持度，没有考虑各个属性重要程度的不同

由于 Apriori 挖掘算法是将数据库中出现项目的频率作为发现信息的依据，针对的是普通非频繁的规则，无法察觉甚至忽略概率小但重要的信息，而在现实生活中，决策者对每个项目的重视程度是不同的，比如商业决策者一般会更倾向于考虑利润丰厚的产品，但利润高的产品却不一定是经常被交易，甚至交易的频率极低，此时原始的挖掘算法就会忽略这个信息，只是针对每个事务出现的频率。

5) 算法的适应面窄

该算法只考虑了单维布尔关联规则的挖掘，但在实际应用中，该算法对多维的、数量型的、多层的关联规则并不适用，还需要改进，甚至需要重新设计算法。

8.2.2　Apriori 改进算法

Apriori 算法采取循序渐进的方式，一层一层组合出候选项集，并扫描数据库计算候选项集支持度与规则强度。虽然该算法已经将许多不可能成立的候选项集事先删除，以减少庞大的计算量，但是仍然需要大量的计算，而且需要多次扫描数据库。所以在大型数据库系统中，该算法的效率仍然不够好，这就需要进一步降低计算量和减少扫描数据库的次数。接下来介绍几个 Apriori 的改进算法。

1．FP-growth算法

1) FP-growth 算法基本思想

频繁模式增长(Frequent Pattern Growth)，简称 FP 增长，它由 Han Pei 和 Yin 于 2000 年提出，能够在不产生候选项集的情况下产生所有的频繁项集。频繁模式增长算法采用了一个两步骤分而治之的策略。首先扫描数据集，将所有的频繁项按照支持度递减排序得到序 F-list；然后构造 FP 树，任意一个事务中的频繁项按支持度递减排序插入 FP 树中，同时在每个结点处记录该结点出现的支持度。

在构造 FP 树时，需要对事务数据库集扫描两遍。第一遍扫描事务数据库，用来统计频率；第二遍扫描按支持度递减的顺序排序的事务数据库，用来构建 FP 树。

FP-growth 算法成功地使用了新的数据结构 FP 树，避免了产生候选频繁项集。虽然 FP-growth 算法和 Apriori 算法之间差异很大，但它们的思路都是将频繁项集按一定的规律进行分类，分别对各类进行挖掘。FP-growth 算法和 Apriori 算法最大的不同有两点：第一不产生候选集；第二只需要两次遍历数据库，大大提高了效率。

2) FP-growth 算法描述

算法：FP-growth 关联算法。

输入：事务数据集 *D*，最小支持度及最小置信度阈值。

输出：*D* 中的频繁模式。

算法步骤如下所述。

第一步，先扫描一遍数据集，得到频繁项为 1 的项目集，定义最小支持度(项目出现最少

次数阈值)，删除那些小于最小支持度的项目，然后将原始数据集中的项目按出现频数降序进行排列。

第二步，第二次扫描重新调整事务数据集，创建项头表(项目出现次数由大到小排列)。

第三步，构建 FP 树，创建树的根节点 root；将每个事务的项目按支持度从小到大的排列顺序，创建树的分枝；具有共同前缀项目(事务的前若干项相同)的事务，具有相同的祖先节点，当一个事务项目在 FP 树上没有相对应的节点时，考虑 FP 树增加一个分枝，并且该节点的所有祖先节点计数加 1，为跟随前缀后的项目创建新的分枝节点，并连接。直到所有事务数据集中数据都插入 FP 树后，完成 FP 树构建。

第四步，对于每个项目(可以按照从下往上的顺序)找到其条件模式基，递归调用树结构，删除小于最小支持度的项。如果最终呈现单一路径的树结构，则直接列举所有组合；非单一路径的则继续调用树结构，直到形成单一路径即可。

第五步，算法结束，输出 D 中的频繁模式。

所谓条件模式基，即以所查找的元素项目与树根结点之间的路径集合。

例如，事务数据集 D 如表 8-2 所示。

表 8-2　事务数据集D

事务	项集	事务	项集	事务	项集
1	11,12,15	4	11,12,14	7	11,13
2	12,14	5	11,13	8	11,12,13,15
3	12,13	6	12,13	9	11,12,13

扫描事务数据集后得到集项目支持数，如表 8-3 所示。

表 8-3　事务数据集D项目支持数

项目	11	12	13	14	15
支持数	6	7	6	2	2

定义 min_sup=20%且重新排序频繁项目集，如表 8-4 所示。

表 8-4　事务数据集D按项目支持数降序进行排列

项目	12	11	13	14	15
支持数	7	6	6	2	2

重新调整事务数据集 D，如表 8-5 所示。

表 8-5　更新事务数据集D按项目支持数降序进行排列

事务	项集	事务	项集	事务	项集
1	12,11,15	4	12,11,14	7	11,13
2	12,14	5	11,13	8	12,11,13,15
3	12,13	6	12,13	9	12,11,13

构造 FP 树，如图 8-1 所示。

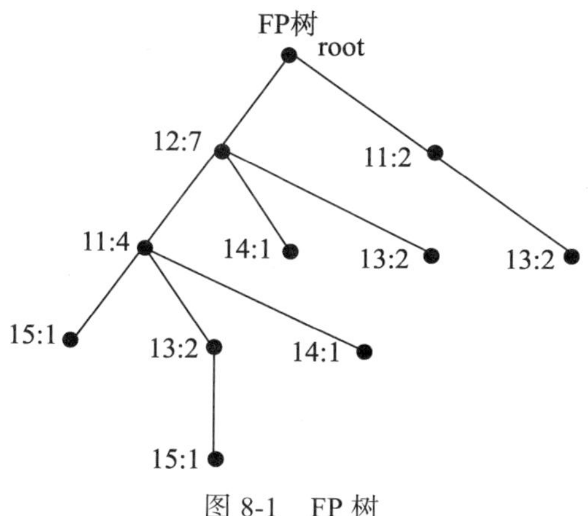

图 8-1　FP 树

按支持数升序的排列顺序，分别计算条件模式基的计数，如表 8-6 所示。

表 8-6　条件模式基

项目	条件模式基
15	{12 11:1}, {12 11 13:1}
14	{12 11:1}, {12:1}
13	{12 11:2}, {12:2}, {11:2}
11	{12:4}

挖掘频繁模式构造条件 FP 树，如表 8-7 所示。

表 8-7　条件FP树

项目	条件FP树节点
15	{12:2, 11:2}
14	{12:2}
13	{12:4, 11:2}, {11:2}
11	{12:4}

根据条件 FP 树，我们可以进行全排列组合，得到挖掘出来的频繁模式，如表 8-8 所示。

表 8-8　频繁模式

项目	产生的频繁模式
15	{12 15:2}, {11 15:2}, {12 11 15:2}
14	{12 14:2}
13	{12 13:4}, {11 13:4}, {12 11 13:2}
11	{12 11:4}

3) FP-growth 的不足之处

(1) FP-growth 算法构造新 FP 树，并将数据存放在内存中直到递归返回。如果每条事务都很长，则需要较深的递归，这样就会大量消耗内存。

(2) 新条件 FP 树的构造需要进行条件频繁项支持度计数、排序，产生条件模式基，构造 FP 树条件等，这些操作都比较费时，增加算法运算时间。

(3) FP-growth 算法将 FP 树区分为单路径(Single-path)和多路径(Multi-path)，对于单路径，由树结点的所有组合方式生成频繁项集。但是采用这种方法必须每次判断 FP 树是否是单一路径，从而降低了程序效率。

2．其他改进算法简介

1) Partition 算法

Savasere 于 1995 年提出了 Partition 算法，其主要的概念是由 Apriori 算法延伸而来的，在搜索频繁项集以及挖掘关联规则等方面，其做法仍与 Apriori 算法大同小异。但在挖掘关联规则时，Partition 算法减少了搜索数据库所花费的时间，从而大大地提升其整体效能。Partition 算法先将数据库分成许多段，它的核心思想是整个数据库上的频繁项集至少在数据库的一个分段上是频繁的。用反证法可以轻而易举地证明这点，那么，每个分段上的频繁项集集合的并集就是整个数据库上潜在的频繁项集的集合。

利用 Partition 算法只需要搜索整个数据库两次，所以可大大降低其 I/O 的成本，但是会造成下列问题：①在第一个步骤中所产生的频繁项集只能算是分段中的频繁项集，并不一定表示在整个数据库中也是频繁项集，因此可能会产生过多的频繁项集，导致第二次扫描数据库做确认时效能不好；②为了减少频繁项集在不同分段中重复产生，也为了能利用估计的方式提早结束挖掘，在系统做挖掘之前必须先将数据库做排序，而对于数据库做排序的时间复杂度，其所耗费的时间不容忽视；③由于分段式挖掘会对各个数据分段做挖掘，所以其计算量会比 Apriori 算法更大；④分段后各区的阈值必然需要向下调整，使得原本不会成为候选项集的组合也都成为候选项集，增加了许多工作量；⑤将数据库分段，分段的数量与分段的方法并无一定的标准，可能导致每次挖掘的结果都会有不同。

2) Sampling 算法

挖掘频繁项集需要花费很多时间的主要原因在于数据库中的数据量过于庞大，加上需要多次扫描数据库，如果能够有效地减少所需要处理的数据量便可增加挖掘的效率。Toivonen 在 1996 年提出 Sampling 算法，利用抽样方式从原始数据库中抽取样本，以便直接存储在内存中，再针对样本数据库挖掘频繁项集，以减少挖掘时间。这是因为样本体积比原始数据库小了许多，所以可以快速挖掘出频繁项集。采用抽样技术产生的样本数据必定含有抽样误差，所以 Toivonen 提出利用降低最小支持度以避免遗漏频繁项集。

Toivonen 提出的抽样算法是利用单纯随机抽样法来进行抽样的动作，由于样本数据库所含的数据量较少，对样本数据进行挖掘时，能减少原本所需要耗费的时间，提高挖掘效率。单纯随机抽样法具有简单快速的特点，但由于单纯随机抽样法并不会对抽样方法做任何限制，所以比较容易发生数据扭曲，如果数据扭曲严重的话，会造成样本数据库不具有代表性，导致用样本数据库挖掘出来的频繁项集与用原始数据库所挖掘出来的结果不符合。另外，在抽样算法中，降低最小支持度的方式虽然可以避免频繁项集的遗漏，但是会造成不应被看做频繁项集的候选项集，却被当做频繁项集的情况，此种情况将会对后续的关联规则挖掘带来严重影响。

3) DHP 算法

在 Apriori 算法的推导过程中，都是从单一项目开始，先组合出所有可能的候选项集，再从这些候选项集中找出真正的频繁项集，而下一层的候选项集就是将上一层的频繁项集排列组合，再重新分析，如此循环下去，所以当重复 n 层之后，就会出现 n+1 层的频繁项集。但从 Apriori 算法发现，其中最大的问题就是每个候选项集都必须经过上一层的频繁项集排列组合而成，再将所有的候选项集与数据库比对以计算其支持度，所以效能将会随着候选项集数量的增加而降低，候选项集的数量就是影响效能的关键所在，减少候选项集就能减少比对的次数，所需要的时间就能减少。Chenetal 提出的 DHP 算法，主要利用了删减不必要候选项集的概念来改善挖掘关联规则时的效率。DHP 算法以 Apriori 算法为基础，但它引入了 Hash table(即哈希表，是从一个集合 A 到另一个集合 B 的映射)的结构，并根据统计学的定理，将其转换为非频繁项集的删选机制，减少执行过程中不必要的项集数量，降低所需要的计算成本，从而有效提升挖掘关联规则的效率。

DHP 算法利用哈希表的结构来删除大量不必要的候选 2-项集，虽然在一开始时其会花费额外的时间来建立哈希表，但对于其后的候选项集的产生却能有相当大的改善，总体而言，此方法的确能显著提高效能。然而，要针对长度较长的项集设计适当的哈希表是相当不容易的，一方面在对应项集至哈希表的过程中也可能牵涉繁杂的数学计算而加重执行负担；另一方面，哈希表中所累计的统计值是对项集的支持度的大约估算，仍需要扫描数据库以获取各个项集真正的支持度，所以在执行过程中所需扫描数据库的次数基本上是与 Apriori 相同的。

8.2.3　TDA 及其并行式挖掘算法

1. TDA存储结构

1) TDA 存储结构产生的背景

传统的关联规则挖掘算法大都没有对事务数据库进行处理，直接读取事务数据库，即采用水平数据布局数据库形式。当事务平均宽度较长或设定的支持度阈值较低时，频繁项集数量呈指数增长，原始的事务数据库中数据量则更加巨大。这种海量数据不可能一次性存入内存中，而只能放在辅助存储器中暂存。挖掘算法需要多次扫描庞大的事务数据库，产生了大量的 I/O，这使得挖掘算法的效率低下，很难满足用户的需求。事务数据库表示方法的选择可能影响计算候选项集支持度的 I/O 开销。设计一种高效的数据结构，使之既能保证信息不丢失，即保证所存储信息的完整性，又能消除事务数据库中的冗余信息，减少数据存储量，成为提高挖掘算法的关键一步。针对传统关联规则挖掘算法采用水平数据布局数据库不能有效压缩事务数据数量的缺点，一种新的事务数据表示方法是采用垂直数据布局数据库。垂直数据布局事务数据库以项集中的每一个项为单位，对项集 $I=\{I_1, I_2, \cdots, I_p\}$ 的每一个项 I_j，事务数据库中记录一组支持该项的事务列表，我们称之为项的支持事务列表。每个项的支持事务列表不仅包含了支持该项的事务数量，而且包含具体支持该项的事务序号。因此，将事务数据库的水平数据布局形式转化为垂直数据布局形式，没有造成信息的丢失，保证了信息的完整性。

为了更清楚地进行关联规则挖掘问题的讨论，假设原始的事务数据库如表 8-9 所示，这是一个水平数据布局事务数据库。对原始的事务数据库进行一次遍历，将其转化为垂直数据布局事务数据库，如表 8-10 所示，每个项对应一个支持事务列表，支持事务列表存储的是支持该项的事务序号，并将项按支持计数排序。

表 8-9　原始事务数据库(水平数据布局形式)

事务序号	项目
1	B,C,E
2	A,B,F
3	A,B,C,F
4	C,D
5	B,E,F
6	A,B,D,F
7	A,B,C
8	E,F
9	A,F

表 8-10　转化后的事务数据库(垂直数据布局形式)

项目	支持事务列表	支持数
B	1，2，3，5，6，7	6
F	2，3，5，6，8，9	6
A	2，3，6，7，9	5
C	1，3，4，7	4
E	1，5，8	4
D	4，6	2

候选 1-项集$\{A, B, C, D, E, F\}$，若给定的最小支持度为$\frac{1}{3}$，则频繁 1-项集为$\{A, B, C, E, F\}$。

在数组存储事务数据库中的所有 1-项频繁项集，数据元素按照 1-项频繁项集的支持度计数降序排列。每个数组元素包含两个域：项(Item)，存储了元素对应的 1-项频繁项集；支持事务列表(Tid List)，存储了项对应的支持事务列表。支持事务列表以整数形式存储，我们将这种存储结构称为 TDA(Two Dimensional Array)存储结构。

2) TDA 的存储结构的性质

事务数据库的 TDA 存储结构具有 3 种性质。

(1) TDA 存储结构中数组元素的项与事务数据库中所有的 1-项频繁项一一对应，数组元素的支持事务列表存储了所有支持该 1-项频繁项集的事务。

(2) TDA 存储结构中数组元素的项 i(项集 I 的第 i 项 I_i)，与任一数组元素的项 j(项集 I 的第 j 项 I_j)组成 2-项集$\{i, j\}$，则$\{i, j\}$的支持事务列表$\{i, j\}_{.Tid\ List}$是项 i 和项 j 的支持事务列表$\{i\}_{.Tid\ List}$与$\{j\}_{.Tid\ List}$的交集，即

$$\{i,j\}_{.Tid\ List}=\{i\}_{.Tid\ List}\ \{j\}_{.Tid\ List}$$

(3) 若 k-项集 $X=\{i_{r1},i_{r2},\cdots,i_{rk}\}$，则该 X 的支持事务列表是 X 的所有项 $i_{r1},i_{r2},\cdots,i_{rk}$ 的支持事务列表的交集，即

$$X_{.TidList}=\{i_{r1}\}_{.TidList}\cap\{i_{r2}\}_{.TidList}\cap\cdots\cap\{i_{rk}\}_{.TidList}$$

将原始的事务数据库以 TDA 存储结构形式存储后，保存了事务数据库中所有的 1-项频繁项集和它们的支持事务列表。根据先验原理，如果一个项集是频繁的，则它的所有子集一定也是频繁的，即频繁项集只能由 1-项频繁项集通过并操作而得到，而不可能包含 1-项非频繁项集，故 TDA 存储在存储项集时不必存储非频繁项集及其支持事务列表，可以进一步节省存储空间。TDA 挖掘算法依然采用 Apriori 的连接剪枝和计数的方法，我们通过对这种数组存储结构的 1-项频繁项集和它们的支持事务列表分别进行操作，可用于验证算法挖掘中出现的所有候选项集。

2. TDA挖掘算法

1) TDA 挖掘算法主要思想

TDA 挖掘算法首先扫描水平事务数据库，生成垂直事务数据库，垂直事务数据库按项的支持事务列表的计数排序，并将支持事务列表的计数小于 min_sup(支持度阈值)的项删除，即得到 TDA 事务数据库。根据性质 1 我们知道，TDA 事务数据库的项就是 1-项频繁项集 L_1，且该 1-项集是有序的，按照支持事务列表从大到小排列。将 L_1 与 L_1 进行连接得到 2 项候选项集 C_2，并根据性质 2 对 C_2 进行计数得到频繁项集 L_2。TDA 挖掘算法从(k−1)-项频繁项集得到 k-项频繁项集与 Apriori 算法一样，需要经过连接、剪枝、计数，所不同的是在计数时，使用的是 TDA 事务数据库，使用项集中的各项支持事务列表求交集的方法进行计数，由于项的支持事务列表是有序的，故效率较高。

2) TDA 挖掘算法描述

算法：TDA 挖掘算法。

输入：事务数据库 D，最小支持度及最小置信度阈值。

输出：D 中的频繁项集。

算法步骤如下所述。

第一步，扫描水平事务数据库，得到垂直事务数据库，并将垂直事务数据库按项的支持列表进行排序。

第二步，将项的支持事务列表计数小于 min_sup 的项删除，得到 TDA 事务数据库。

第三步，扫描 TDA 事务数据库得到频繁项集 L_2。

第四步，通过 L_1 与 L_1 进行连接得到 2 项候选项集 C_2。

第五步，通过 TDA 事务数据库及性质 2 对 C_2 进行计数，得到 2-项频繁项集 L_2。

第六步，将 L_{k-1} 与 L_{k-1} ($k>2$)进行连接得到 k-项集 X。

第七步，通过频繁子集定理，即频繁 k-项集中的子集(k−1)-项集也是频繁项集，对项集 X 进行剪枝得到候选项集 C_k。

第八步，通过 TDA 事务数据库及性质②对 C_k 进行计数，得到 k-项频繁项集 L_k，如果

$L_k = \varnothing$，停止循环，否则，重复第六步。

第九步，结束算法，输出 D 中的频繁项集。

3. TDA并行式挖掘算法

1) TDA 并行式挖掘算法主要思想

TDA 挖掘算法采用了垂直数据布局数据库的方法使得计数的方法由扫描数据库对项集计数变为采用项集中所有项的支持事务列表求并集进行计数，大大提升了其中最耗时的计数步骤的效率，进而大大提升了效率，然而在数据量较大时，该算法仍然采用了连接、剪枝、计数的方法来挖掘频繁项集，比较耗时，我们需要进一步提升其效率。根据上面的描述，我们知道，TDA 挖掘算法实际上是首先通过(k−1)-项集的集合(我们称其为 X)中可两两进行连接的 2 项子集项，生成 k 项集的集合(我们称其为集合 Y)，然后利用频繁子集定理，即 k-项频繁项集的(k−1)-项子集仍是频繁项集，通过检查集合 X 对集合 Y 进行剪枝，生成候选项集 C_k，然后再对候选项集 C_k 进行计数，产生频繁项集 L_k。在这种步骤中，我们发现，这种操作的步骤是先连接产生一个 k-项集集合，对该集合中项集一个个进行剪枝，产生一个候选项集合，再对该候选项集合中的项集一一进行计数，连接所产生的项集集合中各项集之间剪枝、计数操作是无关的，我们称其为无关联性。因此我们可以采用首先连接得到一个项集，对该项集进行剪枝，进行计数，然后再连接得到一个项集，再对其进行剪枝，进行计数，以此操作下去，依然可以得到正确的结果。如果另一台计算机拥有剪枝程序，且拥有(k−1)-项项集的集合，只要对其进行输入 k-项集，该计算机就可以对该 k-项集进行剪枝，输出该 k-项集的剪枝结果，我们称这种拥有剪枝能力的计算机为剪枝结点。而一台计算机只要拥有一个垂直数据库，对其输入 k-项集，则该计算机就可以对该 k-项集进行计数，我们将其称为计数结点。由于剪枝和计数所花费的时间在 TDA 挖掘算法中较长，故我们可以设计一个并行性挖掘算法，将剪枝和计数分别放在不同的计算机上，如果需进一步提高算法效率，可将剪枝和计数分别放在多台计算机上，形成多个剪枝和计数结点。但这样做，在连接输出项集后，需要带上一个序号，在剪枝和计数后如确定了频繁项集，最终生成的 k-项频繁项集集合，仍需按照这个序号进行排序，以便用于(k+1)-项集的生成。图 8-2 为 TDA 并行挖掘算法节点示意图。

2) TDA 及其并行式挖掘算法的优点

TDA 及其并行式挖掘具有如下优点：①能够对数据库进行删减，节约存储空间；②算法效率高；③支持并行运算，能够进一步提高算法的效率。

虽然 TDA 关联规则算法与 Apriori 算法相比，在时间以及空间上进行了很大的优化，特别是 TDA 并行关联规则挖掘算法，在理想的情况下效率能够提升数倍。

3) TDA 及其并行式挖掘算法的缺点

TDA 及其并行式挖掘具有如下不足：①TDA 需要一次预处理，对数据库进行转化，是一个较为耗时的工作；②TDA 算法仍未考虑到数据的关注度。

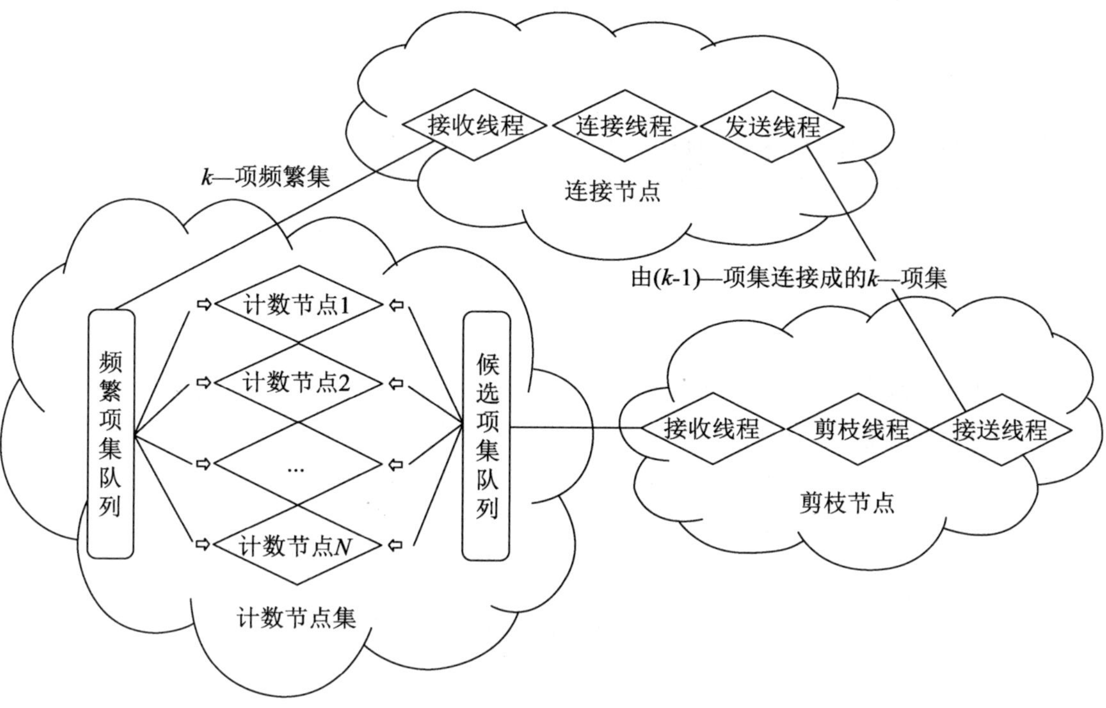

图 8-2　TDA 并行挖掘算法节点示意图

第 9 章 数据挖掘应用领域和发展趋势

近年来，互联网已经融入我们生活中的方方面面，尤其在互联网技术的推动下，很多行业都已经从传统的模式转变成了物联网模式，又从物联网模式变成了现在的“互联网+”运营模式，此时，对海量数据的分析尤为重要，数据挖掘技术也成为企业发展的一个依赖技术。技术进步的同时数据挖掘将面临新的挑战。

9.1 数据挖掘应用领域

数据挖掘所要处理的问题就是在庞大的数据中找出有价值的隐藏信息，并加以分析，获取有意义的信息和模式，为决策提供依据。数据挖掘应用的领域非常广泛，只要有分析价值与需求的数据，都可以利用挖掘工具进行发掘分析。目前，数据挖掘应用最集中的领域包括金融、医疗、零售、电商、电信和交通等，而且每个领域都有特定的应用问题和应用背景。

1．金融领域

不管是银行，还是其他金融机构，都存储了海量的金融数据，比如信贷、储蓄与投资等金融数据。运用数据挖掘技术对这些数据进行有针对性的处理，将会得到很多具有价值的知识。金融数据具有可靠性、完整性和高质量等特点。这在很大程度上利于开展数据挖掘工作以及挖掘技术的应用。数据挖掘在金融领域中有许多具体的应用，例如分析多维数据，把握金融市场的变化趋势；运用孤立点分析等方法，研究洗黑钱等犯罪活动；应用分类技术，对顾客信用进行分类，为维持与客户的关系以及为客户提供相关服务等决策提供参考。

2．医疗领域

在人类的遗传密码、遗传史、疾病史以及医疗方法等医疗领域中，都隐藏着海量的数据信息。另外，对医院内部结构、医药器具、病人档案以及其他资料等管理也产生了大量的数据。运用数据挖掘相关技术对这些巨量的数据进行处理，将会得到相关知识规律，有利于相关人员工作的开展。运用数据挖掘技术，在很大程度上有助于医疗人员发现疾病的一些规律，从而提高诊断的准确率和治疗的有效性，不断促进医疗事业的发展。

3．零售和电商领域

由于零售业会产生庞大的数据，主要是销售数据，比如商品的购进卖出记录、客户消费记录等。特别是随着 Web 以及电子商务等商业方式日益普及流行，相应的数据也以飞快的速度增长着。运用数据挖掘技术对这些海量的数据进行针对性的处理分析，可以获取极具价值的知识，例如，可以有效地识别顾客的购买行为，从而把握好顾客购买的趋势。这些关于顾客的有效信息是商家采取最佳决策的关键依据。商家可以根据数据挖掘结果有针对性地采取措施，比如，如何改进服务质量以确保顾客的满意度、如何提高商品的销售量、如何设计较优的运输路线、采取怎样的销售策略等。此外，由于数据挖掘的推荐系统通过数据挖掘，再对网站进行系统分析，对用户的行为模式加以识别，在增加客户黏性，提供个性化服务，优化网站设计等方面也取得了很好的效果，已经成为电子商务的关键技术。

4．电信领域

电信运营商已逐渐发展为一个融合了语音、图像、视频等增值服务的全方位立体化的综合电信服务商。三网融合，即电信网、因特网和有线电视网的“融合”，是未来的一种发展趋势。这一现象将会产生巨量的数据。运营商要合理地分析商业形式和模式，运用数据挖掘是非常有必要的。例如，运用多维方法对用户行为、利润率、通信速率和容量、系统负载等电信数据进行分析；运用聚类或孤立点分析等方法对异常模式进行数据挖掘；运用关联或序列等模式对电信发展的影响因素进行分析等。总之，数据挖掘技术对电信业的发展发挥着非常重要的作用，有利于运营商提高相关资源的利用率、更深入更充分地了解用户行为、获取更好的经济效益。

5．社交网络分析

社交网络分析是从关系和结构两个方面来了解、度量和预测行为的科学。结合图论和非参数统计技术，研究人员利用数据(如电话数据、表明人与人之间联系的观察数据)，来识别网络内和跨网络的关键人员和关键群体，或者识别特殊模式和重要途径。现在，社交网络分析呈现爆炸式增长，数据一般是以元网络的形式表示，即有关谁(Who)、什么(What)、哪里(Where)、怎样(How)和什么时候(When)的信息以多模态、多链接、多层次的网络连接起来。数据通常是动态的，这一动态性正是我们感兴趣的地方。我们可以通过这些数据来分析人们的活动取向，为公司的营销提供有力的依据，也可以利用多个社交媒体来交叉验证同一个人，这对于追踪罪犯、恐怖分子尤为重要。

6．交通领域

交通对城市的民生有很大影响。该领域积累了大量的数据，比如出租汽车公司的乘客出行数据、公交公司的运营数据，通过对这些数据的分析和挖掘，能够为出租汽车、公交公司科学的运营和交通部门的决策提供依据，比如合理规划公交线路，实时为出租车的行驶线路提供建议等。这样，不仅可以提升城市运力和幸福指数，还可以有效减少因交通拥堵问题造成的成本浪费。另外，航空公司也可依据历史记录来寻找乘客的旅行模式，以合理设置航线，提供更加个性化的服务。

近年来，数据挖掘技术发展迅速，不仅在金融、医疗、零售、电商、电信、交通领域有广泛应用，在政府部门、军事、制造业、科学研究等方面也取得了一定进展。

9.2 数据挖掘中隐私问题

隐私权是指个体的私人信息不被他人非法收集、公开和利用的权利。隐私保护就是保护个体的隐私权不被侵害，保护个体隐私在未经授权的时候不被泄露和恶意利用。基于隐私的数据挖掘存在以下两个层面的问题。

1. 原始信息隐私保护

企业、医院、政府部门通常收集了大量的个人原始信息，通过这些信息可能识别出个人用户的身份。为了防止个人隐私的泄露，这些原始数据均需要在进行数据挖掘之前进行修改和隐藏。这个层面主要解决的问题是如何在原始数据不准确的前提下得到正确的挖掘结果。

2. 敏感规则隐私保护

通过对企业、医院、政府部门的大量个人原始信息的挖掘，还可以得知某一群体的特征和行为规律。为了防止这些敏感规则被挖掘出来，通常事先改变原始数据的统计特征，使这些敏感规则的生成概率大大降低。

当今社会，互联网为人们获取和交流信息提供了极大便利，但也为个人信息被他人非法收集、公开、传播和利用提供了可能，保护隐私技术正得到越来越多的关注，在保护隐私信息方面还需要更多的探索。我们希望将计算机科学、管理科学、社交网络技术、政策法规等多个方面有效地结合，合理、合法从数据中发现有效的知识。

9.3 数据挖掘发展趋势

9.3.1 数据挖掘与物联网、云计算和大数据

简单来说，物联网就是物物相连的网络，是数字世界和物理世界的高度融合。物联网底层的大量传感器为信息的获取提供了一种新的方式。这些传感器不断地产生着新的数据，随着各种各样的异构终端设备的接入，物联网采集的数据量也会越来越大，其数据类型和数据格式也会越来越复杂。这些数据与时间和空间相关联，有着动态、异构和分布的特性，也为数据挖掘任务带来了新的挑战。

云计算是一种基于互联网的相关服务的增加、使用和交付模式，通过互联网来提供动态、易扩展且经常是虚拟化的资源(包括硬件、平台和软件)，实现了设备之间的数据应用和共享。随着物联网的发展，感知的信息不断增加，需要不断地增加服务器的数目来满足需求。但由于服务器的承载能力是有限的，服务器在节点上出现混乱和错误的概率大大增加。为了更好地提供服务，基于云计算的系统能有效地解决物联网分布式数据挖掘中所遇到的问题，能够显著地提高相关数据的挖掘性能。

目前，大数据已成为继物联网、云计算之后又一信息科技的新热点。大数据在本质上仍然是海量数据，但规模更大，实时性和多样性特点更加明显，相应的数据挖掘技术也需要有所改进。对半结构化数据，甚至非结构化的数据的处理是目前大数据挖掘面临的挑战之一。

将物联网、云计算、大数据与数据挖掘研究联系起来，不仅具有深远的科学研究价值，还将产生巨大的经济效益和社会价值。

9.3.2 数据挖掘研究和应用面临的挑战

大数据时代的数据挖掘面临着新的挑战，主要表现在以下几个方面。

1. 数据类型的多样性

不同的应用、系统和终端，由于标准的差异性，会产生不同结构的数据，其中包括结构化数据、半结构化数据和非结构化数据，对这些异构化数据的抽取与集成将成为一大挑战。

2. 数据挖掘算法的改进

大数据时代，数据的量级达到了一个新的阶段，而且还有其他新的特征，现有挖掘算法需要基于云计算进行改进，以适应不同应用对数据处理能力的需求。

3. 数据噪声太大

由于普适终端所处地理位置的复杂性，产生的数据具有很多噪声。在进行数据清洗时，不易把握清洗粒度。粒度太大，残留的噪声会干扰有价值的信息；粒度太小，可能会遗失有价值的信息。

4. 数据的安全性与隐私保护

互联网的交互性使得人们在不同地点产生的数据足迹得到积累和关联，从而增加了隐私暴露的概率，且这种隐性的数据暴露往往是无法控制和预知的。随着数据挖掘工具和电子产品的日益普及，在适当的信息访问和挖掘过程中保护隐私和信息安全是数据挖掘将要面对的一个重要问题。

9.3.3 数据挖掘发展方向

1. 应用的探索

数据挖掘正在探索扩大其应用范围。通常，数据挖掘技术在处理特定应用时存在着局限性，因此，目前存在一种针对特定应用来开发数据挖掘系统的趋势。

2. 可视化数据挖掘

可视化技术能更直观地展示数据的特性，图像展示也更符合人的观察习惯。可视化数据挖掘已成为从大量数据中发现知识的有效途径，系统研究和开发可视化数据挖掘技术将推进数据挖掘技术的发展。

3．多种系统的集成

数据库、数据仓库系统等已经成为信息处理系统的主流，而且与数据库和数据仓库系统的紧耦合方式正是数据挖掘系统的理想体系结构。将不同的系统集成到统一的框架中，有利于保证数据的可获得性和一致性，提高数据挖掘系统的可移植性、可伸缩性和高性能。

数据挖掘的应用在很多领域取得了一定的成果，而且其广阔的应用前景已吸引了众多的研究人员和商业公司的加入。但是，数据挖掘所带来的有关隐私和信息安全的问题需要着重考虑。数据挖掘技术发展的时间很短，属新兴科学，在技术和社会不断发展的今天，还面临着很多挑战，相信数据挖掘技术的研究与应用将会得到长足的进步，必将产生巨大的经济效益和社会效益。

参考文献

[1] 姜奇平. 大数据时代到来[J]. 互联网周刊, 2012(02): 6.

[2] 覃雄派, 王会举, 杜小勇, 等. 大数据分析——RDBMS 与 Map Reduce 的竞争与共生[J]. 软件学报, 2012, 23(01): 32-45.

[3] Cai Y. D, Clutter D, Pape G, et al. MAIDS: Mining Alarming Incidents from Data Streams [A]. Proceedings of the 2004 ACM SIGMOD International Conference on Management of Data, 2004.

[4] Faria E.R, Gonçalves I.J.C.R, André C.P.L.F.de Carvalho, et al. Novelty Detection in Data Streams [J]. Artificial Intelligence Review, 2016, 45 (2): 235-269.

[5] 游士兵, 张佩, 姚雪梅. 大数据对统计学的挑战和机遇[J]. 管理研究, 2013 (2): 165-171.

[6] 维克托·迈尔-舍恩伯格, 肯尼思·库克耶. 大数据时代: 生活、工作与思维的大变革[M]. 盛杨燕, 周涛, 译. 杭州: 浙江人民出版社, 2013.

[7] 耿直. 大数据时代统计学面临的机遇与挑战[J]. 统计研究, 2014, 31(1): 5-9.

[8] National Research Council of the National Academies. Frontiers in Massive Data Analysis[M]. Washington: National Academies Press, 2013.

[9] 李金昌. 大数据与统计新思维[J]. 统计研究, 2014, 31(1): 10-15.

[10] 闫鹏, 郑雪峰, 李明祥, 等. 动态文本分类中概念漂移问题的解决算法研究[J]. 计算机科学, 2008, 35(1): 165-169.

[11] 孙岳, 毛国君, 刘旭, 等. 基于多分类器的数据流中的概念漂移挖掘[J]. 自动化学报, 2008, 34(1): 93-97.

[12] 文益民, 强保华, 范志刚. 概念漂移数据流分类研究综述[J]. 智能系统学报, 2013(2): 95-104.

[13] 王涛, 李舟军, 颜跃进, 等. 数据流挖掘分类技术综述[J]. 计算机研究与发展, 2007, 44(11): 1809-1815.

[14] Morris K, Mcnicholas P. D. Clustering, Classification, Discriminant Analysis, and Dimension Reduction via Generalized Hyperbolic Mixtures[J]. Computational Statistics & Data Analysis, 2016, 97: 133-150.

[15] Hoens T. R, Polikar R, Chawla N. V. Learning from Streaming Data with Concept Drift and Imbalance: an Overview [J]. Progress in Artificial Intelligence, 2011: 1-13.

[16] Gama J. A survey on learning from data streams: Current and Future Trends[J]. Progress in Artificial Intelligence, 2011: 1-11.

[17] Overpeck J. T, Meehl G. A, Bony S, et al. Climate Data Challenges in the 21st century [J]. SCIENCE, 2011, 331(6018): 700-702.

[18] Minku L. L, White A. P, Yao X. The Impact of Diversity on Online Ensemble Learning in the Presence of Concept Drift [J]. IEEE Transactions on Knowledge and Data Engineering, 2010, 22(5): 730-742.

[19] Elwell R, Polikar R. Incremental Learning of Concept Drift in Nonstationary Environments [J]. IEEE Transactions on Neural Networks, 2011, 22(10): 1517-1531.

[20] Moreno-Torres J G, Raeder T, Alaiz-Rodriguez R. A Unifying View on Dataset Shift in Classification [J]. Pattern Recognition, 2012, 45: 521-530.

[21] Ben-David S, Borbely R. S. A notion of Task Relatedness Yielding Provable Multiple-Task Learning Guarantees [J]. Machine Learning, 2008, 73(3): 273-287.

[22] Folino G, Papuzzo G. Handling Different Categories of Concept Drifts in Data Streams Using Distributed GP[C]. European Confenence on Genetic Programming.Springer-Verlag, 2010: 74-85.

[23] Yang S, Yao X. Population-Based Incremental Learning with Associative Memory for Dynamic Environments[J]. IEEE Transaction on Evolutionary Computation, 2008, 12(5): 542-561.

[24] Chen H. L, Chen M. S, Lin S.C. Catching the Trend: A Framework for Clustering Concept-Drifting Categorical Data [J]. IEEE Transactions on Knowledge and Data Engineering, 2009, 21(5): 652-665.

[25] Masud M, Gao J, Khan L, et al. Classification and Novel Class Detection in Concept-Drifting Data Streams under Time Constraints [J]. IEEE Transactions on Knowledge and Data Engineering, 2011 , 23 (6) :859-874.

[26] Koren Y. Collaborative Filtering with Temporal Dynamics [J]. Communications of the ACM, 2010, 53(4): 89-97.

[27] Žliobaitė I. Combining Similarity in Time and Space for Training Set Formation under Concept Drift [J]. Intelligent Data Analysis, 2011, 15(4): 589-611.

[28] Klinkenberg R. Learning Drifting Concepts: Example Selection vs. Example Weighting [J]. Intelligent Data Analysis, 2004, 8(3): 281-300.

[29] Oommen J, Rueda L. Stochastic Learning-based Weak Estimation of Multinomial Random Variables and Its Applications to Pattern Recognition in Nonstationary Environments [J]. Pattern Recognition, 2006, 39(3): 328-341.

[30] Nunez M, Fidalgo R, Morales R. Learning in Environments with Unknown Dynamics Towards More Robust Concept Learners [J]. Journal of Machine Learning Research, 2007, 8: 2595-2628.

[31] Muhlbaier M. D, Polikar R. Multiple Classifiers Based Incremental Learning Algorithm for Learning in Nonstationary Environments[A]. Proceedings of the 6th IEEE International

Conference on Machine Learning and Cybernetics, 2007, 6: 3618-3623.

[32] 关菁华，刘大有. 一种挖掘概念漂移数据流的选择性集成算法[J]. 计算机科学，2010, 37(1): 204-207.

[33] 朱群，张玉红，胡学钢，等. 一种基于双层窗口的概念漂移数据流分类算法[J]. 自动化学报, 2011, 37(9): 1077-1084.

[34] 孙岳，毛国君，刘旭，等. 基于多分类器的数据流中的概念漂移挖掘[J]. 自动化学报，2008, 34(1): 93-97.

[35] 辛轶，郭躬德，陈黎飞，等. IKnnM-DHecoc：一种解决概念漂移问题的方法[J]. 计算机研究与发展, 2011, 48(4): 592-601.

[36] Kuncheva L.I, Zliobaite I. On the Window Size for Classification in Changing Environments [J]. Intelligent Data Analysis, 2009, 13(6): 314-323.

[37] Minku L.L, Yao X. DDD: A New Ensemble Approach for Dealing with Concept Drift [J]. IEEE Transactions on Knowledge and Data Engineering, 2012，24(4): 619-633.

[38] Last M. Online Classification of Nonstationary Data Streams [J]. Intelligent Data Analysis, 2002, 6 (2): 1-16.

[39] 罗秀，王大玲，冯时，等. 一种面向周期性概念漂移的数据流分类算法[J]. 计算机研究与发展, 2009, 46(S2): 775-780.

[40] Katakis I, Tsoumakas G, Vlahavas I. Tracking Recurring Contexts using Ensemble Classifiers: An Application to Email Filtering [J]. Knowledge and Information Systems, 2010, 22(3): 371-391.

[41] Alippi C, Roveri M. Just-in-Time Adaptive Classifiers—Part I: Detecting Nonstationary Changes [J]. IEEE Transactions on Neural Networks, 2008, 19(7): 1145-1153.

[42] Kuncheva L. Change Detection in Streaming Multivariate Data Using Likelihood Detectors [J]. IEEE Transactions on Knowledge and Data Engineering, 2013, 25(5): 1175-1180.

[43] Cohen L, Avrahami-Bakish G, Last M, et al. Real-time Data Mining of Nonstationary Data Streams from Sensor Networks [J]. Information Fusion, 2008, 9(3): 344-353.

[44] Gao J, Ding B, Fan W, et al. Classifying Data Stream with Skewed Class Distributions and Concept Drifts [J]. IEEE on Internet Computing, 2008, 12(6): 37-49.

[45] Chen S, He H. Towards Incremental Learning of Nonstationary Imbalanced Data Stream: A Multiple Selectively Recursive Approach [J]. Evolving Systems, 2010, 2(1): 35-50.

[46] Zhu X, Zhang P, Lin X. Active Learning from Stream Data Using Optimal Weight Classifier Ensemble [J]. IEEE Transactions on Systems, Man, and Cybernetics, Part B: Cybernetics, 2010, 40(6): 1607-1621.

[47] Kholghi M, Keyvanpour M R. Active Learning Framework Combining Semi-Supervised Approach for Data Stream Mining [J]. Intelligent Computing and Information Science, 2011, 135: 238-243.

[48] 孙爱东，朱梅阶，涂淑琴. 基于属性值的 ID3 算法改进[J]. 计算机工程与设计, 2008, 29 (12): 3011-3012.

[49] 张琳，陈燕，李桂迎，等. 决策树分类算法研究[J]. 计算机工程, 2011, 37(13): 66-70.
[50] 张全新，郑建军，牛振东，等. 贝叶斯分类器集成的增量学习方法[J]. 北京理工大学学报, 2008, 28(5): 398-400.
[51] 王爱平，万国伟，程志全，等. 支持在线学习的增量式极端随机森林分类器[J]. 软件学报 2011, 22(9): 2059-2074.
[52] Wang T, Li Z. J, Hu X. H, et al. An Incremental Fuzzy Decision Tree Classification Method for Data Streams Mining Based on Threaded Binary Search Trees [J]. Chinese Journal of Computers, 2007, 30(8): 1244-1250.
[53] Witten I. H, Frank E, et al. Data Mining: Practical Machine Learning Tools and Techniques[M]. 2nd edition. San Francisco: Morgan Kaufmann Publishers, 2005.
[54] Bouraoui A, Jamoussi S, Benayed Y. A Multi-objective Genetic Algorithm for Simultaneous Model and Feature Selection for Support Vector Machines [J]. Artificial Intelligence Review, 2017 (1): 1-21.
[55] Geurts P, Ernst D, Wehenkel L. Extremely Randomized Trees [J]. Machine Learning, 2006, 63(1): 3-42.
[56] Geurts P, Louppe G. Learning to Rank with Extremely Randomized Trees [J]. Workshop & Conference, 2011, 14 (1): 49-61.
[57] Fox J, Sudakov B. Dependent Random Choice [J]. Random Structures & Algorithms, 2015, 38(2): 68-99.
[58] Marée R, Wehenkel L. Geurts P. Extremely Randomized Trees and Random Subwindows for Image Classification, Annotation, and Retrieval [J]. Advances in Computer Vision & Pattern Recognition, 2013: 125-142.
[59] Hong Y, Kwong S, Chang Y. C, Ren Q. S. Unsupervised Data Pruning for Clustering of Noisy Data [J]. Knowledge-Based Systems, 2008, 21: 612−616.
[60] 蒋盛益，李霞. 一种改进的 BIRCH 聚类算法[J]. 计算机应用, 2009, 29(1): 293-296.
[61] 彭丽. 数据挖掘中集中划分聚类算法的比较及改进[D]. 大连：大连理工大学, 2008.
[62] 荣秋生，颜君彪，郭国强. 基于 DBSCAN 聚类算法的研究与实现[J]. 计算机应用，2004, 24(4): 45-46.
[63] 胡彩平，秦小麟. 一种改进的基于密度的抽样聚类算法[J]. 中国图像图形学报，2007, 12(11): 2031-2036.
[64] Du-Ming T, Chung-Chan L. Fuzzy C-means Based Clustering for Linearly and Nonlinearly Separable Data [J]. Pattern Recognition, 2011, 44: 1750~1760.
[65] 贺金鑫，陈圣波，王阳，等. 一种基于朴素贝叶斯分类模型的高光谱矿物精确识别方法[J]. 光谱学与光谱分析, 2014, 34(2): 505-509.
[66] 卢云彬，曹汉强. 基于 Hash 表的关联规则挖掘算法的改进[J]. 计算机技术与发展，2007, 17(6): 12-14.
[67] 陈静，张艳. 基于关联规则的 Apriori-Partition 算法的可视化研究[J]. 微计算机信息，

2009(21): 190-191.

[68] 覃如贤. 数据挖掘在入侵检测中的应用[J]. 微型机与应用, 2010, 29(9): 87-90.

[69] 马朝阳. 基于支持向量机的工业数据挖掘技术研究[D]. 杭州: 浙江大学, 2006.

[70] 余辉, 赵晖.支持向量机多类分类算法新研究[J]. 计算机工程与应用, 2008, 44(7): 185-189.

[71] 姜文瑞, 王玉英, 郝小琪, 等. 决策树方法在气温预测中的应用[J]. 计算机应用与软件, 2012, 29(8): 141-144.

[72] 程克非, 张聪. 基于特征加权的朴素贝叶斯分类器[J]. 计算机仿真, 2006, 23(10): 92-94.

[73] Netto M.A.S, Vecchiola C, Kirley M, et al. Use of Run Time Predictions for Automatic Co-allocation of Multi-cluster Resources for Iterative Parallel Applications [J]. Journal of Parallel and Distributed Computing, 2011, 71(10): 1388-1399.

[74] 赵慧, 刘希玉, 崔海青. 网格聚类算法[J]. 计算机技术与发展, 2010, 20(9): 83-85.

[75] 屈展, 陈雷. 一种改进的APRIORI算法在电子商务中的应用[J]. 西安石油大学学报(自然科学版), 2012, 27(1): 91-93.

[76] 刘尚辉, 王露, 郑德禄. Apriori 关联规则在甲状腺结节病案分析中的应用[J]. 中国卫生统计, 2011, 28(2): 178-179.

[77] 曾舸, 刘先锋. 关联规则挖掘中 Apriori 改进算法的研究[J]. 计算机与现代化, 2007(1): 46-48.

[78] 林郎碟, 王灿辉. Apriori 算法在图书推荐服务中的应用与研究[J]. 计算机技术与发展, 2011, 21(5): 22-24.

[79] 俞燕燕, 李绍滋. 基于散列的关联规则 AprioriTid 改进算法[J]. 计算机工程, 2008, 34(5): 60-62.

[80] 张素兰. 一种基于事务压缩的关联规则优化算法[J]. 计算机工程与设计, 2006, 27(18): 3450-3453.

[81] 曾志勇, 杨呈智, 陶冶. 负载均衡的 FP-growth 并行算法研究[J]. 计算机工程与应用, 2010(4): 125-126.

[82] 刘应东, 冷明伟, 陈晓云. 基于邻接矩阵的 FP-tree 构造算法[J]. 计算机工程与应用, 2011, 47(7): 153-155.

[83] 杨云, 罗艳霞. FP-growth 算法的改进[J]. 计算机工程与设计, 2010(7): 1506-1509.

[84] 雷力, 徐建波. 一种挖掘文档中概念之间关联规则的新算法[J]. 信息技术, 2006, 30(10): 1-4.

[85] 宁慧, 崔立刚, 郭笑语, 等. 一种基于结点改变树中相邻结点的顺序的 FP-tree 构造算法[J]. 应用科技, 2010, 37(5): 41-45.

[86] 陈健. 关于关联规则经典算法的一种改进[J]. 福建电脑, 2006(8): 86-87.

[87] 惠亮, 钱雪忠. 关联规则中 FP-tree 的最大频繁模式非检验挖掘算法[J]. 计算机应用, 2010, 30(7): 1922-1925.

[88] 阮群生, 李豫颖, 刘锡铃. 基于哈希表与线性表建立 FP-tree 的改进算法[J]. 长江大学学

报(自然科学版·理工卷), 2010 (1): 76-79.

[89] Kumar B.S, Rukmani K.V. Implementation of Web Usage Mining Using APRIORI and FP-growth Algorithms [J]. Int. J. of Advanced Networking and Applications, 2010, 1(6): 400-404.

[90] Bifet A, Holmes G, Pfahringer B, et al, Massive Online Analysis [J]. Journal of Machine Learning Research, 2010, 11(2): 1601-1604.

[91] 张春, 郭明亮. 大数据环境下朴素贝叶斯分类算法的改进与实现[J]. 北京交通大学学报, 2015, 39(2): 35-41.

[92] 贺玲, 吴玲达, 蔡益朝. 数据挖掘中的聚类算法综述[J]. 计算机应用研究, 2007(1): 10-13.

[93] 荣秋生, 颜君彪, 郭国强. 基于 DBSCAN 聚类算法的研究与实现[J]. 计算机应用, 2004, 24(4): 45-46.

[94] 王彩霞. 基于改进引力搜索的混合 K-调和均值聚类算法研究[J]. 计算机应用研究 2016, 33(1): 118-121.

[95] 聂跃光, 陈立潮, 陈湖. 基于密度的空间聚类算法研究[J]. 计算机技术与发展, 2008, 18(8): 91-94.

[96] 崔光照, 曹玲芝, 张勋才, 等. 基于密度的最小生成树聚类算法研究[J]. 计算机工程与应用, 2006, 42(5): 156-158.

[97] 单世民, 张宁, 江贺, 等. 基于网格和密度的簇边缘精度增强聚类算法[J]. 计算机工程与应用, 2008, 44(23): 143-146.

[98] 李芬, 朱志祥, 刘盛辉. 大数据发展现状及面临的问题[J]. 西安邮电大学学报, 2013, 18(5): 100-103.

[99] 田茂再. 大数据时代统计学重构研究中的几个热点问题[J]. 统计研究, 2015, 32(5): 3-12.

[100] 李洁明, 祁新娥. 统计原理[M]. 上海: 复旦大学出版社, 2014.

[101] 徐章艳, 刘美玲, 张师超, 等. Apriori 算法的三种优化方法[J]. 计算机工程与应用, 2004, 40(36): 190-192.

[102] 陈文庆, 许棠. 关联规则挖掘 Apriori 算法的改进与实现[J]. 计算机技术与发展, 2005, 15 (8):155-157.

[103] 文拯. 关联规则算法的研究[J]. 中南大学学报(自然科学版), 2009, 19 (5): 56-58.